货殖

简史

A Brief History of Merchandise Increasing and Currency Proliferation

商业形成、发展与兴替的鉴诫

Lessons learned from Business Formation Development and Succession

吴应快 许艳芳 编著

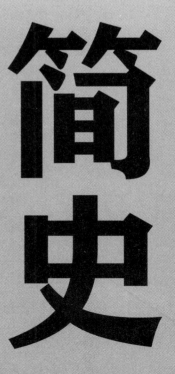

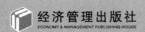

经济管理出版社
ECONOMY & MANAGEMENT PUBLISHING HOUSE

图书在版编目（CIP）数据

货殖简史/吴应快，许艳芳编著. —北京：经济管理出版社，2023. 12
ISBN 978-7-5096-9583-8

Ⅰ.①货…　Ⅱ.①吴…　②许…　Ⅲ.①商业史—世界　Ⅳ.①F731

中国国家版本馆 CIP 数据核字（2024）第 027746 号

组稿编辑：杨国强
责任编辑：杨国强　赵天宇
责任印制：许　艳
责任校对：蔡晓臻

出版发行：经济管理出版社
　　　　　（北京市海淀区北蜂窝 8 号中雅大厦 A 座 11 层　100038）
网　　址：www. E-mp. com. cn
电　　话：（010）51915602
印　　刷：唐山昊达印刷有限公司
经　　销：新华书店
开　　本：720mm×1000mm/16
印　　张：20. 75
字　　数：419 千字
版　　次：2024 年 3 月第 1 版　　2024 年 3 月第 1 次印刷
书　　号：ISBN 978-7-5096-9583-8
定　　价：98. 00 元

前　言

本书是对司马迁《史记·货殖列传》的致敬，全书将商业的形成、发展与兴替分为四个部分，分别是：古代商业、大航海时代、工业化时代、现代经济奇迹。

第一篇　古代商业，介绍了两河、古埃及、古印度、古波斯、古希腊、古罗马、阿拉伯帝国的商业文明，以及古代中国的陆上丝绸之路、海上丝绸之路、各大商帮的形成与发展。

第二篇　大航海时代，介绍了新航线开辟与葡萄牙、西班牙、荷兰、英国、法国的殖民、掠夺、贸易历史，沙俄的海洋梦想，以及郑和下西洋、明清海禁与通商政策的由来。

第三篇　工业化时代，介绍了两次工业革命，美国、法国、德国、日本、俄罗斯的工业化之路，以及中国的洋务运动、实业救国运动的发展。

第四篇　现代经济奇迹，介绍了第三次工业革命，以及"二战"结束后德国、瑞士、北欧五国、日本、中东的现代化经济奇迹。

针对不同的时空维度，本书归纳了十大影响商业形成、发展与兴替的因素作为"镜鉴"，分别是城市、资源、军事、交通、法律、资本、政策、科技、管理、人才。

一、城市

公元前 4000 年左右，居住于两河流域下游的苏美尔人进入了城邦时代。在中国，距今 5300~4300 年，长江下游环太湖地区也进入了城邦时代，出现了占地 3 平方千米的良渚古城。

中国对"城"有一个特殊的称呼，叫作"城市"。"市"字出现于中国最古老的文字——甲骨文中，本义指进行集中交易的场所。因此，城市的出现也意味着商业的出现。

据《六韬》记载，"殷君善宫室，大者百里，中有九市"。商朝建造的城池至少有几十座，都城就有七座，分别是亳、嚣、相、邢、庇、奄、殷。殷商晚期，城池规模已达百里，中间设有"九市"。这里的"九市"是一个形容词，如"九霄云外""九泉之下"，表示城内集市非常多。商朝是一个以"商"为称号的朝代，许多跟商业有关的字都始见于甲骨文。

本书中，我们会介绍大量的城市，从古巴比伦城到孟斐斯城、从雅典城到庞贝城、从迦太基城到君士坦丁堡、从麦加到耶路撒冷、从长安到洛阳、从阿姆斯特丹到巴黎、从伦敦到曼彻斯特、从维也纳到斯德哥尔摩、从莫斯科到圣彼得堡、从纽约到芝加哥、从上海到香港……

从历史上看，城市是经济繁荣的象征，是人类文明发展的成就。只要经济在发展，"城市化"的趋势就不会改变。相比较而言，大城市的市场更大，机会更多，分工更细，合作更紧密，商业更繁荣，这也是绝大多数世界 500 强总部设在大城市的原因。

二、资源

从商业角度来讲，粮食是最重要的资源。有了充足的食物，人类才能定居，才能发展城市，才能形成商业。

距今约 8000 年的磁山文化时期，中国人已经开始种植粟；距今 7000 多年前，古埃及人就开始利用尼罗河水灌溉沿岸的大麦、小麦；距今约 7000 年的河姆渡文化时期，中国人开始种植水稻……粮食也是最早的交易物品甚至是通用的货币，古埃及人就将大麦作为通用货币。

"饱暖思淫欲"，在满足基本的生理需求以后，人们会追求更高层次的需求。由于不同的地区有不同的物产，因此贸易会不断发展。从世界角度来看，每个国家都有各自不同的资源。中国的丝绸、瓷器、茶叶；古埃及的亚麻布、莎草纸；印度的乌兹钢、柚木、香料、棉花；波斯的马匹、地毯；古希腊的橄榄油；美洲的烟草、红木、银矿、毛皮；非洲的咖啡、黄金、象牙；英国、德国的煤炭；巴库、中东的石油……

资源并不总是一成不变的。1867 年，美国国务卿威廉·西华德以 720 万美元的价格从沙俄手中买下了约 170 万平方千米的阿拉斯加，平均每公顷土地才 4 美分。许多美国人将阿拉斯加称为"西华德的蠢事"或"西华德的冰箱"。1968 年，阿拉斯加发现大量石油，占美国石油产量的 20%。此后，又发现了佩伯金矿，可开采约 2500 万吨铜、1 万吨白银和 2000 吨黄金。

人是非常重要的一种"资源"，将人作为"资源"和"财产"有着非常悠久的历史，公元前 2100 年两河流域就进入了发达的奴隶社会，《乌尔纳姆法典》规定奴隶是奴隶主的私有财产。直到 1862 年，美国总统林肯颁布《解放黑人奴隶宣言》，奴隶制的历史才宣告结束。随着人工智能 AI 的发展，越来越多的工厂开始引入机器代替人类劳动，这也是未来的趋势。

整体而言，资源越丰富的地方，商业越繁荣。而资源是会改变的，特别是人类严重依赖的能源资源。第一次工业革命是煤炭，第二次工业革命是石油，第三次工业革命将拉开可再生能源的序幕——这将重塑世界财富的格局。

三、军事

军事和商业有着非常密切的关系，相对于贸易，进行军事掠夺是获取财富的捷径。公元前 2780~前 2760 年，古埃及法老左塞尔对努比亚、西奈半岛进行了数次远征。依靠军事远征所带来的财富，左塞尔修建了埃及第一座金字塔——左塞尔金字塔。埃及金字塔是古埃及财富的象征，但它主要来自军事掠夺。

许多战争与商业有直接或间接的关系，比如波斯征服吕底亚，新巴比伦征服犹太国，凯撒征服高卢，罗马征服迦太基……斯巴达、马其顿、罗马的前身是雇佣兵团，其本身就是一个商业组织。

在大航海时代，葡萄牙、西班牙、荷兰、英国、法国等欧洲国家，对美洲、非洲、亚洲的殖民与贸易主要是通过军事手段实现的，比如荷兰东印度公司拥有 40 艘战舰以及一万名雇佣兵的军队。

工业革命时期，为了发展自身工业，美国爆发了南北战争。拿破仑为了发展法国及其盟军的工业，对英国实行"大陆封锁政策"，最终演变为反法同盟战争。德国为了发展工业，"拓展生存空间"，引发了两次世界大战。

"二战"结束后，世界贸易组织成立，它是战后和平计划的重要组成部分，它的任务是制定符合各国利益的国际贸易政策，消除贸易争端，从而避免战争。

无论是企业之间，还是国家之间，竞争都是客观存在的。企业之间表现为"补贴大战""恶意并购"，国家之间表现为"贸易战"甚至战争。要解决商业或贸易纠纷问题，最终需要制定一套协商和沟通机制，以实现双赢或多赢。

四、交通

成语"坐贾行商"，说明"商"是靠"交通"来实现的。传说，夏代商国部落第七任国君王亥发明了牛车。商部落用牛车拉着货物，到处贸易，于是人们就把商部落的人称为"商人"，把用于交换的物品叫"商品"，把商人从事的职业叫"商业"。

实际上，商业的产生远早于商朝，水路交通比牛车出现得更早。中国最早的独木舟发现于距今 8000～7000 年的跨湖桥遗址，这艘独木舟用整根马尾松挖凿而成，长 5.6 米，运载量相当可观。

在古代，河道是天然的"高速公路"，黄河、长江是两大天然水系。春秋战国时期，邗沟、胥河、鸿沟、荷水、灵渠等人工运河得以开掘，到隋朝形成京杭大运河，汴州、扬州、苏州等城市因河运而繁荣。在唐代，大批阿拉伯商人从波斯湾经印度洋、中国南海抵达广州，这条全长 1.4 万千米的"广州通海夷道"便是海上丝绸之路。大航海时代，明朝郑成功七下西洋。1487 年，葡萄牙人迪亚士发现了好望角。1492 年，哥伦布发现了新大陆。1498 年，达·伽马绕过好望角开辟了"香料之路"海上航线。1521 年，麦哲伦开辟了跨太平洋环球航线，商业全球化时代真正到来。

陆路方面，商朝已经使用夯土技术修筑马路，在殷墟遗址发现的马路宽 6～10 米，有清晰的车辙使用痕迹。公元前 9 世纪，统治两河流域的亚述帝国修建了通往地中海方向的驿道，每隔 20 千米建有一个驿站和一口井，这条驿道便是陆上丝绸之路的西段。此后，很长一段时间，陆路交通都没有发生太大的变化。工业革命以后，斯蒂芬森发明了蒸汽火车和铁轨技术，人类进入了铁路时代。太平洋铁路、西伯利亚铁路、滇缅铁路、中东铁路、津浦铁路等铁路的修建，改变了旧有的商业秩序。1908 年，福特 T 型车的量产，标志着人类进入了汽车时代。

1903 年，莱特兄弟的飞机试飞成功，使人类征服了天空。至此，海、陆、空的立体交通形成，而交通也演变为一个单独的产业——物流。

无论是国家还是企业，交通都是商业的基础，提升交通（或物流）的水平即提升商业的核心竞争力。

五、法律

公元前 18 世纪，古巴比伦第六代国王汉谟拉比颁布了《汉谟拉比法典》，明确了奴隶主的利益。有了法律作为基石，两河文明的商业空前发达。

在古埃及，国王宣称自己是太阳神阿蒙的儿子，尊称法老。法老的意志就是法律，所有土地和人民都是法老的财产。法老们不热衷于法律的制定，因为法律一经制定，它的权威就会形成对法老个人权威的对抗。在这种制度下，古埃及商人没有获取财富的动力，因为财富是属于法老的。

在古希腊，通过梭伦改革，颁布《解负令》，使雅典成为古希腊乃至整个地中海地区的手工业和贸易中心。《解负令》要比林肯的《解放黑人奴隶宣言》早

2400 多年，梭伦改革对罗马、荷兰、英国、美国的重商主义都产生了深远的影响。

阿拉伯帝国采用政教合一的制度，《古兰经》是其最高的法律，鼓励和保护商业是所有穆斯林人必备的道德和义务。在阿拉伯语中，商人被称为"塔吉尔"，含有"智慧"的意思。随着阿拉伯帝国的不断扩张，阿拉伯商人也从阿拉伯半岛走向世界，在中国的长安、泉州、广州、苏州都曾居住有大量阿拉伯商人。

在大航海时代，英国先后通过了《航海条例》《权利法案》，为工业革命在英国的发生奠定了基础。1804 年，法国颁布《拿破仑法典》，使法律取代教皇成为解决矛盾冲突的渠道，《拿破仑法典》被欧洲大陆的许多国家借鉴，成为工业革命的中心。

1903 年，清政府令载振、伍廷芳起草商律，定名为《钦定大清商律》。此后，洋务运动转为"实业救国"运动。1993 年，《中华人民共和国公司法》颁布，夯实了改革开放的成果，为中国现代经济奇迹奠定了坚实的基础。

李鸿章曾说："泰西各邦，皆有商律专以保护商人，盖国用出于税，税出于商，必应尽力维持，以为立国之本。"

六、资本

资本是商业的高级形态。新巴比伦时期，出现了一个著名的商人家族，叫作埃吉贝商家。埃吉贝商家经营的业务非常广泛，包括金融借贷，土地、房屋、奴隶的买卖出租以及椰枣、谷物、金银项链、宝石、啤酒等商品贸易。

古罗马时期，出现了许多现代银行业务。在庞贝遗址中，考古学家发现了一份苏比奇家族的银行业务档案，记录了存款、转账付款、借款、抵押贷款、投资担保、为拍卖会竞拍者提供预付款等业务。

到了大航海时代，金融资本已经十分发达。1602 年，荷兰东印度公司成立，这是世界上第一个发行股票的股份有限公司，注册资本为 650 万荷兰盾。这一时期，阿姆斯特丹银行和证券交易所成立，还发生了金融投机事件——"郁金香泡沫"。一株名为"永远的奥古斯都"的郁金香被炒到 6700 荷兰盾，可以买下当时的一幢豪宅。1719 年，法国国王路易十五聘请苏格兰经济学家约翰·劳担任法国财政部部长，约翰·劳以每股 500 里弗尔的价格发行了 5 万股密西西比公司的新股。通过一系列的炒作，密西西比公司的股价涨到了 15000 里弗尔，最终泡沫破裂，股票跌回发行价，这是又一次著名的金融投机事件——"密西西比泡沫"。

工业革命以后，出现了许多富可敌国的财阀大亨。比如，英国吉尼斯家族、瑞典诺贝尔家族、瓦伦堡家族，德国罗斯柴尔德家族，美国铁路大亨范德比尔特、钢铁大亨安德鲁·卡耐基、石油大亨洛克菲勒、金融大亨 J. P. 摩根，日本三井财阀、三菱财阀、住友财阀、安田财阀，韩国三星财阀等。

近代中国的金融业也曾十分发达，比如日昇昌票号创立之后，山西平遥一度成为中国的金融中心。1897 年，盛宣怀创办了中国首家银行——中国通商银行。此后，北四行（盐业银行、金城银行、中南银行、大陆银行）和南三行（浙江兴业银行、浙江实业银行、上海商业储蓄银行）先后成立。这些民营银行投资了永利碱厂、国际饭店、四行仓库、南通大生纱厂等知名实业。

资本是商业的核心竞争力之一，"资本不是万能的，但没有资本是万万不能的"。世界 500 强最通用、最主要的标准是企业的销售收入。道理很简单，销售收入越高，企业可以掌握的资本就越多，进而拥有的竞争力就越强。

七、政策

在古印度，雅利安人入侵后，建立了等级森严的种姓制度。第一等级婆罗门是最高统治者，负责祭祀；第二等级是刹帝利，负责军事、行政和赋税；第三等级吠舍是普通雅利安人，从事奴隶管理和商业工作；第四等级首陀罗是奴隶，从事低等级的工作。种姓制度使吠舍商人阶层无法通过经商进行社会阶层的跃升，从而抑制了商业在古印度的发展。

在中国，商周时期的商业十分发达，"农工商虞"被视为是同等重要的。《周书》记载："农不出则乏其食，工不出则乏其事，商不出则三宝绝，虞不出则财匮少。"商鞅变法以后，提出"国之所以兴者，农战也"。汉代，董仲舒提出"罢黜百家，独尊儒术"，确立了"重农抑商"的思想，并形成了"士—农—工—商"的社会阶层划分。明清时期还出现了不同程度的"海禁"，进一步抑制了商业的发展。

在大航海时代，葡萄牙、西班牙、荷兰、英国、法国等国家纷纷确立了海权政策，形成了独特的殖民商业形式，其政策可简单归纳为殖民、掠夺和贸易。

工业革命时期，英国经济学家亚当·斯密发表了《国富论》，从理论上明确了发展工业才能使国家更加富强。1791 年，美国首任财政部部长汉密尔顿在国会发表演讲《关于制造业问题的报告》，确立了美国工业化的道路。杰斐逊担任美国总统后，将农业、制造业、商业及航运业确立为美国走向繁荣的"四根支柱"。

两次鸦片战争失败后，清政府开始了洋务运动，日本也在同一时期开始了明治维新。洋务运动的主旨是"中学为体，西学为用"，并非以国家工业为目标。最终，洋务运动的标志性成果之——北洋水师，在甲午海战中被日本全歼。此后，中国走上"实业救国"道路，却因战乱终未能完成工业化。直到改革开放，随着国内国际环境的改善，中国才正式走上工业化道路。仅30年时间，2009年，中国国内生产总值超过日本，成为世界第二大经济体。2020年，中国人均国内生产总值超过1万美元，国内生产总值占世界经济的比重从1978年的1.8%提高到2020年的17%。

历史告诉我们，国家的工业化离不开政策的支持，产业的发展也离不开政策的支持，企业的发展更离不开政策的支持。

八、科技

在工业革命以前，中国不仅拥有世界领先的农业技术，还拥有世界一流的手工业技术。国外能生产的，中国基本能生产；国外不能生产的，中国也基本能生产。中国对外国商品的需求十分有限，而中国生产的丝绸、瓷器、茶叶等商品很受西方欢迎。因此，长期以来中国凭借技术上的领先优势，都是贸易顺差国。

日本明治维新以后，从法国引进缫丝机，创办了富冈制丝厂。日本缫丝工业随后崛起，超过中国成为世界最大的生丝出口国，生丝产量一度占据全球近80%的市场份额。要知道，古希腊、古罗马称中国为Sino，即"丝国"，陆上丝绸之路、海上丝绸之路均以"丝绸"命名。

日本丝绸产业的成就是工业文明对农耕文明的胜利，在科技面前，即便是领先了数千年的技术也不值一提。忽然之间，中国发现几乎在所有领域都落后于西方，枪、炮、蒸汽轮船、铁路、电报、化工、冶金……于是，中国开始大量引入先进技术，"师夷长技以制夷"。洋务运动后期，洋务大臣们意识到技术要以教育为依托，创办了许多新式学堂，如武汉大学、上海交通大学、复旦大学、天津大学、南京大学等都在这一时期创办。

到了民国，中国在一些领域已经走到世界前列。比如，化工领域，侯德榜发明的"侯氏制碱法"是当时最先进的制碱技术，范旭东创办的永利铔厂是当时亚洲最大的硝酸工厂。但是，这些成就最终毁于战火。

中华人民共和国成立后，凭借卫星、原子弹等高科技成就，中国成为当之无愧的世界五大常任理事国。改革开放以后，中国成为世界工厂，在电脑、手机、互联网、新能源等新兴行业都具备了世界级的竞争力。

随着"碳中和"的推进，风能、太阳能等可再生能源将替代化石能源成为主要能源形式，这意味着新能源技术将推动商业的变革。与此同时，OpenAI于

2022 年推出了人工智能聊天机器人 ChatGPT，引发了 AI 全球竞赛，几乎所有的科技巨头都将 AI 作为新的增长点，世界似乎从互联网时代一下子进入了 AI 时代。作为"AI 大脑"的芯片也迅速成为全球竞争的焦点，美国、日本、欧洲、中国、韩国都制定了相应的芯片发展战略。这些都预示着科技是未来商业的竞争核心和财富的主要来源。

九、管理

与其他动物相比，人类拥有智力优势，通过相互协助、配合，人类可以狩猎比自己体型大得多的动物，也可以击败食物链顶端的猛兽——这种协助与配合便是最原始的管理。

古希腊时期，斯巴达人建立了严格的公民军事训练制度，由于斯巴达常以雇佣军参战，所以斯巴达人的军事管理具有商业的属性。从这个意义上来说，《孙子兵法》也是一种古老的管理思想。

古罗马首富克拉苏通过为普通奴隶提供专业培训，使奴隶价值提升几倍甚至十几倍。克拉苏还创建了世界上最早的消防队，一旦发生火灾，克拉苏会以极低的价格从房主手里买下正在着火的房子和相邻的房屋。显然，克拉苏的奴隶生意和房地产生产都需要专业的管理。

近现代意义上的管理则要从工业革命以后说起。1908 年，福特发明了流水线装配作业生产方式。流水线生产是革命性的生产管理，它让每一个生产单位只专注处理某一个片段的工作，从而大大提高了工作效率及产量，还降低了成本。1911 年，泰勒出版了《科学管理原理》，管理开始正式成为一门学科。

"二战"后，日本成为世界的经济中心之一。1978 年，日本超过苏联成为世界第二大经济体，并有赶超美国的势头。许多国家开始关注并学习日本的管理，如松下公司的"终身雇佣制"、丰田公司的"精益生产"、本田公司的"客户满意战略"、索尼公司的"创新战略"等。中国改革开放以后，也出现了许多管理型的企业家，比如张瑞敏采用"休克鱼疗法"，通过改善管理的方法激活企业，使海尔成为世界 500 强。

成立于 1892 年的美国通用电气公司，是繁荣持续时间最长的一家公司。据统计，在美国《财富》500 强中，有 173 家公司的 CEO 曾在通用电气有过任职经历。巅峰时期，公司旗下有 9 个事业部的营收可以单独排进《财富》500 强。这一切源自通用电气公司卓越的管理，这也说明人始终是商业管理的核心。

随着计算机、互联网技术的发展，传统的企业得以应用高科技提升管理水平。比如，沃尔玛公司的计算机信息系统仅次于美国军方，同时其还拥有美国最大的私人卫星网络，这些技术的应用帮助沃尔玛成为世界 500 强排名首位的公司。

管理是一个国家的核心竞争力，也是一个企业的核心竞争力，现代化的科学管理应注重两大核心管理：对人的管理和对高科技的应用。

十、人才

从历史上看，商人在很多时候扮演着非常重要的角色，这便是人们常说的"英雄造时势"。

春秋时期，范蠡帮助勾践成为最后一名霸主，先后在越国、齐国、定陶等地"三致千金"，被尊为"商圣"。战国时期，吕不韦在邯郸碰到异人，认为"奇货可居"，帮助异人继位为秦庄襄王。秦庄襄王病逝后，十三岁的嬴政即位，吕不韦被拜为相，尊称"仲父"。最终，"食邑洛阳十万户，奴仆万人"。

伊斯兰教的创始人穆罕默德生活在商人家庭，他认为"商人是世界的信使和安拉在大地上的忠实奴仆"。穆罕默德的继承者第一任哈里发伯克尔也是麦加的一位富商，曾以财产支持穆罕默德传教。最终，阿拉伯人建立了跨亚洲、欧洲、非洲，疆域达 1340 万平方千米的帝国。

在大航海时代，葡萄牙航海家达·伽马开辟了从欧洲绕过好望角抵达印度的新航线，他满载香料而归，并将这条航线命名为"香料之路"。英国航海家沃尔特·雷利为英国在美洲开辟了第一块殖民地，并带回了一船"烟草"，此后，"烟草"贸易开始兴盛。

工业革命时期，商人博尔顿和瓦特合伙成立了瓦特 & 博尔顿蒸汽机公司，使蒸汽机在英国的各个工业领域普及。这一时期涌现了一大批知名的企业家，包括本茨（Benz）、诺贝尔、爱迪生、西门子、贝尔、福特、洛克菲勒、卡耐基、雪铁龙、雷诺、米其林、克虏伯、拜耳、三井高俊、岩崎弥太郎、住友政友、安田善次郎、乔致庸、胡雪岩、盛宣怀、张謇、聂云台、朱葆三、虞洽卿、范旭东、刘鸿生、卢作孚等。

近现代，企业家更是层出不穷，他们开创了全新的商业，包括比尔·盖茨、杰夫·贝索斯、马克·扎克伯格、史蒂夫·乔布斯、山姆·沃尔顿、埃隆·马斯克、沃尔特·迪士尼、杰克·韦尔奇、松下幸之助、丰田喜一郎、本田宗一郎、盛田昭夫、稻盛和夫等。

此书为何而作？天下熙熙，皆为利来；天下攘攘，皆为利往。

此书有何之用？以古为镜，可以知兴替；以人为镜，可以明得失。

目　录

第一篇　古代商业

第二篇　大航海时代

第三篇　工业化时代

第四篇　现代经济奇迹

第一篇

古代商业

第一章　两河商业文明

从飞机上鸟瞰，在西亚漫无边际的沙漠尽头，两条大河蜿蜒奔流其间，相交汇入大海，这就是著名的幼发拉底河和底格里斯河。这两条河就像两条生命之藤，在今天的伊拉克一带相会，塑造了肥沃的美索不达米亚冲积平原。

6000 年前，这里气候湿润、土地丰饶，因形似新月，得名"新月沃地"，是《圣经》中称为"伊甸园"的地方。"新月沃地"孕育了人类历史上最古老的文明，即美索不达米亚文明（Mesopotamia Civilization），又称两河文明。

两河文明是目前已知世界最早的文明，形成了人类史上最早的城邦——苏美尔城邦，建立了人类史上第一个统一的帝国——阿卡德帝国，构建了最早的朝贡体系，创立了最早的法典——《乌尔纳姆法典》，发展了最早的奴隶制工商业。

一、苏美尔城邦

公元前 4000 年左右，居住于两河流域下游的苏美尔人进入了城邦时代。这一时期，两河流域至少有埃利都、乌鲁克、基什、乌尔、拉格什等 12 个大型城邦。每座城邦有 3 万~5 万人，它们既是军事、政治中心，也是经济与商业中心。汉语中，"城市"的"市"表示集中进行交易的场所，城邦的形成意味着大规模的贸易已经在这些城邦之间开展。

在城市布局上，苏美尔城邦与中国的良渚古城很相似，城市中心为恢宏的神庙和王宫建筑，周围建有城墙，城市外围是农田和灌溉系统。苏美尔的农业十分发达，灌溉系统包括汲水吊杆、运河、水渠、堤坝、堰和水库，农作物包括大麦、鹰嘴豆、小扁豆、小麦、芜菁、椰枣、洋葱、大蒜、苦菜花、韭菜和山葵，牲畜包括牛、绵羊、山羊、猪、驴等。

城市沿河流而建，城市之间修建有发达的人工运河网络，连接底格里斯河和幼发拉底河。通过这两条天然的水上高速公路，可以直抵波斯湾。苏美尔人使用的水上交通工具包括小舟、独木舟、木筏，以及由芦苇和动物皮制成的皮筏等，沥青已经被用作防水处理。商人们乘船往来于波斯湾和苏美尔各个城邦之间。城邦之间交易的商品包括奴隶、农产品、牲畜，还有来自阿富汗的青金石、土耳其的黑曜石、黎巴嫩的雪松木、巴林的珍珠等。

约公元前3500年，苏美尔人创造了表意和指意符号的象形文字。考古表明，这些文字用于记账，与商业有密切关系。这种原始文字以削尖的芦苇秆作为书写工具，写在泥板上，形状像楔子，被称为楔形文字。由于书写载体为泥板，也被称为泥板书。在出土的泥板中，最大的长2.7米、宽1.95米，它们由黏土晾干后烧制而成，因此可以保存数千年之久。

数学是科学的基础，也是商业的基础。考古发现的泥板书表明，苏美尔人已经学会10进位法、16进位法和分数进行加减乘除四则运算，他们懂得解一元二次方程、计算多边形面积和锥体体积，并知道 π 近似于3。

苏美尔时代晚期，两河流域上游的城邦不断向地中海沿岸发展。两河文明与古埃及文明"握手"之后，地中海沿岸贸易开始繁荣，大马士革等重要商业城市登上历史舞台。

苏美尔时期，两河流域已进入城邦时代示意图

资料来源：笔者根据材料绘制示意。

【商鉴】6000年前，苏美尔城邦的出现意味着城市商业已经形成。城市是商业文明的标志，有城的地方就有贸易，城市的发展史也是商业文明的发展史。

二、阿卡德帝国

公元前 24 世纪，苏美尔文明进入青铜时代，位于巴比伦城东部的基什王国凭借铜矿的开采和冶炼成为最富有和强大的城邦。

基什军事首领萨尔贡（Sargon）改革了军队，他将青铜制造的头盔、长矛和投掷短矛广泛装备于部队，还建立了军功制度，征服过程中获得的土地和奴隶优先奖励给有战功的人，奴隶可以通过获取战功成为自由民。约公元前 2371 年，萨尔贡废黜了基什国王乌尔扎巴巴，自立为王。

经过数十次的征战，萨尔贡征服了两河流域的所有城邦，统一了整个苏美尔地区，建立了人类历史上第一个帝国——阿卡德帝国，"洗剑于波斯湾"。萨尔贡在基什城附近重建了阿卡德城作为新首都，自称为"真正的王"，意即"天子"。

为了维护统治，萨尔贡命令毁掉所有苏美尔城邦的城墙，实行严格的武器管制。他以 10 日行程为界线划分区域，将贵族分封到各地，建立了类似中国周朝的朝贡体系。各城邦根据自身产出，进贡不同的物产，如农民进贡粮食、牧民进贡牲畜等。各城邦在战争时期，需要提供士兵参加战斗；和平时期，则需提供奴隶修建城墙、寺庙、灌溉沟渠等。

阿卡德帝国的朝贡体系大致可以分为内外两圈：内圈以"总督"形式统治，类似于中国周朝的诸侯国；外圈则是两河流域之外的国家，如波斯湾北部的埃兰、地中海东北部的陶鲁斯（今土耳其小亚细亚）、地中海东部的叙利亚和黎巴嫩等地。阿卡德为臣服的外围国家提供和平与防卫的保障，外围国家则负责拱卫内圈的安全，并进贡当地特产、奴隶等商品。

【商鉴】对于弱小的国家而言，朝贡是避免战争的重要选项。事实上，富有的国家也会采用朝贡的方式避免战争，如迦太基曾向罗马进贡，宋朝曾向辽、金进贡"岁币"。由于朝贡体系缺乏契约作为基础，很难做到平等互利，因此这种关系十分脆弱。

●《乌尔纳姆法典》

约公元前 2120 年，两河流域南部的乌尔统一了美索不达米亚。为了维系统治，乌尔国王乌尔纳姆颁布了《乌尔纳姆法典》，这是世界上最早的一部成文法典。

《乌尔纳姆法典》被发现时已成残片，整部法典包括序言和正文 29 条，其中可识别的有 23 条。法典明确了君权神授的思想，宣称乌尔纳姆的统治是按照神的旨意行事，法典的颁布是为了"杜绝诅咒、暴力和冲突，在这片土地上建立公平的秩序"。

法典的序言确立了银本位的货币体系，统一了度量衡，采用 60 进制，如重量的最小单位为谢克尔（shekel），1 谢克尔相当于现在的 8.4 克，60 谢克尔等于 1 米纳（mina）。

《乌尔纳姆法典》的核心思想是以"赔偿金钱"的方式杜绝暴力和冲突，从而实现"公平的秩序"。

对于暴力行为，根据人身伤害的程度不同，进行相应的金钱处罚，如打掉他人牙齿要赔偿 2 谢克尔，打瞎他人眼睛要赔偿 1 米纳白银，割掉他人鼻子要赔偿 2/3 米纳白银。如果绑架别人，会被判罚监禁，但只需要支付 15 谢克尔白银就能释放。在冲突中，破坏别人的财产，比如用水将别人的庄稼淹没，则按每亩地 3 古尔（即 3 谢克尔）大麦的标准进行赔偿。相应地，做好事也会有报酬，如有人将逃离的奴隶送回，奴隶主应支付 2 谢克尔的酬金。

社会伦理层面，《乌尔纳姆法典》鼓励家庭和睦。如果一个男人与他的第一任妻子离婚，他应该支付 1 米纳白银；如果妻子此前离过婚，则应支付 1/2 米纳白银。为了确保判罚的公正性，《乌尔纳姆法典》还对证人进行了金钱方面的约束，如果被发现作伪证，则会被处罚 15 谢克尔白银。

这一时期的美索不达米亚已经进入高度发达的奴隶制社会。《乌尔纳姆法典》规定：奴隶属于奴隶主的私有财产，奴隶的子女也归奴隶主所有。若奴隶跟自由民生孩子，则他们的长子归奴隶主所有。奴隶犯事儿则由奴隶主进行相应的赔偿。

《乌尔纳姆法典》本质上是一部维护奴隶制的法律，一些自由民因为犯事儿不得不变卖土地和家产来赔偿，因此沦为奴隶。

【商鉴】在 4000 多年前，《乌尔纳姆法典》是"以法治代替人治"，向"公平的秩序"迈出了一大步。有了法治，契约才有了保障，商业才有了稳固的基石。

三、古巴比伦

公元前 1792 年，古巴比伦第六代国王汉谟拉比统一了美索不达米亚，建立了强大的奴隶制国家。

巴比伦城是当时世界上最繁华的城市之一，也是最重要的工商业城市和经济中心。城市的街道两旁有几十种手工作坊和商铺，涉及酿酒、制砖、缝纫、珠宝加工、冶金、刻印、皮革、木工、造船等行业。

古巴比伦通过宣扬君权神授的方式维持奴隶制统治，将社会划分为三个等级，第一等级是祭祀阶层（即奴隶主阶层），第二等级是自由民，第三等级是奴隶。神庙是城市的政治中心，祭司则是城市实际统治者和管理者，具有多重职能。神庙祭司由王室贵族所垄断，职业是世袭的，其称号也代代相传。

神庙掌管着全国约60%的土地，包括农庄、牧场、枣椰种植园和各种作坊。神庙将土地出租给自由民来获取收益，地租一般是收成的1/3或1/2，果园、菜园的地租为收成的2/3。神庙还为自由民提供谷物、银币的借贷服务，谷物的利率为33%、银币的利率为22%。高地租和高利贷使许多自由民沦为奴隶。

● 《汉谟拉比法典》

《汉谟拉比法典》得名于古巴比伦第六代国王汉谟拉比，他派人收集了两河流域所有城邦的法律条文，并编撰成一部较为完整的法典。

汉谟拉比命人将这部法典刻在一段高2.25米，上部周长1.65米，底部周长1.90米的黑色玄武岩石柱上，共3500行282条。圆柱上端有汉谟拉比从太阳神夏马修手中接过权杖的浮雕，象征"君权神授"。公元前1163年，埃兰攻占了巴比伦城，把刻有《汉谟拉比法典》的石柱作为战利品搬到了首都苏撒。直到1901年，法国和伊朗组成的一支考古队在伊朗西南部苏撒的古城旧址上，发现了"汉谟拉比法典石柱"。石柱现存于巴黎卢浮宫博物馆。

《汉谟拉比法典》的序言写道："要让正义之光照耀大地，消灭一切罪与恶，使强者不能压迫弱者。"事实上，《汉谟拉比法典》维护的是奴隶主阶层的利益，处罚也是"不公平"的。比如，偷窃自由民的财产会被判罚10倍的赔偿，而偷窃神庙的财产则会被判罚30倍的赔偿。

对于奴隶阶层，《汉谟拉比法典》制定了严苛的法律条文。例如，古巴比伦的奴隶必须蓄有辨识度极高的特殊发型，为奴隶理去"奴隶标志"发型的人，会被砍掉双手；若奴隶忤逆主人，一经定罪，主人可以割下他的耳朵；为了避免奴隶逃跑，法典还规定"窝藏他人奴隶将被处以死刑"。

当双方地位平等时，《汉谟拉比法典》遵循"以眼还眼""以牙还牙"的原则。例如，挖去别人眼睛的人，也要被挖去眼睛；打断别人骨头的人，也要被打断骨头；打掉别人牙齿的人，也要被敲掉牙齿。但是，如果是奴隶主挖出奴隶眼睛或是打断奴隶骨头，只需要赔偿奴隶价格的一半。

《汉谟拉比法典》影响十分深远，是古巴比伦统治两河流域各个城邦的通用法典。考古工作者在巴比伦、尼尼微、阿苏尔、博尔西帕、尼普尔、乌尔、拉尔萨等遗址都发现了《汉谟拉比法典》的副本。

【商鉴】法律是社会秩序和正义的最后一道防线。相较于《乌尔纳姆法典》以"金钱赔偿"为主要处罚手段，《汉谟拉比法典》强调"以眼还眼""以牙还牙",体现了"返还原则",宣示了法律的神圣性,即在法律面前,有些事情是无法用金钱衡量的。正因为如此,《汉谟拉比法典》不仅被苏美尔城邦所接受,也被波斯文明的前身埃兰所接受。

四、亚述帝国

公元前9世纪初,生活于两河流域北部地区的亚述帝国兴起。通过一系列的战争,亚述先后征服了大马士革、腓尼基、以色列、埃兰和埃及,建立起一个横跨西亚、北非的帝国,定都尼尼微(今伊拉克摩苏尔附近),将两河流域和古埃及两大文明置于统治之下。

当时,军事征服的目的主要是掠夺财富。亚述军队在征服一座城市后,不但进行财物掠夺,还将居民俘虏为奴隶。萨尔贡二世统治时(公元前722～前705年),亚述攻陷了以色列,城市被洗劫一空,犹太人被作为奴隶迁徙到亚述首都尼尼微,犹太人称之为"血腥的狮穴"。由于犹太人以经商为主,他们迁入尼尼微以后,以奴隶的身份继续参与商业贸易,尼尼微很快发展成为当时最大的商业城市之一。

为了方便战车和骑兵的调遣,亚述人在统治区域内修建了四通八达的驿道,每隔20千米便建有一个驿站和一口井,并在驿站设置官吏,有的路段用石块和砖铺砌,再铺上沥青。亚述人还在驿站设置官吏,负责为信使提供食宿,饲养马匹,检查道路安全。

古代的商业贸易通常以水路为主,亚述帝国对驿道和驿站的修建大大地拓展了陆路商业贸易的范围,为丝绸之路西段的形成奠定了基础。借助亚述帝国修建的驿道,地中海北部腓尼基、吕底亚与亚述帝国的商业贸易开始繁荣,古希腊城邦也开始与两河流域开展贸易。

亚述帝国拥有发达的畜牧业,并为此专门设置了"牧人之首"的官职。马匹、羊毛纺织品是亚述帝国对外出口的大宗贸易商品。当时,马既可以作为交通运输工具,也是战车、骑兵必备的军事单位。亚述人拥有发达的羊毛纺织业,他们将羊毛纺织成长约4.5米、宽约4米的羊毛绒布出售。羊毛对亚述的重要性不亚于丝绸对中国的重要性。

这一时期,两河流域已经进入铁器时代,来自小亚细亚的铁是亚述进口的大宗商品。铁被广泛应用于兵器的制作,亚述帝国因此拥有一支强大的军队。

【商鉴】亚述在征服他国的过程中,将大量战俘作为奴隶。可以说,亚述首都尼尼微是一座由奴隶建造,由奴隶运营的城市。人,始终是一座城市的灵魂,也是构成商业的最基本要素。

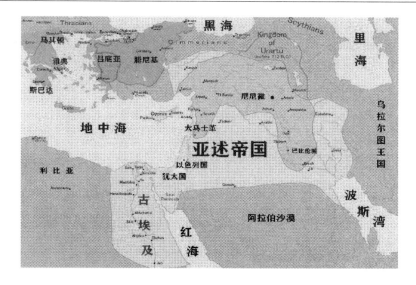

亚述帝国将两河流域、古埃及两大文明置于统治之下的示意图

资料来源：该示意图参见 https：//m. sohu. com/a/313076672_677531/。

五、新巴比伦

公元前 612 年，新巴比伦与米底王国联合，灭亡并瓜分了亚述帝国。其中，新巴伦分得亚述帝国的西半壁江山，囊括整个新月沃土。

随着亚述帝国灭亡，古埃及得以独立。新巴比伦国王尼布甲尼撒二世试图继承亚述帝国对埃及的统治，于是发动了征服埃及的战争。要征服埃及，由犹太国控制的迦南是必经之地。由于犹太国投靠埃及，尼布甲尼撒二世便派兵消灭了犹太国。大批犹太民众、工匠、祭司和王室成员被掳往巴比伦，史称"巴比伦之囚"。这些被掳走的犹太奴隶，一部分人参与了"空中花园"的建造，另一部分人被委派为经理，代新巴比伦奴隶主管理商业。

在新巴比伦，奴隶不仅可代主人经商，还可以租种主人或第三者的土地，甚至可以同自由民订立契约，但奴隶作为主人财产的隶属关系并未改变，奴隶身上烙有作为奴隶的标志或其主人的名字。

据泥板书记载，新巴比伦有一个著名的商人家族——埃吉贝商家（Egibi Merchant Family）。埃吉贝家族不仅自己经商，也委派犹太人奴隶作为经理经商。埃吉贝商家经营的业务非常广泛，包括金融借贷，土地、房屋、奴隶的买卖及出租，以及椰枣、谷物、金银项链、宝石、啤酒等商品贸易。在世界各国的博物馆中，记载埃吉贝家族商业活动的泥板达 1000 多块，足见其商业规模之大。

【商鉴】新巴比伦人知道犹太人非常擅长经商，因此委派了大量来自"巴比伦之囚"的犹太人担任职业经理人，让"专业的人干专业的事"。在犹太人的帮助下，埃吉贝商家成为当时最知名的商家，巴比伦城成为当时最繁荣的城市。

第二章　古埃及商业文明

尼罗河是古埃及的母亲河，河水 80% 以上来自埃塞俄比亚高原的季节性暴雨，洪水的冲刷使尼罗河两岸形成了肥沃的土壤。距今约 9000 多年前，人们开始在尼罗河两岸种植大麦、小麦，建立了原始的村落。

约公元前 5450 年，尼罗河流域进入城邦时代。四十多个城邦经过长期战争与兼并，最终发展成了两个强大的国家：上埃及（位于尼罗河上游，以鹰为保护神）和下埃及（位于尼罗河下游，以眼镜蛇为保护神）。

约公元前 3100 年，上埃及国王美尼斯征服了下埃及，开创了古埃及的第一王朝。统一埃及后的美尼斯分别在上埃及、下埃及举行了不同的加冕典礼，宣称自己是"上下埃及之王"。上埃及、下埃及分别保留着自己的宗教和行政管理体系。美尼斯将首都迁到了经济更加发达的下埃及，兴建了孟斐斯城，因为城墙上涂有白石膏粉，也称白城。孟斐斯位于开罗以南约 32 千米处，是世界上最古老的城市遗址之一，至今仍留存了许多著名的金字塔和狮身人面像。

到第五任时，埃及国王宣称自己是太阳神阿蒙的儿子，尊称法老。法老原意为"宫殿"，这与古代中国称皇帝为"陛下"类似。"陛"原指帝王宫殿的台阶，后演变为对帝王的尊称。法老自称是神在人间的代理人和化身，掌握全国的军政、司法、宗教大权，其意志就是法律，是古埃及的最高统治者。从此以后，古埃及所有土地和人民都被视为法老的财产，即"普天之下莫非王土，率土之滨莫非王臣"。由于法老是神的儿子，法老的敕令就是法律。法老们普遍认为，法律一经制定，它的权威就会形成对法老个人权威的对抗。所以，在相当长的时间里，古埃及并未像同一时代的苏美尔文明一样制定法典。

在地理上，埃及位于亚非欧三大洲的交界之处，扼地中海和红海的战略咽喉。早在公元前 2400 年，埃及就已经开凿苏伊士运河的前身——布巴实提运河（Bubasti）。这里自古便是兵家必争之地，埃及曾先后被亚述、波斯、希腊、罗马、阿拉伯、奥斯曼等帝国入侵并统治。

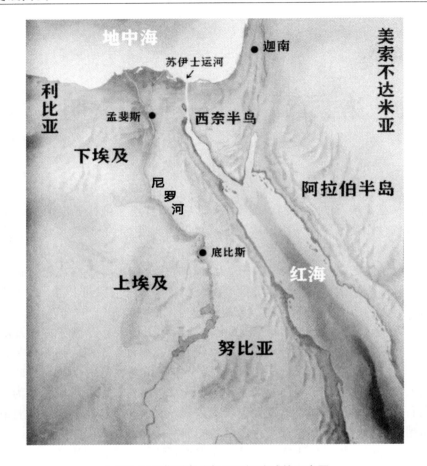

古埃及位于非洲东北部尼罗河流域的示意图

资料来源：该示意图参见 http：//mms2. baidu. com/it/u = 2749459146，3887316509&fm = 253&app = 138&f = JPEG?w = 500&h = 587。

【商鉴】古埃及人没有像苏美尔人那样制定法典，私有财产的合法性始终没有得到法律保障，在相当大程度上抑制了商业文明在古埃及的发展。直到古希腊人入侵，建立亚历山大港，埃及才正式成为地中海贸易的中心之一。

一、大麦、莎草纸和亚麻布

农业是古埃及的主要经济形式，这里的气候环境十分适宜大麦的种植。通过长期观察，古埃及人掌握了尼罗河定期泛滥的规律。他们修建了水库、人工运河等大量水利设施，每次洪水泛滥，水利设施就会蓄满灌溉用水。洪水退去后，古埃及人便在肥沃的"黑土"上播种大麦，然后利用水利设施进行灌溉，确保每一年的丰收。

古埃及人使用一种原始的脱粒方式将大麦谷壳与谷粒分离，然后将谷粒筛去谷壳，磨成面粉，用来制作面包或酿造啤酒。大麦在古埃及人心目中具有崇高的地位，面包被认为是神的恩赐，啤酒则是神圣的贡品，喝啤酒可以"包治百病"。

相对于普通商品而言，大麦具有价值稳定、可量化、易保存的货币基本属性。事实上，大麦本身也是古埃及的通用货币，官员的俸禄和工人的工资也以大麦来衡量和发放。根据古埃及墓穴壁画上的集市场景可知，人们也可以使用大麦到市场上交换蔬菜、海鲜、陶器等商品。

由于地理环境的限制，古埃及的资源相对贫乏，高档陶器、木材、贵金属、宝石都需要进口。不过，凭借尼罗河三角洲的植物资源，古埃及仍然发展出了两大标志性的手工业商品：莎草纸和亚麻布。

莎草纸由尼罗河三角洲盛产的纸莎草制成。纸莎草的用途十分广泛，除了造纸，可以用于制作绳索、箩筐、垫子、凉鞋和轻型小船。可以说，纸莎草是古埃及的"国草"，当时的庙宇、皇宫的墙壁上都刻画有它的形象。据《圣经》记载，摩西就是被放在纸莎草编的箩筐里，漂浮在尼罗河上而被埃及公主救起的。

莎草纸是古代北非、西亚和欧洲等地区的主要书写工具，也是埃及重要的出口商品，一度实行王室专营制度。当时，世界上的书写工具还有泥板、羊皮、牛皮、竹简、木牍、丝绸等，莎草纸比泥板轻便得多，而比羊皮、牛皮要廉价得多。从制作工艺上看，莎草纸由纸莎草的茎编织、垂打、压制而成，并非真正意义上的"纸"，在形制上与竹简、木牍属于同一个级别。公元8世纪，中国的造纸术经由阿拉伯帝国传到西方后，莎草纸也就退出了历史舞台。

亚麻布被古埃及人称颂为"Woven Moonlight"，即用月光织成的面料，带有神圣、高贵的寓意。亚麻布被广泛用于制作高档服饰和室内装饰，也是制作木乃伊不可或缺的材料。相对于谷物而言，亚麻布的价值更高，在大额交易时，常被当作货币来使用。在中国古代，布也是货币的一种。当然，与中国的丝绸相比，亚麻布就相形见绌了。

丝绸之路开通以后，来自中国的丝绸更加洁白、光滑、柔软，迅速成为埃及贵族们的至爱，亚麻布的地位被中国丝绸所取代，包括埃及艳后克里奥帕特拉七世也曾穿过一袭华美的丝袍。

【商鉴】埃及拥有发展农业的比较优势，是地中海地区的重要粮仓。同时，又因盛产纸莎草而发展出极具地区特色的莎草纸。就商业而言，拥有比较优势或者特色是取得成功的重要因素。

二、殖民掠夺与金字塔财富

受宗教因素的影响，古埃及人对尼罗河有着深厚的感情，认为尼罗河才是自己的家乡，即便征服了其他土地，也不愿意离开自己的家乡。因此，古埃及人的征服主要是为了殖民和掠夺，大致为：南部努比亚、西部利比亚、东北部西奈半岛、迦南及地中海沿岸。

努比亚是古埃及南方的一个古国，位于今天的苏丹。当时，努比亚拥有世界上最大的金矿。"努比亚"一词在古埃及语中是金子（nub）的意思。约公元前3050~前3000年，古埃及第三位国王杰尔（Djer）率军征服了努比亚，建立了军事要塞，进行殖民统治。此后，努比亚为埃及带来了源源不断的黄金、象牙、奴隶。

西奈半岛位于埃及的东北端，约公元前2780~前2760年，法老左塞尔对这里发起了数次远征。征服当地的土著居民后，法老派出奴隶在这里开采绿松石、铜等矿产。据考古发现，尼罗河河谷修建寺院、宏伟宫殿的花岗石也来自这里。这一时期，古埃及人确立了太阳神信仰，相信人死后灵魂不灭，会像太阳一样重新升起。法老左塞尔修建了古埃及第一座金字塔用于保存他的身体，以便他日重返人间。左塞尔金字塔高62米，底边长125米，宽109米，体现了古埃及人力、物力和财力的强大。

埃及的西部是利比亚，拥有丰富的森林资源，森林产出的木材是建造船只的重要材料，也是建造金字塔的重要辅助材料（如滚木、脚手架等）。据记载，法老斯尼夫鲁远征利比亚，"突袭了黑人的土地，带回7000名囚犯，以及20000头牛、羊和40船的雪松木……"另外一次远征则获取了11000名囚犯和13100头牛。凭借掠夺来的战俘奴隶和财富，斯尼夫鲁至少修建了三座著名的金字塔：曲折金字塔、红金字塔和美杜姆金字塔。

斯尼夫鲁的继任者胡夫为了修建更大的金字塔，组织了数次对西奈半岛、努比亚和利比亚的军事远征。胡夫金字塔位于孟斐斯以北，高146.59米，塔基边长230米，是世界上最大、最高的埃及金字塔。据估计，胡夫金字塔大约由230万块石块砌成，外层石块约11.5万块，平均每块重2.5吨，像一辆小汽车那样大，而大的超过15吨。胡夫去世后，他的儿子哈夫拉建造了世界上第二大金字塔——哈夫拉金字塔。

法老图特摩斯三世依靠利比亚的木材建立了当时世界上最强大的舰队，先后征服了迦南、大马士革和克里特岛，控制了整个东地中海地区，迫使亚述、巴比伦、赫梯向古埃及纳贡，使古埃及实力达到巅峰，这一期间被称为古埃及第十八王朝。公元前1332年，9岁的图坦卡蒙继位为第十八王朝的法老，19岁时，图坦卡蒙死于家族遗传病。图坦卡蒙没有卓著的历史功绩，却因丰富的陪葬品震惊世界。下葬时，图坦卡蒙头部罩着一个黄金面具，前额部分饰有鹰神和眼镜蛇神，他的陪葬品有5000余件珍贵文物，是埃及考古发现的顶峰。

【商鉴】奴役黑人与殖民掠夺有着5000年以上的历史，为埃及建造金字塔的奴隶并非生而为奴，很多是通过战争奴役而来。金字塔是古埃及的荣耀，但背后却是对黑人的奴役和殖民掠夺。

三、布巴实提运河

法老萨胡拉开凿了布巴实提（Bubasti）运河，这是一条沟通红海与尼罗河的航线，只在每年8~11月尼罗河的汛期才能使用。当时，红海与地中海之间的远洋贸易尚未发展，埃及与世界的贸易中心位于迦南，布巴实提运河的主要作用是南征努比亚进行殖民掠夺。

法老辛努塞尔特三世进一步拓宽了布巴实提运河。辛努塞尔特三世（Senusret Ⅲ）的名字即为"苏伊士"一词的来源。他率领强大的海军，从尼罗河经这条运河进入红海，远征努比亚。战胜后，将当地黄金、象牙、兽皮、木材等战利品运回埃及。有证据显示，这条运河持续存在到公元前13世纪的拉美西斯二世时期，古埃及人一直通过这条运河对南方的努比亚人进行军事远征和殖民掠夺。在此之后，随着古埃及实力的衰落，无力南征，这条运河随即被废弃。

公元前500年，波斯征服埃及，波斯国王大流士一世重新疏通了布巴实提运河。大流士在尼罗河岸建立了许多花岗岩石碑纪念他的功绩，其中有一块位于离苏伊士运河130千米远的地方。这块石碑的铭文中写道："吾乃波斯人。吾起于波斯而征于埃及。吾命开此河，发于尼罗奔流埃及，止于瀚海濒临波斯。此河既成，埃及之船舶可沿之直抵波斯，合吾所愿。"这段铭文表明，海上丝绸之路的西段，即地中海、红海至波斯湾的远洋航线已经开辟。

由于尼罗河周期性地泛滥，这条运河也周期性地淤塞，埃及统治者根据自身需要，均进行了不同程度的保护。公元8世纪以后，统治埃及的阿拉伯帝国的哈里发曼苏尔将运河彻底废弃，改由陆路进行中转，运河的废弃也为大航海时代的开启埋下了伏笔。

【商鉴】苏伊士运河是"要想富，先修路"的最佳例证。这条运河的开凿与废弃见证了埃及商业的兴衰历史，反映了物流与地缘政治对商业的重要影响。

四、《埃及赫梯和约》

公元前 1500～前 1300 年，赫梯帝国崛起，统治了两河流域北部、腓尼基和小亚细亚地区。

赫梯盛产战马，拥有当时最先进的冶铁技术。凭借先进的战车和铁制兵器，赫梯兵锋直指叙利亚，占领了大马士革。赫梯还顺道攻陷了巴比伦城，饱掠而归。当时，古埃及正处于实力巅峰，而大马士革是古埃及最重要的铁器来源地之一，是当时地中海东岸仅次于迦南的商业中心。

为了争夺大马士革的控制权，埃及与赫梯爆发了一场古代世界规模最大的战车大战——卡迭石战役。在这场战役中，埃及法老拉美西斯二世派出了 2000 辆战车，赫梯则集结了约 2500 辆战车。显然，这是一场没有胜利者的战争。

最终，赫梯国王哈吐什尔三世把写在银板上的议和草案寄送给拉美西斯二世，双方签订了《赫梯国王哈图里三世与埃及国王拉美西斯二世的同盟条约》，也称为《银板和约》。这是世界上最早的国际和约，它建立了一种全新的协商机制来谋求各自权益。《银板和约》这样记载："赫梯的伟大之主永远不能侵犯埃及的领土，不能劫掠埃及的货物。同时，埃及的伟大统治者拉美西斯二世，也不能侵犯赫梯的土地，不能劫掠赫梯的货物。"

该条约的签署结束了赫梯与埃及之间的战争，埃及不仅可以重新回到大马士革进行贸易，还能进入赫梯的各个港口进行贸易。同时，埃及将重心转向海上，以应对"来自海上的威胁"，而赫梯则从陆地上防范东面的亚述。《埃及赫梯和约》还促进了双方的政治联姻，拉美西斯二世迎娶了赫梯公主，这一场景被雕刻在埃及卡纳克庙宇的墙壁上。

【商鉴】商业不是零和博弈，可以通过契约的订立，以协商的方式实现各方的利益诉求，达到共赢的目的。

五、《圣经·出埃及记》的商业秘密

《圣经·出埃及记》记载，犹太人在拉美西斯二世时期（公元前 1279～前 1213 年）曾被古埃及征服成为奴隶，后在摩西的率领下逃离古埃及，回到迦南。

迦南位于西奈半岛东北部的地中海东岸，是古埃及与两河文明、地中海文明的交汇之处，也是当时亚非欧商品贸易的集散中心。古埃及在此出口的商品有谷物、莎草纸、亚麻布、铜、绿松石、黄金、象牙、奴隶等，进口的商品包括陶器、铁器、马匹、宝石、木材、橄榄油、琥珀等。这一时期，迦南属于古埃及的统治范围，古埃及与赫梯帝国签订了《埃及与赫梯和平条约》。因此，摩西很可能是被古埃及委派前往迦南参与商业贸易。

公元前 1012 年，犹太人在大卫的领导下建立了以色列联合王国，定都耶路撒冷。当时，以色列国的一切政府机构都为贸易服务，这一经济形式是从摩西时代开始的。由于犹太人主要为埃及提供商业服务，公元前 721 年，亚述国王萨尔贡二世消灭了以色列联合王国，约 27000 名犹太人被作为奴隶带往亚述首都尼尼微，而剩下的犹太人在废墟上建立了犹太国。

公元前 612 年，新巴比伦发动了征服埃及的战争。因犹太国投靠埃及，尼布甲尼撒二世便派兵消灭了犹太国，犹太人的圣殿被焚毁，耶路撒冷城被夷为平地，犹太人全部被作为奴隶带到新巴比伦城。公元前 539 年，新巴比伦被波斯帝国消灭，波斯国王居鲁士让犹太人回到耶路撒冷重建圣殿，恢复了犹太国。此后，犹太国开始为波斯帝国提供商业服务，直到公元前 63 年被罗马帝国的统帅庞培所灭，成为罗马的犹太省。

历史上犹太人遭受了多次苦难，有着十分深厚的宗教情结，每个犹太人每年都会捐献一笔钱用于修缮耶路撒冷圣殿。为了反抗罗马的统治，犹太人发动了两次"犹太战争"。

在"第一次犹太战争"中，犹太人攻占了耶路撒冷和各处要塞，埃及亚历山大城、叙利亚安条克的犹太社区，也出现了针对古罗马人的叛乱。"第一次犹太战争"很快被罗马军队镇压，耶路撒冷城破后，犹太人遭到屠杀，约 7 万人被卖为奴隶。此后，古罗马人向犹太人征收一种特殊的税种，用于修缮古罗马所信仰的朱庇特神庙，以示惩罚。

公元 131 年，哈德良皇帝禁止犹太教徒举行割礼和阅读犹太律法，并准备在耶路撒冷城建立罗马神庙，"第二次犹太战争"爆发。在这次战争中，犹太人遭到更为血腥的镇压，被屠杀人数高达 58 万，所有犹太城市和家园被彻底摧毁，耶路撒冷城被推平，遗址翻耕成农田。犹太人从此开始了背井离乡、流浪异地的漂泊生活。

【商鉴】保持中立对商人而言十分困难，保持与政治的距离也十分困难。在任何时候都要留有余地，才能在面临险境时化险为夷。如何做到左右逢源，并在合适的时机全身而退，是商人的一门必修课。

第三章　古印度商业文明

印度是波斯人、古希腊人对印度河以东地域的称呼。凭借印度河流域广阔肥沃的土地，古印度拥有发达的农业，是早期的人类文明中心之一。

约公元前3000~前2000年，印度河流域进入了青铜器时代，称为"哈拉巴文化"时期。哈拉巴文化时期，古印度至少拥有哈拉巴（位于今巴基斯坦旁遮普省）和摩亨佐·达罗（位于今巴基斯坦信德省）两个大城市。城市的形成意味着商业贸易已经出现，考古发现古印度与两河流域有着密切的商业往来，如与伊朗进行的绿松石贸易、与阿富汗进行的青金石贸易等。

一、种姓制度

约公元前2000年，两河流域的乌尔第三王朝被古巴比伦消灭。由于乌尔国王乌尔纳姆曾制定《乌尔纳姆法典》，宣称自己按照神的旨意在人间行事，乌尔国灭亡后，其后裔自称是"按照神的旨意行事的人"，简称为"有信仰的人"，音译为"雅利安人"。

雅利安人从两河流域穿过伊朗、阿富汗、兴都库什山抵达印度河河谷地区，通过不断地征服，将势力扩张到恒河流域和南印度。在征服的过程中，雅利安人将古印度的土著居民变成奴隶，建立了等级森严的种姓制度。

古印度种姓制度分为四个等级：第一等级是婆罗门，负责祭祀，同时也是最高统治者；第二等级是刹帝利，负责军事、行政和赋税；第三等级吠舍是普通雅利安人，从事奴隶管理和商业工作；第四等级首陀罗是奴隶，从事低等级的工作。

种姓制度世代相袭，不同等级不能通婚。婆罗门和刹帝利阶层掌握着古印度绝大部分的土地，通过国家专营的形式，垄断了盐、铁、铜、金银制造、酿酒、纺织、武器制造、造船等工商业。按照婆罗门的教义，婆罗门和刹帝利不能与"不洁者"首陀罗奴隶接触，因此工商业和农业的实际生产、经营和管理由普通雅利安人吠舍负责。

公元前 324 年，古印度首领旃陀罗笈多建立了孔雀王朝。据记载，旃陀罗笈多出身于饲养孔雀的家族，孔雀王朝因此而得名。按照种姓制度的职业划分来看，"饲养孔雀"的家族身份属于第三阶层吠舍，不具有统治的合法性，因此遭到婆罗门和刹帝利的反对。为了维护统治，旃陀罗笈多的孙子阿育王实施残酷镇压，仅在羯陵伽战役中，就有 10 万婆罗门和刹帝利阶层的人被杀。在这次征服之后，阿育王感受到杀戮的残忍，开始忏悔。他决定以佛教为国教，倡导建立一个"和平""仁慈"的世界，同时宣扬"众生平等"以消除种姓制度的影响。阿育王在印度各地敕建了三十余根纪念碑式的圆柱，用古老的波罗蜜文字（Brahmi）铭刻着他的亲笔敕文。阿育王还向周边国家派遣了高僧使团以传播佛教，斯里兰卡、印度尼西亚、缅甸、中国、叙利亚、埃及等地都留下了他们的足迹。由于种姓制度有着千年以上的传统，婆罗门、刹帝利、吠舍阶层都不愿意与首陀罗阶层通婚，因此，佛教并不能改变种姓制度所传承下来的身份世袭。8 世纪，阿拉伯帝国入侵印度，传统的婆罗门教再次成为印度国教。

在此后的历史中，印度先后被莫卧儿王朝、大英帝国统治。婆罗门、刹帝利由统治阶层变成被统治阶层，开始慢慢涉足工商业，吠舍阶层则开始从事首陀罗阶层的工作。

【商鉴】阶层跃升是一个社会有活力的必要条件，职位晋升通道是一个企业有活力的必要条件。种姓制度使吠舍无法通过经商改变阶层和社会地位，从而抑制了商业在古印度的发展。

二、乌兹钢

约公元前 6~前 5 世纪，位于印度西北部的海得拉巴（现属于巴基斯坦）的冶炼工人发明了含碳 1.5%~2% 的超高碳钢，印度人称之为"乌兹"（Wootz）。它们的冶炼方法是：将黑锰矿、竹炭及某些植物叶子密封在一个陶炉里燃烧加热，当这些东西熔化后，其渣滓形成一块金属，然后将此金属反复熔化、冷却四五次，最后炼成乌兹钢金属块。

公元前 517 年，波斯帝国的大流士一世攻占了印度河流域，控制了乌兹矿区。公元前 331 年，古希腊的亚历山大消灭波斯帝国后，远征印度河流域，又使这里成为马其顿帝国的行省。当时，波斯、西亚和地中海地区都从印度进口了大量"乌兹钢锭"，用于制作顶级刀剑。作为冷兵器时代最贵重的战略物资，乌兹钢是古印度最为重要的出口商品之一。乌兹钢被贩卖到大马士革（今叙利亚境内）后，由当地的工匠锻造为著名的大马士革刀，因此这种钢也被称为"大马士革钢"。"大马士革钢"在铸造成刀剑时，表面会形成一种特殊的花纹——穆罕默德纹，在刀刃上形成锯齿，使刀剑更加锋利，在空中挥刀可将丝绸毫不费力地一分为二。大马士革刀还具有出色的强韧性，在战斗中几乎不会断裂，长久以来被认为是冷兵器时代的兵器之王。

乌兹钢的冶炼使古印度的钢铁冶炼技术处于世界领先地位。5 世纪，笈多王朝铸造了一根高约 7.25 米、直径约 0.5 米、重 6.5 吨的铁柱，矗立于印度首都新德里南郊，人们称它为"阿育王铁柱"。这根铁柱代表了古印度最高的炼钢技术，它的外表采用不锈钢技术处理，1500 多年过去了，仍毫无锈迹。有人认为，《西游记》中孙悟空的原型是印度史诗《罗摩衍那》中的神猴哈奴曼，而"阿育王铁柱"正是金箍棒的原型。

乌兹铁矿在 17 世纪末被开采殆尽，随着乌兹钢的消失，带有穆罕默德纹的大马士革钢刀的制作工艺就此失传。

【商鉴】自然资源总是会有枯竭用光的时候，寻找可替代的资源便是商机所在。如今，全世界的主要国家都在发展新能源，其中一个重要的原因是预估到石油资源终将枯竭。

三、柚木与造船业

古印度盛产柚木，这是一种高 35~45 米、直径 1~2.5 米的大乔木。柚木极耐腐，可抗海水侵蚀以及白蚁、船蛆等海洋生物蛀食，强度大、变形系数小，是钢铁材料运用之前世界上最佳的远洋造船材料。以中国明代郑和宝船为例，船的内部结构主要使用中国南方特产的杉木，约占 79.66%；最重要的船体则用从东南亚进口的柚木构建，约占 11.02%。

历史上，印度柚木曾远销地中海、红海、波斯湾等地区，是印度重要的出口商品之一。亚历山大东征以后，当时最先进的古希腊造船术传入印度，再加上世界上最好的造船木材，印度在此后很长时间内都是世界造船业的中心之一。

笈多王朝时期（约 320~540 年），印度已经可以制造能容纳数百人的多桨帆船。这一时期，印度人先后抵达马来半岛、苏门答腊岛、加里曼丹岛、爪哇岛、中国、日本等地区。

然而好景不长，随着阿拉伯帝国的入侵，印度的主要出海口被阿拉伯人所控制，印度的航海和造船技术也主要由阿拉伯人主导。此后数个世纪中，阿拉伯人、中国人统治了东西方的海洋贸易路线。大航海时代以后，葡萄牙、英国相继到来，印度的所有出海口又被西方控制。

【商鉴】荷兰因盛产橡木而发展成为欧洲的造船中心，有"海上马车夫"美誉。印度盛产柚木，也有造船技术，还处于海上丝绸之路的有利位置，为何不能成为一个海上强国呢？荷兰经过80年的战争于1648年取得了独立，而印度一直被各个帝国入侵，直到1950年才正式独立。

四、香料贸易

一般认为，香料的最初使用与古印度的宗教有关。约公元前1500年，古印度婆罗门教的祭司把用各种树脂和香木制作的熏香引入宗教仪式中，用以净化灵魂。

婆罗门制定了严格的种姓制度，不同种姓在城市里有不同的居住区和不同的住房规格。婆罗门和刹帝利两个阶层严格禁止与"不洁者"首陀罗接触，哪怕触碰到影子也不行。如果不小心触碰到，他们认为自己的身体和灵魂就会被污染，必须举行"净身仪式"。

所谓"净身仪式"就是通过焚烧香料，如龙涎香、樟脑、檀香、沉香等去秽，有时候也通过在食物中添加胡椒、肉桂、豆蔻、丁香等香料，以"食疗"的方式去秽。古印度的医学理论认为，如果一个人生病了，要么是接触了污秽的空气，要么是吃了不干净的食物。香料作为大自然的精华，能够去除污秽，使食物和空气得到净化。因此，香料被认为是可以祛病除疴的灵丹妙药。

"咖喱"是印度最著名的调味品之一，这一词语来源于泰米尔语，意思是"许多香料加在一起煮"。由于宗教信仰的原因，印度人不吃猪肉和牛肉，而"咖喱"可以去除羊肉中的膻味。此外，由于地处南亚，天气闷热、潮湿，"咖喱"也可以抑制细菌的滋生。

宗教、药物的双重用途以及香料本身的芳香属性，使香料成为古代十分名贵的奢侈品，在贵族阶级、宗教仪式中被普遍使用。到了古罗马时期，香料除了食用、佩戴、医药等用途外，还用于祭祀、基督徒丧葬火化等领域。同一时期，中国汉朝也流行使用香炉熏香，每逢大事都要焚香沐浴，以示尊重、真诚。从此，烧香成为中国人的重要宗教习俗之一。

香料、丝绸、瓷器并称为古代大宗商品贸易三宝。在黑死病爆发时期，欧洲人将香料作为药物，通过佩戴装有香料的香盒祛除瘟疫。当时，奥斯曼帝国阻断了东西方贸易，前往东方寻找香料，成为航海大发现的主要推动力。16世纪，葡萄牙人来到东印度群岛，发现此处盛产香料，就将这里命名为香料群岛。

【商鉴】按照马斯洛需求理论，香料作为调味品满足了第一层次"生理需求"，抑菌功能满足了第二层次"安全需求"，自带的香味满足了第三层次"社交需求"，熏香满足了第四层次"尊重需求"，宗教仪式满足了第五层次"自我实现需求"。所满足的层级越高，商品的价值就越高，因此香料具有极高的贸易价值。

五、棉纺织贸易

印度种植棉花的历史可以追溯到公元前 3200 年。棉花在印度的地位相当于丝绸在中国的地位。古印度棉纺织品曾远销至中东、欧洲、北非和亚洲等地。

13 世纪，由于奥斯曼帝国的崛起，印度和欧洲之间的海上贸易通道、陆上贸易通道都被阻断，高额的过境关税极大冲击了印度的棉纺织贸易。新航线开辟以后，印度棉布被带到欧洲，在荷兰阿姆斯特丹引发抢购浪潮。绘有印度神话人物、印度当地鲜花图案的棉布甚至被欧洲精英阶层作为身份地位的象征。

印度成为英国的殖民地后，印度生产的棉花和先进的棉纺织工艺都被英国东印度公司带到英国本土，极大地推动了英国纺织工业的发展。比如，1811 年，英国仅从印度进口了 160 包棉花，到 1818 年，进口棉花的数量已经高达 127124 包。英国纺织工业的发展，促成了珍妮纺纱机的问世，并推动了第一次工业革命。英国历史学家埃里克·霍布斯鲍姆认为："谁在说工业革命，谁就在说棉花。"

随着英国棉纺织工业的发展，美国也开始大量种植棉花。到 1830 年，全美约有 100 万人种植棉花，美国的棉花产量占世界的一半以上。作为英国殖民地体系的一部分，印度、美国都被当作棉花原材料的生产地和棉布工业品的倾销地。与印度不同，美国打赢了独立战争，并通过南北战争确立了工业化的发展路线，最终利用南方的棉花发展了自己的棉纺织工业，而印度直到"二战"时仍然是英国的殖民地。

至今，棉花依旧是印度最重要的农业经济，棉花年产量约占全世界产量的 22%，占全球棉花种植面积的 30%，全印度约有 4500 万人从事和棉花有关的工作。

【商鉴】推动英国工业革命的棉花来自印度，棉纺织技术也来自印度。为什么工业革命没有发生在印度，而是发生在英国？因为工业革命由相应的商业制度推动，必须从国家层面鼓励发展商业，并且制定法律确保人们享有相应的商业利益，人们才会不断地引入新技术，不断地提高生产效率，从而推动生产的变革。

第四章　古波斯商业文明

波斯的名称来源于波斯高原（今伊朗高原）。波斯高原由小亚细亚和高加索开始，一直向东延伸，包括现今阿富汗和巴基斯坦的绝大部分地区。

古波斯的历史可以追溯至埃兰和米底。大约公元前 2700 年，波斯湾北部，也就是今天伊朗高原的西南部，土地肥沃，森林和矿藏资源丰富，形成了许多城邦国家，包括阿万（Awan）、苏萨（Susa）、西马什（Simash）、安善（Anshan）等地区，史称埃兰文明。大约公元前 1185 ～ 前 1155 年，苏萨统一了埃兰各邦，击败了两河流域的巴比伦王国，将著名的汉谟拉比法典石柱掠往首都苏萨。

公元前 639 年，埃兰被亚述帝国征服，一同被征服的还有伊朗高原上由 20 多个部落联合形成的米底王国。米底部落分布于今天的伊朗东北部、阿富汗、土库曼斯坦地区，以盛产"汗血宝马"闻名于世。米底国王基亚克萨雷斯将孙女嫁给新巴比伦国王尼布甲尼撒二世，双方联姻后共同出兵击败并瓜分了亚述的领土。其中，新巴比伦获得整个新月沃土和美索不达米亚平原，米底王国则获得整个伊朗高原。

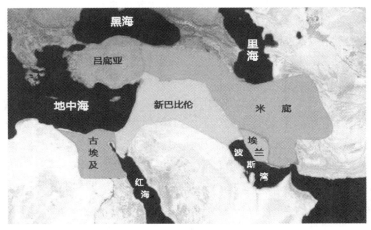

埃兰和米底共同构成了古波斯雏形示意图

资料来源：该示意图参见 http：//mms2.baidu.com/it/u = 798143549，409778590&fm = 253&app = 120&f = JPEG？w = 640&h = 315。

公元前585年，米底国王阿斯提阿格斯把女儿嫁给贵族阿契美尼德家族的冈比西斯，生下了居鲁士。阿斯提阿格斯去世后，米底王国因权力斗争爆发内乱。最终，居鲁士以外甥的身份平定了米底的所有反对势力，建立了波斯帝国。由于居鲁士来自阿契美尼德家族，波斯帝国也称为阿契美尼德王朝。

一、征服吕底亚

吕底亚位于小亚细亚中西部，濒临爱琴海，处于地中海—黑海贸易以及欧亚大陆贸易的交界地带。

吕底亚不仅地理位置优越，还盛产金银矿产。约公元前660年，吕底亚人铸造了一种标准化的金币，含54%的金和46%的银，重量约4.74克，直径约11毫米。吕底亚金币上有一只狮子的头像，是世界上最早的通用货币之一。金币的发行，使吕底亚成为当时地中海地区的金融中心。

亚述灭亡后，米底因为王位争夺陷入内战，吕底亚人利用雇佣军趁机扩张地盘，占领了整个小亚细亚半岛。吕底亚还通过对希腊贵族的扶持，间接控制了希腊的许多城市，如雅典为吕底亚生产橄榄油和手工业品，斯巴达、马其顿则为吕底亚提供雇佣军。受吕底亚文化的影响，古希腊的宗教和祭祀风俗与吕底亚十分相似，城市建筑与服饰也异曲同工。

公元前550年，居鲁士统一米底，建立了波斯帝国，吕底亚成为波斯帝国对外用兵的第一个对象。当时，波斯大军在人数上拥有绝对优势，而吕底亚则拥有来自斯巴达、马其顿、罗马、埃及等地多支训练有素、骁勇善战的精锐雇佣军。双方交战后，波斯大军屡战屡败，屡败屡战。对于需要用金币雇佣军队作战的吕底亚来说，持久作战负担十分沉重，军费、粮食和伤亡人员的抚恤金都是一笔不小的开支。吕底亚国王克洛伊索斯设想，如果把这笔费用直接交给居鲁士，他会不会同意撤军呢？

历史往往需要一个精彩的故事才能被铭记。冬季来临之际，居鲁士假装撤军，而吕底亚国王克洛伊索斯信以为真，于是遣散了雇佣军。居鲁士趁机发起总攻，大败吕底亚军队。据说，居鲁士还使用了骆驼骑兵，由于马闻到骆驼的气味会受到惊吓，因此吕底亚的骑兵被冲散，最终溃败。

从战争的结果来看，居鲁士对吕底亚的征服更像是通过谈判完成的。居鲁士提出了高度自治的方案，除了承认波斯帝国的最高统治特权，居鲁士仍把吕底亚国王克洛伊索斯当作帝王对待，各地旧有的宗教、法律、行政机构都被保留下来，贵族也仍然享有原来的特权。因而，吕底亚很快便放弃抵抗，居鲁士没有掠夺吕底亚，也没有破坏吕底亚首都萨迪斯。当然，居鲁士每年可以获得一笔巨大的"税收"收入，并且达到控制地中海地区金融中心和贸易中心的目的。

数十年后，波斯帝国第三位皇帝大流士统一了度量衡制度和货币，各行省可自由铸造银币和铜币，金币则统一由中央政府铸造，吕底亚的金币铸造业务因此被官方接管。这一时期发行的波斯金币，正面是大流士的头像，背面是他搭弓引箭的肖像，重约 8.4 克，称为大流克（Daric）。从此，吕底亚金币的美名和声誉被波斯金币代替了。

【商鉴】 波斯中央政府以吕底亚金币为基础构建了"金本位"的货币体系。货币稳定是波斯商业繁荣的基础。只有货币稳定，商品的价格才能稳定，商业的收益才可预期。在现代社会，货币既是商业繁荣的象征，也是国家强大的象征，波斯金币几乎是当时的国际通用货币，在中国也有大量出土。

二、解放"巴比伦之囚"

公元前 546 年，居鲁士二世征服了吕底亚，将波斯帝国的疆域拓展到了地中海和黑海沿岸。显然，居鲁士并不会止步于此。正如他在自传铭文中所言："我，居鲁士，乃世界之王，伟大的王。"当时，新巴比伦王国占据着"新月沃土"，这里是两河文明的核心区域，也是经济文化最发达的地方，地位类似于中国古代的中原地区。在中国，"问鼎中原"者才是真正的王者。

公元前 538 年，居鲁士率领大军进攻新巴比伦。由于有了吕底亚高度自治的前例，居鲁士提出只要承认波斯帝国的最高统治特权，新巴比伦王国的统治不变。因此，新巴比伦祭司、贵族所率领的军队基本上放弃了抵抗，波斯大军没有遭遇什么阻碍，便顺利进入巴比伦城。居鲁士将这座当时世界上最漂亮、最繁华的城市作为波斯帝国的首都。

当时，新巴比伦有大量的犹太奴隶。此前，新巴比伦国王尼布甲尼撒二世试图征服埃及，犹太王国却两度投靠埃及，所以尼布甲尼撒二世两度出兵征服犹太王国，大批犹太商人、工匠被掳往巴比伦，史称"巴比伦之囚"。

居鲁士将新巴比伦从以色列圣殿中掠夺来的圣器归还给犹太人，并帮助他们重回耶路撒冷重建圣殿。居鲁士这么做有三个目的，一是彰显自己作为"世界之王"的宽容与公平；二是获取犹太人的支持，为下一步征服埃及做好准备；三是利用犹太人擅长经商的能力为波斯帝国服务，同时也为波斯帝国带来更多的税收。

在犹太人的帮助下，公元前 525 年，居鲁士的儿子冈比西斯最终征服了埃及，俘获其国王普萨美提克三世。公元前 522 年，冈比西斯在进攻埃及西部的利比亚人时失利，在返回途中去世，大流士一世继位。此后，大流士一世向东征服印度河流域，将其设为波斯的一个行省。至此，波斯帝国的疆域西至埃及，东抵印度河流域，南达波斯湾和阿拉伯半岛，北到里海及黑海一带。

【商鉴】一个帝国的成功之道，也是一个企业的成功之道，高度自治和宽容是波斯帝国能够取得成功的主要原因之一。对于企业而言，"高度自治"意味着"放权"，"宽容"意味着"不拘一格降人才"。

三、波斯商人

由于波斯是一个横跨亚非欧的帝国，在统治上采用"高度自治"的方式。因此，波斯商人并不是一个特指的专有名词，而是泛指波斯帝国统治下的各种商人：巴比伦商人、腓尼基商人、犹太商人等。

定都巴比伦后，波斯帝国成为两河文明的正统继承者。新巴比伦时期的"经理人制度"也被波斯帝国继承和采用，埃吉贝商家和穆拉树商家不仅延续了以往的所有业务，还承接了波斯帝国的征税业务。当时，波斯帝国划分为23个行省，各省每年向中央政府纳税，各地纳税的种类因地制宜，如埃及缴纳粮食、亚美尼亚和米底缴纳马匹和羊，印度河流域缴纳象牙等。据记载，穆拉树商家代为征收的税收包括大麦、小麦、海枣、小家畜、大家畜等财物。通过出售这些商品获利，穆拉树商家以波斯金币或白银的形式向波斯帝国缴纳足额的税收。

波斯帝国重新修建了亚述时期的驿道和驿站，在主要城市间建成了快捷的交通网络，这些交通网络被称为"御道"。御道的主干线从小亚细亚西海岸经大马士革、巴比伦、苏撒，越过伊朗高原，一直抵达印度河流域。在张骞出使西域之后，这条"御道"主干线担当了陆上丝绸之路西段的角色，波斯商人往来于陆上丝绸之路，连接了中国、印度与欧洲的贸易。

公元前517年，大流士征服印度河流域，开通了印度河口（今天巴基斯坦第一大城市卡拉奇）到波斯湾的航线。此后，大流士又在埃及开凿了红海到尼罗河支流的运河，开通了埃及到波斯湾的航线。这意味着从古希腊城邦出发的船只，可以经尼罗河、红海、波斯湾直抵印度河口，这一航线就是"海上丝绸之路"的西段。

在波斯帝国和波斯商人的经营下，陆上丝绸之路与海上丝绸之路都得到了空前发展。

【商鉴】波斯是一个高度市场化和商业化的国家，甚至连国家税收都外包给商人。凭借地利之便，波斯商人以从事转口贸易为主。随着波斯帝国疆域的扩张，波斯商人的足迹很快遍布了地中海、红海、波斯湾、印度河流域地区，成为古代最知名的商人群体之一。

四、波斯地毯

波斯地毯是伊朗著名的手工业之一。据考证，波斯地毯编织和生产的历史至少已经有 2000 年，最早的手工打结地毯出现于公元前 500~前 400 年。

波斯地毯的一大特点是非常注重使用天然颜料，许多地毯历经百年色彩依然鲜艳如故。这是因为伊朗地区的羊毛颜色多种多样，有黑色、米色、棕色、黄色，尤其是羊颈部和腹部剪下来的毛，更是鲜亮。染色时多使用从植物的根、茎、皮提取的染料，如从石榴皮提取淡黄色，从核桃皮提取赭色，而红色则往往从一种黑色的小昆虫中提取。

公元 7 世纪，阿拉伯帝国征服波斯后，色彩鲜艳的波斯地毯被大量用于装饰清真寺和皇室宫殿。从此，波斯地毯在伊斯兰世界广为流行，清真寺瓷砖绘画、宫殿雕刻中的图案成为波斯地毯的主要构图素材，包括玫瑰花、郁金香、波斯梨花、几何图案等。

16 世纪末，葡萄牙人和英国人将波斯地毯带到英国，大受欧洲皇室、教廷和贵族阶层的欢迎，波斯地毯进入黄金时代。当时，波斯地毯的工业中心是伊斯法罕，最大一家地毯厂的工人人数高达 25000 人。伊斯法罕地毯采用世界上最好的羊毛——科尔克羊毛编织在真丝的经纬线上，由宝石般的中心葵、沙赫阿巴斯棕榈叶、卷曲的树叶、缠绕的藤蔓及花草构成主要图案，至今仍被认为是世界上最好的波斯地毯。

由于波斯地毯具有较高的艺术属性，世界各地的许多宫殿、著名建筑、豪宅和艺术画廊博物馆都把波斯地毯作为珍品收藏。伊朗人也把地毯视为传家宝，代代相传。

【**商鉴**】波斯地毯具备艺术品的三大属性：质量优异、数量稀缺、审美品位高。作为一种商品而言，艺术的价值远大于实用价值。一流的商品很多都是艺术品。

第五章　古希腊商业文明

约公元前 2000~前 1150 年，古希腊进入了青铜时代，史称迈锡尼文明。古希腊有悠久的航海贸易传统，生产的青铜器、金银器、陶器、黑曜石等手工业商品通过航海远销到整个地中海沿岸和古埃及地区。

公元前 12 世纪，迈锡尼王国为了争夺海上霸权，与小亚细亚西南沿海的特洛伊王国发生冲突。特洛伊城是一座港口贸易城市，位于今土耳其达达尼尔海峡的恰纳卡莱省，地处交通要道，商业发达，经济繁荣。特洛伊战争持续了十年，迈锡尼元气大伤，特洛伊在小亚细亚地区的势力也迅速消失，被新兴的吕底亚取代。随后，吕底亚通过扶持希腊贵族，间接控制了多个希腊城邦。

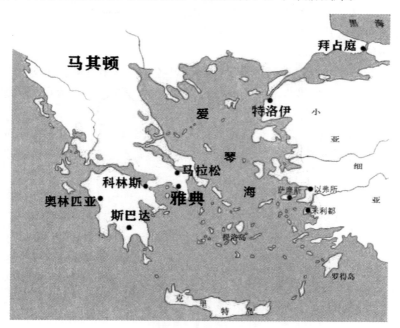

古希腊城邦分布示意图

资料来源：该示意图参见 http://news.sohu.com/a/503584154_121124384。

当时，古希腊城邦的商业有两大特点：一是军事雇佣兵属性，如斯巴达雇佣军；二是重商主义，如雅典发达的工商业。将这两者结合起来的便是马其顿。在亚历山大东征的过程中，马其顿设立了一系列新城，这些新城都有着军事、商业两大基本属性。

一、斯巴达雇佣军

　　公元前 11 世纪，一群多利亚人的蛮族部落入侵希腊，在南部地区建立了三个城邦：伯罗奔尼撒、伊斯利、斯巴达，其中以斯巴达最为强大。

　　斯巴达人建立了严格的公民军事训练制度，规定只有那些健康的新生儿才被允许抚养。这些孩子 7 岁时开始接受组织纪律训练，12 岁以后进行严格的军事和体能训练。男性成年后即成为一名斯巴达战士，平时必须生活在军营中，参与军团作战训练，60 岁才可以退伍。高强度的军事训练，使斯巴达成为一支非常强大的军事力量。当其他国家之间发生冲突时，如果价格合适，斯巴达就会派出雇佣军参战，从而对战争的胜负结果起到决定性的影响。战胜后，斯巴达雇佣军拥有优先掠夺和分配战利品的权利。斯巴达人将战俘变成奴隶，并把拥有手工艺或一技之长的奴隶高价卖到经济发达的雅典城邦。普通奴隶被称为"黑劳士"，主要从事农业劳动，他们每年将一半以上的收获上缴给奴隶主。

　　伯罗奔尼撒、伊斯利与斯巴达拥有相同的信仰，每隔四年，他们都要在奥林匹克神庙举行古老的宗教仪式，通过格斗比武表达对神的敬意。有资格参与格斗比武的通常都是伯罗奔尼撒、伊斯利与斯巴达最勇猛的战士和军事将领。这一仪式类似于古罗马的角斗士表演，必须决出胜负才能赢得众神的尊重，许多优秀的将领因此丧生。

　　为了避免不必要的伤亡，伯罗奔尼撒的统治者伊菲图斯建议革新宗教仪式，以和平的体育竞技方式来表达对奥林匹克众神的尊重。该建议得到伊斯利与斯巴达的一致认可，于是这三个城邦国家于公元前 776 年举办了第一届古代奥运会，以长度为 192.27 米的跑步比赛代替格斗比武。该仪式每四年举行一次，时间固定在闰年的夏至之后。

　　此后，奥运会在古希腊全境流行，比赛项目也逐渐增多，最终发展成一项全世界最知名的体育盛会。

　　【商鉴】斯巴达雇佣军相当于提供专业的"军事外包"服务。有了斯巴达这样的雇佣军，意味着财富可以转化为武力。富有的个人也可以雇佣到更多、更强的军队，实现真正的"富可敌国"。值得一提的是，古希腊马其顿帝国、罗马帝国都是由雇佣军发展起来的。

二、雅典梭伦改革

雅典位于希腊的东南部，是古希腊最重要的城邦之一。与斯巴达的雇佣军经济不同，雅典经济以工商业和航海贸易为主。

公元前594年，古希腊七贤之一的梭伦担任雅典城邦的第一任执政官，开启了梭伦改革。梭伦曾是吕底亚国王克洛伊索斯的贵宾，借鉴吕底亚商业方面的成功经验，梭伦采取了许多鼓励发展手工业和商业的措施：凡雅典公民，必须让儿子学会一门手艺；奖励有技术的手工业者移居雅典，给予其公民权；确定私有财产继承自由等。梭伦还颁布了著名的《解负令》：禁止再以人身作抵押借债，禁止把欠债的平民变为奴隶；由于欠债而卖身为奴的公民，一律释放；因欠债而被卖到外邦做奴隶的公民，由城邦拨款赎回。本质上，梭伦的"解负令"是通过解放奴隶来发展工商业，比林肯的《解放黑人奴隶宣言》早了2400多年。

梭伦规定，按照收入多寡将公民划分为四个等级：年收入500斗谷物以上为第一等级，可担任一切官职；年收入300斗谷物以上为第二等级，可担任除最高执政官以外的一切官职；年收入200斗谷物以上为第三等级，可担任低级官职；年收入200斗谷物以下为第四等级，不能担任公职。各等级的政治权力依其财力大小而定。在军事义务方面，第一、第二等级是骑兵，第三等级是重装步兵，第四等级是轻装步兵和一般水手。这意味着古希腊贵族的世袭权力被废除，阶层划分的依据是财产之多寡，财富越多的人，拥有更高的权力，但也要承担更高的社会责任。古希腊七贤之一的毕阿斯支持梭伦，他说"挣钱的工作最使人快乐，只有人们富裕了，才能更好地帮助人"。

梭伦的重商主义改革使雅典成为古希腊乃至整个地中海地区的手工业和贸易中心。古希腊境内生产的葡萄、橄榄、羊毛、皮革、琥珀、木材等原料都集中到这里，由雅典手工艺人进行深加工，然后雅典商人再把葡萄酒、橄榄油、织物、珠宝首饰、船只等具有更高附加值的商品运到地中海各个港口进行贸易。随着工商业的发展，雅典逐渐变得富有而强大，建立起一支称霸地中海的海军。

公元前480年，波斯国王薛西斯一世率50万大军进攻希腊。当时，希腊联军的陆军以斯巴达人为主，海军则以雅典舰队为主。斯巴达国王列奥尼达率领以300名斯巴达王族卫队为核心的7000人守军，在温泉关狙击波斯军队。最终，斯巴达军队因寡不敌众全军覆灭，列奥尼达阵亡，波斯军队随即占领了雅典城。但是，在萨拉米斯岛附近海峡，雅典舰队以损失40艘战舰的代价，取得了击沉波斯战舰200艘、俘获50艘的辉煌战绩。由于制海权丧失，波斯不得不撤军。此后，古希腊崛起，成为一支可以与波斯帝国抗衡的力量。

梭伦改革被认为是重商主义最成功的典型案例。事实上，英国、美国在发展本国工商业的过程中，或多或少都借鉴了梭伦的改革思路。

【商鉴】梭伦规定"财富越多，权力越大，责任越大"，使财富、权力、责任三者成为有机统一体。但在近现代重商主义中，往往把最关键的"责任"忽略了。

三、马其顿帝国

马其顿位于希腊的西北部，在文化上与斯巴达相近，以专业的军事能力著称。当时，古希腊城邦尚未统一，彼此经常发生混战。波希战争期间，马其顿曾作为波斯的雇佣军与斯巴达、雅典联军作战。在温泉关战役中，斯巴达精锐被全歼，元气大伤，马其顿随即崛起为希腊北方城邦的领袖。

公元前382~前336年，马其顿通过军事改革，建立了强大的"马其顿方阵"。方阵的核心由4个重甲步兵团组成，装备有盾牌、铠甲和头盔，前6排战士手持2~7米长短不同的长矛，形成一面带刺的墙。前进时，马其顿方阵具有排山倒海之势，极具杀伤力和视觉冲击力。方阵外围还有1个重装骑兵团、2个轻装步兵团以及1个辅助兵团策应作战，每个军阵总计8192人。

凭借强大的"马其顿方阵"，马其顿击败了以雅典为首的南希腊联军，完成了古希腊城邦的首次统一。公元前338年，为了实现持久的和平，制止任何的侵略和颠覆行为，古希腊各城邦同意建立"科林斯同盟"，由马其顿国王腓力二世担任最高统帅。不久，腓力二世被刺身亡，他的儿子亚历山大成为古希腊最高统帅。亚历山大宣称父亲被刺是受波斯国王大流士三世指使，宣布向波斯开战。当时，腓力二世为了迎娶马其顿贵族阿塔鲁斯的侄女克里奥帕特拉，与亚历山大的母亲奥林匹娅斯离婚，使亚历山大丧失了继承权。因此，历史学家认为亚历山大有刺杀腓力二世的动机。

以雅典为首的南方城邦与波斯有世仇，因此，亚历山大的东征很快得到古希腊城邦的一致支持。公元前334年，亚历山大率领4个马其顿方阵（32768人）和160艘战舰，开始东征波斯。经过长达13年的征战，亚历山大先后攻占了大马士革、埃及、巴比伦、苏萨，一直到开伯尔山口，建立了马其顿帝国，也称亚历山大帝国。亚历山大帝国不仅"前无古人"，也"后无来者"，其统治疆域包括希腊、埃及、波斯、两河流域和印度河流域。除了中国，当时的主要人类文明全部在亚历山大帝国的统治之下。

为了加强对庞大帝国的统治，亚历山大在战略要地和交通要道上建立了至少40座新城，这些城市全部被命名为亚历山大里亚。亚历山大里亚既是军事堡垒，也是重要的商业贸易据点。由于地理位置优越，同时有军队保护，大批希腊商人前往各地的亚历山大里亚开设奴隶手工业作坊，从事贸易、借贷等商业活动。

埃及亚历山大是所有亚历山大里亚中最著名的一座城市，同时是古希腊时期最大的城市，也是当时世界上最大的犹太人城市，更是古代欧洲与东方的贸易中心和文化交流的枢纽。亚历山大港有著名的亚历山大灯塔（世界七大奇迹之一）和亚历山大图书馆。亚历山大灯塔建成于公元前 280 年，高度超过 100 米，是当时世界上最高的建筑物，见证了 2000 多年前这里的航海与贸易繁荣。亚历山大图书馆建成于公元前 283 年，是人类早期历史上最伟大的图书馆，拥有公元前 9 世纪古希腊著名诗人荷马的全部诗稿，古希腊数学家欧几里得的《几何原本》原件，以及古希腊哲学科学家亚里士多德和阿基米德的著作等各类手稿。7 世纪中期，埃及被阿拉伯征服，这些珍贵的古希腊文献落到阿拉伯人手中。"十字军"东征期间，一些翻译后的文献被带回欧洲，推动了欧洲的文艺复兴。

【商鉴】亚历山大东征，使希腊、埃及、巴比伦、波斯、印度等古代人类文明得以融合。因此，古希腊商人具有相当的国际化视野。他们将世界各地的知识带回希腊，发展出古希腊哲学和科学体系，为"地理大发现""工业革命"奠定了哲学与科学的理论基础。

四、古希腊商人：泰勒斯

泰勒斯（约公元前 624~前 546 年）是一名古希腊商人，也是古希腊及西方第一位自然科学家和哲学家，被称为"科学和哲学之祖"，位列古希腊七贤之首。

泰勒斯出生于古希腊港口城市米利都，他的家庭属于奴隶主贵族阶级，从小受到良好教育。米利都是古希腊的哲学之都，拥有一批著名的思想家，如泰勒斯、阿那克西曼德、阿那克西美尼等，他们开创了米利都学派。在古老的知识体系中，人们经常以神话传说或者神秘的宗教力量来解释宇宙和万事万物。米利都学派尝试摒弃迷信，以客观事实解释这个世界。泰勒斯认为水是万物之源，虽然他没有解释为什么水会变成万物，但他的观点体现了通过客观物质去认识世界的科学方法论。

梭伦改革以后，古希腊开始崇尚经商致富。泰勒斯提出了"智慧经商"的概念，即用理性和逻辑来经商。有一次，泰勒斯预测到橄榄即将大丰收，他在雅典提前租下所有榨橄榄油的机器。橄榄上市后，泰勒斯通过高价出租榨油机器大赚了一笔。

此后，泰勒斯又到古埃及、古巴比伦等地经商。在经商途中，泰勒斯认识到事物的本质不是"直观的、感性的、特殊的"，而是"抽象的、理性的、一般的"。譬如，等腰三角形的两底角相等，并不是指我们所能画出的、个别的等腰三角形，而是指所有的等腰三角形。泰勒斯将接触到的天文学、数学、哲学等实践知识，归纳提升为理论知识，最终为古希腊的科学与哲学发展奠定了基础。

【商鉴】在当今，有许多不好的词语用来形容商人，如无商不奸、唯利是图、为富不仁……这个问题同样存在于古巴比伦商人、犹太商人、波斯商人、希腊商人身上。即使是位列古希腊七贤之首的泰勒斯，他"高价出租榨油机"的商业行为算不算"智慧"？这或许是商业伦理范畴需要探讨的一个问题。

第六章　古罗马商业文明

罗马城大约兴建于公元前753年，当时，罗马还是一个微不足道的小城邦。

大约公元前578～前534年，罗马第六位国王塞尔维乌斯·图利乌斯参照雅典的梭伦改革，按财产多寡把罗马公民分为五个等级。第一等级居民提供重装步兵80队、骑兵18队；第二、第三、第四等级居民各提供轻装步兵20队；第五等级居民提供轻装步兵30队；工匠、艺人、无产者各提供1队。每队由100名战士组成，也称百人队，每个百人队有一票表决权。罗马最高执政官由百人队会议选举产生，行使最高行政权力。

最初，古罗马的官员和军人都没有薪水，国家没有财政开支，也没有税收。战争胜利后，军队可以获得战利品和战争赔款；一旦战败或陷入持久战，参战的普通居民在耗尽储蓄后，不得不通过借贷度日，最终沦为债奴。公元前494年，罗马同邻近部落发生战争，平民担心沦为债奴，拒绝参战，史称"平民运动"。罗马贵族不得不做出让步，允许平民选出自己的"保民官"，负责保护平民的利益。"保民官"享有一种特殊权利——否决权，可以一票否决罗马元老院的决议，因此是古罗马最有权势的职位之一。

在保民官的争取下，罗马取消了债务奴隶制，禁止本国贫民被强行卖为奴隶。同时，按照公民财产总额的1%征收税金，用于给普通士兵发放固定薪水，以维持他们的生活。战争结束后，如果对方的赔款和缴获物的价值足以补偿战争的支出，多出的部分再归还给纳税的公民。

保民官制度建立后，罗马人上下一心，逐渐发展成为一个强大的共和制城邦国家。

【商鉴】古罗马的共和制有点类似于合伙人制度，合理的利益分配是合伙人制度取得成功的关键。古罗马"保民官"一职的创新，对于当今企业管理具有很强的借鉴意义。

古罗马形势示意图

资料来源：笔者根据材料绘制。

一、罗马帝国

罗马的南面是迦太基（今突尼斯），是腓尼基人建立的一个国家，拥有庞大的船队，从事奴隶、贵金属、奢侈品、葡萄酒、橄榄油等贸易活动。迦太基控制了地中海西部的大部分地区，包括西班牙的东南部、撒丁尼亚、科西嘉、西西里岛。

公元前 264 年，日渐强大的罗马与迦太基在西西里岛爆发冲突。这次冲突被称为第一次布匿战争，战争持续了 23 年。由于迦太基军队的主力是雇佣军，不利于长期作战，最终迦太基被迫放弃西西里岛，双方签订和约后，西西里岛成为罗马的第一个海外行省。公元前 218 年，迦太基统帅汉尼拔率领三万精锐雇佣军从西班牙翻越比利牛斯山和阿尔卑斯山进入罗马境内作战，第二次布匿战争爆发。在坎尼会战中，罗马军队遭受惨败，五万人被杀，近两万人被俘。罗马故技重施，仍然以持久战来对抗迦太基的雇佣军。公元前 202 年，在战争持续整整 16 年之后，古罗马统帅大西庇阿在扎马战役中最终战胜了汉尼拔。迦太基被迫再次求和，割让了西班牙、撒丁尼亚、科西嘉，并且支付了巨额赔偿。即便如此，由于迦太基十分富裕，随时可以雇用强大的军队，对罗马依然存在客观的威胁。所以，罗马元老院的加图每次发表讲话，不论什么话题，最后都要加上一句："一定要消灭迦太基！"

当时，马其顿帝国已分裂为三个主要国家：希腊的马其顿安提柯王朝、埃及的托勒密王朝、波斯的塞琉古王朝。公元前 149 年，罗马与雅典等希腊南部城邦组成埃托利亚同盟共同进攻马其顿安提柯王朝，迦太基与马其顿安提柯王朝结成同盟。罗马随即派兵攻打迦太基，第三次布匿战争爆发。这场战争持续了三年，迦太基城被攻破后，罗马人血洗并焚烧了整座城市，所有建筑被推倒，并埋于地下，约五万迦太基幸存者被贩卖为奴。迦太基覆灭后，罗马军队击败马其顿安提柯王朝，占领了希腊全境，将其设置为马其顿行省。至此，罗马共和国的疆域包括意大利、希腊、西班牙、突尼斯、撒丁尼亚、科西嘉、西西里岛、叙利亚、小亚细亚等地区。

公元前 58 年，曾任罗马最高执政官的恺撒决定西征高卢（今法国等地）。通过 7 年高卢战争，恺撒占领了整个高卢地区，设置为高卢行省，恺撒自任为高卢总督。凭借高卢每年带来的矿产和税收收入，恺撒取代克拉苏成为古罗马的首富，并且拥有古罗马最强大的军队。按照罗马共和制的规定，恺撒的总督任期和军队数量都超出了限制，因此元老院要求恺撒卸任并裁军，他没有妥协。公元前 44 年，恺撒以武力迫使元老院通过决议，任命他为罗马终身执政官，这意味着罗马"共和制"的终结。为了维护共和制，元老院的布鲁图斯等人刺杀了恺撒。布鲁图斯说："我爱恺撒，我更爱罗马。"

恺撒被刺后，他的甥外孙兼养子屋大维继承了恺撒的遗产和军队。在恺撒旧部的支持下，屋大维成为罗马最高执政官，布鲁图斯自杀。当时，恺撒与托勒灭王朝的埃及艳后克利奥佩特拉生有一个私生子——恺撒·里昂。随着恺撒·里昂日渐长大，屋大维作为恺撒第一继承人的合法性受到动摇。屋大维亲率大军攻入埃及，埃及艳后自杀，恺撒·里昂也被屋大维处死，埃及随后成为罗马的一个行省。此后，屋大维自称为罗马的"第一公民"，并拥有终身执政官、终身保民官、大祭司长、首席法官和最高统帅等职权。公元前 27 年，罗马元老院授予屋大维"奥古斯都"的尊号，古罗马正式进入帝国时代。

在罗马帝国形成的过程中，罗马元老院将新征服地区的一些矿山和土地设为国有，用于战争开支，又在各个行省收取 1% 的营业税，其中贸易关税在 1.5%～5%，丝绸、瓷器、香料等东方的奢侈品则征收 25%。在管理上，罗马元老院采用商业化运作方式，把国有财产收入的征收、关税、行省税收和其他租税的征收权拍卖出去。

这些收入使古罗马财政空前盈余，不仅保证了军队的持久作战能力，还开始大规模建设各种城市工程，如斗兽场、下水道、港口、公路等。许多欧洲城市也在这一时间得以兴建，如里昂、伦敦、维也纳、贝尔格莱德、科伦、波恩、布达佩斯等，欧洲商业文明进入新的发展阶段。

【商鉴】对财富的追求，是商业取得成功的重要推动力。在古罗马，财富和权力可以互相转换。因此，恺撒既是军事家，也有商人的一面，他征服高卢的主要目的是"创收"：用更多的财富组建更强大的私人武装，用更强大的私人武装获取更多的财富。历史上，权力与财富的终极追求是"率土之滨莫非王土，普天之下莫非王臣"，这也导致罗马共和国最终走向罗马帝国。

二、古罗马大农庄：拉蒂芬丁

在军事征服过程中，取得战功的古罗马军官和士兵会被分配大批土地，战争中的俘虏则作为奴隶在种植园劳动，高卢地区的农业种植园就是这么发展起来的。当时，战功赫赫的古罗马元老院成员拥有几十到几百公顷不等的大农庄，称为"拉蒂芬丁"。形式上，"拉蒂芬丁"接近于同时代中国东汉时期的庄园经济，是综合经营的农庄，有农田、果园、牧场、鱼塘、森林等多种经济成分。庄园内部有别墅、畜栏、酿酒、榨油、仓库、磨坊、奴隶住所、牢房等建筑，生产小麦、水果、葡萄酒、橄榄油、牛、羊、家禽、鱼、木材等多种产品。

与普通的奴隶种植园不同，拉蒂芬丁庄园一般有悠久的历史，原本就生活着自由的农民、牧民、渔民等群体。罗马军队征服这些地方后，使原来的农民、牧民、渔民等全部沦为奴隶，采用殖民的方式进行统治。罗马人将奴隶视为"会说话的工具"，奴隶的地位等同于牛马，不仅生活条件极差，还经常遭受虐待。

"斯巴达克起义"（公元前73～前71年）正是在这样的背景下发生的，由农民、牧民组成的奴隶军队与罗马作战的主要目的，是夺回失去的土地。由于不愿意离开土地，起义最终被罗马军队各个击破了。不过，斯巴达克起义还是让罗马元老院感到震惊，宣布增加赎身奴隶，改善奴隶的生活质量并减少对他们的虐待，而且提出奖励比鞭打更能控制奴隶的观点。

"拉蒂芬丁"庄园的本质是奴隶制农业经济，具有规模化的优势。随着铁器的普及以及先进农业技术的发展，规模化农业所带来的经济收益并不低于手工业和商业。在地主贵族阶层看来，"土地才是财富的唯一来源或主要来源"，这是因为他们将奴隶视为工具，忽视了奴隶才是财富的真正创造者。直到19世纪，美国通过南北战争消灭了奴隶制，以"拉蒂芬丁"为原型的奴隶种植园才正式退出历史舞台。

【商鉴】"拉蒂芬丁"是古罗马发达奴隶制经济的见证，它之所以有巨大的经济效益，是因为奴隶主把奴隶当作工具，而不是当作人来看待。站在西方近代哲学家康德"义务论"的角度看，这显然是不道德的商业行为。

三、古罗马首富：克拉苏

克拉苏（约公元前115～前53年）是罗马共和国末期声名显赫的罗马首富，

也是极具代表性的一位罗马商人。

克拉苏的商业帝国主要由三项业务构成：奴隶培训、房地产和矿产开采。

奴隶培训生意主要是通过为普通奴隶提供专业培训，使奴隶价值提升几倍甚至十几倍。克拉苏不仅买卖奴隶，还出租拥有各种专业技能的奴隶。克拉苏大概是最早使用品牌口号的商人，他的奴隶生意口号是："为主人做一切事务。"这句广告语，在今天看来依然不过时。

房地产生意主要是收购起火的房子。为此，克拉苏创建了世界上最早的消防队。一旦发生火灾，克拉苏会以极低的价格从房主手里买下正在着火的房子和相邻的房屋。交易达成后，克拉苏才会让消防队将火扑灭。然后，对房子进行装修，再以高价售出或者出租。

矿产开采生意主要是通过资助罗马军队对外征服获得，如克拉苏出资支持恺撒征服高卢，获得了多处矿产开采权。

由于古罗马以财富多寡划分阶层，作为首富的克拉苏曾担任罗马最高执政官。第二个执政官任期结束后，克拉苏被委任为叙利亚总督。为了获取更多财富，同时也为了在战功上与恺撒一争高下，克拉苏决定向东征服波斯。

公元前 53 年，克拉苏集结七个罗马军团的重甲步兵约四万人，向波斯帝国发动进攻。结果被波斯骑兵全歼，克拉苏本人也死于这次征战中。

【商鉴】作为古罗马首富，克拉苏非常善于抓住商机，无论是战争带来的大量奴隶还是古罗马城市化建设的房地产生意都表明了这一点。中国儒家认为："君子爱财，取之有道。"克拉苏"趁火灾低价买下房子"的商业行为，显然存在商业伦理争议。对波斯的战争，体现的是克苏拉对财富与权力的无止境追求，他似乎已经忘记了"财富的责任"。

四、苏比奇家族

建于公元前 4 世纪的庞贝城，是仅次于古罗马城的第二大城市。公元 79 年，维苏威火山爆发，庞贝城从此被埋在火山灰下。

考古学家在遗址发掘中，发现了一份苏比奇家族的银行业务档案，档案中记录了存款、转账付款、借款、抵押贷款、投资担保、为拍卖会竞拍者提供预付款等众多现代银行业务。档案记录表明，苏比奇家族的存款主要来自罗马皇帝与贵族，他们在古罗马的各大城市开设"银号"，除了放贷借款，还广泛投资于航海货运、商品贸易、建筑工程等领域。苏比奇家族这一古老的财富委托管理运作方式，向上可以追溯至两河文明的埃吉贝商家，向下则延续至 18 世纪的罗斯柴尔德家族。

在古罗马的历次对外战争中，苏比奇家族都扮演了极为重要的融资角色。当时，为了战争需要，罗马元老院经常发行"战争债券"。比如，迦太基将军汉尼拔入侵罗马本土期间，由于税收不足以支撑战争开支，古罗马元老院以土地作为"抵押"向金融机构借贷。战争结束后，古罗马元老院将迦太基割让的西班牙土地卖掉，不仅偿还了"战争借款"，还有盈余。

【商鉴】苏比奇家族所提供的金融服务，相当于现代商业银行为高净值客户提供的"私人银行"服务，如瑞银集团（UBS）是典型的高端私人银行。私人银行往往拥有专业的团队进行理财，收益远高于普通投资，被认为是"富人越来越富"的主要原因。这也表明，在当今知识经济社会中，专业人才和专业团队提供的服务无疑是创造财富的关键要素。

五、威尼斯商人

公元 10 世纪，原本隶属于东罗马帝国的威尼斯宣布独立。当时，威尼斯是欧洲最大的奴隶贸易市场，拥有地中海地区最强大的舰队。

1202~1204 年，罗马教皇英诺森三世发动第四次"十字军东征"。威尼斯舰队以雇佣军形式加入"十字军"，为其提供运输服务并协同作战。由于"十字军"无钱支付费用，威尼斯与"十字军"达成协议，如果在战争中没有赢得足够财富用以支付军费，"十字军"就和威尼斯舰队一起攻打"非基督教领土"城市，通过掠夺来补偿相关费用。

这次东征的计划是进攻被阿拉伯帝国占领的埃及亚历山大港，作为日后行动的基地。由于亚历山大港防备森严，无法取胜。为了支付军费，"十字军"和威尼斯舰队无视教皇"禁止攻击基督教领土"的敕令，转而进攻没有多少军事防备的东罗马首都君士坦丁堡。君士坦丁堡陷落后，威尼斯人和"十字军"进行了长达三天的掳掠。从此，君士坦丁堡元气大伤，威尼斯崛起为欧洲最繁华的城市。

对威尼斯商人的"贪婪"，莎士比亚在喜剧《威尼斯商人》中有入木三分的描写。故事情节是这样的：安东尼奥向夏洛克借了一笔高利贷，以尚未回港的商船作为抵押。双方签订借款契约，约定如果安东尼奥不能准时归还，须用他身上的一磅肉作为抵偿。当安东尼奥的商船失去行踪时，夏洛克向安东尼奥索取一磅肉作为补偿，双方因此上了法庭。最终，夏洛克败诉，因为合约上只写了用一磅肉作为抵偿，却没有答应给夏洛克一滴血。法庭宣布夏洛克谋害威尼斯市民的罪名成立，其一半财产被没收充公，另外一半财产则赔偿给安东尼奥。

1258 年，阿拉伯帝国被蒙古人消灭。彼时，蒙古帝国的疆域包括元朝（"大元大蒙古国"）和四大汗国（钦察汗国、察合台汗国、窝阔台汗国、伊利汗国），丝绸之路由一条国际路线变为蒙古帝国的内部路线。元朝将来自西亚、中亚、欧洲的色目人列为全国四等人中的第二等人，地位仅次于蒙古人。因此，威尼斯商人在元朝受到很高礼遇。马可·波罗（1254~1324 年）是这个时期非常著名的威尼斯商人。17 岁时，马可·波罗跟随父亲和叔叔前往中国，历时四年，到过中国的许多城市，并于 1275 年到达元大都（今北京）。回国后，马可·波罗写成《马可·波罗游记》，盛赞中国发达的工商业、繁华热闹的市集、华美廉价的丝绸锦缎、宏伟壮观的都城、完善方便的驿道交通、普遍流通的纸币等。

《马可·波罗游记》让许多西方人了解到，在遥远的东方有一个强大、繁荣的中国，这些人中就包括哥伦布。在大航海时代，哥伦布原计划横渡大西洋前往中国贸易，却意外发现了美洲新大陆。

【商鉴】喜剧《威尼斯商人》中，安东尼奥从事的航海运输业与夏洛克从事的金融业是威尼斯最具代表性的两大商业活动。航海运输业相当于"物流"，金融业相当于"资本"。时至今日，物流与资本仍然是商业的重要支柱。

第七章　阿拉伯帝国商业文明

阿拉伯半岛属热带荒漠气候，北回归线横贯其中。大约在一千多万年前，阿拉伯半岛与撒哈拉沙漠连在一起。发生地壳大变动后，陆地中间陷落成为红海。红海把亚非大陆分开，形成以沙漠地形为主的阿拉伯半岛，其中鲁卜哈利沙漠面积65万平方千米，是世界上最大的流动沙漠。

由于环境恶劣，阿拉伯半岛荒漠上主要生活着放牧绵羊、山羊和骆驼的游牧部落，如贝都因部落、古莱什部落等。

一、阿拉伯帝国

约公元前190年，波斯塞琉古王朝在马格尼西亚战役中被罗马击败，丧失了对小亚细亚和叙利亚的控制，两河流域前往地中海的传统商路被中断。为了避开波斯的贸易封锁，阿拉伯半岛的游牧部落以沙漠上的绿洲为中转站，依靠骆驼在半岛沙漠建立了东到波斯湾、西至红海、北往叙利亚、南通也门的商业运输网络。

公元570年，伊斯兰教先知穆罕默德在麦加出生。穆罕默德属于古莱什部落哈希姆家族，其家族拥有庞大的商队，经常前往耶路撒冷、大马士革等地中海城市经商。经商过程中，穆罕默德接触了犹太教、基督教等宗教，最终创立了伊斯兰教。穆罕默德提出，穆斯林不分氏族部落皆为兄弟，只要信奉伊斯兰，就人人平等。该措施使阿拉伯半岛很快完成统一。穆罕默德去世后，他的继任者将伊斯兰教传入地中海沿岸，先后占领了耶路撒冷、大马士革、埃及亚历山大，并于公元651年灭亡了波斯萨珊王朝。此后，阿拉伯帝国继续扩张，往东占领了阿富汗以及印度流域，往西占领了北非迦太基和西班牙地区。

公元751年，为了争夺中亚地区（西域）的控制权，安西都护府高仙芝率领的唐军与阿拉伯帝国的穆斯林、中亚诸国联军，在怛罗斯（今哈萨克斯坦南部）进行了一次较为重要的战役。在此次战役中，唐朝军队失利。《资治通鉴》记载，高仙芝军队人员为三万人，与敌人进行深入作战，最后只有数千唐军返回安西。怛罗斯之战后，阿拉伯帝国担心与唐朝爆发更大规模的战争和冲突，派使者与唐朝议和。此后，唐朝与阿拉伯帝国建立了友好的外交关系，双方贸易经由陆上丝绸之路、海上丝绸之路迅速发展，大批阿拉伯商人进入中国，仅长安就居住了大约四千人。

巅峰时期，阿拉伯帝国跨亚、欧、非三洲，东起印度河及葱岭，西抵大西洋沿岸，北达高加索山脉、里海以及法国南部，南至阿拉伯海与撒哈拉沙漠，疆域达1340万平方千米。当时，首都巴格达不仅是阿拉伯帝国的政治中心，也是媲美中国长安的世界经济中心。

【商鉴】现代企业在制定发展战略时，常常通过制定"使命、愿景、价值观"的方式来实现。在这方面，宗教无疑是最成功的，如穆斯林"四海之内，皆为兄弟"的主张。这一主张，同样适用于现代的企业管理。

二、阿拉伯商人

阿拉伯半岛是一个干旱贫瘠的沙漠大陆，只在绿洲才有少量农耕，经商是阿拉伯人赖以生存的重要手段。在阿拉伯语中，商人被称为"塔吉尔"，有"智慧"的意思。

伊斯兰教的创始人穆罕默德出生在商人家庭，他认为"商人是世界的信使和安拉在大地上的忠实奴仆"，并断定忠实的穆斯林商人在复生日将"居于安拉宝座的荫庇之下"。穆罕默德的继承者第一任哈里发伯克尔也是麦加的一位富商，曾以财产支持穆罕默德传教。《古兰经》也明确规定，鼓励和保护商业是所有穆斯林人必备的道德和义务。

由于历史沿革（运输驼队）和伊斯兰教教旨（禁止高利贷）的原因，阿拉伯商人主要从事中转贸易。随着阿拉伯帝国不断地扩张，阿拉伯商人也从阿拉伯半岛走向世界。他们活跃于亚欧非三大洲，巴士拉、安条克、开罗、亚历山大、凯鲁万、撒马尔罕、长安、泉州等城市聚集着大量阿拉伯商人。中国的丝绸、瓷器，印度和马来群岛的香料、矿物、染料、蔗糖，中亚的宝石，东非的象牙、金砂，北欧和罗斯的蜂蜜、黄蜡、毛皮和木材等都是阿拉伯商人经营的商品。

【商鉴】《古兰经》虽然鼓励和保护商业，却限制金融资本的盈利，这导致阿拉伯世界的金融业发展受到一定程度的抑制。众所周知，资本是商业繁荣的重要推动力，没有资本的运作，技术就很难实现商业化，这或许是工业革命没有发生在阿拉伯世界的一个原因。

● 苏莱曼

公元 851 年，唐宣宗时期，阿拉伯商人苏莱曼来到中国，根据自己的所见所闻写下了《苏莱曼东游记》，该书比《马可·波罗游记》早 4 个半世纪问世。书中，苏莱曼记载了他乘坐航海家伊本·瓦哈比的商船由波斯湾的巴士拉港口出发，经海上丝绸之路的印度洋、马六甲海峡抵达中国广州港的经历。

苏莱曼盛赞了唐朝繁荣的工商业："中国的手工业极其发达，拥有世界上最灵巧的工匠，能生产各种各样的产品，其他任何地方的手工业都无法与中国相比。来自世界各地的货物都可以在中国找到，流通十分迅速，商人可以在这里找到自己想要的一切。"

唐朝的包容与开放也令苏莱曼印象深刻。他写道："中国人十分好客，欢迎来自任何一个民族的商人，并不会因宗教信仰不同、所属国家不同而进行歧视或打压。中国官府甚至不插手外国人的商事纠纷，允许穆斯林建立清真寺，让阿拉伯人遇到商业纠纷时自行去清真寺找人仲裁。"

苏莱曼还记述了他与唐宣宗的对话，提到先知穆罕默德时，唐宣宗睿智地告诉他，"中国的历史远早于伊斯兰教"。

在阿拉伯世界，《苏莱曼东游记》没有像《马可·波罗游记》一样在欧洲引起轰动，这是因为阿拉伯商人在中国人数众多，见多识广，他们甚至能在中国担任重要官职。

【商鉴】唐朝是中国历史上最包容和开放的朝代之一，由于采取高度自治和一视同仁的方式来管理外商，大量外国商人来到中国经商。当时，唐朝是名副其实的世界商业中心，仅长安城就有外商三万余人，正如苏莱曼所记载，来自世界各地的货物都可以在中国找到。

● 蒲寿庚

11 世纪以后，陆上丝绸之路必经的河西走廊被西夏控制，中国与西方贸易的中心开始转向海上丝绸之路。

南宋时期，泉州已经成为世界第一大港口，是海上丝绸之路的起点。当时，大量阿拉伯商人聚集于此，有"回半城""蒲半街"的说法。所谓"回半城"是指一半的人口是阿拉伯人，"蒲半街"则是指半条街的人姓蒲。蒲氏的称呼源自宋朝的"都蕃"管理制定，留居中国的外国人凡加官晋爵或入籍注册，就被冠以一个特定的汉姓蒲氏，如蒲思马应、蒲河散、蒲麻勿图婆离、蒲希密等。

当时，泉州的市舶司由阿拉伯商人蒲寿庚担任，蒲氏家族垄断了泉州香料的海外贸易近 30 年。泉州曾发掘出一艘南宋远洋货船，载重量达 200 多吨，船上有降真香、檀香、沉香、乳香、龙涎香、胡椒等香料，是当时香料贸易繁荣的见证。

南宋灭亡后，蒲寿庚投降元朝，任福建行省中书左丞，位居正二品，其子孙在元朝，亦颇得志。由于元朝给予"色目人"较高的待遇，蒲氏家族"以善贾往来海上，致产巨万，家僮数千"，成为泉州首屈一指的富豪。元朝灭亡后，朱元璋认为蒲寿庚不忠，将蒲家男子全贬为奴。

【商鉴】战乱年代，商人很难远离政治，蒲寿庚虽然跨越了从南宋到元朝的朝代更替，他的子孙后代却没有跨越从元朝到明朝的更替。由于朱元璋采取"重农抑商"政策，全面打击商人，蒲氏家族的没落是不可避免的。随着阿拉伯商人在泉州的衰落，泉州港也衰落了。

三、阿拉伯远洋贸易

在世界各地的经商过程中，阿拉伯商人和海员的足迹遍布西欧沿海，非洲的东岸、北岸和西北岸，亚洲的南岸和东南海域，包括菲律宾、马来半岛和马鲁古群岛。

阿拉伯海员在长期的航行过程中，研究和详细记述了印度洋的季风，并且在航行中巧妙地利用季风，大幅缩短了航行所需要的时间。阿拉伯人大量使用先进的航海仪器，如指南针、测岸标方位的等高仪、测太阳和星体高度的量角仪、水陀等，他们还绘制了标有岸上方位物坐标、水深和风向的航海地图。

13 世纪，成吉思汗之孙旭烈兀奉其兄蒙哥汗之命西征，攻陷了阿拉伯帝国首都巴格达，至少有九万名市民惨遭屠杀。阿拉伯帝国灭亡后，蒙古人采取善待"色目人"的政策，阿拉伯航海家和商人仍然得到重用。13~15 世纪，阿拉伯人的航海技术得到进一步发展。1416 年，葡萄牙创办航海学院，大量航海文献都来自阿拉伯人的记录。明朝郑和七下西洋期间，曾雇用阿拉伯向导完成自印度前往东非的航行。

进入大航海时代后，阿拉伯航海家伊本·马吉德（自称"怒海之狮"）以熟谙在红海和印度洋的惊涛骇浪中航行而闻名，后被阿拉伯海员奉为"保护神"。正是在他的指引下，葡萄牙航海家达·伽马的船队才顺利渡过印度洋，开辟了通往印度的新航路。

【商鉴】大航海时代以前，阿拉伯人和中国人"主宰"了海洋。这两大文明在海洋上完成握手以后，却没有继续完成"地理大发现"。由于蒙古、奥斯曼的入侵，阿拉伯人中断了远洋贸易，中国则受"重农抑商"传统思想的影响，主动放弃了对世界的探索。

四、阿拉伯科学技术

阿拉伯是世界文明的交汇之地。早期的伊斯兰文化非常开放和包容，如阿拉伯文学《一千零一夜》，汲取了印度、希伯来、波斯、埃及、中国和阿拉伯民间文学的精粹，成为阿拉伯乃至世界文学中的明珠。

与其他文明古国相比，阿拉伯帝国显得非常年轻。由于没有历史包袱，阿拉伯帝国在学习其他民族的文明成就时没有任何拘束。公元830年，阿拉伯帝国第七任哈里发马蒙在巴格达创立了"智慧馆"。马蒙派人到希腊、拜占庭、叙利亚、埃及、印度、中国等地重金购买了数万册有关哲学、自然科学、人文科学、文学及语言学的原本和手抄本。马蒙还聘请了各个教派最具威望的学者担任"智慧馆"顾问：第一任馆长是著名的基督教医学家叶海亚·伊本·马赛维；翻译馆长是著名的景教徒学者侯奈因·伊本·易司哈格；天文台长是穆斯林数学家和天文学家阿尔·花剌子模。

在"智慧馆"，阿尔·花剌子模提出了"代数"概念，给出二次方程"还原、对消"的代数解法，建立了真正意义上的代数学；伊本·海赛姆研究了光的反射和折射，奠定了光学基础；拉齐斯在《天花和麻疹》一书中明确区别了这两种疾病，奠定了传染病学基础；贾比尔·伊本·哈扬通过对中国古代炼金术的研究，发现硫化汞是由硫和汞组成的，奠定了化学定量分析的基础，英文"炼金术"（alchemy）一词正来自阿拉伯文。事实上，中国四大发明也是通过阿拉伯帝国传到欧洲的。

公元10世纪时，阿拉伯帝国的后倭马亚王朝在西班牙科尔多瓦清真寺创办了欧洲第一所大学科尔多瓦大学。这所大学的图书馆藏有40万册图书，许多书籍都是珍本，包括被翻译成阿拉伯语的、已失传的古希腊经典。当时，西方三大文化中心是科尔多瓦、君士坦丁堡和巴格达，阿拉伯帝国占据了其中的两个。

受阿拉伯人创办大学影响，许多欧洲知名大学相继建立，如牛津大学（1096年）、巴黎大学（1200年）、剑桥大学（1209年）、西班牙帕伦西大学（1212年）、意大利阿雷佐大学（1213年）、葡萄牙里斯本大学（1288年）等。在长达近两百年的"十字军东征"期间，许多阿拉伯书籍被带回欧洲大学，为欧洲文艺复兴和大航海时代的开创奠定了基础。

【商鉴】与希腊人类似，阿拉伯商人在前往世界各地经商时，带回了世界各地的科技与文明成果，为现代数学、天文学、光学、医学、化学等学科奠定了基础。

第八章　古代中国商业

关于商业在中国的起源很难追溯。从文字角度看，可以认为有了"城"也便有了"市"，我们称之为"城市"。"市"字始见于中国最早的文字——甲骨文，本义是指进行集中交易的场所，也就是市场。

新石器时代晚期，中国大地上开始陆续出现城市。距今 5300～4300 年，中国长江下游环太湖地区的良渚人建造了占地面积约 3 平方千米的良渚古城，城市的外围是水利系统和祭坛。这是一个高度发达的、以犁耕稻作农业为经济支撑的城市文明，出现了复杂的社会分工、阶层分化。浙江省考古所根据遗址面积做过测算，当时的良渚古城大约居住了 2.5 万人。

良渚的手工业已有很高成就，如玉器、陶器、木器、竹器等都达到较高水平。玉器是中国独有的一种文化，良渚的玉器在黄河流域的山西陶寺、广东石峡等氏族墓地中都曾有过出土。在新石器时代，远距离贸易成本十分高昂，只有玉器这种贵重物品才会被作为交换商品。良渚地区还出土了尚未碳化的绸片、丝带、丝线等丝麻织物，是当今世界上发现的最早的丝织品，也证明了长三角地区是中国丝绸的起源地。

距今 4350～3950 年的龙山文化时期，河南、山东、山西、陕西等地都出现了大型城市。龙山文化使用快轮制陶技术，可以制作出漆黑光亮、做工精致、薄如蛋壳的陶器，称为"蛋壳黑陶"。

距今 3800～3500 年，中国进入夏朝。考古人员认为，位于洛阳盆地东部偃师区境内的二里头遗址是夏朝的首都，拥有逾 10 万平方米的宫殿建筑遗址。二里头遗址还发现了中国最早的双轮车辙使用痕迹，以及白陶、象牙、绿松石、青铜器等贵重商品。种种迹象表明，夏朝晚期的商业贸易已经相当繁荣。

【商鉴】我们常说中华有 5000 年文明历史，商业文明亦然。新石器时代晚期的杭州良渚古城，已经拥有大规模的城市贸易，当时的手工业商品有玉器、陶器、竹木器和丝织品等。这一时期，中国已经从原始部落时期进入城邦时期，城市之间的贸易与交换已经十分频繁。

一、以"商"为名的朝代

中国最早的文字是甲骨文，出现于商朝，商朝也因此被认为是有文字记载的最早的中华文明。将中国的商业文明从商朝算起，也是最不可能产生争议的，因为其国号就是"商"。

传说商代（公元前1600~前1046年）第七任国君王亥发明了牛车。商部落用牛车拉着货物，到处贸易，人们就把商部落的人称为"商人"，把用于交换的物品叫"商品"，把商人从事的职业叫"商业"。据《六韬》记载，"殷君善宫室，大者百里，中有九市"。九在古代特指最高阶的数字，"九市"表明商朝都城商业的空前繁荣。

商代的道路交通十分发达，主要城市之间修建有驿站和"马路"。在殷墟遗址，发现了大路11条，路面宽6~10米，这些道路使用了夯土技术，由于石灰稳定，有的用碎陶片和砾石铺筑。当时的马车也很讲究，由轮、舆、辕、轴等构成，不但有两马驾驶的，还有四马驾驶的。

商代的水陆交通远比陆路发达，因为水陆交通有更为悠久的历史。中国最早的独木舟发现于距今8000~7000年的跨湖桥遗址。这艘独木舟长5.6米，用整根马尾松挖凿而成，采用火焦法制作，在舟体上，一些烧焦的痕迹清晰可见。"舟"字在甲骨文中已经出现，但是"筏"字到周朝的金文中才出现，由"筏"发展而来的"船"要出现得更晚一些。由于参天古树很多，商代的大型独木舟长度可达10米，具有很强的运输能力。大型独木舟一直到周朝仍被普遍使用，如常州淹城发现的西周独木舟长度达到7.5米。四川、福建、江西、贵州、云南等地发现数量相当多的悬棺葬，其中许多悬棺是用独木舟做成的，这些独木舟悬棺可以追溯到商代。可见，在商代，有络绎不绝的独木舟航行在中国的几大水系之上。

商代的手工业已经出现大规模的分工，河南殷墟遗址发现了石器、骨器、玉器、陶器、青铜器、皮革、舟车、酿酒、养蚕、织帛等手工作坊。商朝拥有当时世界上最先进的青铜器铸造技术，例如，著名的商后母戊鼎重达832.84千克，是商代手工业的最高成就之一。

青铜冶炼技术的发展推动了窑炉技术的发展，窑温可达1000℃~1200℃，从而推动了陶器向瓷器的转变。商代以瓷土或高岭土为原料烧制了精美的硬质白陶，品类有壶、簋、豆、瓿、斝、尊、觯、带盖罐和甗等，普遍装饰着乳丁纹、蕉叶纹、饕餮纹、云雷纹。在江南地区，已经出现了涂上一层石灰釉的釉陶，这种釉陶是青瓷的前身，亦称原始瓷器。众所周知，中国的英文China有瓷器的意思，原始瓷器正是从商朝开始出现的。

丝绸业在商代手工业中也占据着重要地位，甲骨文中已经有"桑""丝""帛"等字，宫廷中设有女官专门管理养蚕业。根据纺织技术不同，出现了花纹、厚薄不同的丝织物。由于蚕拥有破茧成蝶的能力，再加上丝绸洁白、神圣的特性，蚕因此被认为是"神虫"。商代甲骨文记载了祭祀蚕神的礼仪和祭品，商代的墓葬中还发现了玉蚕，青铜器上也有蚕的纹饰。

商代使用一种齿贝作为通用货币，称为贝币，是中国最早的货币。五个贝币为一串，两串为一朋。很多跟金钱或商业有关的中国字都是贝字旁，如赠、赚、贷、贵、赘、费、负、赊、贡、财、赏、败、赔、赋、贩、赍、赁、赢、贯、赂、货、贫、资、贪、赈、购、账、贿等。

【商鉴】现代汉语中的商人、商品、商业都有商字，而这个商字与中国古代的殷商王朝有着密切的关系。从城市、交通、手工业、货币等任何一个角度，都可以佐证商代拥有发达的商业。跟商业有关的字，绝大多数都可以在甲骨文中找到，说明各种商业形式在这一时期已基本成型。

二、周朝的城邦商业

商朝之后的周朝，非常重视商业。周人认为，农、工、商、虞是最重要的四个职业。《周书》记载："农不出则乏其食，工不出则乏其事，商不出则三宝绝，虞不出则财匮少。"其中，"虞"是掌握山林的官员，相当于现代的自然资源部部长。

周文王、周武王时期，在西安市长安区建立了西周王朝的国都丰京、镐京。丰镐采用"前朝后市"的规划，早上有"朝市"，黄昏有"夕市"，下午则是"大市"。据《周礼》记载："朝市，朝时而市，商贾为主。夕市，夕时而市，贩夫贩妇为主。大市，日昃而市，百族为主。"周朝还设有专门管理市场的机构，处理买卖纠纷（止讼）、商品盗窃（去盗）、交易欺诈（除诈）等问题。当时的税收包括"质布""廛布""罚布"等，"质布"相当于买卖许可税，"廛布"相当于商铺的营业税，"罚布"是处罚性的征税。

丰、镐两京的建设，是周朝进入城邦商业文明的标志。公元前 770 年，周成王在中原地区洛阳兴建了"成周城"，何尊铭文记载此事为"宅兹中国"，这是中国一词的最早来源。洛阳处于"天下之中"，向东有荥阳、大梁、陶、卫等，通往齐鲁之地；向南有阳城、阳翟、郑、陈、宛等，通往江汉和吴越地区；向北有安邑、平阳、屯留等，通往燕、赵地区；往西有宜阳，出函谷关可抵关中。"成周城"曾出土大量精美的青铜器、玉器、水晶等，具有代表性的有楚国的兵器"繁阳之金"剑、吴国的兵器"吴王夫差"剑，说明当时吴、楚与东周都有密切的经济往来。

对商业的重视，也体现在周朝的诸侯国中。周灭商后，姜尚被封于山东营丘。当时，山东属于沿海地区，土地盐碱化无法发展农业。姜尚通过鼓励发展纺织业、渔业、盐业，使齐国变成最富强的诸侯国之一。《史记·货殖列传》记载："故太公望封于营丘，地潟卤，人民寡，于是太公劝其女工，极技巧，通鱼盐，则人物归之，繦至而辐辏。故齐冠带衣履天下，海岱之间敛袂而往朝焉。"

春秋时期，齐国商人管仲向齐桓公提出富国强兵建议，"国多财则远者来，地辟举则民留处，仓廪实而知礼节，衣食足而知荣辱"。齐桓公采取管仲提出的"轻重鱼盐之利""徼山海之业"富国策略，最终成为春秋五霸之首。古代以金属作货币，因此"轻重"有调控物价的意思，"轻重鱼盐之利"是指通过国家垄断经营，调控鱼、盐的价格获利。"徼"有"激励"的意思，"山"泛指山上的木材、矿产，"海"泛指海里的鱼、盐。因此，"徼山海之业"是指鼓励发展木业、矿业、渔业、盐业。管仲提出通过官方垄断以调控物价的经营方式，被认为是"盐铁官营"思想的起源。

燕下都出土的铜铺首，高 74 厘米，环宽 29 厘米，足见城市大门的宏伟

资料来源：河北博物院官网。

战国时期，各诸侯国的实力已经远超周王室，城市规模也有了进一步的发展。例如，公元前 350 年，秦国建造了咸阳宫；公元前 311 年，战国七雄之一的燕国在河北易县建造了"下都"，燕下都是迄今为止发现的战国都城中最大的一座。在各个城址的同一地层，发掘出多种货币，如平首布、空首布、圜钱等，说明各诸侯国之间的贸易十分繁荣。

【商鉴】周朝是中国古代城邦商业文明的巅峰，丰、镐两京，成周（今洛阳），赵国邯郸，燕国下都（今易县），秦国咸阳，魏国大梁（今开封），齐国临淄（今淄博），楚国郢都（今江陵）等都城见证了当时商业的繁荣。

● 商圣范蠡

周敬王时期，太湖地区的吴国、越国崛起。吴王阖闾在伍子胥、孙武的帮助下，西破强楚，北败徐、鲁、齐，成为诸侯一霸。

公元前496年，吴国和越国发生了檇李之战（在今浙江嘉兴），吴王阖闾在战斗中受伤，伤口感染后不治身亡。夫差继位后，发誓要报杀父之仇。每日上朝，夫差都让守卫大声提醒他："你忘记杀父之仇了吗？"夫差回答："不敢忘。"两年后，夫差率军攻入越国，越王勾践被俘。正当勾践万念俱灰之际，楚国商人范蠡找到勾践，劝他"屈身以事吴王，徐图转机"。范蠡投奔勾践的时机选择，体现了中国古代的经商哲学："夏则资皮，冬则资𫄨，旱则资舟，水则资车，以待乏也。"于是，勾践拜范蠡为上大夫，"卧薪尝胆"，等待机会东山再起。

当时，越国有四宝：大米、丝绸、黄酒和青铜宝剑。由于战乱频繁，大米是非常紧俏的战略物资商品，而丝绸在古代本身就是货币，越国黄酒则是当时的奢侈消费品，相当于现代的茅台酒。据《吕氏春秋》记载，越王勾践曾经"投醪劳师"。越国冠绝诸侯的还有青铜剑。春秋末期，吴越地区的铸剑水平已远远超过中原诸国。越国拥有最杰出的铸剑师，如欧冶子。《越绝书》记载，越王勾践曾请欧冶子铸造了五把名贵的宝剑：湛卢、纯钧、胜邪、鱼肠、巨阙。尽管这五把宝剑已经失传，但是考古发现的越王勾践剑，剑身上布满了规则的黑色菱形暗格花纹，使用了防锈处理，尽管深埋地下2500年，出土时剑刃依然锋利如初，代表了当时短兵器制造的最高水平。越国宝剑在各诸侯国十分受欢迎，是身份的象征，甚至"千金难求"。

范蠡辅助勾践大力发展越国四宝（大米、丝绸、黄酒、青铜剑），并将它们贩卖到吴、齐、楚、宋、鲁等国，越国很快成为一个富强的国家。公元前482年，吴王夫差率领全国之兵北上黄池会盟，与晋定公争夺霸主。越王勾践趁吴国国内空虚，率兵攻破了吴国首都阖闾城，夫差羞愤自杀，越国取代吴国成为春秋时期最后的霸主。

越王勾践剑，出土于湖北省荆州望山楚墓

资料来源：湖北省博物馆官网。

越国称霸以后，范蠡认为自己不再被勾践重用，因为"飞鸟尽，良弓藏；狡兔死，走狗烹"。同时，越国国内面临王位继承问题，范蠡不想卷入其中，于是离开越国，来到齐国经营酿酒生意。范蠡自称"鸱夷子皮"。"鸱夷"是皮质的盛酒器具，是古代北方普遍使用的一种韧性很强的酒囊。由于酒囊收缩自如，"鸱夷子皮"蕴含"盈而不溢"的意思，也就是"知进退"。在经营上，范蠡追求"侯时转物，逐十一之利"，也就是为了降低库存，加快商品流转，只赚取10%的利润。当齐国内部发生权力斗争时，范蠡不想卷入，又离开齐国来到宋国陶邑（今菏泽定陶区南）定居，自号"陶朱公"。不久，范蠡累资数万，成为富甲天下的巨贾。范蠡帮助勾践实现春秋霸主，先后在越国、齐国、定陶等地"三致千金"，在战乱频发的春秋时期，每次都能全身而退，因而被尊为"商圣"。

西汉经学家褚少孙评价范蠡说："夫月满则亏，物盛则衰，天地之常也。知进而不知退，久乘富贵，祸积文崇。故范蠡之去越，辞不受官位，名传后世，万岁不忘，岂可及哉！后进者慎戒之。"唐朝时，范蠡配享武成王庙，封为古今六十四名将之一。此后，范蠡在中国民间被称为"财神"。

【商鉴】范蠡在经商中，"侯时转物，逐十一之利"，只赚取10%的合理利润，充分体现了他不贪恋钱财，能够做到顺应"天地之常"，进退自如。股神巴菲特有一句名言："别人恐惧我贪婪，别人贪婪我恐惧。"这句话不仅适用于股市，也适用于所有商业领域。

● 奇货可居：吕不韦

秦庄襄王原名异人，是秦国太子安国君二十多个儿子中的一位。由于他的母亲夏姬不受安国君宠爱，异人作为秦国的人质被派到赵国。当时，秦国多次攻打赵国，作为人质的异人生活困窘。

赵国位于今山西、河北以及陕西一带，是各诸侯国的交通要道，首都邯郸商贾云集，其中就有来此经商的吕不韦。《史记》记载，吕不韦在邯郸碰到异人，"见而怜之"，说："此奇货可居。"奇货可居原是指把稀有的货物储存起来，等待高价时卖出，后比喻拿某种专长或独占的东西作为资本，等待时机，以捞取名利地位。

据说，吕不韦与他的父亲有一段对话。吕不韦问："耕田可获利几倍呢？"父亲说："十倍。"吕不韦又问："贩卖珠玉，可获利几倍呢？"父亲说："百倍。"吕不韦又问："拥立一个国家的君主，可获利几倍呢？"父亲说："不可计数。"吕不韦说："我要做拥君立国的买卖。"

当时，秦太子安国君十分宠幸华阳夫人，但是华阳夫人没有儿子。吕不韦于是出资游说华阳夫人，让她从安国君的儿子们中选一位作为继子，以稳固自己的地位。华阳夫人问："选谁最合适呢？"吕不韦说："异人是最合适的人选，因为他母亲不受宠幸，对华阳夫人您没有威胁。同时，异人在赵国不得志，如果异人被华阳夫人您收为继子，一定会感激不尽。"华阳夫人听取吕不韦的建议，把异人过继为儿子，并替他更名为"楚"。公元前251年，秦昭王去世，太子安国君继位为王，华阳夫人为王后，异人（楚）为太子。安国君继位三天后，离奇去世，异人继位为秦庄襄王，吕不韦被任命为丞相。吕不韦终于实现了"奇货可居"的梦想，"食邑洛阳十万户，奴仆万人"。

公元前247年，秦庄襄王病逝，13岁的嬴政即位，吕不韦被拜为相，尊称"仲父"。为辅助嬴政，吕不韦主持编撰了《吕氏春秋》。这本书以儒家学说为主干，以道家理论为基础，将名家、法家、墨家、农家、兵家、阴阳家等诸子百家的思想融为一体，被后人称为杂家学说。然而，嬴政更青睐韩非的法家思想，主张中央集权制，对吕不韦的相权是不满的。公元前238年，秦王嬴政22岁，正式亲政。不久，嬴政以"嫪毐之乱"为由，要求吕不韦离开咸阳，去他的封地洛邑。

吕不韦没有意识到危险临近，不但豢养三千多门客，还在洛邑大张旗鼓地接见各国使臣。嬴政知道后十分不满，给吕不韦写信说："君何功于秦？秦封君河南，食十万户。君何亲于秦？号称仲父。其与家属徙处蜀！"

吕不韦知道自己已经不被嬴政信任。此时，秦朝已经统一天下，吕不韦不愿去蜀地，只好饮鸩自尽。

【商鉴】发现商机是企业家的一门必修课，吕不韦通过投资政治，获得了"不可计量"的回报。然而，政治是充满风险与变化的，历史经验表明，能做到像范蠡那样全身而退的只是凤毛麟角。

三、朝贡贸易

早在良渚文化所处的炎黄时期，随着大规模战争的爆发，各部落需要联合起来共同对付外敌，朝贡成为维系联盟的重要手段之一。

到了商代，商王朝与各诸侯国之间建立了密切的朝贡关系。比如，周部落长期为商王朝养马，向商王朝进贡马匹。同时，商朝也会进行相应的赏赐来维持这种关系。例如，周文王之父季历不仅"娶妻商室"，还被商王文丁封为"牧师"。

周朝取代商朝之后，将朝贡制度纳入了礼制。《周礼》将朝贡划分为六个等级：方圆千里为周王朝统治的"邦畿"，"邦畿"之外五百里为"侯服"，一年进贡一次祭祀物品；"侯服"之外五百里为"甸服"，两年进贡一次美女嫔妃；"甸服"之外五百里为"男服"，三年进贡一次宝物；"男服"之外五百里为"采服"，四年进贡一次丝绸布匹；"采服"之外五百里为"卫服"，五年进贡一次财物；"卫服"之外五百里为"要服"，六年进贡一次普通货物。

周朝在陆路、水路设有关卡，与番国贸易，需要有"玺节"为证明，经"司关"核验后才能进行。因此，要与周朝进行商品贸易，首先要建立朝贡关系，获得官方认可。根据最早的历史记载，公元前11世纪，周成王年间，南方有一个名为越裳氏的国家，曾派使者远涉险阻，带来当地物品和周朝交换，同时送来白雉与大象。

春秋战国时期，随着周王室衰落，礼崩乐坏。公元前606年，楚庄王讨伐陆浑之戎，一直打到洛水边，周王派王孙满去慰劳。楚庄王为了炫耀楚国的富有和强大，故意询问"周鼎之大小轻重"。王孙满告诉楚庄王："周德虽衰，天命未改，鼎之轻重，未可问也。"这便是成语"问鼎中原"的由来，标志着周王室已无力维持朝贡关系，说明朝贡关系的保持需要以强大的实力作为后盾。

汉、唐、宋、明、清等朝代也继承和发展了周朝所创立的朝贡体系。当朝贡关系得以维持时，贸易随之繁荣，如汉朝匈奴互市、唐朝突厥的绢马贸易、宋辽夏的榷场、明代的北方互市、清朝的茶马互市等。

1648 年，欧洲各国签订《威斯特伐利亚和约》，开始使用条约建立国际关系，朝贡关系变得不再适用。1793 年，英国派遣马嘎尔尼使团访华洽谈贸易事宜，但清朝官员认为这是朝贡，按照中国礼制，朝贡者要对中国皇帝乾隆行"三跪九叩"之礼。马嘎尔尼拒绝了这一要求，最后改为单膝下跪。乾隆大为不悦，马嘎尔尼空手而归。

鸦片战争后，清政府被迫签订不平等的《南京条约》，开放广州、福州、厦门、宁波、上海五处为通商口岸，这意味着无需朝贡也可以进行贸易了，朝贡贸易体系开始崩溃。此后，《中法新约》《马关条约》相继签订，清朝失去了最后两个朝贡国——越南和朝鲜。国际法条约最终战胜了中国古老的朝贡体系，尽管这些条约是被强加的，而且是不平等的。

【商鉴】如今的国际关系建立于国际法与条约之上，但一些大国仍然会采用"贸易制裁""关税优惠"等方式达到外交目的，名义上是"盟友关系"，本质上是"准朝贡关系"。

四、边境互市

历史上，中原王朝与周边各族之间的贸易往来称为互市。

汉武帝时，开始在边境关口设关市，如河西四镇的敦煌是当时最大的边境互市中心。匈奴是汉朝最重要的边境互市对象，由于其自身手工业欠发达，匈奴对中原地区的铁器、铜器、陶器、布匹等手工业商品极为依赖。尽管汉匈冲突在两汉时期频频发生，边境贸易却持续进行。据记载，北匈奴被东汉击败后，西迁至伊犁河流域的乌孙国，为了获取中原地区的手工业商品，北匈奴曾赶着 1 万多头牛马到东汉的边境进行贸易。

隋朝时期，设立了"交市监"，对边境贸易进行管理。唐太宗贞观六年（公元 632 年），将"交市监"改名为"互市监"，除敕准互市者外，普通人不得与诸藩开展钱物交易。自此以后，边境互市被纳入政府管控。马匹是少数民族向中原王朝输入的主要商品，在和平年代，中原王朝对马匹的需求量减少。例如，唐玄宗时期，突厥希望每年交易 14000 匹马，但唐朝当时的需求只有 3000～4000 匹。但是，少数民族对于中原王朝手工业商品的需求却是固定的，马匹贸易的减少，意味着能换回的生活必需品也减少了。为了换回足够的生活必需品，少数民族只能将马匹低价出售，或者干脆在边境地区进行抢劫。

为了化解因边境互市引发的冲突，北宋在辽、西夏边境广设榷场，如镇州（今河北正定）、雄州（今河北雄县）、霸州（今河北霸州）、安肃军（今河北徐水）、保安军（今陕西志丹）、镇戎军（今宁夏固原）等。南宋与金朝在公元

1142年议和之后，在盱眙军（今江苏盱眙）、邓州（今河南邓州）、凤翔府（今陕西凤翔）、秦州（今甘肃天水）等交界地区设立榷场。除官营贸易外，商人须凭关子、标子、关引等证件才能参与互市贸易，并须缴纳0.5%的榷场税。由于宋朝的商品对辽、西夏、金而言是生活必需品，而辽、西夏、金的商品对宋朝来说可替代性很强，当双方发生冲突时，宋朝经常采取关闭互市的方式进行贸易制裁。此外，宋金签订和平协定后，中原地区对蒙古马匹的需求大量减少。随着蒙古高原马匹数量的增长，蒙古骑兵随之崛起，最终入主中原，创立了元朝。

明朝建立后，为了消除北元的威胁，朱元璋制定了经济封锁政策，北方边境互市被全部关闭。为了获取生活必需品，蒙古人只好南下抢掠。明朝甘肃总兵仇鸾说："虏中生齿浩繁，事事仰给中国，若或缺用，则必需求，需求不得，则必抢掠。"公元1449年，瓦剌首领也先率领3万蒙古骑兵南下抢掠，明英宗朱祁镇亲率20万守卫京城的精锐之师迎战。由于轻敌，明军在土木堡一役（今河北省怀来县）被瓦剌军全歼，朱祁镇被俘。瓦剌首领也先乘胜追击，围攻北京城，最终被兵部侍郎于谦击退。

"土木堡之变"后，明朝认识到"拒虏甚易，而灭虏实难"。大学士高拱提出重开边境互市，"出中国什一之富，以收胡马之利"，即每年用1/10的财政收入购买蒙古马匹。1571年，明朝首先开放了大同得胜堡、新平堡、水泉营、清水营、红山墩和张家口等长城沿边诸郡六个互市场所。据记载，仅在得胜堡、新平堡、水泉营和张家口四处的互市（包括官市和民市）中，蒙古人就以28654匹马，换取了大量的布匹、绸缎、粮食、食盐等各种日用物品。在边境互市中，为了限制蒙古发展军力，明朝对所有铁器征收很高的关税，使蒙古人"不可多得铁"。当时，中原地区一口大铁锅价格约150文，出口给瓦剌的大铁锅价格则是两匹绢，约1000~1500文。

清朝入主中原以后，东北、蒙古、西藏、新疆全部成为中国领土，传统的边境互市变成了国内贸易。

【商鉴】互市的最初目的是互利，随着贸易逆差和倾销问题的出现，就会出现贸易摩擦甚至冲突。如何实现贸易的平衡，仍是现代国际贸易需要解决的重要难题。从历史的经验来看，关闭互市或者实施制裁不但不能解决问题，反而会激化问题。

● 茶马互市

"茶马互市"起源于唐朝，是汉藏民族间一种传统的贸易往来，因"以茶易马"或"以马换茶"得名。

唐代文成公主下嫁松赞干布，中原地区的饮茶习俗随即传入藏区，"其腥肉之食，非茶不消；青稞之热，非茶不解"。由于藏区不产茶叶，藏区商贩赶着马匹前往四川等地换取茶叶，于是形成茶马古道。

藏马是青藏高原高海拔地理环境中特有的马种，因其耐力好，除军事用途，也用于骑乘、拉车和耕地。宋朝时，北方强敌压境，藏马成为主要的马匹来源。1074 年，宋神宗在天水和成都设置了"茶马司"，"掌榷茶之利，以佐邦用；凡市马于四夷，率以茶易之"。此后，在边境互市中，"茶马贸易"受到政府的扶持和推动，茶叶成为中原王朝与西北、西南地区藏族之间的大宗经贸商品。

明朝因对蒙古作战的需要，加强了"茶马贸易"，在甘肃、四川、青海的天水、临夏、临潭、雅安、松潘、西宁等地均设立茶马司。明政府对"茶马贸易"实行官营垄断，由"茶马司"从陕西、四川、湖广等地收购茶叶，专门用于"茶马贸易"。同时，禁止贩运私茶，严禁内地商人到藏族地区收购马匹，也禁止藏族商人到内地购买茶叶。马匹按照品相和年龄分为上、中、下三等，茶叶则只分上等、中等，禁止下等或劣质茶叶输出，以免引发贸易冲突，影响战马供应。茶与马的比价由明朝规定，各时期、各地方的比价有所差异，主要随供需情况而定。例如，1384 年，西宁茶马交易价格为"上马 1 匹交换茶 40 斤，中马换 30 斤，下马换 20 斤"；1390 年，西宁茶马交易价格为"上马 1 匹交换茶 120 斤，中马换 90 斤，下马换 60 斤"。到了明朝后期，茶马走私日益猖獗，特别是民间马帮开始兴起。由于马帮携带的茶叶物美价廉，藏族地区更愿意与走私茶叶商进行交易。

清代以后，"边茶贸易"开始取代"茶马互市"，藏区的主要输出商品变为毛皮、黄金、虫草、贝母、藏红花等。

【商鉴】消费者的习惯是可以改变的，并且会形成一个巨大的市场。藏人本不饮茶，却因文成公主的嫁入而改变习俗，形成了"茶马互市"。烟草原是美洲印第安人在祭祀活动中吸食的烟，2022 年全球各类烟草制品销售额突破 4 万亿元人民币。咖啡原是非洲埃塞俄比亚西南部高原地区土著的饮料，2022 年全球咖啡产业市场规模接近 3 万亿元人民币。

五、盐铁官营

盐、铁是古代非常重要的两种资源。盐是每日生活必需品，还能用于长期保存肉类食品，而铁是青铜时代的高科技产品。当时，称青铜为"美金"，称铁为"恶金"，用铁制作的农具已广泛应用于农业，以提高粮食产量。

司马迁《史记》记载："猗顿用盬盐起，而邯郸郭纵以铁冶成业，与王者埒富。"猗顿是山西运城临猗县人，运城盐池是中国古代著名的内陆盐湖之一，因位于黄河以东，也称"河东盐池"。河东池盐为"池水浇晒之盐，可直接食用。不须涑治，自成颗粒"。十年之间，猗顿成为与陶朱公范蠡齐名的巨富，时称"陶朱猗顿之富"。郭纵是邯郸人，邯郸是当时赵国首都，是中国著名的煤和铁矿石产区，郭纵能够在邯郸冶铁致富，也就不足为奇了。

猗顿和郭纵的例子说明，盐、铁都可以带来巨大财富。因此，管仲在齐国为相期间，规定"盐铁官营"，大力发展盐业、铁业，使齐国率先成为春秋五霸。对于盐业，管仲实行专卖政策，由国家统一收购，通过控制产量和销售，使齐国出口的盐价达到成本价的四十倍。对于冶铁业，管仲实行专营制度，销售收入的三成归国家所有，即征收30%的所得税。

汉武帝时期，历时14年的汉匈战争使汉朝"府库益虚""赋税既竭"。为了解决财政问题，汉武帝采取桑弘羊的建议，实行"盐铁官营"，严禁私人铸铁、煮盐，该措施很快提升了汉朝的财政收入。但是，官营往往只注重产量，不注重质量，价格奇高还不准挑选，引起社会的普遍不满。

汉昭帝时期，霍光推行"与民休息"的措施，召开"盐铁会议"，讨论是否废除官营问题。一些大臣抨击桑弘羊的"盐铁官营"是与民争利，提出"盖文帝之时，无盐铁之利而民富，今有之而百姓困乏，未见利之所利也，而见其害也"。桑弘羊承认存在弊端，但坚称"盐铁官营"扩大了财源，既可用于抗击匈奴，消除边患，也可济民救灾。如果不实施官营政策来增加收入，就需要增加农民的赋税，同样会加重农民负担，因此，"盐铁官营乃国家大业，不可废也"。盐铁会议后，历朝历代基本上都沿用这一政策。

宋代以后，开始给盐商发放食盐运销许可凭证——"盐引"。盐商向官府购买"盐引"，凭借"盐引"到盐场购盐，然后运往各地销售。元朝末年，为了填补不断扩大的政府开销和军费支出，官方大量增发"盐引"，不断提高盐价。元朝规定："凡伪造盐引者皆斩，籍其家产，付告人充赏。犯私盐者徒二年，杖七十，止籍其财产之半；有首告者，于所籍之内以其半赏之。行盐各有郡邑，犯界者减私盐罪一等，以其盐之半没官，半赏告者。"

元末农民起义军张士诚是著名的私盐贩子。他通过购买官方"盐引"，以官盐为幌子，夹带私盐贩卖给当地富户。由于元政府鼓励举报，一些富户收到私盐后，以此为要挟，拒绝给张士诚支付盐款，最后他被逼起义。《明史·张士诚传》记载："士诚忿，即帅诸弟及壮士李伯升等十八人杀义，并灭诸富家，纵火焚其居。入旁郡场，招少年起兵。"1353年，张士诚带领盐场干活的盐丁起义，先后攻占了高邮、常熟、苏州等城市，成为元末割据一方的起义军势力。

明朝洪武三年（1370年），朱元璋实行"开中制度"：由商人向北方运输粮草，粮草运到后，政府按照一定比例给商人发放"盐引"，商人以"盐引"到各地盐场支取食盐。由于山西大同是北方军事重镇，附近还有运城池盐，许多晋商通过"开中制度"发展成为盐商。

清政府实行"食盐运销特许经营"，晋商、徽商凭借与清政府的密切关系，借助特权攫取了巨额的商业垄断利润，成为清代显赫一时的豪商巨贾。据记载，乾隆"七下江南"的巨额开支都是由盐商出资承办的。此外，清政府每遇重大军需、庆典、赈务、工程之时，盐商往往捐助巨额银两，多则数百万，少亦数十万。嘉庆年间，两淮盐商为支持清政府镇压川楚白莲教起义，捐款550万两白银。

18世纪末，因官盐价高滞销，私盐日益猖獗，食盐专卖制度已步履艰难，盐商也逐渐退出历史舞台。

【商鉴】官营专卖制是一种重要的税收手段，至今仍被许多国家采用。比如，2022年中国烟草行业通过专卖的形式，实现工商税利总额14413亿元。

六、丝绸之路

传统的丝绸之路，起于中国长安，经河西走廊、西域、阿富汗、伊朗、伊拉克、叙利亚等地，到达罗马，以君士坦丁堡为终点，全长6440千米。这是一条东西方经济、文化交流的最重要通道，连接了中国、印度、埃及、巴比伦、波斯、希腊、罗马、阿拉伯等众多古老文明。由于丝绸是这条通道上最具代表性的贸易商品，德国地质地理学家李希霍芬将其命名为"丝绸之路"。当时，希腊、罗马称中国为Sino，即"丝国"。

考古发现表明，丝绸之路早在周朝就已存在。考古学家在新疆发现了不少公元前9~前8世纪的玻璃珠，这些玻璃珠有彩斑条纹或点状图案，俗称"蜻蜓眼"，是一种来自伊朗地区的饰物。另外，公元前5世纪，古希腊帕特农神庙的"命运女神"和埃里契西翁的加里亚狄雕像，都穿着透明的中国丝质长袍。

从地理上看，丝绸之路在中国境内最重要的一段是河西走廊。河西走廊因位于黄河以西而得名，是中原通往西域的咽喉要道，南边是平均海拔在4000米以上的青藏高原，北边是茫茫的戈壁滩与沙漠。战国时期，匈奴控制了河西走廊，中国与西方的贸易通道被阻断。

为了重新打通中西方通道，公元前121年，汉武帝派霍去病西征匈奴，取得了河西之战的胜利。《匈奴歌》记载："亡我祁连山，使我六畜不蕃息，失我焉支山，使我妇女无颜色。"占领河西走廊后，汉武帝设置了张掖、酒泉、敦煌、武威四郡，史称"河西四郡"。张掖取"张国臂掖，以通西域"之意，酒泉则因"城下有泉""其水若酒"而得名。

敦煌是河西走廊最重要的驿站，其西设有阳关和玉门关，亚欧大陆诸文明及多重交通网络在此交汇，被誉为"华戎所交一都会"。这里有来自世界各地的商人，如粟特人、于阗人、波斯人、印度人等，市场上交易的商品有铁器、兵器、银器、玉器、珊瑚、玛瑙、琥珀、药材、瓜果、香料、葡萄酒、丝织品、毛织品等。

　　武威古称凉州，原是匈奴休屠王的领土。为彰显大汉帝国的武功军威，故更名武威。汉唐之际，凉州是中国西北地区仅次于长安的大城市，东晋十六国时期的前凉、后凉、南凉、北凉以及唐初的大凉，都曾在此建都。武威是中原与西域经济、文化交流的枢纽，颇具异域风情。唐朝诗人王翰在《凉州词》中记录了这里的生活："葡萄美酒夜光杯，欲饮琵琶马上催。醉卧沙场君莫笑，古来征战几人回。"岑参则在《凉州馆中与诸判官夜集》中写道："凉州七里十万家，胡人半解弹琵琶。"

　　宋代以后，河西走廊先后被党项羌、蒙古族占领。此后，随着海上贸易的发展，传统的陆上丝绸之路渐渐衰落。

　　【商鉴】丝绸之路既是商路，也是东西方文明的交流之路，能有效地控制这条商路，是中原王朝兴衰的标志。控制这条商路的中原王朝如汉朝、唐朝、元朝、明朝、清朝都鼎盛一时，而丧失对这条商路控制的朝代如晋、宋，往往只能偏安一隅。

七、海上丝绸之路

　　海上丝绸之路的历史可以追溯至秦代。秦始皇统一中国后，岭南地区的番禺（今广州）成为重要的港口。考古发现，秦始皇统一岭南时的"一军处番禺之都"造船工厂遗址，拥有三个长度超过100米的木质造船台，可以建造宽8米、长30米、载重50~60吨的木船，这种木船已经具备相当远的航海能力。

　　西汉时期，从广东、广西到东南亚、印度半岛的航线已经开通。《汉书·地理志》记载了当时的海上航线：从徐闻（今广东徐闻县）、合浦（今广西合浦县）出发，经南海进入暹罗湾、孟加拉湾，可以抵达东南亚的黄支国（今苏门答腊岛）、印度半岛南部的已程不国（今斯里兰卡）。

　　三国时期，孙吴政权设立广州郡，进一步发展了南方海上贸易。隋朝大运河开通以后，宁波成为中国对外贸易的重要港口之一。宁波不仅靠近盛产丝绸的太湖流域，还是越窑的所在地。

　　公元751年，怛罗斯之战后，唐代与阿拉伯帝国建立了友好关系。大批阿拉伯商人从波斯湾经印度洋、中国南海抵达广州，这条航线就是"广州通海夷道", 全长 1.4 万千米, 是当时世界上最长的远洋航线。至此, 海上丝绸之路已经成型。

宋代, 随着水密仓、指南针等航海技术的应用, 中国船只的远洋航行能力得到极大增强。在经济上, 宋朝鼓励海外贸易。宋高宗赵构曾说: "市舶之利最厚, 若措置得当, 所得动以百万计, 岂不胜取之于民?" 这一时期, 海上丝绸之路进入鼎盛阶段, 形成了三大对外贸易港: 广州、宁波、泉州。

当时, 阿拉伯商人将大量东南亚香料出口到中国, 导致宋朝钱币大量外流。南宋嘉定十二年 (1219 年), 宋宁宗下令以丝绸、瓷器交换外国的舶来品。此后, 盛产高岭土的景德镇逐渐发展为最大的出口瓷器生产地, 距离景德镇最近的泉州由此发展成为当时最大的贸易港口。随着瓷器贸易地位上升, 西方国家开始称中国为 China, 就是 "瓷国"。

明朝郑和七下西洋, 海上丝绸之路也发展到历史巅峰。进入大航海时代以后, 郑成功于 1661 年击败荷兰, 收复台湾。之后, 由于清政府实施海禁政策, 中国航海业逐渐衰落, 最终在鸦片战争中遭受失败的耻辱。

【商鉴】正如宋高宗赵构所说: "市舶之利最厚, 若措置得当, 所得动以百万计。" 正因为如此, 明清两代即便是实行 "海禁", 也没有完全关闭贸易通道。有证据表明, 直到鸦片战争前夕, 大量白银仍在源源不断地流入中国, 西班牙在美洲掠夺的白银, 绝大部分也流入了中国。为了减少白银流出, 英国率先采取贸易保护政策。回顾历史, 我们会发现许多战争和贸易保护有直接或间接的关系。

八、从重农抑商到工商皆本

中国是人类农耕文明的发源地之一, 起源于中国的主要农作物有稻 (大米)、黍 (黄米)、粟 (小米)、菽 (大豆) 等。

距今 7000 年前, 长江中下游地区已广泛种植水稻, 如在浙江河姆渡遗址发现的粮仓储藏有逾 120 吨的稻谷。同一时期的黄河流域, 则以种植粟为主食, 如河北磁山文化遗址发现了 88 个窖穴粮仓, 底部堆积的粟高度达 0.3~2 米, 重约 140 吨。

悠久而发达的农耕历史, 使中华文明具有很强的农业色彩。比如, 中国人自称 "炎黄子孙", 而炎帝号神农氏。因此, 中国人也可以被称为 "神农子嗣"。传说, 黄帝的妻子嫘祖最早开始养蚕, 不过, 现代考古已经表明中国人养蚕的历史要远早于黄帝时期。"男耕女织" 是中国古人对美好生活的一种憧憬, 丝绸是中国农耕文明的标志性商品。

春秋战国时期, 中国出现了范蠡、猗顿、郭纵、管仲、白圭、子贡等一大批知名商人。与此同时，古希腊通过梭伦改革，确立了发展工商业的强国路线。在中国，也出现了类似的思想，如管仲在齐国大力发展盐业、铁业，使齐桓公率先成为春秋五霸。

不过，"以农为本"仍是当时的主流观点，最具代表性的是李悝（公元前455～前395年）。在担任魏文侯相时，李悝提出了"尽地力"的重农主张："治田勤谨，则亩益三斗，不勤，则损亦如之。"这就是说，如果重视农业生产的话，一亩地可以增产三斗，如果不重视的话，一亩地就会减产三斗。为了提高农业生产，李悝认为应抑制工商业发展。他说："雕文刻镂，害农之事也。锦绣纂组，伤女工者也。农事害则饥之本也。女工伤则寒之原也……故上不禁技巧则国贫民侈。"根据李悝的观点，如果男人都去从事"雕文刻镂"的手工艺，不去耕种，人民就会挨饿；如果女人都去从事"锦绣纂组"的手工艺，就没有人去纺织了，人民就会受寒挨冻。因此，"不禁技巧"会导致"国贫民侈"。两千多年以后，英国马嘎尔尼代表团在1793年访问中国，马嘎尔尼将英国工业革命的成果带给乾隆，乾隆称之为"奇技淫巧"，反映的正是李悝"重农抑商"的思想。

公元前359年，商鞅辅佐秦孝公实行"商鞅变法"，提出"国之所以兴者，农战也"，将农业的重要性提升到国家战略地位。当时，战争被认为是一个国家最重要的事情，"兵者，国之大事，死亡之地，存亡之道，不可不察也"。为了发展农业，商鞅允许人们"开阡陌封疆"以拓展耕地，任民自耕。商鞅还奖励耕织，耕织多的奴隶可恢复自由身，耕织少的偷懒者则被贬为奴隶："大小勠力本业，耕织致粟帛多者复其身。事末及怠而贫者，举以为收孥。"商鞅大力发展农业，为秦国最终统一六国奠定了基础。

汉武帝时期，董仲舒提出"罢黜百家，独尊儒术"。儒家主张以农为本，强调"民以食为天"，"强本""务本"才能使国家富强。对于商人，儒家持否定和批判态度，强调"不患寡而患不均"，并且通过礼制对商人的社会地位进行抑制："衣服有制，宫室有度，蓄产人徒有数，舟车甲器有禁……虽有贤才美体，无其爵不敢服其服；虽有富家多訾，无其禄不敢用其财。"

明朝初期，中国古代"重农抑商"思想达到巅峰，这与朱元璋小时候穷苦的经历密切相关。朱元璋严禁农民弃耕从商，商人外出经商必须领取官府颁发的路引，否则就会被杀头或流放。为了贬抑商人，朱元璋还规定，商贩与仆役、倡优、贱民同列，农民可以穿绸、纱、绢、布四种面料的衣服，而商人却只能穿绢、布两种面料的衣服，商人及其后代还不得参加科举考试。

数千年来，中国一直"以农为本"，农业收成往往关系着国家安定，所以历朝历代的统治者都很重视农业。中国古代"重农思想"的标志性建筑是天坛。天坛修建于1420年，是明、清两代帝王祭祀皇天、祈求五谷丰登之场所。祭天祈谷是古代的重大祭祀仪式，由"天子"亲自主持，反映了中国古代"重农思想"的地位。

【商鉴】根据近现代的工业发展理论，农业是发展工商业的基础，也被称为"第一产业"，农业的重要性毋庸置疑。"重农思想"本身并没有错，问题在于将工商业与农业对立起来，称为"害农之事"，变成"重农抑商""重本抑末"，严重阻碍了工业在中国的发展。

● 浙东学派与工商皆本

明朝后期，商品经济发达的浙东地区率先出现了"工商皆本"的思想主张，被称为浙东学派。

浙东学派"工商皆本"的思想源自《礼记·礼运》篇。孔子曰："大道之行，天下为公，选贤与能，讲信修睦。故人不独亲其亲，不独子其子，使老有所终，壮有所用，幼有所长，鳏寡孤独废疾者皆有所养。……是谓大同。"

"公天下"就是使老百姓"各得其私、各得其利"的天下。浙东学派认为只有民富才能国富，主张寓富于民，即"夫富在编户，而不在府库"。在对待如何致富的问题上，浙东学派主张"商贾"与"力田"一样，都是致富的正途。浙东学派代表人物黄宗羲认为："世儒不察，以工商为末，妄议抑之；夫工固圣王之所欲来，商又使其愿出于途者，盖皆本也。"

自南宋以来，宁波一直是对外贸易的主要港口，有发达的工商业。从"重农抑商"到"工商皆本"，体现的是中国经济重心从北方转移到南方后，伴随着航海贸易的繁荣，工商业经济所占比重逐渐增加，人们对工商业的看法出现转变。

当时，正处于大航海时代，西方兴起了重商主义思想。1651年，英国议会通过了《航海法》，确立了发展航海业和工商业的强国路线。英国人沃尔特·雷利说："谁控制了海洋，谁就控制了贸易；谁控制了世界贸易，谁就控制了世界财富，最终也就控制了世界本身。"

【商鉴】浙东学派发源地宁波是中国商业氛围最浓厚的地区之一，宁波商帮也是唯一一个提出"发展工商业"理论的商帮。

九、中国古代商帮

中国古代商帮是一种地域概念，如徽商、浙商、苏商、晋商、粤商等。作为一个商帮整体，他们从事的商业都有自身特色，同时也受益于自身所处的地理位置。

从地域而言，商朝时，经济最发达的中原地区（今河南商丘）是商业的肇兴之地。商朝王亥发明牛车用于贸易，有"华商始祖"之称。周朝建立后，姜尚被封于齐，齐国因发展商业成为当时最强的诸侯国之一。因此，齐商也有着非常悠久的历史。

春秋战国时期，群雄并起，商业繁荣，出现了范蠡、吕不韦、猗顿、白圭、子贡、郭纵、弦高等一大批知名商人，还出现了"买椟还珠""锱铢必较""薄利多销"等商业成语。战国末期，李悝、商鞅确立了"重农主义"。汉代独尊儒术后，"重农抑商"成为历朝历代的基本国策，之后，民间商业从未恢复到春秋战国前的繁荣程度。

● 浙商

浙江自古以来就是"鱼米之乡""丝绸之府"。春秋时期，商圣范蠡辅助勾践，使越国成为春秋五霸之一。

隋唐以后，中国经济中心南移，明州（宁波）作为京杭大运河的出海口和"海上丝绸之路"的东方始发港，成为当时最大的开埠港口，与日本、高丽有非常频繁的贸易往来。

宋室南迁后，建都杭州。为了在长江沿岸构筑抗金防线，官府修建了东起京城杭州，西接湘赣的官道，龙游成为"入闽要道""金衢处徽之冲"，龙游商帮因地利之便发展为浙西商帮的代表。

鸦片战争后，宁波、上海被辟为通商口岸，借助涌沪海上航线的便利条件，大量宁波商人涌入上海滩，通过与洋人合作，成为当时中国各商帮之首。

1. 湖州商帮

湖州自古便有"丝绸之府"的美誉，市郊钱山漾遗址出土的蚕丝织物，是迄今为止发现的世界上最悠久的蚕丝织物之一，拥有4700年的历史。

春秋时期，吴越两国为了争夺湖州的稻米和丝绸产区，经常交战。三国时，湖州已成为东吴丝绸的主产区，孙权曾严令各级官员不得在农桑繁忙时"役事扰民"，以确保湖丝产量。南北朝时，湖州桑农已经掌握了种蚕的专业技术，湖丝逐渐名满天下。唐朝开始，湖丝通过海、陆两路热销日本、中亚、欧洲。

进入清朝，得益于上海开埠，湖丝源源不断地运往上海出口，湖州府南浔镇成为周边地区的生丝集散中心。清末民初，南浔丝绸贸易进入黄金时期，出现了"四象八牛七十二狗"，其中，资产五百万以上的谓之"象"，一百万到五百万的为"牛"，三十万到一百万的为"狗"。

20世纪初，日本缫丝工业崛起并超过中国，成为世界上最大的生丝出口国。1929年，日本生丝产量一度占据全球80%的市场份额，以湖丝为代表的中国丝业遭遇重创。到 1932 年，南浔镇上的丝行几乎全军覆没。

湖丝的没落，是现代工业对中国传统手工业造成毁灭性打击的真实写照，湖州商帮也因丝绸贸易的衰落而一蹶不振。

【商鉴】丝绸是中国古代的标志性商品，陆上丝绸之路、海上丝绸之路都以此命名，其中又以拥有悠久历史的湖州丝绸最为知名。凭借丝绸，中国在世界上保持了 2000 多年的贸易强势地位。随着湖丝的衰落，湖州商帮也逐渐衰落，衰落的原因是工业化时代的到来。

2. 沈万三

沈万三又名沈秀，浙江省湖州路南浔镇人，是元末明初江南第一富商。

童年时期，沈万三生活在浙江湖州，后来迁到周庄。周庄位于昆山、吴江、上海三地交界处，属于太湖流域的核心区域，土地十分富饶，盛产丝绸和稻米。当时，这里生产的丝绸占据中国半壁江山。同时，这里还是重要的粮仓，有"苏湖熟，天下足"的说法。

元朝末年，官僚、贵族和地主疯狂兼并土地，沈万三就是这个时期"大土豪"的典型代表。他拥有江南地区最大的稻米生意和丝绸生意，经商获取财富后，不断兼并土地。据《吴江县志》记载，沈万三"田产逾吴下"，吴下就是吴地，泛指太湖流域地区。"田产逾吴下"的意思是，沈万三拥有的土地比整个太湖流域的土地还多。

明朝建立后，穷苦出身的朱元璋对富商深恶痛绝，采取重拳打击。《明史》记载，"时富室多以罪倾宗"，"豪民巨族，铲削殆尽"，"一时富室或徙或死，声销影灭，荡然无存"。在富饶的太湖流域，朱元璋将当地的土地全部没收充为官田，"诸豪族及富民田以为官田"。

据《明史·马皇后传》记载："吴兴富民沈秀者，助筑都城三分之一，又请犒军。帝怒曰：'匹夫犒天子之军，此乱民也，宜诛之。'后曰：'其富敌国，民自不详。不详之民，天将灾之，陛下何诛焉？'乃释秀，戍云南。"

【商鉴】在朝代更替、政治动乱的时期，如何做到全身而退，是古代商人不得不面对的一个问题。与吕不韦"奇货可居"的观念不同，沈万三并没有在朱元璋需要帮助的时候出手。明朝建立后，沈万三再去帮助修筑都城的城墙显然为时已晚。此时，在朱元璋眼里，"田产逾吴下"的沈万三是需要重点打击的"豪强地主"。然而，沈万三并没有像范蠡那样全身而退，反而高调资助修筑城墙，最终落得被发配云南的命运。

3. 宁波商帮

宁波有众多的优良港湾，从宁波港起航，商船可借助海潮和风力往来南北，是中国古代海上"丝绸之路""陶瓷之路"的出发港。唐朝时，宁波成为中国对外贸易的主要港口之一。北宋在宁波设市舶司，同广州、杭州的市舶司合称为"三司"。元朝设庆元（今宁波）市舶提举司，直隶中书省，海运商户达1000余户。明清时期，较长时间实行海禁，宁波的合法海外贸易一度停滞，但走私商贸活动非常活跃。

鸦片战争后，广州、厦门、福州、宁波和上海被辟为通商口岸，上海因其地处长江流域的终点，逐渐成为中国内外贸易的中心。宁波商人因甬沪交通仅一水之隔的优势，大批涌入上海。据估计，清末在上海的宁波人已达40万人。

宁波商人凭借自身的有利条件，迅速进入新兴的对外贸易领域，担任外资洋行中的中方经理或中西方贸易的中介人，形成了以买办商人和进出口商人为代表的商人群体。19世纪80年代，上海的宁波商人买办已超过广东商人，因而居于买办集团的首位，成为当时的第一大商帮。

作为上海滩最有影响力的一个群体，宁波商人在金融、贸易、航运、制造等领域创造了百余个中国"第一"：第一艘商业轮船（宝顺轮）、第一家机器轧花厂（通久源轧花厂）、第一家商业银行（中国通商银行）、第一家日用化工厂（中国化学工业社）、第一批保险公司（华兴保险公司）、第一家由华人开设的证交所（上海证券物品交易所）、第一家信托公司（中易信托公司）、第一家味精厂（天厨味精制造厂）、第一家灯泡厂（亚浦耳灯泡厂）等。

1916年8月22日，孙中山在宁波演讲，对宁波商帮给出这样的评价："宁波人对于工商业经营，经验丰富，凡吾国各埠，莫不有甬人事业，即欧洲各国，亦多甬人足迹，其能力与影响之大，固可首屈一指者也。"

【商鉴】宁波商帮是当之无愧的"东方犹太人"，有非常深厚的经商传统。在古代中国，浙东学派是唯一提出"工商皆本"，主张发展工商业的知识分子群体。正是因为对商业的重视和推崇，宁波商帮才能在近代崛起为中国第一商帮。在现代，宁波商人仍然在经济中扮演着举足轻重的角色。

● 苏商

苏商的主体是洞庭商帮。洞庭是指由苏州吴县（今苏州市吴中区和相城区）下辖的洞庭东山和洞庭西山。东山是伸入太湖的一个半岛，叫古胥母山，又称莫蔽山。西山在太湖中，叫古包山。

洞庭商帮可以追溯至唐朝，其崛起与当地物产和交通密切相关。碧螺春是中国传统名茶，中国十大名茶之一，产于东洞庭山及西洞庭山一带，又称"洞庭碧螺春"。在唐代，碧螺春被列为贡品。洞庭红橘也是唐代的贡品之一，白居易任苏州太守时曾写下"洞庭贡橘拣宜精，太守勤王请自行"的诗句。洞庭两山还盛产丝绸，据《具区志》记载："湖中之山……以蚕桑为务，地多植桑。凡女未及笋，即习育蚕。"

元末明初，临近苏州的松江府成为棉纺织中心，棉布成为洞庭商人贸易的主要商品。洞庭商人依靠与太湖相通的水道延伸扩展进行贸易，沿长江至江西、湖南、湖北及川蜀之地。另一商路则经运河北上，连通淮扬、齐鲁一带。明代小说家冯梦龙在《醒世恒言》里描绘洞庭商帮："两山之人，善于货殖，八方四路，去为商为贾。"因此，洞庭商帮有"钻天洞庭"之称。

贾而好儒是苏商的特色，苏州地区出现了唐伯虎、文徵明、祝枝山、徐祯卿晚明江南四大才子，从唐代至清代一共有45位状元，号称中国状元第一城。鸦片战争后，苏商涌入上海，开办银行业、钱庄业等金融实体，并从事丝绸、棉纱等实业，在中国商帮中扮演了极为重要的角色。

1. 苏州

春秋战国时期，苏州是吴国的首都。公元前514年，伍子胥在此为吴王阖闾建造了阖闾城。隋朝因城西有姑苏山，将吴州改名为苏州。隋朝大运河疏浚后，苏州成为运河沿岸重要的商业中心，"东南郡邑，无水不通；天下货利，舟楫居多"。

唐朝时，苏州是仅次于长安的第二大城市，商船、客船络绎不绝，熙熙攘攘。张继在《枫桥夜泊》中写道："姑苏城外寒山寺，夜半钟声到客船。"到了宋代，苏州与杭州并称为"上有天堂，下有苏杭"。

明清时期，苏州成为全国最大的商品贸易集散地之一，是中国的经济中心，其地位类似于今日的上海。上海开埠后，内陆运河运输转向海洋运输，上海取代苏州，成为人口聚集地和资本集中地。1860年，苏州被太平军占领。历经三年战乱，苏州"已为废址，破瓦颓垣，凄凉满目"。苏州大量人口和产业资本纷纷迁移到上海的租界内避乱，进一步推动了上海的发展。

随着经济中心迁移和战争带来的动乱，苏州人口从太平天国前的最高峰150多万人，跌落至太平天国后的17万人。上海已经全面超越苏州，成了全国的商业中心、金融中心和制造业中心。昔日"江南一切以苏城为依归"变成"苏州商市行情悉依上海为准"的局面。

【商鉴】苏州因大运河和当地丰富的物产，成为中国最富裕的城市之一，苏州园林是这座城市富甲一方的历史见证。苏州的衰落和上海的崛起是河运转向海运的标志。

2. 松江府

元朝末年，松江府（今上海市松江区）的黄道婆由崖州（今海南崖县）带回先进的纺织工具和技术，推动了松江地区棉纺织业的发展。

经元明两代，棉纺织业普及南北，而松江织造技术尤为精致，成为全国棉纺织业的中心。外地商人纷纷来到松江收布，布商挟重资而来，白银少则数万两，多则数十万两。当时，松江棉布行销全国，且远销日本和朝鲜，有"衣被天下"之称。

棉纺织业的发展，使松江经济步入历史上最繁荣的时期。松江府成为明政府财政收入的主要来源地之一，松江府与苏州府的税赋占据当时全国税赋收入的一半，有"苏松财赋半天下"之称。

鸦片战争后，西方向中国市场大量输入工业化生产的棉纱、棉布，松江府的棉纺织业受到致命打击。"洋布盛行，价当梭布，而宽则三倍"，在价廉物美的洋布冲击下，松江的棉纺织业逐渐衰落。

【商鉴】棉纺织业是第一次工业革命的推动力量，松江府在明朝时已成为中国棉纺织业的中心，其地位类似于工业革命时期英国的曼彻斯特。为什么松江府没有发生工业革命？这是一个值得深思的问题。

3. 扬州

扬州位于中国四大海盐产区之一的淮盐产地，因临近长江、淮河，又有京杭大运河这条漕运通道，成为一座因盐而兴的城市。扬州自隋唐起就是江南商业重镇，隋炀帝曾在此建立行宫。唐代时，扬州依托运河，濒临长江，面向大海，是南北物资的集散地和"海上丝绸之路"的出发点，大批阿拉伯商人曾聚集于此，盛极一时。

明清时期，扬州盐产量占全国总产量的三成以上，成为中国盐业的龙头城市。各地盐商云集扬州，使扬州真正成为一座建在盐上的城市。在盐商们的经营下，扬州成为当时中国经济最繁荣的城市之一。据记载，乾隆年间，扬州盐商依靠"食盐运销特许经营"富甲一方，在瘦西湖到平山堂一带，建造了三四十所园林，包括著名的个园、珍园、汪氏小苑等。

扬州因盐而兴，最终也因盐而衰。道光年间，两江总督陶澍推行盐务改革，采用票盐法取消了盐业垄断，加之其他盐场兴起，使扬州淮盐的竞争力不断下降，扬州盐商的风光不再。

【商鉴】扬州以两淮盐商而闻名。值得一提的是，扬州盐商以徽商为主，其次是晋商。扬州盐商凭借与清政府的特殊关系，通过垄断经营的方式，不断提高盐价。据统计，当时的船工将收入的20%～40%用于购盐。正是这种暴利，才使盐商有能力兴建与苏州园林媲美的扬州园林。

● 徽商

徽商的主体是徽州商人。春秋战国时期，徽州处"吴头楚尾"，属于吴楚两国交界的边缘地带，山高林密，地形多变，发展较晚。在经历晋末、唐末、宋末三次移民潮后，北方大量人口迁移到皖南徽州。由于人口众多，山多地少，徽州人不得不外出经商谋生。徽商经营的行业以盐、典当、茶、木器为主，其次是米、谷、棉布、丝绸、纸、墨、瓷器等。

徽商之所以能称雄商界数百年，成为中国商帮翘楚之一，与它"贾而好儒"的本质特点分不开。徽商的"贾而好儒"表现在其思想观念上崇儒、重儒。例如，在黟县古民居村落西递村有这样一副楹联："读书好，营商好，效好便好；创业难，守成难，知难不难。"徽商往往是官、商一体。徽商一旦发迹，衣锦还乡，便会大兴土木，建楼院、祠堂，修路桥、会馆，以荣宗耀祖。明、清时，徽州名臣、学者辈出，徽州五县的进士就有2018人。

明朝时，徽商开始涉足盐业领域，两淮盐业几乎为徽商垄断。休宁人汪福光在江淮之间贩盐，拥有船只千艘。1831年，两江总督兼管两淮盐政陶澍革除淮盐积弊，改行"票法"，靠盐业专利发迹的徽商开始衰败，典当业也因左宗棠垄断及外国银行侵入而衰落。茶、木两商则由于鸦片战争和太平天国运动的影响，连年亏损。特别是曾国藩与太平军在皖南与徽州的拉锯战，使徽州十村九毁，生灵涂炭。

徽商在晚清的代表人物是胡雪岩，他是近代徽商由盛而衰的标志。随着广东、江浙财阀兴起，徽商在商业领域逐渐失去操纵、垄断和独占地位，开始走下坡路。

【商鉴】徽商是中国儒商的代表，既有儒者的道德和才智，又有商人的财富与成功。儒商的思想来自孟子的"穷则独善其身，达则兼济天下"。因此，徽商认为经商致富是实现"救世济民"的一种手段。

● 晋商

早在春秋时期，猗顿就成为山西盐商的始祖。现在所指的晋商，是明清500年间的山西商人。晋商经营盐业、茶、票号等商业，尤其以票号最为出名。

晋商作为一个群体的崛起，始于明初的边关政策。为抵御北元南下的威胁，朱元璋在北部边关相继建起九个关口。九大边关重镇中，以山西行省内的大同、宣府二镇规模最大，驻军最多，耗费军饷最甚。由于距离帝国的统治中心遥远，后勤补给困难重重，为了减少负担，朱元璋给山西盐商颁发了贩卖食盐的专营许可权——盐引。盐商凭"盐引"到盐场支盐，运输到政府指定的范围内销售，再将粮、茶、马、豆、麦、帛、铁等物资运回大同、居庸关等几大边关要塞。

明朝末年，山西商人与后金建立了密切的商业往来，大量走私粮食、衣物、铁器以及火药到后金，甚至为后金提供军事情报。清兵入关后，都察院参政祖可法、张存仁认为："山东乃粮运之道，山西乃商贾之途，急宜招抚，若二省兵民归我版图，则财赋有出，国用不匮矣。"因此，后金政权对山西商人多采用招抚政策。顺治初年，清政府将山西祁县商人范永斗任命为"领内府帑银行商"，即从宫廷内库领取银钱做生意的商人。范永斗在张家口开设"兴隆魁"商号，深入蒙古草原各地，垄断了"蒙汉贸易"。康熙时期，清政府在平定准噶尔期间，曾组织山西商人随军贸易。乾隆将新疆纳入中国版图以后，山西商人垄断了"维汉贸易"。

凭借与清政府的关系，晋商在清朝的地位凌驾于其他商帮之上。山西票号因清政府的支持而一度掌控整个清王朝的经济命脉，平遥甚至成为当时中国的金融中心。

【商鉴】晋商是标准的"红顶商人"，与清政府有特殊关系，在清朝的地位凌驾于其他商帮之上。随着清政府的没落，驰骋明清500年的晋商也逐渐退出历史舞台，正所谓"成也萧何，败也萧何"。

● 粤商

"粤商"即广东商人，包括广府商帮、潮汕商帮（潮商）、客家商帮（客商）、雷州商帮等。

秦始皇统一中国后，岭南地区的番禺（今广州）成为重要的港口。《史记·货殖列传》记载，广州（时称番禺）是西汉九大都会之一，还特别指出番禺是"珠玑、犀、玳瑁、果、布之凑，中国往商贾者多取富焉"。

三国孙吴期间，开辟了自广州出发经海南岛东面进入西沙群岛海面的新航线，使广东海运航线由沿海岸航行进入跨海航行阶段，广州随即成为岭南的对外贸易中心。

唐代时，广州港已发展成为可容纳大小海船近千艘的港口，官方在广州首设市舶使。市舶使的职责有四条：一是向前来贸易的外国船舶征收关税；二是代表朝廷采购一定数量的舶来品；三是代表朝廷管理海外各国朝贡事务，管理外国商人向皇帝朝贡的物品；四是总管海路通商，对市舶贸易以朝廷的名义进行监督和管理。当时，中国与南洋和波斯湾地区有六条定期航线，这些航线都集中在广州。到宋代，广州已成为"万国衣冠，络绎不绝"的著名对外贸易港，大批船舶货物从海外运到广州，再从广州运送至全国各地。

大航海时代，葡萄牙、西班牙、荷兰、英国纷至沓来，广州成为对西方贸易的重要通商港口，地位不断提升。18世纪以后，清政府推行广州"一口通商政策"，广州成为官方指定的唯一对外贸易口岸，由广州十三行垄断外贸特权，粤商自此崛起为中国最具实力的商帮之一。

【商鉴】广州是中国南方的对外贸易商品集散地，由于清政府长期实施广州"一口通商"政策，粤商发展成为当时最强大的商帮。事实上，香港、澳门、深圳的发展都与广州有着直接或间接的关系，一座城市成就了一个商帮，一个商帮也成就了一座城市。

第二篇

大航海时代

第九章　序章

大航海时代，也被称为地理大发现时代。

"地理大发现"的一个主要推动力，是奥斯曼帝国阻断了东西方贸易，因此葡萄牙、西班牙人需要重新开辟前往东方的新航线，以恢复香料、丝绸、瓷器等贸易。葡萄牙人开辟好望角航线是为了前往东方贸易，哥伦布意外发现新大陆也是为了前往东方贸易。

然而，事情并不是这么简单。葡萄牙人沿非洲西海岸南下探索时，首先要考虑的不是如何抵达中国，而是如何到达当时航海地图上标注的"世界的尽头"——博哈多尔角。对葡萄牙人来说，在非洲建立殖民地比前往中国贸易要实际得多。

我们还需要考虑的问题有：为什么葡萄牙人探索的方向是非洲西海岸？为什么率先开启"地理大发现"的是葡萄牙人？葡萄牙在航海技术上是如何领先的？……

一、奥斯曼帝国

1231 年，蒙古人西征波斯，消灭了花剌子模王朝。原本居住于阿姆河流域的土耳其人，是花剌子模王朝的属国，向西迁入小亚细亚的拜占庭帝国。

在第四次"十字军东征"时（1202~1204 年），拜占庭帝国首都君士坦丁堡曾被"十字军"和威尼斯舰队攻陷和洗劫，拜占庭帝国元气大伤，统治力量十分薄弱。不断地蚕食拜占庭帝国的领土，土耳其人一步步发展壮大。1299 年，奥斯曼一世以自己的名字命名并创建了奥斯曼帝国，遵循伊斯兰教法治国。

穆拉德一世时期（1360~1389 年），奥斯曼的势力扩展到了整个希腊北部和保加利亚。为了遏制穆斯林势力在欧洲的扩张，1396 年，罗马教皇博义九世号召对奥斯曼帝国进行"十字军东征"。这最后一次大规模的"十字军东征"，神圣罗马帝国、法兰西、匈牙利、威斯尼等国组织了十几万军队，准备消灭奥斯曼，解救拜占庭，甚至宣称要打到圣城耶路撒冷。由于轻敌，"十字军"还未展开攻势，便在尼科波利斯战役（今保加利亚境内）遭受耻辱性惨败，1万余名士兵被杀，300多名贵族骑士和指挥官被俘。在花费巨款赎回这些贵族和指挥官后，此次"十字军东征"不了了之。自此以后，拜占庭帝国失去了外援，已是风雨飘摇的处境。

1453年，奥斯曼帝国第七任苏丹穆罕默德二世亲率8万大军攻陷了君士坦丁堡，拜占庭帝国灭亡。穆罕默德二世将君士坦丁堡改名为伊斯坦布尔，并定都于此，这意味着欧洲前往地中海东部地区和黑海的贸易被奥斯曼帝国封锁。

此后，奥斯曼帝国继续扩张，控制了埃及、北非等地中海南部地区的港口，欧洲前往东方的贸易路线被彻底切断。

【商鉴】奥斯曼帝国占领东罗马首都君士坦丁堡以后，欧洲的经济、政治中心西移，传统的丝绸之路与海上丝绸之路全部中断。欧洲国家渴望寻找一条前往亚洲的新航线，恢复欧亚贸易，这是地理大发现的主要推动力。

二、汉萨同盟

8~11世纪，维京人崛起，这一时期被称为"维京时期"。维京人主要来自挪威、丹麦和瑞典，也被称为维京海盗，或者北欧海盗。他们经常劫掠来往商船，甚至有组织地入侵欧洲沿海和不列颠岛屿的港口城市进行抢劫。

为了防备维京海盗，各港口城市的商人组建了自己的武装船队，结成了共同防卫联盟，如莱茵同盟和士瓦本同盟。这种城市联盟很快发展为一种互利手段，成员城市间相互放弃征收水路和陆路的通行税，并通过协调的方式解决彼此的争端。

1241年，德意志神圣罗马帝国北部的港口商业城市吕贝克与汉堡结成同盟，对彼此的商船和商业活动提供保护，同时给予对方税收优惠。此后，科隆、不来梅、但泽、柯尼斯堡等城市不断地加入，形成了汉萨同盟。"汉萨"一词来自哥特语，意思是"军队"，因此，汉萨联盟在本质上是一个以商业为目的的军事联盟。吕贝克是汉萨同盟的盟主，绰号"汉萨女王"，是当时欧洲最富有、最强大的城市之一。

汉萨同盟成立之后，其宗旨很快从防备打击海盗行为转至维护商业垄断利益。1368~1370年，汉萨同盟联合舰队打败丹麦海军，迫使丹麦签订《施特拉尔松德条约》，获得了在波罗的海地区自由贸易和捕鱼的垄断权利。此后，更多的港口城市申请加入汉萨同盟。在鼎盛时期，加入汉萨同盟的城市多达160多个，包括荷兰阿姆斯特丹、英国伦敦等。

对率先开启大航海的葡萄牙人来说，北方是汉萨同盟，东边是奥斯曼帝国，西边是一望无际的大西洋，南方是非洲土著。"柿子拣软的捏"，沿非洲海岸向南方探索，毫无疑问是葡萄牙人最明智的选择。

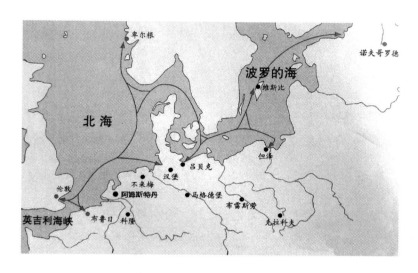

汉萨同盟控制了波罗的海和北海地区的商业贸易示意图

资料来源：该示意图参见 http：//news.sohu.com/a/500041692_121118977。

【商鉴】 加入汉萨同盟为伦敦、阿姆斯特丹的城市发展提供了有利条件，为荷兰、英国成为航海强国奠定了基础。商业同盟有利于促进贸易的发展，使所有成员受益，如中国加入世界贸易组织后，成为世界第一大出口国和第二大进口国。

三、收复失地运动

公元711年，阿拉伯人入侵伊比利亚半岛，建立了后倭马亚王朝。

阿拉伯帝国扩张初期曾鼓励被征服的各族人民改奉伊斯兰教，与阿拉伯人享受平等待遇。后来，为了增加税收，便不再鼓励人们改奉伊斯兰教，非阿拉伯人的穆斯林不仅要多缴各种赋税，在军队中也只能当步兵。

伊比利亚半岛上大部分为西班牙领土，西南角一小部分为葡萄牙领土，东北部比利牛斯山以北为法国领土。西班牙、葡萄牙、法国这三个国家都是虔诚的天主教国家，不愿意改奉伊斯兰教的天主教徒，逃往北部山区建立了阿斯图里亚斯王国，开展收复失地的运动。

罗马教廷为了遏制阿拉伯人向北扩张，对"收复失地运动"给予了支持和帮助，宣布"谁先收复失地就归谁所有"。这意味着，阿斯图里亚斯王国的贵族在占领一片领地后，即可宣布成为一个独立王国。

1236 年，"收复失地运动"取得突破性进展。此时，伊比利亚半岛形成了两个主要国家：葡萄牙和西班牙。西班牙的任务是继续清剿伊比利亚半岛上的穆斯林残余势力，葡萄牙的任务则是发展海军，从海上打击穆斯林。

在罗马教廷的帮助下，葡萄牙舰队于 1415 年攻占了阿拉伯人控制的北非港口城市休达。休达港位于直布罗陀海峡附近的地中海沿岸，控制着撒哈拉以南地区的金矿和盐矿贸易。此后，葡萄牙又沿非洲海岸南下，不断在非洲沿岸建立前进据点，在军事战略上试图绕过非洲大陆包围阿拉伯人，最终抵达好望角，开辟了新航线。

西班牙则在 1492 年攻陷了阿拉伯人在伊比利亚半岛上的最后据点——格拉纳达城，"收复失地运动"至此结束。这一年，西班牙女王伊莎贝拉一世资助了哥伦布的航海探险，两个月后，哥伦布发现了新大陆。

【商鉴】资金是一切商业取得成功的前提，葡萄牙发展航海是"收复失地运动"的延续，得到了教廷资金的支持。不仅如此，教廷授权葡萄牙在殖民地拥有专有的商业活动，鼓励葡萄牙去探索未知的世界，推动了"地理大发现"。

四、葡萄牙航海学院

13 世纪，葡萄牙国王阿方索二世推出了一项法令，旨在促进居民向沿海地带迁居，并且对迁居者采取一定的税收减免政策。在政策刺激下，葡萄牙国内的制盐、捕鱼和造船业开始兴旺，为葡萄牙成为一个海洋国家奠定了基础。

若昂一世时期（1385～1433 年），为了配合西班牙完成"收复失地运动"，在罗马教廷的帮助下，葡萄牙建立了强大的海军，并且攻占了阿拉伯人控制的北非休达港。为了进一步提升葡萄牙的海军及航海实力，1420 年，恩里克王子创办了葡萄牙航海学院。

航海学院聘请了当时欧洲各国顶尖的航海家、地理学家、地图绘制家、数学家和天文学家，收集了世界各地的地理、气象、信风、海流、造船、航海等文献资料，形成了大量新的航海技术，并绘制了大量航海地图。葡萄牙航海学院还培养了一大批专业的探险家或航海家，如达·伽马、哥伦布、麦哲伦等。

地理大发现时期，正值欧洲文艺复兴运动时期，古希腊、古罗马的文明成就被重新发现和研究。比如，公元 2 世纪古希腊地理学家托勒密的《天文学大成》也重新被葡萄牙航海学院所研究。托勒密绘制了地球的形状、大小和经纬度，他的地球模型成为哥伦布横渡大西洋和麦哲伦跨太平洋航行的理论依据。

这两次航行与传统上沿着海岸线航行的方法有本质的不同，因为哥伦布、麦哲伦都是在向西航行，而目的地却是在东方，这是一种违背直觉的逆向航行方式。

【商鉴】航海技术是葡萄牙人能够开辟新航线的关键因素，而技术的进步往往是一个漫长而艰难的过程。葡萄牙航海学院创办于1420年，等到麦哲伦完成环球航线，到达菲律宾已是1521年，整整过了101年。

五、郑和七下西洋

明朝建立以后，元朝并没有灭亡，元顺帝逃到塞外建立了"北元"政权，试图恢复对中国的统治。当时，蒙古人依然十分强大，金帐汗国（又称钦察汗国）、察合台汗国、窝阔台汗国、伊利汗国的势力覆盖了中亚、西亚、波斯湾地区。

其中，伊利汗国是由成吉思汗铁木真之孙、拖雷之子旭烈兀在消灭阿拉伯帝国阿拔斯王朝的基础上建立的。元朝统治时期，给予色目人仅次于蒙古人的地位，再加上伊利汗国与元朝同出蒙古，因此阿拉伯商人受到很高的礼遇。元朝灭亡后，由于朱元璋大力打压商人和商业，许多原本在中国东南沿海经商的阿拉伯商人和中国商人退到东南亚地区，开展走私贸易和海盗活动。毫无疑问，这些商人既不喜欢朱元璋，也不喜欢明朝，对明朝的统治构成了严重威胁。

1402年，朱棣通过靖难之役夺得皇位。同年，由察合台汗国分裂出来的帖木儿帝国在安卡拉战役大败奥斯曼帝国。随后，帖木儿联合其他蒙古汗国，率20万军队东征明朝，行军到讹答剌（今哈萨克斯坦）时病死。帖木儿的东征，使朱棣认识到蒙古人的威胁始终存在。为了彻底消灭北元的威胁，朱棣亲自率军进行了五次北伐。在海洋方向，1405～1433年，郑和七次下西洋，扫除了海盗及其他来自海上的威胁，恢复了海上各国与中原王朝的朝贡关系。

郑和下西洋的航线从江苏刘家港（现浏河镇）出发，经海路到达越南、泰国、柬埔寨、马来半岛、印度尼西亚、菲律宾、斯里兰卡、马尔代夫、孟加拉国、印度、伊朗、阿曼、也门、沙特阿拉伯和东非的索马里、肯尼亚等39个国家和地区。为了实现朝贡邦交并消除来自海上的威胁，明朝实行"厚往薄来"的赤字贸易方针。据统计，郑和一次出行仅耗费银两即达600万两，而当时明朝每年的财政收入才1100万两。

由于耗资甚巨，郑和运回的又是供皇室享用的珠宝、贡品、香料等奢侈品，引发内阁学士的猛烈批评。1433年，明宣宗朱瞻基继位，在经济上实行休养生息的政策，停止了"下西洋"活动。同时，明政府鼓励本土种植香料，随着香料不再需要进口，出海的"经济效益"进一步降低了。

郑和下西洋是中国古代规模最大、船只和海员最多、时间最久的海上航行，也是"地理大发现"以前，世界历史上规模最大的一系列海上探险。1497年，达·伽马绕过好望角到达东非海岸时，郑和已经在此"等候"76年了。

【商鉴】商业利益是航海探索能够持续进行的主要推动力，如西班牙女王伊莎贝拉一世赞助哥伦布、西班牙国王查理五世赞助麦哲伦都是为了商业利益。然而，郑和下西洋不是为了追求商业利益和财富，故而是不可持续的。

第十章　开辟新航线

自古以来，从西方通往东方的商路主要有三条。一条是陆路，即传统的"丝绸之路"，从君士坦丁堡出发，经小亚细亚、西亚、中亚，再翻越帕米尔高原到达中国。另两条是海路：一条从两河流域出发，经波斯湾、印度洋、印度、东南亚抵达中国；另一条从埃及尼罗河出发，经红海、亚丁湾、印度洋、印度、东南亚抵达中国。

新航线主要有两条，一条是"好望角航线"，它从欧洲出发，沿非洲西海岸，绕过好望角，横渡印度洋到印度，再经东南亚抵达中国；另一条是"跨太平洋航线"，它从欧洲出发，横渡大西洋后，沿美洲东海岸，经麦哲伦海峡后，横渡太平洋抵达东南亚，再到中国。

开辟新航线的过程也是地理大发现的过程，在此之前的世界地图是错误百出的，人们不仅不知道美洲大陆的存在，也不知道太平洋的大小，甚至对于非洲的认识都十分有限。换句话说，新航线是在对地图上的未知区域进行探索的过程中发现的。

一、迪亚士：发现好望角

1415 年，葡萄牙人攻占北非港口城市休达后，开始沿着非洲西海岸向南探索。此时，郑和已经开始第五次下西洋。

通过一次又一次的航海探索，葡萄牙人先后发现了马德拉群岛以及亚速尔群岛，并在岛上建立了一系列补给基地，逐步接近"世界的尽头"——博哈多尔角。在中世纪的欧洲地图上，博哈多尔角附近的海域画有一只"魔鬼的手"。这里暗流涌动，所有试图通过这里的船只无一幸免，全部葬身海底，航海者认为这里是由魔鬼把守的"地狱之门"。

葡萄牙航海学院成立以后，葡萄牙人通过非洲地理、经纬度的研究，已经搞清楚了博哈多尔角的东南面仍属于非洲大陆，是可以绕过去的。经过充分的准备，1434 年，葡萄牙人越过了"世界的尽头"博哈多尔角，在几内亚登陆。对"博哈多尔角"的征服，证实了古希腊地理学家托勒密的地球模型和经纬度理论是可靠的。

葡萄牙人登陆几内亚后，迅速展开了殖民征服，占领了当地的金矿和甘蔗种植园，原先的矿工和农民全部沦为奴隶。几内亚是葡萄牙第一块真正意义上的殖民地，这里出产的黄金和蔗糖为葡萄牙带来了巨额财富。相对于开辟贸易路线，殖民掠夺显然是获取财富更为"简单有效"的手段。

1471 年，葡萄牙人抵达了赤道附近，发现了圣多美和普林西比。在此建立航行补给站后，葡萄牙人穿越赤道线，一直抵达了南纬 22 度附近的纳米比亚。随后，葡萄牙登陆纳米比亚，在南半球建立了首个殖民地。盛产黄金、钻石的纳米比亚，再次为葡萄牙人的航海提供了资金支持。

1487 年 8 月，葡萄牙国王若昂二世派遣迪亚士越过南纬 22 度，探索非洲的最南端。经过半年的航行，迪亚士于 1488 年到达了南非的开普敦港。又经过三天的航行，到达了一个伸入海洋很远的地角，这里就是非洲大陆的最南端，迪亚士把它命名为"风暴之角"（即好望角）。

绕过"风暴之角"后，迪亚士来到了南非的伊丽莎白港，这是一个印度洋的港口，意味着葡萄牙人已经获得了完整的非洲大陆地图。

【商鉴】跨越"世界的尽头"博哈多尔角是十分艰难的，那是一片未知的海域，需要基于科学的认知，远离海岸航行。征服博哈多尔角，意味着抵达好望角的技术问题已经解决，新航线的开辟只是时间的问题。

二、达·伽马：开辟香料之路

回到葡萄牙后，迪亚士向葡萄牙国王若昂二世汇报了自己绕过"风暴之角"抵达印度洋的情况。若昂二世将"风暴之角"改名为"好望角"，意思是绕过这个海角就有希望到达东方了。

1497 年，若昂二世派遣达·伽马绕过好望角，继续探索从好望角抵达印度大陆的航线。达·伽马船队绕过好望角，经莫桑比克海峡沿着东非海岸北上，到达了蒙巴萨港。经过休整和补给后，在阿拉伯航海专家伊本·马吉德的带领下，达·伽马舰队利用印度洋每年上半年特有的西南季风，于 1498 年 5 月 20 日抵达了印度西南海岸的港口城市卡利卡特。自此，从欧洲绕过好望角抵达印度的新航线正式开通，达·伽马也成为大航海时代最著名的人物之一。

由于从印度运往欧洲的主要商品是香料，因此"好望角航线"也被称为"香料之路"。在 1869 年苏伊士运河通航前，欧洲对印度洋沿岸各国和中国的贸易主要通过这条航线。

为了进一步开辟前往东南亚和中国的贸易路线，达·伽马留下一部分船员在果阿建立了贸易基地和补给站。后来，果阿成为葡萄牙在印度最重要的殖民地。

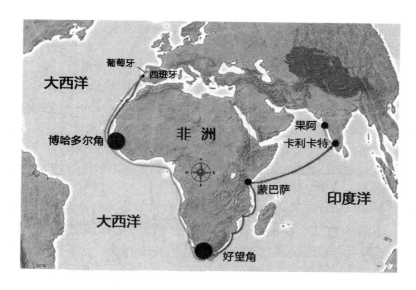

好望角航线也称香料之路示意图：从欧洲出发，经博哈多尔角、好望角、莫桑比克海峡、蒙巴萨港、印度洋，抵达印度港口卡利卡特

资料来源：该示意图参见 https://ishare.ifeng.com/c/s/852JkxnAIp2。

【商鉴】新航线的开辟意味着欧亚海上贸易重新繁荣，印度和东南亚的香料、中国的丝绸和瓷器开始通过这条航线输入欧洲。对于葡萄牙商人而言，这是利润，对于欧洲国家而言，这意味着白银的大量流出。为了保持贸易平衡，"重商主义"开始在欧洲出现。

三、哥伦布：发现新大陆

哥伦布是葡萄牙航海学院的一名航海家，他是"地圆说"的信奉者。哥伦布认为，既然地球是圆的，只要往西航行，绕地球一圈后就可以抵达亚洲。

当时，葡萄牙人经过近百年的航海探索，在非洲西海岸建立了一系列的航海补给点。1488 年，迪亚士抵达了非洲大陆最南端的"风暴之角"，葡萄牙国王若昂二世将之改名"好望角"，开始筹备开辟前往亚洲的新航线，即"香料之路"。

哥伦布参与了"香料之路"的筹备计划，由于对地球的直径计算错误，哥伦布发现：直接向西航行绕地球一圈抵达亚洲要比"香料之路"近得多。哥伦布将自己的发现告诉了葡萄牙国王若昂二世，并请求资助他航行。由于好望角航线具有显而易见的可行性、低风险性和可预见的收益性，而哥伦布的计划充满风险，收益也不可预知，若昂二世最终拒绝了哥伦布的请求。

哥伦布对自己的计算充满信心，认为比"香料之路"更可行，于是来到西班牙寻求赞助。当时，西班牙消灭了伊比利亚半岛最后的伊斯兰王朝——格拉纳达王国，持续8个世纪的"收复失地运动"宣告结束，战略方向开始转向海洋。西班牙看着葡萄牙从几内亚运回的成吨黄金，早已垂涎三尺，又得知葡萄牙已经绕过"好望角"在筹备开辟抵达亚洲的航线，很想参与其中。无奈，所有的远洋补给站都是葡萄牙人建立的，而且西班牙也缺少航海家。哥伦布的到来使西班牙人的两个航海难题全都得到了解决，因此，西班牙女王伊莎贝拉一世很快答应了哥伦布的要求，决定资助他航海。

1492年8月3日，哥伦布带着西班牙女王伊莎贝拉一世给印度君主和中国皇帝的国书，率船员87人，分乘三艘远洋帆船从西班牙巴罗斯港出发，向大西洋的未知地区进发。经过两个多月的航行后，10月12日，哥伦布到达了南美洲的巴哈马群岛。这一天是哥伦布发现新大陆的日子，后被西班牙定为国庆节。

不过，哥伦布并不知道自己发现了新大陆。他发现岛上的土著和亚洲人长相一模一样，都是黄种人。而且当时美洲大陆刚好有一个印加帝国（Inca），与印度（India）的发音很像，这些巧合让哥伦布认为自己已经抵达了印度。由于航海里程明显不符，哥伦布认为自己抵达的是航海地图上没有记载的印度外围。至于纬度的误差，哥伦布认为是星象造成的偏差。为了证明自己确实到达了印度，哥伦布还绑架了十几个黄种人（印第安人）作为"人证"，然后启程返回了西班牙。

哥伦布完全没有对此撒谎的必要，因为发现新大陆的价值并不低于新航线的开辟。据统计，1502~1660年，西班牙从美洲得到18600吨白银和200吨黄金。到16世纪末，世界金银总产量的83%被西班牙占有。凭借对美洲大陆的殖民统治，西班牙很快超过葡萄牙成为最强大的海洋帝国。

【商鉴】西班牙女王伊莎贝拉一世对哥伦布的资助是航海史上最成功的"风险投资"，伊莎贝拉一世的投资并不盲目，而是基于一定的科学理论。如果哥伦布没有发现美洲大陆会怎么样呢？那么，哥伦布的航线就不会被美洲大陆阻挡，他就真的可以抵达亚洲了，就像现在从欧洲出发经巴拿马运河抵达亚洲一样。

哥伦布航线示意图：从西班牙出发，横跨大西洋抵达南美洲的巴哈马群岛，
发现了美洲新大陆

资料来源：笔者根据材料绘制。

四、麦哲伦：开辟环球航线

麦哲伦是葡萄牙航海学院的航海家，和哥伦布一样，坚信向西出发可以抵达东方的亚洲。

哥伦布发现美洲大陆后，麦哲伦认为美洲大陆和非洲大陆相似，如果沿着南美洲东海岸一路南下，抵达最南端后就可以绕过美洲大陆进入太平洋，然后横跨太平洋抵达亚洲。

麦哲伦将自己的跨太平洋航行计划提交给了葡萄牙国王曼努埃尔，但遭到了拒绝。当时，东方贸易路线已经被葡萄牙有效控制，西班牙则在美洲大陆建立了一系列殖民地，开辟途经美洲的新航线，最大的受益者显然是西班牙。于是麦哲伦找到西班牙国王查理五世，查理五世很快答应了对麦哲伦的赞助。

1519 年 8 月 10 日，麦哲伦率领船队从西班牙塞维利亚港出发。经过五个月的航行，麦哲伦船队来到了乌拉圭附近。根据当时的地图标记，这里是美洲尽头，麦哲伦原以为从这里可以进入太平洋，但那只是一个大海湾——拉普拉塔河口。

麦哲伦继续南下，发现了阿根廷的圣胡利安港。在休整补给后，于 1520 年 10 月 21 日发现了美洲大陆最南端一条可以通往太平洋的海峡，后被命名为麦哲伦海峡。穿过麦哲伦海峡，麦哲伦的船队开始横渡太平洋，由于在100多天的航行中一直风平浪静，麦哲伦将这片海洋称为"太平洋"。1521年3月16日，麦哲伦抵达菲律宾群岛。接下来，从菲律宾返回西班牙的航线已由葡萄牙人标注于地图中。至此，环球航线正式开辟。

麦哲伦的这次航行跨越了美洲大陆和太平洋，是有史以来最漫长的远洋航行，比"好望角航线"要远得多。从美洲到亚洲的太平洋航线的开辟，大大促进了亚洲、美洲、欧洲三大洲之间的贸易和文化交流。美洲的大量白银也经太平洋航线大量流入中国，中国的丝绸、瓷器、茶叶、漆器等也从太平洋航线远销美洲和欧洲。美洲的农作物，如玉米、土豆、番茄、烟草等经太平洋传入亚洲、中国。

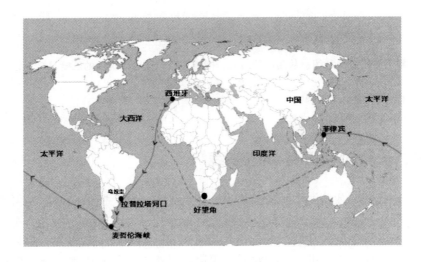

麦哲伦环球航线示意图：西班牙—大西洋—拉普拉塔河口—麦哲伦海峡—太平洋—
菲律宾—印度洋—好望角—大西洋—西班牙

资料来源：笔者根据材料绘制。

【商鉴】麦哲伦环球航行是航海史上第二大成功的"风险投资"，仅次于哥伦布发现新大陆。当时的航海技术已经确知地球是圆的，葡萄牙人并非不愿意参与这次"风险投资"，而是因为教皇规定美洲大陆属于西班牙的势力范围。

第十一章　葡西时代

　　葡萄牙、西班牙的地位是在"收复失地运动"期间形成的，在罗马教廷的支持下，葡萄牙的任务是建立海军，西班牙的任务则是收复伊比利亚半岛。

　　经过近百年的努力，葡萄牙在非洲大陆沿岸建立了一系列的补给点和殖民地，最终开辟了抵达亚洲的航线。西班牙人也在 1492 年攻陷格拉纳达，完成了"收复失地运动"。恰在此时，哥伦布来到西班牙寻找航海赞助。在西班牙女王伊莎贝拉一世的赞助下，哥伦布发现了新大陆。自此，迎来了"葡西时代"。

一、教皇子午线

　　根据"收复失地运动"的传统，对土地的占领权遵循两个原则：第一，基督教国家有权力占领异教徒的国土，谁先占领就是谁的领土；第二，尚未占领土地的归属权由教皇决定。

　　1454 年，教皇尼古拉五世颁布敕书，确认了葡萄牙人在非洲西海岸的土地占领权。由于非洲西海岸的据点全部被葡萄牙人占领，未经葡萄牙的允许，别的国家便得不到补给，也就无法完成远洋航行。因此，1488 年迪亚士发现好望角后，葡萄牙人认为亚洲已是自己的"囊中之物"，在基督教世界没有任何竞争对手。

　　正当葡萄牙人筹备开辟亚洲航线行程时，西班牙女王伊莎贝拉一世赞助哥伦布在 1492 年发现了新大陆。哥伦布声称自己到达了"印度"，并带回了十几个黄种人作为"人证"。我们现在知道，葡萄牙航海家达·伽马于 1498 年抵达的才是货真价实的印度。但是，哥伦布毕竟有"人证"，而且船员也可以作证他们曾经到达了距离"印度"（实际上是印加）不远的地方。作为哥伦布的赞助商，西班牙女王伊莎贝拉一世要求教皇亚历山大六世确认西班牙对"印度大陆"的占领权。

　　为了开辟前往亚洲的新航线，葡萄牙人付出了近百年的努力，而且哥伦布本身也是葡萄牙人，航海技术也是葡萄牙航海学院培养出来的。面对西班牙人的"截胡"行为，葡萄牙国王若昂二世表达了强烈的不满，准备进行军事远征。当时，葡萄牙的海军实力远胜于西班牙，但西班牙拥有陆军的绝对优势，而葡萄牙与西班牙是两个相邻的国家。因此，西班牙毫不示弱，坚持主张对"印度大陆"的占领权。

为了避免基督教兄弟之间的内讧，让奥斯曼帝国"渔翁得利"。1493 年，罗马教皇亚历山大六世进行了仲裁调解，在大西洋中部亚速尔群岛和佛得角群岛以西 100 里格（约 550 千米）的地方，划分了一条势力范围的分界线，史称"教皇子午线"。

教皇子午线以西属于西班牙人的势力范围，以东则属于葡萄牙人的势力范围。由于地球是圆的，所以"教皇子午线"规定的"东"与"西"体现了葡萄牙和西班牙分别从东、西两个方向扩张的战略意图，是"收复失地运动"在某种形式上的延续。

经过讨价还价，西班牙、葡萄牙两国在 1494 年 6 月 7 日签订了《托德西拉斯条约》，将教皇子午线西移 270 里格（约 1485 千米）。根据这个条约，葡萄牙人获得了巴西，巴西也是葡萄牙在美洲的唯一殖民地。

【商鉴】许多战争的发生都与商业利益有着直接或间接的关系，当时，欧洲大陆的仲裁机构是罗马天主教教皇。由于信徒不听从于教皇，也就失去了仲裁的机构，这导致新教徒国家荷兰、英国与西班牙发生了长期的冲突和战争。

二、贸易与殖民

现代通用的"Colony"（殖民地）一词来自古罗马的"Colonia"，原指由罗马公民及其家属组成的守卫亚平宁半岛海岸的村社。当罗马人征服邻近的部族时就组成村社，便将其作为贸易前哨或军事基地，并在征服的地区掠夺资源和奴隶。随着罗马统治地域的扩大，这一制度逐渐推广到新征服地区，演变成殖民制度。

在大航海时代，航海线路上的据点大致可以分为三类：航海补给点、殖民地、贸易据点，最初建立的是航海补给点，以确保远洋航行的顺利进行，可以探索更遥远的地方。葡萄牙人征服几内亚后，使用奴隶开采金矿和发展甘蔗种植园，便是典型的殖民地经济。典型的贸易据点是印度果阿和中国澳门，分别是香料贸易和丝绸贸易的重要据点。

● 印度果阿

1498 年，达·伽马在印度卡利卡特登陆，"香料之路"开通。为了保持长久的香料贸易，葡萄牙人在果阿地区建立了贸易站。

当时，果阿是南印度的商业枢纽，沟通着波斯与印度直接的贸易往来，同时也具有十分重要的军事意义。1510 年，葡属印度殖民地总督阿尔布克尔克以武力占领了果阿城，使其成为葡萄牙的殖民地。为了消除穆斯林在果阿的影响，葡萄牙颁布了宗教法庭的命令，很多居住在果阿的本地人被迫改信基督教。不愿变更宗教信仰的人，则移居邻近的卡纳塔克邦。

整个 16 世纪，葡萄牙人在印度建立了 20 余处贸易据点和殖民地，几乎垄断了东西方的"香料贸易"。17 世纪，荷兰东印度公司、英国东印度公司先后抵达印度，大部分葡萄牙的殖民地被抢走，只剩下沿着印度西海岸的少数几个飞地，果阿是其中最大、最重要的海外属地。

为了巩固葡萄牙在印度的利益，果阿被赋予与葡萄牙首都里斯本同样的地位，享有同样的特权。葡萄牙还鼓励在果阿的葡萄牙人与本地妇女通婚，在果阿定居。这些已婚男子很快成为特权等级，果阿也因此拥有相当数量的欧亚混血人口。随后，果阿议事会成立，加强了与葡萄牙本土的联系。

有别于葡萄牙在海外的其他飞地，果阿是葡萄牙在亚洲最重要的据点，葡萄牙不仅在果阿屯兵，还将果阿建设成为一处殖民地及海军基地。如今，果阿邦是印度面积最小的一个邦，也是印度人均 GDP 最高的一个邦。

【商鉴】单纯的商业往往是不存在的，果阿对葡萄牙的海上殖民有三重意义：一是作为"香料之路"贸易的据点；二是作为前往东南亚的中转站和补给点；三是与奥斯曼帝国争夺波斯湾贸易与影响力的军事据点。

● 巴西

1500 年 4 月 22 日，葡萄牙航海家佩德罗·卡布拉尔抵达巴西，按照"教皇子午线"的约定，这片土地被划归为葡萄牙所有。

最初，葡萄牙人将巴西命名为"圣十字架"，由于巴西盛产"红木"（Brasil），该词成为巴西国名的代称，并沿用至今。红木十分昂贵，既可以用来做高贵的红色染料，也可以制作高档家具，是葡萄牙人在巴西殖民地进行掠夺和出口的主要商品。

1532 年，为了进一步开发殖民地，葡萄牙人将巴西划分为 14 个封地，利用黑人奴隶大力发展甘蔗种植园，制作蔗糖。当时的欧洲贵族把蔗糖当作很珍贵的营养品与调料食用，因而蔗糖是欧洲十分受欢迎的大宗贸易商品。据统计，在 16、17 世纪，欧洲大部分糖料来自巴西。

此后，葡萄牙人在巴西发现了金矿和钻石矿，许多黑人奴隶被贩卖为矿奴，从事挖矿工作。18 世纪，巴西出产了 300 万克拉的钻石、200 万镑的黄金，巅峰时期全世界有 80% 的金子来自这里。

葡萄牙对巴西采取排他性的垄断殖民统治，只有葡萄牙的船只才能被获准前往巴西，巴西的所有日常生活商品都从葡萄牙进口，并需要缴纳重税。

【商鉴】葡萄牙对巴西的经营与西班牙对其美洲殖民地的经营类似，一方面将巴西当作红木、蔗糖、黄金、钻石等资源的产地，开展殖民掠夺，另一方面又将当地作为由葡萄牙垄断的商品倾销市场。

● 中国澳门

好望角航线开辟之后，葡萄牙人在印度建立了一系列的贸易据点和殖民地，很快进入到了中国在东南亚的势力范围。

1511 年，葡萄牙占领了与明王朝有朝贡关系的马六甲王国，明朝要求葡萄牙退出马六甲，遭到了葡萄牙的拒绝。明朝随即对葡萄牙进行贸易制裁，禁止与葡萄牙开展贸易。

葡萄牙人派遣军舰强占了东莞的屯门岛，试图建立据点，结果被明军击退。此后，葡萄牙沿中国海岸线北上，试图在福建的金门、浙江舟山的双屿建立贸易据点均以失败告终。

由于被官方反复围剿，葡萄牙人只好与东南海盗、倭寇勾结，开展走私贸易。1535 年，葡萄牙人通过贿赂广东地方官吏，终于取得了在澳门码头停靠船舶，与官方开展"勘合贸易"的权利。1553 年，葡萄牙又通过贿赂明朝官吏，用 500 两白银租下澳门。葡萄牙租借澳门后，扩充居住地，修建炮台，设置官员进行管理。

对于中原王朝来说，澳门实在是太"不起眼"了，清朝建立后，葡萄牙人又转而向清朝缴纳租金。相对于葡萄牙其他的殖民据点，澳门的地位很一般，由于背靠中国内地，澳门的地位又很不一般。

鸦片战争后，葡萄牙乘清朝政府战败之机，相继侵占了澳门南面的氹仔岛和路环岛。1999 年 12 月 20 日，中华人民共和国中央人民政府对澳门恢复行使主权，澳门特别行政区正式宣告成立。如今，澳门是世界四大赌城之一，也是全球最发达、最富裕的地区之一。

【商鉴】澳门的价值不在于其特产，也不在于其港口本身的价值，而在于与中国进行通商贸易的潜在价值。葡萄牙人用 500 两白银租下澳门，建立与中国的贸易。一方面说明葡萄牙不敢挑战明朝海军，另一方面则说明葡萄牙商人具有灵活的一面。

● 菲律宾

根据"教皇子午线"，以西属于西班牙人的势力范围，以东则属于葡萄牙人。但是，地球是圆的，1521年，麦哲伦横渡太平洋后，西班牙的势力开始进入东南亚。

为了争夺在香料群岛的贸易，西班牙与葡萄牙爆发了激烈的冲突，西班牙连续组织了两次远征，都无功而返。1529年，西班牙与法兰西为争夺欧洲大陆的霸权爆发了战争。葡萄牙趁机与西班牙签订《萨拉戈萨条约》，在香料群岛（马鲁古群岛以东）17度的地方划出一条分界线，重新划分了双方在全球的势力范围。

根据《萨拉戈萨条约》，葡萄牙支付给西班牙35万达卡金币，西班牙放弃了对香料群岛的全部要求，但在菲律宾获得了一个贸易中转站。此后，借菲律宾国内出现动乱之机，西班牙占领了菲律宾的全部领土。1570年，西班牙国王费利佩二世颁布法令，派遣总督在菲律宾建立"管辖"制度，菲律宾正式成为西班牙的殖民地，菲律宾的国名正是来自费利佩二世（Philip）。

西班牙在菲律宾的殖民经济包括蔗糖、烟草、咖啡、蕉麻等农业种植园。其中蕉麻又名马尼拉麻，植株高可达3~8米，是一种优良的硬质纤维，具有拉力强，又耐盐、耐浸、耐腐等特点，是航海船舰、矿山等所用缆绳的优质材料。麻种植业是菲律宾一个重要的经济支柱，许多菲律宾人以此为生。在贸易政策上，西班牙规定只有马尼拉港口才可以进行对外贸易，同时规定所有的菲律宾商品必须先运往马尼拉，再由西班牙统一运往欧洲。

依托菲律宾部落分布的特点，西班牙采用分封制度，让部落首领成为一方领主，代为管理政治、经济等事务。为了消除穆斯林的影响，西班牙在菲律宾颁布了宗教法庭命令，最终使菲律宾成为亚洲地区唯一的天主教国家。

【商鉴】从16世纪至19世纪，西班牙统治菲律宾长达300多年。由于实施排他性的贸易政策，菲律宾的所有手工业产品都由西班牙进口，菲律宾本土的工商业发展受到严重的制约。这也是殖民地国家经济落后的根源之一。

三、印第安文明的覆灭

阿兹特克文明与印加文明、玛雅文明并称为中南美三大文明，拥有独立发展的发达农业，如玉米、马铃薯、可可、烟草等。哥伦布抵达美洲时，以为是到达了"印度"，称这里的居民为"印度人"（Indian），即"印第安人"。所以，美洲文明也被称为"印第安文明"。

由于宗教信仰的原因，当欧洲的战马首次出现在美洲时，印第安人以为战马是神兽，而骑马的重甲骑士则被认为是"神的使者"。基督徒自称是上帝的使者，让他们更加确信了这一点。

对印第安文明最大的威胁并非西班牙人的枪炮，而是来自旧大陆的病毒、细菌。由于长期与世隔绝，印第安人缺少相应的免疫力。当时，黑死病夺走了2500万欧洲人的性命，占欧洲总人口的1/3。欧洲人将这一瘟疫带到美洲后，至少也有1/3的印第安人因此殒命。还有来自旧大陆的天花、麻疹、流感等致命病毒，也使大批印第安人死去。基督教牧师告诉他们这是神的惩罚，印第安人的古老信仰被彻底摧毁，许多地方甚至放弃了抵抗，一个古老的文明就这样被摧毁了。

● 阿兹特克帝国

阿兹特克帝国是14~16世纪在墨西哥中部建立的中美洲最大的帝国，首都特诺奇蒂特兰（今墨西哥城地下）面积达13平方千米，人口有20万~30万人，在西班牙人入侵以前，该城是西半球最大的城市。

阿兹特克帝国有着十分发达的农业，主要经济作物有玉米、芸豆、可可豆、辣椒、棉花、烟草等。特诺奇蒂特兰城是中美洲的商业中心，商品有金银、宝石、羽毛、布匹、刺绣、奴隶、家禽、水果、木材、烟草等。当时，阿兹特克人还未使用铸造货币，所有商品都是物物交换。但有些物品已经具有货币的职能，如袋装的可可豆，T形的小块锡或铜，装在羽毛管里的金砂、金粉等。阿兹特克人喜欢穿着野鸡、鹦鹉、蜂鸟等珍禽鸟类的羽毛编织而成的衣服，不论男女都佩戴金银、珠玉制成的头饰、手镯、脚镯和耳环等一系列饰物。这些金银首饰，将会给阿兹特克人带来厄运。

阿兹特克帝国已进入青铜时代，其文明程度接近于中国夏朝晚期，农业生产仍然以石器为主，武器也主要是由黑曜石制作的。1519年，西班牙殖民者科尔特斯在墨西哥登陆时，西班牙军人已经配备火绳枪，并且装备有钢铁铠甲和兵器，在军事上完全碾压阿兹特克的原始军队。特别是美洲地区没有马，当西班牙骑兵出现时，阿兹特克人以为是天神下凡，在他们认知的世界里，只有神的使者才能拥有这种坐骑。

科尔特斯告诉阿兹特克国王蒙特苏马二世，他是上帝（神）派来的使者。蒙特苏马二世相信了，并以黄金和礼物相送。当然，西班牙人的胃口远不止于此。科尔特斯借机俘虏了蒙特苏马二世，意图借此控制阿兹特克帝国，牟取更多财富。

据记载，阿兹特克人制订了营救国王的计划，但以失败告终，西班牙人屠杀了阿兹特克的贵族和祭司，国王也在混乱中被杀死。此事激怒了阿兹特克人，他们奋起反抗。凭借军事技术上的碾压性优势，科尔特斯很快击败了阿兹特克的军队。

1521年，科尔特斯攻陷了特诺奇蒂特兰城，西班牙人在城中大肆屠杀劫掠，特诺奇蒂特兰城被彻底摧毁，阿兹特克帝国灭亡。

【商鉴】人类的文明并不会因为科技的进步而进步，西班牙人对阿兹特克帝国的掠夺与古埃及人对努比亚的掠夺没有本质的区别。但有一点是不变的，即"落后就要挨打"，这同样适用于商业领域。

● 印加帝国

印加帝国位于南美洲的西部，首都科斯科城位于秘鲁东南部，约建于公元1100年，城市的四周有农业区和手工业区。印加人修筑了2000~3000千米的驿道连通科斯科城，使这里成为印加帝国的经济、政治、文化、宗教中心。萨克萨曼圆形古堡是印加王的行宫，也是古代印第安人最伟大的工程之一，高54米，长540米。从上至下有三层围墙，底层18米，均用巨石垒砌而成。

考古发现，印加人拥有发达的农业灌溉系统，主要家畜是羊驼。印加人的建筑技术、医学、织布和染色技巧相当发达。与阿兹特克帝国一样，印加帝国虽然已进入青铜时代，但士兵的主要武器是木棒、石斧、标枪、长矛、弓箭和弹弓（弹射小石块）。

1531年，西班牙殖民者弗朗西斯科·皮萨罗率领一支不到200人的小型军队登陆印加帝国海岸。尽管印加帝国有7万~8万人的军队，但他们从未见过马匹，西班牙军队装备的精美铠甲和锋利长剑都让他们认为这些人是神的使者。因此，西班牙人很轻易地从精神上击溃了印加士兵的反抗意志，印加国王阿塔瓦尔帕像供奉神一样对皮萨罗以礼相待。

印加帝国最著名的遗址是马丘比丘，是印加人祭祀太阳神的圣地，约建于1440年。距印加帝国都城库斯科120千米左右，建在距乌鲁班巴河面2400米高的山脊上，全城面积约9万平方米。1572年，印加帝国被西班牙消灭后，马丘比丘被遗弃，然后在随后的4个多世纪中被人们遗忘。

【商鉴】按照马克思的观点，人类社会的发展，就是先进生产力不断取代落后生产力的历史进程。由于美洲大陆在地理上隔绝于亚、非、欧，缺少文明的交流与碰撞。在人类的历史长河中，印加文明是一颗璀璨的明珠，但与当时的欧洲文明相比，仍然是一种落后的文明。当两种文明进行碰撞时，落后的文明就很难生存了。

● 玛雅文明

玛雅文明是美洲印第安玛雅人在与亚、非、欧古代文明隔绝的条件下，独立创造的文明，其遗址主要分布在墨西哥（东南部）、犹加敦半岛、巴拿马、危地马拉和洪都拉斯等地。玛雅文明兴盛于公元300~900年，是古印第安文明的高峰，玛雅人创造了美洲留下的唯一文字——玛雅文字，制定了相当精确的太阳历，建立了类似埃及金字塔的建筑，作为城市的神庙，举行祭祀与庆典祭坛。

全盛时期的玛雅地区分成数以百计的城邦，但没有形成一个统一的强大帝国。玛雅人在古代中美洲的贸易商品主要有可可豆、盐、羽毛、烟草、黑曜石、蜂蜜、棉布等，其文明程度相当于中国的良渚文化，处于新石器时代。

人类历史上的许多古老文明都是产生于大河流域，玛雅文明则发展于茂密的热带雨林之中。玛雅人采用一种极原始的米尔帕耕作法（即刀耕火种法）：他们先把树木、杂草统统砍光，干燥以后放火焚毁，以草木灰作肥料，种植玉米和土豆。为了保障土壤的肥力，每次耕种后，往往需要休耕 1～3 年。进入城邦社会以后，由于长时间使用"米尔帕耕作法"在一个地方耕种，导致土壤肥力下降和水土严重流失。随着粮食不断减产，玛雅人认为土地受到了诅咒，每隔一段时间都要迁徙离开，重新寻找家园。

西班牙人登陆美洲大陆时，玛雅人统治的地区已处于分崩离析的状态，只在尤卡坦半岛上，残存着一些玛雅小邦。图卢姆是玛雅文化后期的重要遗址，坐落于尤卡坦半岛东北部，到 17 世纪初也消亡了。

【商鉴】发达的农业是发展近现代工业的基础，玛雅文明因为发展于茂密的热带雨林之中，缺乏大河流域的肥沃土壤，原始的"刀耕火种"方式限制了玛雅文明的进一步发展。

四、波托西银矿

1544 年，西班牙殖民者在波托西山（今玻利维亚南部）发现了世界上最大的银矿，大规模的白银开采立刻在此地开展起来，波托西城也随之建立。

为了冶炼白银，波托西城建立了庞大而复杂的工业体系，成为当时世界上最大的工业城市。全盛时期，波托西城的人口达到 16 万人，为西半球最大的城市，也是当时世界上最富裕的城市。波托西城的白银产量占全世界白银产量的一半，西班牙国王查理五世亲授铭文"世界财库"。

1672 年，西班牙人还在波托西城建立了皇家铸币厂，一部分铸币运往西班牙，另一部分则供当地居民使用。在银矿开采的带动下，阿根廷的布宜诺斯艾利斯、秘鲁的利马等港口城市也得到了发展。

达·伽马和麦哲伦分别开辟新的欧亚航线以后，欧亚贸易的地理障碍已经扫除，但是欧洲一直缺乏与中国交换丝绸、瓷器的商品或货币。波托西银矿很好地解决了这个问题，据估计，1545～1824 年，波托西共开采了 2.5 万吨白银，其中大部分流入了中国。这些白银的开采为世界以白银作为基本货币奠定了基础。

【商鉴】从秦半两、汉五铢钱到唐开元通宝，中国古代长期以铜作为主基础货币。宋代，随着商品经济的发达，为了方便交易，出现了最早的纸币"交子"。元朝和明朝前期发行的纸币，仍以"贯"作为货币单位，1贯等于1000个铜钱。明朝规定黄金为上币，白银为中币，铜为下币，1两白银等于1000个铜钱。新航线开通以后，西方白银大量涌入中国。"真金白银"很快取代纸币成为大额交易的通用货币。从某种程度上可以认为，白银的流入中断了纸币在中国的发展。

● 米塔制度

印加帝国统治时期，国内实行劳役制，25~50岁的男子均需要服劳役，公共工程的兴建通过轮流抽调壮劳力来完成，称为"米塔制度"。

1574年，经西班牙王室批准，秘鲁总督托莱多正式颁令全面推行"米塔制度"，规定除酋长及其子女和病残者外，所有成年印第安人男子均须服劳役；每年按各村男性劳动力1/7的比例征发；由酋长主持抽签确定需要服役的人选，集中带往波托西矿山劳动，时间为4个月；每周可获2个比索的劳动报酬。

由于波托西矿山劳动极其繁重，工作条件十分恶劣，再加上矿难、天花病毒、鼠疫等原因，据估计，在米塔制度实行的245年间，矿山共吞噬了800万名印第安人的生命，平均每天死亡近百人，西班牙教士称之为"地狱入口"。

1819年，玻利瓦尔发动革命，建立玻利维亚共和国后，米塔制度被废止。

【商鉴】米塔制度是一种服役制度，从商业的角度来看，将奴隶虐待致死是没有"经济效益"的，因为人手不够的话，会影响生产，同时还需要去购买黑人奴隶来补充劳动力。因此，导致印第安人大量死亡的主要原因可能是鼠疫、天花这类来自旧大陆的疾病。

第十二章　荷兰时代

荷兰的官方正式称呼是尼德兰，尼德兰意为低地国家，包括荷兰、比利时、卢森堡和法国北部部分地区，荷兰是尼德兰中最大、最富裕、最有权力的省份。

荷兰（Holland）的字根来自老荷兰语 Holtland，字面意思为盛产木头之地。这里盛产坚硬的橡木，是优良的造船材料，因此荷兰的造船业极负盛名，仅在首都阿姆斯特丹就有几十家造船厂。

在地理上，尼德兰地区紧邻神圣罗马帝国，扼多佛尔海峡，是通往南欧的必经之地。14 世纪晚期和 15 世纪早期是汉萨同盟的鼎盛时期，其贸易范围从波罗的海扩展到法国、西班牙和葡萄牙，阿姆斯特丹在汉萨同盟中的地位日益突出。

一、查理五世的战争

16 世纪，查理五世继承父亲斐迪南二世，成为尼德兰国王。由于复杂的王室联姻，查理五世还继承母亲卡斯蒂利亚女王胡安娜成为西班牙国王，继承祖父马克西米利安一世成为神圣罗马帝国的皇帝，继承家族哈布斯堡王朝成为奥地利国王。

查理五世统治的疆域包括尼德兰、西班牙、神圣罗马帝国、奥地利、那不勒斯、撒丁岛、西西里岛等区域。按照教皇子午线划分，除巴西外的整个美洲大陆都属于西班牙的殖民地，尽管西班牙无法进行有效的统治，但也没有国家敢于挑战，所以这个时期的西班牙是名副其实的日不落帝国。查理五世最著名的一句话是："在朕的土地上，太阳永不落下。"

作为当时欧洲最有权势的君主，查理五世卷入了三场战争：一是与法兰西的战争；二是与奥斯曼穆斯林的战争；三是与尼德兰新教徒的战争。

1525 年，法兰西国王弗朗西斯一世为了与西班牙争夺欧洲大陆的霸权，入侵了意大利。查理五世派出火枪队与法兰西骑兵在帕维亚附近展开会战，弗朗西斯一世兵败被俘，被迫签订《马德里条约》，将西勃艮第和佛兰德斯割给西班牙。

弗朗西斯一世获释后，撕毁条约，与奥斯曼帝国结盟，共同对查理五世宣战，再度挑起意大利战争。由于查理五世的军队被法军牵制，奥斯曼帝国苏丹苏莱曼一世率领军队进攻奥地利，占领了匈牙利的中部和南部地区，同时派出奥斯曼帝国的皇家私掠舰队巴巴里海盗袭击西班牙商船。

旷日持久的战争使查理五世的财政捉襟见肘，为了支持查理五世的战争，天主教向商人兜售"赎罪券"来筹集军费。经济发达的尼德兰地区是兜售"赎罪券"的重点地区，这一地区也是新教运动的重灾区，如马丁·路德反对罗马教廷出售"赎罪券"，指出能不能赎罪不是由教皇决定的，只要听从《圣经》的教诲，通过自我修行就可以救赎。受教皇加冕的查理五世不允许有人挑战罗马教廷的权威，因此设立了宗教裁判所进行残酷镇压，仅在尼德兰被处死的新教徒就达5万人之多。然而，尼德兰的新教运动不但没有平息，反而愈演愈烈。

当时，尼德兰地区的税收收入约占查理五世战争开支的50%，同时，查理五世还以国家税收作为担保，向尼德兰商人进行战争借款，这一债务将于1557年到期。查理五世想发新债还旧债，由于他对尼德兰新教徒的残酷镇压，遭到了抵制，这意味着他统治的庞大帝国面临破产的境地。

1556年，在债务到期之前，身心俱疲的查理五世决定将烂摊子交给他的儿子费利佩二世来收拾。他在著名的退位诏中写道："我从来没有故意发动战争，作为一个被攻击的人，战争违背了我的意愿……不要以为我想逃避任何麻烦和危险，只是我的力量根本不够。我知道我犯了很多错误，很大的错误，因为我也是个普通人。我年轻过，激情过，但现在我感到疲劳。我没有故意伤害任何人，不管是谁。如果不公正的事情发生了，而我不知道，只是出于无能：我公开向所有可能被我冒犯的人表示遗憾，并请求原谅。"

【商鉴】国虽大，好战必亡。查理五世发动的与新教徒、穆斯林、法兰西的三场战争使西班牙国力大损，即便有"世界财库"波托西银矿也无法弥补西班牙的巨额财政赤字。同时，战争也使西班牙的海外贸易遭受重创，不得不向尼德兰商人借款，为荷兰的崛起铺平了道路。

二、尼德兰独立

费利佩二世继位后，从查理五世那里继承了西班牙和尼德兰，尼德兰成为西班牙的行省。

作为一个虔诚的天主教徒，费利佩二世不但没有撤销尼德兰地区的宗教裁判所，反而变本加厉。他采取武力强行推广天主教，将尼德兰地区的天主教区从3个增加到17个。由于尼德兰商人不肯妥协，费利佩二世对输往尼德兰的羊毛加以重税，并且限制尼德兰商人进入西班牙港口，禁止他们同西属殖民地贸易。

1557 年，查理五世的战争借款到期后，费利佩二世宣布西班牙国家破产。事实上，西班牙在美洲拥有稳定的殖民收入，包括波托西银矿的开采，因此，破产的目的是向尼德兰商人赖账。

自从加入汉萨同盟开始，尼德兰商人就拥有了自己的武装力量和海军，用以防备海盗。随着尼德兰手工业、造船业、运输业的发展，尼德兰的军事力量也获得了大幅提升。由于尼德兰商人的武装力量是新教徒，费利佩二世决定采取武力将其消灭。1568 年，阿尔瓦公爵率领西班牙皇家军队，在海利赫莱歼灭了新教徒奥兰治的威廉（即荷兰国父威廉一世）的 1 万人军队。

此后，尼德兰商人组成海盗舰队，采用游击战术，四处拦截西班牙的商船，并伺机攻占西班牙在海外的殖民地。1607 年，尼德兰商人的海盗舰队袭击了直布罗陀港，使驻泊该港的一个西班牙舰队遭受严重损失。直布罗陀港是西班牙商船将世界各地的货物和白银运入西班牙的集散中心，直布罗陀港被袭导致西班牙无法偿付到期的战争借款，再次宣告国家破产。鉴于困难的财政问题，西班牙与荷兰在 1609 年签订了《十二年休战协定》，解除了对尼德兰商人的贸易禁运，并允许尼德兰商人在西班牙殖民地进行自由贸易。

休战协定到期后，尼德兰商人要求独立成为一个新教徒国家，但遭到了西班牙的拒绝。于是，尼德兰与西班牙又陷入了战争状态。1639 年，一支由 77 艘战舰组成的西班牙和葡萄牙的联合舰队在唐斯海战中被尼德兰舰队击败，西班牙损失约 43 艘舰船。此战标志着尼德兰已经成为当时世界上最强大的海军力量。

不过，凭借陆军优势，西班牙仍牢牢地控制着尼德兰地区。1643 年，在罗克鲁瓦战役中，法国军队击溃了西班牙军队，终结了西班牙在欧洲历史上的陆军优势。从此，法国陆军开始称霸欧洲大陆。

在法国的支持下，西班牙不得不接受尼德兰的独立要求。1648 年，西班牙国王费利佩四世签订《明斯特和约》，尼德兰正式独立，一个属于"海上马车夫"的时代来临了。

【商鉴】从吕底亚到迦太基、到古希腊、到尼德兰，都说明了一个道理：发达的工商业是经济的基础，而发达的经济又是军事力量的基础。尼德兰先是在经济上崛起，后才在军事上崛起。近代史上，美国取代英国成为世界第一军事强国，也是先在经济上崛起，而后才在军事上崛起。

三、荷兰东印度公司

从 1595 年起，尼德兰地区陆续成立了 14 家参与东印度贸易的公司，包括阿姆斯特丹商会、泽兰商会、鹿特丹商会、代尔夫特商会、侯恩商会、恩克霍伊增商会等。当时，东印度属于葡萄牙的势力范围，为了增强与葡萄牙进行竞争的军事实力，这14家公司于1602年合并成为荷兰东印度联合公司（简称荷兰东印度公司），总部位于爪哇的巴达维亚（今印度尼西亚雅加达）。

荷兰东印度公司是世界上第一个发行股票的股份有限公司，荷兰国会向其颁发了一份自好望角以东至麦哲伦海峡整片地域的贸易特许状，同时还被授予组织雇佣兵、发行货币、发动战争、对殖民地实行统治、与其他国家订立正式条约等特权。

荷兰东印度公司的注册资本为650万荷兰盾，通过融资发行13万股公司票券，每股定价50荷兰盾。当时，防卫薄弱的葡萄牙人商船是荷兰东印度公司劫掠的重点目标。比如，1603年，荷兰人俘获了一条葡萄牙人的商船，获得了1200包（相当于2025担）生丝和60吨瓷器，运往阿姆斯特丹后，拍卖获利350万荷兰盾，相当于112万两白银。此外，荷兰东印度公司还在波斯、孟加拉国、斯里兰卡、马六甲、暹罗（今泰国）、印度、日本、朝鲜、中国台湾等地建立了约35个殖民地和贸易据点。值得一提的是，1662年，郑成功将荷兰东印度公司赶出了台湾，说明直到明朝末年，中国仍是世界海军强国。

荷兰东印度公司以转运贸易为主，这也是"海上马车夫"得名的原因之一，转运贸易的商品包括药材、香料、丝绸、瓷器、锡、铅、鸦片等，输出产品主要是殖民地生产的蔗糖、大米等。到1669年，荷兰东印度公司已拥有超过150艘商船、40艘战舰、5万名员工以及1万名雇佣兵的军队，股息高达40%。

1795年，拿破仑率军攻占了荷兰本土，荷兰共和国灭亡，建立了法兰西第一共和国的傀儡政府巴达维亚共和国。英国趁机抢占荷兰在亚洲的各个贸易据点，荷兰东印度公司丧失了印度尼西亚、日本的贸易。1799年12月31日，陷入经济危机的荷兰东印度公司宣布解散。

【商鉴】荷兰东印度公司是荷兰崛起的标志，也是其衰落的标志。荷兰东印度公司的组织形式说明了商业从来不是纯粹的商业。商业的背后不仅包括政治（如贸易特许证），也包括军事（如贸易安全的保护），甚至涉及国家的主权（如贸易谈判），因此，导致荷兰东印度公司衰落的主要原因是荷兰的衰落。

四、阿姆斯特丹银行和证券交易所

尼德兰独立之前，各行省拥有14个铸币厂，发行成色不一的银币，因此，市场上的银币十分混乱。成色好的银币一经发行便会被兑换走，熔化为成色差的银币，出现了"劣币驱逐良币"的现象。

1609年，西班牙与尼德兰签订《十二年休战协议》，尼德兰商人被获准前往西班牙和西班牙的殖民地进行贸易。由于尼德兰地区的银币较为低劣，西班牙商人拒绝接收。于是，荷兰成立了阿姆斯特丹银行，发行按照统一标准铸造的银币，并统一兑换不再流通的银币。商人开户后，可以获得阿姆斯特丹银行开具的存款凭证，存款没有利息，还要缴纳管理费。在大宗交易之中，由于"存款凭证"比银币更为方便、安全，很快被广泛应用。尼德兰规定所有超过 600 荷兰盾的汇票交易都在阿姆斯特丹银行进行。

当时，荷兰东印度公司发行股票融资时，规定在融资完成的 3 年后（即 1610 年）进行首次分红，每股分红 150 荷兰盾。但是，荷兰东印度公司正处于扩张阶段，急需资金，如果按照约定进行利润分红，会导致经营困难，甚至公司都可能因此倒闭。于是，世界上第一个股票交易所——阿姆斯特丹证券交易所诞生了。需要套现的股东可以通过证券交易所出售自己的股份，因为荷兰东印度公司业绩增长，股价飙升，股东们获得了额外收益。此后，其他商业公司也开始在阿姆斯特丹证券交易所募集资本，来自欧洲各地的资金、财富都涌入荷兰，阿姆斯特丹因此发展成为当时的世界金融中心。

资本市场的繁荣，进一步推动了荷兰的商业繁荣。巅峰时期，荷兰拥有 1.6 万余艘商船，占欧洲商船总吨位的 3/4、世界运输船只的 1/3，"海上马车夫"可谓实至名归。

【商鉴】发达的金融业是商业繁荣的象征，资本越聚集，商业的竞争力越强，越能吸引资本的加入，形成"强者通吃"的局面。荷兰对银行和证券交易所的创新，使阿姆斯特丹成为当时的世界金融中心，也使荷兰取代西班牙成为当时的世界第一强国。阿姆斯特丹证券交易所诞生的主要原因是为了避免让荷兰东印度公司过早分红，这是金融服务实体经济的一个重要原则，即要保障企业拥有充足的现金流。

五、荷兰西印度公司

1621 年，《十二年休战协议》期满，西班牙恢复了对荷兰的贸易制裁，即尼德兰商人前往西班牙殖民地的贸易被禁止。荷兰西印度公司随之成立，这是一个模仿东印度公司模式建立的跨国殖民贸易公司，顾名思义，主要经营范围在"西印度"，即美洲地区。

当时，英国开辟了往来于"非洲—美洲—欧洲"的"奴隶三角贸易"，即从非洲绑架奴隶走私到美洲贩卖，再从美洲进口烟草、蔗糖等商品运回欧洲贩卖。荷兰西印度公司主营的正是这项业务，它也是首个参与奴隶贸易的上市公司。

与荷兰东印度公司一样，荷兰西印度公司被赋予了掠夺西班牙商船、雇佣军队、攻占并统治殖民地的特权。荷兰东印度公司的主要成绩是开辟了新阿姆斯特丹（后割让给英国，改名纽约）以及征服了巴西的部分领土。

西班牙海军为了保护商船，维护其在美洲的垄断利益，经常对荷兰西印度公司的船队展开围剿。由于商船经常被击沉，荷兰西印度公司大部分时间处于入不敷出的亏损状态。1674年，法荷战争爆发，为了拉拢西班牙对抗法国，荷兰西印度公司被解散。

【商鉴】荷兰西印度公司的成立与解散，都说明"没有永远的朋友，只有永远的利益"。大航海时代，几乎所有主要国家之间都发生过摩擦与战争，包括同为天主教的法兰西、西班牙战争，同为新教的英荷战争等。"二战"后，人们才开始思考，既然都是为了"利益"，应该在战争之外增加一个和平的选项，这便是各个联合国组织成立的背景。

六、郁金香泡沫

公元16世纪，郁金香在奥斯曼帝国成为一种流行的装饰元素出现在织物、瓷砖、陶器及其他工艺品上。由于王室的推崇，奥斯曼在伊斯坦布尔（即君士坦丁堡）大量种植郁金香，其被认为是典雅和高贵的象征。

大约1559年，郁金香被德国人引入欧洲。此后，郁金香很快风靡欧洲上层社会，在礼服上装饰郁金香不仅代表时髦，还是身份与地位的象征。崇尚浮华和奢侈的法兰西贵族更是连家里都要摆放郁金香，以彰显地位与身份。

在巨大的需求刺激下，一些稀有的郁金香品种，因为代表与众不同的非凡身份，价格便水涨船高。1637年，一株名为"永远的奥古斯都"的郁金香售价高达6700荷兰盾，价值相当于当时的一座豪宅。在稀有品种价格疯涨的带动下，普通郁金香品种的价格也暴涨，拥有"郁金香"球茎的投资者甚至都不需要种植就大赚了一笔。

阿姆斯特丹证券交易所也出现了"郁金香"投资热，人们不断地加大郁金香的种植与进口，而真正被消费掉的郁金香却越来越少。随着郁金香的期货合同即将交付，人们开始急于抛售郁金香球茎进行套现，郁金香价格急速下跌，越来越多的销售合同出现违约，有的刚刚签完合同，价格就跌了！

最终，荷兰政府不得不下令终止所有合同，尼德兰商人和国际投资者蒙受重大损失，当然，也有人赚得盆满钵满。"郁金香泡沫"是一个经典的金融投机案例，是阿姆斯特丹作为当时世界金融中心的标志性事件。

【商鉴】"逐利"是资本的天然属性，越是能够获利，资本越是聚集。同时，资本越是聚集，获利越丰厚，最终会形成泡沫。泡沫现象在股市上十分常见，因此，巴菲特说："在别人贪婪的时候恐惧，在别人恐惧的时候贪婪。"

第十三章　英国崛起

"英格兰"的名字来源于古英语名称 Englaland，意思是"天使之地"。公元 5 世纪时，盎格鲁人、撒克逊人进入不列颠。他们同化、消灭了一部分凯尔特人，将另一部分凯尔特人驱赶到西南和西北部的山区。

早期的英格兰与法国有着十分复杂的渊源。911 年，罗洛领导下的维京人在法国诺曼底定居，他们被称为诺曼人（Norman），直译是"北方佬"。1002 年，诺曼底公爵理查二世的妹妹艾玛嫁给了英国国王埃塞尔雷德二世，他们的儿子忏悔者爱德华继承了英国王位。爱德华去世后，由于没有子嗣继承王位，诺曼底的威廉公爵声称拥有继承权，武力入侵英格兰。1066 年，威廉在威斯敏斯特大教堂加冕为英格兰国王，诺曼人在法国的领土也成了英国的领土。1328 年，法兰西国王查理四世去世，因为没有子嗣，远房亲属腓力六世继承了王位。英格兰国王爱德华三世是查理四世的外甥，宣称自己拥有优先继承权，是真正的法兰西国王。当时，通过复杂的王室联姻，英格兰在法国拥有大量领土。腓力六世于是宣布收回英格兰在法国境内的全部领土，由此爆发了英法百年战争。最终，英格兰几乎失去了所有在法兰西的领土，只剩下加莱一座港口城市。

1509 年，亨利八世继位英格兰国王，迎娶了神圣罗马帝国皇帝、西班牙国王、奥地利国王查理五世的姑姑凯瑟琳。由于凯瑟琳没有生下儿子，亨利打算另娶新皇后，遭到了教皇的反对。但是，新教领袖马丁·路德告诉亨利八世，《圣经》允许一夫多妻制。亨利八世于是对教皇说他没有权力干涉自己的婚姻，还以《圣经》为依据接连娶了五位妻子。1538 年，教皇保罗三世将亨利八世开除了教籍，亨利八世随即任命自己为英格兰教会的最高领袖，并解散了修道院，没收了天主教在英格兰的所有财产。自此，英国开始转变成一个新教国家。

当时，葡萄牙、西班牙在航海上都已经取得辉煌的成果。亨利八世学习葡萄牙建立了皇家造船厂和航海学院，还从威尼斯和汉萨同盟购买了 1600 吨"亨利帝国"号和 24 艘军舰，为英国走向海洋强国奠定了基础。

【商鉴】制度对于商业的影响是决定性的，成为新教徒国家后，英国摆脱了教皇的统治，拥有更多的商业自由，比如不用遵守"教皇子午线"。同时，由于欧洲大陆的新教徒商人受到迫害，英国成为商人的"天堂"。此后，伦敦逐渐取代阿姆斯特丹成为欧洲金融中心，英国东印度公司取代荷兰东印度公司成为最强大的海外贸易公司。

一、皇家奴隶走私贸易

在葡萄牙、西班牙时代，海上贸易的规则基本上按照教皇子午线划定。葡萄牙的贸易范围主要在非洲和亚洲，美洲则由西班牙主导，其他国家未经允许不能参与贸易。

当然，新教徒并不听从教皇。1530 年，威廉·霍金斯开创了"英国—非洲几内亚—巴西"之间的奴隶走私贸易，因为这条贸易路线在航海地图上构成一个三角形，因此也被称为"奴隶三角贸易"。威廉·霍金斯从英国出发，前往葡萄牙的殖民地几内亚捕获黑人奴隶，然后运往巴西，换成巴西的红木、蔗糖，再返回英国贩卖。"奴隶三角贸易"几乎是无本买卖，每次获利丰厚，威廉·霍金斯很快成为英国有名的大商人，并且与英国政界建立了密切关系。威廉·霍金斯本人三次代表普利茅斯市出席国会，他的儿子约翰·霍金斯则迎娶了英国海军财务官本杰明·冈森的女儿。

当时，西班牙人的波托西银矿需要大量黑奴劳工，约翰·霍金斯得知这一消息后，决定"子承父业"。在英国皇家海军及伦敦商人的资助下，约翰·霍金斯开辟了"英国—非洲几内亚—美洲海地"的"奴隶三角贸易"。这次的贸易路线是从英国出发，在西非的几内亚海岸登陆，"捕获"黑人奴隶后，贩卖到西班牙在美洲的殖民地海地，换取"兽皮、蔗糖、白银、珠宝"，然后返回英国。由于获利丰厚，英国女王伊丽莎白一世将一艘 700 吨的"耶稣"号折合为 4000 英镑股份投资于约翰·霍金斯的船队，还为约翰·霍金斯颁发了一枚纹有"黑人奴隶"图案的勋章。

1568 年，约翰·霍金斯的走私船队遭到西班牙反走私舰队的围剿，五艘舰船中三艘被击沉或击毁，其中包括伊丽莎白一世入股的"耶稣"号。当时，恰好有一支西班牙运送财宝的船队，为了躲避法国胡格诺新教徒武装船队的追捕，逃至英国港口避难。伊丽莎白一世随即扣押了这支船队作为补偿。

随着双方冲突以及宗教矛盾的加剧，又加上当时英国与西班牙国力的差距，伊丽莎白一世开始给海盗船长们颁发"私掠许可证"，公开抢劫西班牙的商船。

【商鉴】物质文明决定精神文明，在物质文明落后时，商业伦理很容易被抛诸脑后。奴隶走私贸易的问题不在于是否"走私"，而是把"人"当作商品，英国海权的崛起建立在奴隶贸易的基础之上，美洲殖民地的开发也建立在奴隶贸易的基础之上。

二、英国皇家海盗

1571 年，伊丽莎白一世将第一张"私掠许可证"颁发给了弗朗西斯·德雷克，他是约翰·霍金斯的表弟，曾一起参与奴隶贸易。

"私掠许可证"是一国政府授予本国私人船只在战争时期攻击和劫掠敌国商船的权力。当时，普通海盗被抓获后会被处以绞刑，但如果拥有"私掠许可证"，就可以声称自己是奉命行事，享受战俘待遇。因此，拥有"私掠许可证"的英国海盗，本质上就是英国的"皇家海盗"。

事实上，伊丽莎白一世曾亲自参与策划了对西班牙的劫掠计划，目标是波托西银矿。波托西银矿位于南美洲西岸，在巴拿马运河没有开通前，需要绕行南美洲大陆才能回到欧洲。为了节省运输时间，西班牙修建了一条"巴拿马大道"，将白银经陆路从美洲西岸运到东岸，然后再装船运回西班牙本土。德雷克曾跟随约翰·霍金斯向西班牙波托西银矿走私奴隶，对西班牙的白银运输有一定的了解。1573 年，经过精心的策划，德雷克在"巴拿马大道"设下埋伏，成功袭击了西班牙运送白银的队伍，抢得了大约 10 吨白银。

此后，西班牙加强了防卫，专门组建了一支军队在"巴拿马大道"护送白银，并且在美洲沿岸的各个必经之路加强了军舰部署。但是，西班牙忽视了一个问题——地球是圆的，可以往亚洲方向逃跑。1579 年，德雷克伪装成西班牙船，在智利海岸成功袭击了装船不久的西班牙运银船，抢得了 26 吨白银以及相当数量的黄金、珠宝。为了躲避西班牙人的追击，德雷克沿美洲大陆抵达北纬 48 度加拿大温哥华附近，原计划从美洲北部开辟新航线回到欧洲。不过，当时白令海峡还未发现，而且德雷克还带着 26 吨白银珠宝。为了安全起见，德雷克决定采用成熟的麦哲伦环球航线。

于是，德雷克率船队返回美国旧金山，休整补给后，横渡太平洋抵达了印度尼西亚爪哇岛附近。为了躲避葡萄牙舰队的追击拦截，德雷克沿着爪哇岛的南部（澳大利亚东北部）航行进入印度洋，然后绕过好望角，经历 33 个月的环球航行后，终于在 1580 年回到英国。德雷克将 1/3 的财宝献给伊丽莎白一世，并将最大的一颗宝石献给女王，这颗宝石至今还镶嵌在英国女王的王冠上。

英国的海盗行为让西班牙忍无可忍。1588 年，西班牙国王费利佩二世派出由 130 艘军舰组成的"无敌舰队"远征英格兰，"无敌舰队"的西班牙语意思是"伟大而幸运的海军"。但是，这支舰队并不幸运，第一次出战便遇上了暴风雨。

此后，西班牙"无敌舰队"多次远征英国，但一直没能消灭英国皇家海盗的主力。

德雷克在巴拿马和智利海岸，两次成功抢劫了西班牙的运银船队示意图

资料来源：笔者根据材料绘制。

【商鉴】欧洲海盗是一个古老的职业，可以追溯至公元 8 世纪的北欧维京海盗。英国的皇家海盗行为，很大程度上源于西班牙禁止英国商船到美洲进行贸易。大航海时代，中国东南沿海出现的倭寇，本质上也是海盗。很多海盗原本是商人，因为明朝实行"勘合贸易"，民间贸易变成了"走私贸易"，商人也逐渐沦为了海盗，即"市通则寇转而为商，市禁则商转而为寇"。

三、海权国策的确立

英国对海权的重视始于亨利八世时期，他创建了造船厂、海军学院以及一支相当规模的海军。伊丽莎白一世时期（1533～1603 年），英国的海权国策基本得到确立，皇家奴隶走私贸易、皇家海盗、英国东印度公司都是这一政策的体现。

伊丽莎白一世不仅入股约翰·霍金斯的"奴隶三角贸易"，还亲自参与筹划弗朗西斯·德雷克劫掠西班牙波托西银矿的计划。在一次"海盗筹划会"上，一位名叫沃尔特·雷利的海盗向她提出在美洲建立一个英国人根据地，使它成为袭击西班牙商船的基地。伊丽莎白一世对沃尔特·雷利的观点颇为赞赏，召见并为他提供了一笔资金。1582年，雷利踏上了在美洲大陆建立英国殖民地的旅程。雷利成功开辟了一块殖民地，并且带回了一船烟草，他亲自示范并销售烟草，获利丰厚。此后，吸烟在欧洲流行开来，烟草贸易开始兴盛。

雷利不知道的是，他离开后，留在美洲殖民地的船很快被当地土著消灭了，因此他这次开辟殖民地的任务是失败的。伊丽莎白一世也不知道这一点，反而认为雷利走出了非常重要的一步。事实上，也正是由于雷利的建议，英国开始筹划建立更多的殖民地，为英国最终成为日不落帝国奠定了基础。

1585年，雷利被封为爵士，两年后任女王的警卫队长。据说，雷利和女王真心相爱，雷利经常写诗赞颂女王，深得她的欢心。但是，女王不能和他结婚，而雷利却移情别恋，与一位宫女结了婚。女王便以玷污宫女的贞操和荣誉之名，将雷利投进了监狱。不久，女王原谅了他。1595年，沃尔特·雷利听到有关黄金国的传说后，率领一支探险队前往南美洲寻找黄金，结果一无所获。女王没有责备雷利，这激励了更多英国人前往未知的大陆进行航海探险。

当时，罗马教皇支持天主教信仰的苏格兰女王玛丽成为英国女王，为了消除威胁，伊丽莎白一世处死了玛丽，沃尔特·雷利赞同伊丽莎白一世的做法。1603年，伊丽莎白一世去世，玛丽的儿子詹姆斯一世继位，雷利被以"意图颠覆王位"的罪名下狱。1616年，雷利说服詹姆斯一世让自己去圭亚那寻找金矿，结果又是一无所获。回国后，詹姆斯一世判处沃尔特·雷利死刑。

沃尔特·雷利对英国最大的贡献是提出了海权理论："谁控制了海洋，谁就控制了贸易；谁控制了世界贸易，谁就控制了世界的财富，最终也就控制了世界本身。"他多次去海外建立殖民地和寻找金矿，他的航海行为是英国海权国策的一个缩影。

【商鉴】新航线开辟后，葡萄牙由一个小国成长为世界级的帝国，西班牙也成为一个"日不落帝国"。当时，葡、西两国的成功是欧洲国家（包括英国）羡慕和效仿的对象，荷兰的后来居上，很大程度上也是因为在亚洲控制了数十处殖民地和贸易据点。从这个意义上看，沃尔特·雷利的海权思想也是殖民思想。

四、重商主义的兴起

"重商主义"（Mercantilism），源于"商业本位"思想，即一家公司必须赚钱才能发展壮大，一个国家只有实现贸易顺差才能变得富强。基于贸易顺差的目的，"重商主义"认为国家需要采取贸易保护措施来限制国外商品的进口，同时鼓励本国商品的出口。

大航海时代的贸易保护主义，可以追溯至1493年罗马教皇亚历山大六世划定的"教皇子午线"，它规定了西班牙和葡萄牙的势力范围，因此葡萄牙或西班牙都在殖民地建立了排他性的垄断贸易。

当时，阿姆斯特丹和伦敦都是汉萨同盟成员，伦敦还是汉萨同盟的四大商站之一。1595年起，荷兰陆续成立了14家参与东印度贸易的公司，并在阿姆斯特丹发行股票，后来合并为荷兰东印度公司。凭借汉萨同盟之间的贸易互惠政策，荷兰东印度公司将大量商品运到英国伦敦倾销，使英国国内白银大量流失。

针对国家贸易失衡问题，英国议会发出警告："我们必须始终注意，如果我们从别人那里购买的东西比我们卖给他们的东西多，那么我们就会让自己贫穷并让他们富裕。"权衡利弊后，英国议会在1598年关闭了伦敦商站，取消了汉萨同盟在伦敦的贸易优惠。

1600年，英国东印度公司成立，以取代荷兰东印度公司对英国的出口。同年，英国女王伊丽莎白一世亲自倡导成立英国刺绣同业公会，按照广绣作坊的形式组织王室绣庄，从中国进口丝绸和丝线，加工绣制贵族服饰。这样做，比直接从中国进口"广绣"成品要节省很多白银，同时英国还可以向其他欧洲国家出口刺绣产品获利。

英国东印度公司和英国刺绣同业公会的成立，标志着英国"重商主义"的形成。

【商鉴】以荷兰东印度公司为例，它是一家企业，但具有国家主权的属性，如发钞、雇佣军队、签订条约等。就公司而言，注册资本是其武装力量的基础和来源，公司要变得更强，理所当然就要赚取更多的钱，这便是"重商主义"的源头。英国东印度公司以荷兰东印度公司为蓝本，其目的也是赚钱，为了在竞争中获取优势，贸易保护便登上了历史舞台。

● 英国东印度公司

英国东印度公司是仿照荷兰东印度公司成立的，共有125位持股人，资金7.2万英镑，英国女王伊丽莎白一世授予这家公司在东印度21年的贸易专利许可。

最初，英国东印度公司在马六甲、中国、日本等地区通过民间开展走私贸易。虽然多次尝试建立贸易据点，但都因遭到葡萄牙舰队的围剿，以失败告终。直到1608年，英国才在印度西部古吉拉特邦港口苏拉特建立了一个贸易据点。

葡萄牙再次派出舰队围剿，爆发了坎贝湾海战。当时，英国东印度公司装备的是盖伦帆船，也称盖伦海盗船。盖伦帆船的特点是速度快，同时火炮射程远，可以采用"敌进我退，敌退我进"的远距离海战。正是盖伦帆船的这些特点，西班牙"无敌舰队"多次远征英国无功而返。坎贝湾海战中，葡萄牙舰队虽然整体实力占上风，但是想追却追不上，想退又要被英国舰队追击遭受远距离炮轰，打得很是狼狈。

印度莫卧儿帝国的皇帝贾汗吉尔看到了英国人的实力，为平衡葡萄牙在印度的影响力，决定与英国人合作。他在给英国国王詹姆斯一世的信中写道："我向所有我统治的王国和海港下令接受任何英国商人作为我的朋友。他们可以在任何他们愿意的地方居住，享受无限制的自由。不论他们到达哪个海港，葡萄牙或其他人不准打扰他们。不论他们在哪个城市定居，我下令给所有我的总督和长官给予他们任何可以给予的、他们所需要的贸易自由。"

有了莫卧儿帝国的支持，英国东印度公司很快在印度以及孟加拉地区建立了20多个贸易基地和据点，实力超过了葡萄牙。1670年，查理二世授予英国东印度公司自主占领殖民地、铸造钱币、雇佣军队、结盟、宣战、签订和平条约以及在殖民地就民事和刑事诉讼进行审判的权利。此后，英国东印度公司通过战争不断地扩张，控制了整个印度、缅甸、新加坡等地区。

在中国方面，英国东印度公司于1711年在广东建立了一个贸易点进行茶叶、丝绸贸易。为帮助英国东印度公司在美国倾销茶叶，英国议会于1773年通过了《茶叶法》，对英国以外的茶叶征收高额的关税。此举引发美国茶商的不满，发生了"波士顿倾茶事件"，最终演变为美国的独立战争。

美国独立后，英国东印度公司丧失了在北美的市场，陷入财政困难的英国东印度公司开始向中国倾销鸦片牟利。随着鸦片贸易增大，中国的白银开始大量流失。清政府派钦差大臣林则徐到达广州禁烟，由此引发了1840年的第一次鸦片战争。清政府战败后，中英双方签订《南京条约》，中国赔偿2100万两白银，开放广州、福州、厦门、宁波、上海五处为通商口岸，准许英国商人在华自由贸易。

失去鸦片贸易收入后，英国东印度公司再次陷入困境。1857年，英国东印度公司将管理事务交付给了英国政府，印度成为英国的一个直辖殖民地。1874年1月1日，英国东印度公司解散。

《泰晤士报》评论说："在人类历史上它完成了任何一家公司从未肩负过，在今后的历史中可能也不会肩负的任务。"

【商鉴】英国东印度公司成就了伦敦的金融中心地位，见证了大英帝国崛起的整个过程。从成立之初被葡萄牙舰队到处围剿，到获得莫卧儿帝国的支持站稳脚跟，到击败荷兰东印度公司，最后占领印度使其成为英国殖民地。英国能够崛起为"日不落帝国"，英国东印度公司功不可没。

• 《英国得自对外贸易的财富》

英国东印度公司的成立是为了取代荷兰东印度公司对英国的出口，即减少白银的流出。而在实际运作过程中，英国东印度公司不仅没有减少白银的流失，反而为购买括棉花、靛青、硝酸钠（火药原料）、丝绸、茶、瓷器等商品花费了大量白银。

特别是与中国的贸易，由于进口多、出口少，英国东印度公司很显然是在加速英国白银的流出。因此，一些英国知识分子质疑英国东印度公司是否能为英国获取财富。

英国东印度公司的董事托马斯·孟，也是英国贸易委员会的常务委员，在1621年发表了《论英国与东印度的贸易，答对这项贸易常见的各种反对意见》一文，后修订为《英国得自对外贸易的财富》一书。

托马斯·孟指出对外贸易是国家财富的源泉，只要保持顺差就会增加国家的货币收入，因此发展英国与东印度的贸易理论上可以增进英国的财富。要增加国家的财富，就要输出货币，一定数量的货币输出可以带来更多数量的货币输入。虽然英国对中国是贸易逆差，但只要将产品销往第三国，理论上是可以实现贸易顺差的。

为了保证对外贸易的顺差，托马斯·孟主张尽可能扩大本国商品出口和减少对外国商品的消费。同时，应该减少原料品出口，促进本国工商、手工业的发展，多出口制成品；减免出口商品的税收，增强在国际市场的竞争力。

【商鉴】《英国得自对外贸易的财富》为英国的重商主义奠定了理论基础，即发展本国手工业，通过进口原材料出口高附加值的手工业产品的方式来获取财富。实际上，英国工业革命也是基于这一理论，将殖民地作为原材料产地和工业品倾销市场。

• 《航海条例》

17世纪初是属于荷兰的，阿姆斯特丹既是世界的金融中心，也是手工业中心，还是航运业中心。

由于同为新教徒国家，荷兰是英国模仿和学习的对象，除了英国东印度公司模仿自荷兰东印度公司，英国还从荷兰大量招聘技术工人发展本国手工业。随着英国手工业的发展，英国商品很快成为荷兰商品的有力竞争者。在竞争中，英国认识到，除了商品本身，"物流"也是至关重要的。当时，荷兰有"海上马车夫"之称，英国的"物流"运输能力是远不能与之相比的。因此，发展本国的运输业又成为英国的国策。

1651 年，英国议会通过了《航海条例》，规定一切输入英国的货物，必须由英国船只载运，或由实际产地的船只运到英国。

该法案还规定英国殖民地的一些产品包括烟草、糖、棉花、毛皮等，只准贩运到英国本土或其他英国殖民地。其他国家的制造产品，必须经由英国本土，而不能直接运销英国殖民地。同时还限制英国殖民地生产与英国本土竞争的产品，如纺织品等。

《航海条例》是英国"重商主义"最具代表性的国家干预法案。对航海业的保护使得英国商业运输船队迅速发展，并使英国在 18 世纪崛起为世界海军霸主。对工商业的保护，推动了英国手工业的繁荣，最终促成了第一次工业革命。

英国完成工业革命后，生产能力远远超过了世界其他国家，开始提倡"自由贸易"，对航海贸易的限制于 1854 年完全废除。

【商鉴】《航海条例》的理论依据是"重商主义"，通过国家行政干预来实施贸易保护，达到限制进口、扩大出口的目的。由于这种做法不可避免地会使别国的利益受到损害，因此常常引发贸易战，甚至战争。

五、英荷战争

英国通过《航海条例》后，荷兰随即出台了相应的贸易制裁措施，禁止英国东印度公司在东印度群岛（香料群岛）进行贸易。

英国也不甘示弱，马上封锁了荷兰商船南下大西洋的必经之地——多佛海峡，同时派出舰队袭击荷兰东印度公司的商船，到北海击沉或捕获荷兰的捕鱼船，甚至进入波罗地，破坏荷兰在该地区的贸易。

荷兰多次派出皇家舰队围剿英国海军，但英国军舰具有速度快、射程远的特点，荷兰皇家舰队每一次出击都无功而返。随着损失的商船越来越多，荷兰被迫于 1654 年与英国签订了《威斯敏斯特和约》。根据和约，荷兰支付给英国 27 万英镑的战争赔款，承认英国东印度公司在香料群岛的贸易权，并且还将大西洋上的圣赫勒那岛割让给英国。圣赫勒那岛是欧洲"香料之路"上的停靠港和补给站，后来，拿破仑曾被流放于此。

当时，荷兰占领了许多原属葡萄牙的殖民地，双方关系十分紧张。为了对抗荷兰，1661 年，葡萄牙国王若昂四世将女儿卡塔里娜嫁给了英国国王查理二世，嫁妆是 80 万英镑以及摩洛哥丹吉尔、印度孟买两处殖民地。

查理二世随即授予英国海军以"皇家海军"的称号，并任命他的弟弟詹姆士·约克公爵担任最高指挥官，收复了被荷兰占领的原葡萄牙属西非殖民地，成立英国皇家非洲公司进行管理。1664 年，詹姆士·约克率英国海军远征荷兰在美洲的殖民地，攻占了新阿姆斯特丹，并将其重新命名为纽约，即新约克（New York），约克郡是詹姆士在英国的封地。此后，英国海军又攻占了哈得逊流域和荷属南美洲的苏里南。

1665 年，"黑死病"再次在伦敦爆发，导致 6 万余人死亡，英国王室、贵族纷纷逃往牛津避难，荷兰趁机向英国宣战。第二年，伦敦又发生了历史上最严重的一次火灾。大火连续烧了 4 天，蔓延到伦敦 80% 的城区，焚毁了 47 家工厂、13200 间房屋以及圣保罗大教堂在内的 87 座教堂。不过，这场大火也烧死了老鼠，结束了鼠疫。为了重建伦敦，英国于 1667 年与荷兰签订了《布雷达和约》。根据和约，英国取消《航海条例》，并将南美洲的苏里南归还给荷兰，荷兰则承认哈得逊流域和新阿姆斯特丹（纽约）归英国所有。

查理二世有一个不为人知的秘密：他信奉天主教。1670 年，查理二世与法兰西国王路易十四签订《多佛密约》，英法两国分别从海、陆两路进攻瓜分荷兰领土。事成后，查理二世在英国恢复天主教，并一举消灭欧洲的新教徒。

在一切准备妥当后，英法两国对荷兰宣战。为了瓦解英法联盟，荷兰推举了查理二世的外甥威廉三世作为荷兰执政官。威廉三世游说英国议会，说荷兰与英国都是新教国家，天主教的法国才是真正的敌人，英国海军很快退出战场。1674 年，英荷签订和约，荷兰承认英国的《航海条例》，并割让荷兰在美洲的一部分殖民地给英国，英国则给予荷兰 20 万英镑作为补偿。

另外，路易十四的法兰西陆军势如破竹，差点攻下阿姆斯特丹，威震西欧。从此荷兰衰落下来，英国开始崛起为新的海上霸主。

【商鉴】英国与荷兰的议会都代表新教徒为主的商人阶级利益，因此，英荷战争在很大程度上是为了商业利益而进行的战争。英荷战争由英国颁布《航海条例》而起，由荷兰承认《航海条例》而终，是荷兰衰落、英国崛起的标志。

● 《权利法案》

英荷战争结束后，英国国王查理二世与法兰西国王路易十四签订的《多佛密约》曝光。英国议会得知查理二世试图在英国恢复天主教，非常担心英国变成一个天主教国家。

当时，查理二世无子嗣，他弟弟詹姆斯的女儿玛丽是未来英国女王的继承人。英国议会为了避免玛丽嫁给一个天主教国家的国王，于 1677 年促成了荷兰执政官威廉三世与玛丽的婚姻。这是个一箭双雕的计谋，既向法国表明了英荷联盟（意味着查理二世不会在英国实施天主教），又确保了英国将来新教徒国家的地位。

1685 年，查理二世去世，临死前他皈依了天主教，他的弟弟詹姆斯二世继位。由于詹姆斯二世信奉天主教，伦敦主教、海军大臣、陆军首长在内的几位议会领袖给威廉三世和玛丽发送了一封密信，邀请他们到英国来保护英国的"宗教、自由和财产"。

为了避免英国的利益受到侵害，英国议会要求威廉和玛丽签署一份"权利宣言"，主要内容有：未经议会同意不能停止法律的效力；不经议会同意不能征收赋税；今后任何天主教徒不得担任英国国王；任何国王不能与罗马天主教徒结婚等。

威廉三世和玛丽同意并签署了"权利宣言"。随后，玛丽被立为英国女王，威廉三世为英国国王，共同统治荷兰与英国。

1689 年 10 月，英国议会将"权利宣言"制定为成文法律，即《权利法案》。该法案确立了英国议会的权力高于王权的原则，标志着君主立宪制开始在英国建立。

【商鉴】法律是商业发展的基石，《权利法案》意味着英国不会再因为王权变更而引发国家动荡，政治局面的稳定，加上与荷兰的联姻，标志着属于英国的"日不落帝国时代"的到来。另外，由于英国议会的主体是新教徒商人，《权利法案》授予英国议会至高无上的权力，即确保了商人阶层在英国的统治地位，为工业革命在英国的发生奠定了基础。

第十四章　法兰西殖民之路

法兰西的历史可以追溯至公元前 51 年凯撒征服高卢，里昂、巴黎等许多城市都是从那时开始建立的。

蛮族入侵西罗马帝国后，法兰克人于 481 年建立了法兰克王国，皈依罗马天主教。751 年，法兰克王国的宫廷总管矮子丕平篡位自立为王，罗马教皇圣匝加派大主教来到巴黎为丕平加冕。800 年，矮子丕平的儿子查理曼统一了西欧大部分地区（包括德国、荷兰等地），罗马教宗圣良三世在罗马为查理曼加冕，称其为"罗马人的皇帝"。

843 年，法兰克国王虔诚者路易一世，将法兰克王国分为东法兰克、中法兰克和西法兰克，分别由他的三个儿子统治。870 年，东法兰克联合西法兰克打败并瓜分了中法兰克。后来，东法兰克成为德意志神圣罗马帝国，西法兰克则成为法兰西王国。

"十字军东征"期间，法兰西是著名的医院骑士团和圣殿骑士团的主力军。医院骑士团，拥有自己的海军学院和黎凡特舰队，其主要港口位于地中海，包括弗雷瑞斯、马赛和土伦。

1308 年，法兰西国王菲利普四世将自己的女儿伊莎贝尔嫁给了英格兰国王爱德华二世。爱德华三世继位后，宣称自己拥有法兰西王位的继承权，由此引发了 1337～1453 年英国与法国之间的百年战争。

法国在赢得百年战争之后，吞并了位于英吉利海峡入口，西至诺曼底地区的布列塔尼公国。布列塔尼由来自不列颠岛的凯尔特人建立，其英文名称是 Brittany，意为"小不列颠"。自此，布列塔尼公国的海军，构成了法国海军的核心。从这里出发，法国踏上了殖民之路。

一、新法兰西

弗朗索瓦一世时期，法国开始加入海洋殖民。

1524 年，弗朗索瓦一世赞助意大利航海家韦拉扎诺探索北美佛罗里达至泰拉诺瓦（即今纽芬兰）一段海域，以求能发现穿越北美直接通往太平洋的新航线。事实上，这是由于错误的航海地图造成的，这一航线并不存在。韦拉扎诺一直航行到今天的缅因州、新斯科舍省东南部和纽芬兰，他将这片区域命名为"新法兰西"。

1535 年，弗朗索瓦一世再次派遣法国航海家雅克·卡蒂亚前往北美探索通往太平洋的新航线和"新法兰西"。卡蒂亚抵达了魁北克，他问当地的印第安人这是什么地方，他们回答说是 Canada，意为村庄或居住地，加拿大的名字由此而来。

法国人没有在"新法兰西"发现金矿和银矿，不过，他们发现圣劳伦斯湾有大群的海豹和海象，适合用来制作优质的皮革，而纽芬兰岛海域则有大量的鳕鱼。特别是当地盛产河狸，其皮毛不仅滴水不沾，香腺分泌物是一种名贵香料——河狸香，因此十分珍贵。英国、法国、荷兰为了争夺河狸贸易，甚至爆发了河狸战争，最终导致整个哈德逊河的河狸濒临灭绝。

为了加强对"新法兰西"的殖民统治和商业贸易，1627 年，新法兰西公司成立。路易十三授予新法兰西公司在法属北美殖民地为期 15 年的贸易垄断权、捕鱼权以及招募军队、在殖民地设防等权利。由于路易十三的大臣兼红衣主教黎塞留禁止非天主教徒在新法兰西地区居住，许多新教徒都将南部的英国殖民地作为移民目的地。英国殖民地的繁荣又对新法兰西地区的人口产生虹吸效应，这使得新法兰西地区一直未能形成规模化的城市，只有魁北克、三河镇、蒙特利尔等少数几个定居点。

由于在殖民地建设以及商业贸易上都没能取得令人满意的成绩，1663 年，法国国王路易十四撤销了新法兰西公司的特权，将殖民地收归国王直接管辖，新法兰西公司宣告结束。

1756 年，英国、法国、普鲁士、俄国、奥地利、德国、瑞典、西班牙等国家卷入了长达七年的殖民地战争，英国成为这场战争的最大赢家。英法签订《巴黎条约》，新法兰西被割让给英国，法国仅保留纽芬兰附近两个小岛圣皮埃尔和密克隆的主权，以及在纽芬兰海域的捕鱼权。

【商鉴】法国对美洲的殖民与西班牙类似，以掠夺资源为主，由于魁北克地区缺少金银等贵金属矿产，当地的气候也不能发展蔗糖、烟草等高利润的经济作物，唯一高利润的毛皮生意又受到英国、荷兰的竞争，这些因素导致新法兰西公司难以发展壮大。最根本的原因，则是法国的海军不足以保障其在北美殖民地的利益。

二、法属路易斯安那

1682 年，法国探险家拉萨尔和卡维莱从密西西比河上游顺流而下到达密西西比河下游平原，他们将沿途经过的地区宣称为法国殖民地。法国国王路易十四以自己的名字将这片土地命名为"路易斯安那"。

法属路易斯安那包括密西西比河流域，南至墨西哥湾，向北延伸至五大湖地区，东起阿巴拉契亚山脉，西至落基山脉，面积为 214 万平方千米，占如今美国国土面积的 22.3%，与当时美国最初的国土面积（北美十三大州）大致相当。

当时，荷兰执政官威廉三世被英国人迎立为国王。为了争夺北美的殖民地，法国舰队与英荷联合舰队爆发了比奇角海战。此战中，英荷联合舰队被击败，有战舰的损失，而法国无一损失。比奇角海战意味着法国击败了英法两个最强大的海上强国，成为新的海上霸主，法国人将这场海战视为法国海军史上最光辉的瞬间。

为了增加人口和加强对北美的控制，法国政府提供土地、财政和法律上的优惠条件，鼓励普通法国人前往北美定居。一些法国农民、军人、商人和手工业者响应了这一号召，前往北美建立家园，皮毛贸易、渔业、农业、矿业、手工业也随之发展起来。

1803 年，第三次反法同盟战争爆发，英国对法国宣战。当时，法国已经丢掉了北美很大一部分殖民地，密西西比河以东地区全都割让给了英国人。拿破仑担心法属路易斯安那被英国占领，因此以总价 1500 万美元（每英亩 4 美分）的低价卖给了美国。此后，美国政府将法属路易斯安那划分为路易斯安那、得克萨斯、艾奥瓦、明尼苏达、俄克拉荷马等 15 个州。

【商鉴】法属路易斯安那与传统的殖民地不同，法国人将其作为在海外的家园进行经营，派遣了本国的农民、军队、商人和手工业者前往定居，大规模的欧洲移民为北美经济的发展奠定了基础。

● 密西西比公司

密西西比公司成立于 1684 年，是最早在巴黎证券交易所上市的股份公司之一。成立之初，密西西比公司被授予了法属路易斯安那 214 万平方千米殖民地的贸易特权。由于法属路易斯安那位于密西西比河流域，密西西比公司因此得名，是当时法国最赚钱的公司。

1717 年，法国国王路易十五为解决路易十四的战争负债，经摄政王奥尔良公爵推荐，聘请了苏格兰经济学家约翰·劳担任法国财政部部长。约翰·劳创建了法国第一家国家银行——法兰西皇家银行，然后利用法兰西皇家银行控股了密西西比公司。

约翰·劳认为北美殖民地的生产在很大程度上仍未组织起来，通过有效地组织生产运营，将会带来更多的财富。为了帮助密西西比公司扩大生产和经营规模，1719 年，约翰·劳以每股 500 里弗尔（livre）的价格发行了 5 万股密西西比公司的新股。该股采用分期付款方式，首付只要 75 里弗尔，其余的按每月 25 里弗尔分 17 次付清。与此同时，法国政府赋予该公司在北美 25 年的贸易和矿产资源垄断权，并承诺每年分配 4%的股息。

约翰·劳的金融创新使密西西比公司的股票充满了诱惑力，密西西比公司的股票发行后，普通市民蜂拥抢购。不到一个月，密西西比公司的股价便涨到了 1000 里弗尔，到年底的时候更是达到了 10000 里弗尔。股价的飙升使法兰西皇家银行的资产大幅增值，约翰·劳以密西西比公司的股票作为抵押发行了更多的纸币，进一步投资于股市。1720 年夏天，密西西比公司的股价涨到了 15000 里弗尔，预感到风险的约翰·劳决定抛售一部分股票。但他的这一举动引发了市场的恐慌，人们纷纷开始跟着抛售，泡沫开始破裂，密西西比公司的股价崩溃后一路下跌。到 1721 年，密西西比公司的股票也跌回了发行价 500 里弗尔。法兰西皇家银行因为资产缩水，纸币大幅贬值，人们纷纷要求将纸币兑换为银币，最终破产倒闭。

为了挽救密西西比公司，路易十五授予了密西西比公司在法国及其殖民地的烟草、咖啡贸易垄断权，同时公司再次进入资本市场，通过发行股票和债券筹集资金。此后，密西西比公司又被授予 20 年东半球的贸易垄断权，商品包括中国的瓷器、纸、漆器、茶叶、丝绸，印度的棉花、布匹、胡椒，也门摩卡的咖啡，西非的黄金、象牙和奴隶等。1770 年，密西西比公司的所有资产被收归国有，退出了历史舞台。

【商鉴】由于资本逐利的本性，泡沫的形成与破灭都不可避免，金融泡沫在股票市场十分常见，但以国家信用背书是极为罕见的。密西西比公司股票泡沫事件导致法兰西国家信用破产，以至于法国在将近一个世纪的时间里都没有中央银行，直到法兰西第一共和国成立，拿破仑才于 1800 年在巴黎成立法兰西银行。

三、法属西非和法属赤道非洲

法国在美洲殖民失败以后，开始将目光转向殖民势力薄弱的非洲大陆。从 1830 年开始，法国先后攻占了阿尔及利亚、突尼斯、利比亚，并把摩洛哥纳入自己的保护国。此后，法国继续深入西非，占领了塞内加尔、几内亚、马里、科特迪瓦、苏丹等地，使法属西非殖民地的面积达到 469 万平方千米。

1869 年，苏伊士运河贯通后，从红海经由苏伊士运河抵达地中海的航海路线开始繁荣，非洲的战略地位开始突出。同时，由于美洲大陆的殖民竞争已经接近尾声，西方列强开始将目光投向非洲。

为了避免欧洲各国因争夺殖民地引发战争，同时也为了兼顾各方利益，1884年11月15日，由德国首相俾斯麦主持，在柏林召开了瓜分非洲的会议。参加此次会议的有法国、德国、英国、俄罗斯、奥匈帝国、美国、意大利、西班牙、葡萄牙、奥斯曼帝国、荷兰、比利时、丹麦、瑞典、挪威共15个国家。此次会议通过了《总决议书》，划分了欧洲各国在非洲的势力范围，确定了在非洲拓展殖民地的共同准则。

柏林会议后，法国继续向非洲中部地区扩张，先后占领了加蓬、法属刚果、中非共和国、乍得，1910年成立法属赤道非洲，首府设在布拉柴维尔。第一次世界大战后，由于德国战败，法属赤道非洲又接收了德国在非洲的两块殖民地：喀麦隆和多哥。

法国在非洲的殖民经济主要是掠夺当地的矿产、咖啡、可可等原料商品，同时高价输入粮食、纺织品等日用商品。为了促进商业贸易，法国人兴建了许多港口、铁路、公路以及城市，这些基础设施客观上也推动了非洲经济的发展。

【商鉴】非洲被瓜分以后，沦为典型的殖民地经济，成为工业化国家的原材料产地和工业品倾销地。长期的殖民统治使非洲缺少高附加值的工业体系，大多数国家的经济以农业和自然资源出口为主，这是非洲贫穷与落后的根源。

● 苏伊士运河

大航海时代有两大标志性的成就，一是达·伽马开辟了"好望角航线"，二是麦哲伦开辟了"环球航线"。

法国人也非常渴望取得这样的航海成就，如1524年，弗朗索瓦一世赞助韦拉扎诺航海，以求能发现穿越北美大陆通往太平洋的新航线。由于航海地图是错误的，这一航线并不存在。当法国人在美洲丢掉全部殖民地，将目光转向非洲时，法国人意识到，地中海与红海之间曾经存在着一条古老的航道——布巴实提运河，即苏伊士运河。从地中海经苏伊士运河、红海抵达印度洋的航线，要比达·伽马开辟的"好望角航线"缩短了8000～10000千米。显然，如果可以重新疏通苏伊士运河，并由法国控制该航道，无疑会大大加强法国的海权，重塑欧亚的海上贸易格局。

1858年，法国驻埃及领事雷赛布获得了奥斯曼帝国埃及总督帕夏特许，成立了苏伊士运河公司，主要股东是法国和埃及的私人投资者。经过长达11年的修建，苏伊士运河于1869年11月17日通航，修建过程中征用了大量埃及贫民，花费2.91亿法郎。

苏伊士运河修建后，迅速成为最重要的欧亚海上贸易航线，1870~1930年苏伊士运河公司纯利润达35亿法郎。

【商鉴】英国航海家沃尔特·雷利曾说"谁控制了海洋，谁就控制了贸易；谁控制了世界贸易，谁就控制了世界的财富"，这句话既强调了财富来自海洋，也强调了交通在商业贸易中的重要性。对苏伊士运河的控制，使法国实现了对欧亚海上贸易航线的控制，这是法国与列强在非洲争夺殖民地的底气所在。

四、法属印度支那

越南原属于清朝的朝贡国，第二次鸦片战争期间，法国派军舰入侵越南，先后占领了岘港、西贡、边和省、嘉定省、定祥省、安江省、河仙省、永隆省。

1883年，法国入侵河内，迫使越南签订《第一次顺化条约》，成为法国的保护国。为恢复与越南的朝贡关系，清政府对法国宣战，在镇南关给予法国陆军重创，法军统帅尼格里也身受重伤。但是，法国海军却全歼了清朝的南洋舰队，日本趁机在朝鲜挑起事端。最终，清政府与法国签订《中法新约》，放弃了对越南的宗主权，法属印度支那联邦随之建立，越南正式沦为法国的殖民地。

通过对暹罗王国（今泰国）的战争，老挝、柬埔寨被先后并入法属印度支那。1898年，法国派军舰攻占广州湾（今湛江），迫使清政府签订《中法互订广州湾租界条约》，广州湾也被并入法属印度支那。

与中国的"半殖民地"地位不同，越南是法国完全而彻底的"殖民地"。法国工业品在当地的倾销，瓦解了越南传统的手工业，导致大量手工业者失业，同时法国人通过控制粮食收购价格迫使大量越南农民失去土地。"食不果腹，衣不蔽体"，是当时越南普通农民的悲惨写照。

法国投资开发了越南北部的鸿基煤矿，并在湄公河和红河沿岸建立了水稻种植园。当时，越南是东南亚地区最大的煤炭和大米出口国。法国还在越南修建了从西贡到河内的南北纵贯铁路，同时还将河内铁路延长进中国云南，即滇越铁路。法国甚至计划将滇越铁路延长进四川，控制中国内陆，最终因为与英国的殖民利益产生冲突，该计划没有得逞。

【商鉴】为了掠夺殖民地的资源和财富，往往需要修建高效的交通设施。交通设施又会带动人流、物流、资金流，从而推动当地的经济发展，但这是交通在商业中的客观作用，而非殖民者的初衷。

第十五章　沙俄的海洋梦想

1453 年，君士坦丁堡被奥斯曼帝国攻陷，莫斯科公国成为东正教的中心。

在保罗二世的建议下，伊凡三世迎娶了拜占庭帝国末代皇帝君士坦丁十一世的侄女索菲亚。由于索菲亚具有拜占庭帝国的王位继承权，伊凡三世宣称莫斯科公国是罗马帝国的继承国，并将拜占庭帝国的国徽双头鹰作为莫斯科公国的国徽，号称"第三罗马帝国"。

为了彰显"第三罗马帝国"的国威，伊凡三世邀请了世界各地的工匠，决心将莫斯科城建设为君士坦丁堡一样的伟大城市。如位于克里姆林宫中心的圣母升天大教堂，是由意大利设计师菲奥拉万蒂设计建造的。1479 年，圣母升天大教堂建成后，伊凡三世在此加冕为"第三罗马的皇帝"。

此后，莫斯科公国以"第三罗马"的名义四处扩展，占领了大部分罗斯地区。1547 年，沙皇俄国成立，16 岁的伊凡四世·瓦西里耶维奇效仿他的祖父伊凡三世在圣母升天大教堂加冕为"沙皇"，沙皇是罗马帝国皇帝头衔的斯拉夫语称谓。

当时，世界已经进入大航海时代，伊凡四世深知，要恢复罗马帝国的荣耀，走向海洋是必经之路。

一、圣彼得堡

伊凡四世成为沙皇时，俄罗斯还是一个内陆国家，波罗的海出海口由瑞典王国控制，黑海出海口由奥斯曼帝国控制。

众所周知，奥斯曼帝国是拜占庭帝国的掘墓人，而沙皇俄国以拜占庭帝国的继承人自居，因此，奥斯曼帝国是沙俄的首要敌人。伊凡四世虽然希望控制黑海，进而收复君士坦丁堡，但实力并不允许。于是，瑞典控制下的波罗的海便成为沙俄海洋梦想的突破口。1558 年，伊凡四世发动了对瑞典的战争，这场战争持续了 24 年之久。由于奥斯曼帝国对沙俄宣战，伊凡四世不得不撤军，俄罗斯的"海洋梦想"受挫。

1682年，彼得一世（也称彼得大帝）即位，他继承伊凡四世的遗志，制定了"向西方发展的海洋战略"。这时的俄国无论在政治、经济或文化教育方面，都远远落后于西班牙、荷兰、英国等国家。为了发展俄国的海军，彼得一世派遣使团前往荷兰阿姆斯特丹和英国伦敦等地学习造船和航海技术，本人则化名彼得·米哈伊洛夫下士随团出访，并在荷兰东印度公司旗下的世界上最大的造船厂学习。回国后，彼得一世在黑海以北的亚速海创建了第一个俄罗斯海军基地——塔甘罗格，并创建了一支由30艘军舰组成的海军。

1703年，波兰与瑞典发生战争。彼得一世率领举国之兵出战，在瑞典波罗的海沿岸建立了彼得保罗要塞，并将所有俄罗斯的军舰部署在此。彼得一世还召集了全国所有的工匠，在波罗的海沿岸修筑防御工事和永久性的城市。

城市建成后，彼得一世亲自命名为"圣彼得堡"，在此加冕为"全俄罗斯的皇帝"，以自己的守护神来保护这座城市。不仅如此，彼得一世还将首都从莫斯科迁往圣彼得堡，以示"统治海洋"的决心。

【商鉴】迁都对一个国家的发展战略有着至关重要的影响。1421年，郑和第六次下西洋，朱棣为了应对北元的威胁，采取"天子守国门"的战略，将明朝首都从南京迁到了北京。此后，由于明朝首都北移，中国发展航海的意愿不可避免地下降了。

二、符拉迪沃斯托克（海参崴）

伊凡四世统治时期，由于奥斯曼帝国的牵制，沙俄在波罗的海方向的扩张受挫。随后，沙俄将目光转向东方，征服了伏尔加河口的阿斯特拉罕汗国，进入中亚的里海地区。

1586年，沙俄击败西伯利亚汗国，占领了秋明市。秋明市是中亚和伏尔加河地区之间贸易路线的重要城市，是俄罗斯向东扩张不可或缺的重要据点。顺治五年（1648年），沙俄抵达了太平洋西北部的鄂霍次克海和堪察加半岛。鄂霍次克海靠近北极圈，气候寒冷，这里没有优良的港口，并且大部分时间都不适合航行。

康熙初年，沙俄利用清廷忙于平定三藩之乱，侵入中国东北，占领了雅克萨城，并以此作为据点，准备进一步入侵黑龙江中下游地区。三藩之乱平定后，康熙开始关注东北形势，要求沙俄撤出雅克萨。被拒后，康熙派兵包围了雅克萨城，重创俄军。1689年，清政府与沙俄签订《尼布楚条约》，该条约规定以外兴安岭至海格尔必齐河和额尔古纳河为中俄两国东段边界，黑龙江以北，外兴安岭以南和乌苏里江以东地区均为清朝领土。

1860 年，英法联军攻入北京，将圆明园洗劫一空，清政府请求沙俄出面调停。沙俄趁机与清政府签订《中俄北京条约》，获得了乌苏里江以东地域，包括极具战略意义的一座港口城市海参崴，沙俄将其命名为符拉迪沃斯托克，俄语意为"统治东方"。

海参崴是世界上为数不多的天然良港，是俄罗斯通往太平洋的重要港口，其战略意义与圣彼得堡相当，俄罗斯自此成为一个无可争议的海洋强国。

【商鉴】优良的港口对于一个国家的发展有着深远的影响。为了布局远东地区的经济发展，2023 年 6 月开始，俄罗斯将符拉迪沃斯托克（海参崴）港作为吉林省内贸货物跨境运输的中转口岸。这也意味着时隔 163 年，中国黑龙江、吉林两省重新获得"出海口"。

三、阿拉斯加

彼得一世迁都圣彼得堡后，迫不及待地派出了船队远洋探险。这个时候距离"好望角航线"的开辟已经过去了 200 多年，有价值的殖民地基本上都被发现和占领了，俄罗斯只能前往更偏远的地区探索。

1725 年，彼得一世派遣丹麦探险家维他斯·白令对西伯利亚的北岸进行考察。维他斯·白令从圣彼得堡出发，经过多次的航行探索，于 1728 年穿过北极圈到达了亚洲的最东端。这里有一条宽约 80 千米的海峡，是亚洲和北美洲的分界线，即"白令海峡"。1741 年，维他斯·白令再次率领舰队从圣彼得堡出发前往北极地区探险，这一次他们穿过"白令海峡"来到北美洲阿拉斯加地区，发现了阿留申群岛、科曼多尔群岛和白令岛。

随后，俄罗斯人在阿拉斯加建立了第一个殖民地——锡特卡，位于亚历山大群岛巴拉诺夫岛。当时，阿拉斯加属于荒凉之地，沙俄在此主要从事毛皮贸易，但是这个殖民地没有给俄罗斯带来多大利益，也没有大规模的人口移民。

1853 年，俄罗斯与奥斯曼旁边国争夺黑海控制权，爆发了克里米亚战争。为了遏制俄罗斯帝国的扩张，英国、法兰西、意大利撒丁王国先后向俄国宣战。俄国害怕阿拉斯加殖民地被英国抢走，提议将阿拉斯加卖给美国。1867 年，美国国务卿威廉·西华德以 700 万美元外加 20 万美元手续费的价格从沙俄手中买下了近 170 万平方千米的阿拉斯加，平均每公顷土地约 4 美分。

然而，由于阿拉斯加实在过于荒凉，许多美国人认为阿拉斯加购地案并不划算。人们将阿拉斯加购地案称为"西华德的蠢事"，并将阿拉斯加称为"西华德的冰箱"或者"约翰逊总统的北极熊花园"。

威廉·西华德辩解说:"现在我把它买下来,也许多年以后,我们的子孙会因为这块土地得到好处。"

西华德的愿望最终在 1968 年实现了,阿拉斯加地区发现大量石油,约占美国石油产量的 20%。1987 年又发现了佩伯金矿,预计能产出约 2500 万吨铜、1万吨白银、2000 吨黄金。现在,轮到俄罗斯后悔了。

【商鉴】俄罗斯将阿拉斯加卖给美国,是当时殖民掠夺经济的真实写照。与所有殖民者一样,俄罗斯并不是为了占领土地,而是为了掠夺殖民地上的资源。当资源被掠夺,殖民地的价值也随之大打折扣了。

四、俄美公司

俄美公司由俄罗斯毛皮商人舍利霍夫和列扎诺夫在 1799 年创办,沙皇保罗一世特许其在俄属北美(即阿拉斯加)、阿留申群岛至北纬 55 度地区的贸易垄断权。

俄美公司是一家类似英国东印度公司的垄断联合企业,它成立的主要目的是扩大和巩固俄罗斯在北美殖民地的利益。由于该地区资源匮乏,俄美公司的业务以毛皮生意为主。根据库存记载,1799~1821 年,俄美公司在北美共获得了 130万只狐狸、72894 只海獭、59530 只河獭、34546 只海狸、30950 只黑貂、17298只狼獾、14969 只毛皮海豹以及少量的山猫、狼、海狮、海象和熊。

随着动物数量急剧下降,俄美公司的盈利能力大幅下滑,之后俄罗斯政府接管了俄美公司,主要从事食盐、捕鲸等贸易,但一直都未能实现盈利。

1867 年,俄罗斯将阿拉斯加卖给了美国,俄美公司也被出售给位于加利福尼亚州旧金山的哈金森科尔公司,俄美公司被更名为阿拉斯加商业公司。

【商鉴】由于毫无节制地猎杀,阿拉斯加的生态环境遭到不可逆转的破坏,俄美公司的毛皮生意也不可避免地衰退了。俄罗斯正是认识到这一点,觉得无利可图,才将阿拉斯加低价卖给美国。事实上,在发现石油之前,阿拉斯加所能产生的经济效益确实十分有限。

第十六章　明清海禁与通商贸易

在大航海时代，西方国家纷纷制定了海洋强国战略，明、清两朝为什么会出现海禁政策呢？

明朝初年实施海禁，主要原因有四个：一是朱元璋的"重农抑商"思想，排斥商人和商业，推行朝贡"勘合贸易"；二是日本进入南北朝分裂，封建诸侯割据，在战争中失败的武士、浪人到中国沿海地区进行抢劫烧杀等海盗活动；三是元顺帝建立了"北元"政权，蒙古人还拥有钦察汗国、察合台汗国、窝阔台汗国、伊利汗国等势力，原先在中国东南沿海经商的亲蒙古的阿拉伯商人退到东南亚地区，试图与蒙古人一起重新"入主中原"；四是反对朱元璋的张士诚、陈友谅没有被完全消灭，其残余势力退居海外，与倭寇勾结，不断侵扰中国沿海地区。

1405 年，朱棣派郑和下西洋的主要目的是扫除海盗及其他来自海上的威胁，并建立朝贡关系。海上的威胁解除以后，明朝便停止了下西洋活动。由于明朝实行"勘合贸易"，民间通商被禁止，一些商人走私犯事后成为海盗或倭寇。为了解决这一问题，1567 年，明穆宗开放民间贸易，由政府发放贸易许可证，史称隆庆开关。

清朝入主中原后，崇祯上吊自杀，明朝宗室在南方建立了南明政权，其中郑成功拥有强大的海军。为了防范郑成功，清朝实施了短暂的海禁政策。1683 年，明朝降将施琅击败南明水师，清朝随即解除海禁，设立了闽、粤、江、浙四大海关进行通商贸易。乾隆时期，考虑到国防安全需要，只保留了粤海关作为对外贸易通商口岸。

客观而言，明朝和清朝为了维护朝贡关系，需要对民间贸易进行不同程度的限制或禁止。如果不朝贡就能贸易的话，朝贡体系就会大打折扣。为了维护统治的需要，大型的商船和炮舰武装也都被禁止，而这些都是当时远洋航行所必需的。由于无法远航，中国民间只能制造中小型的商船，参与近岸贸易。

一、勘合贸易

明朝建立后，朱元璋为了恢复朝贡贸易体系，禁止了民间的海上贸易，采用"勘合贸易"取而代之。

"勘合贸易"起源于朝贡贸易，所谓"勘合"是指古时符契文书，上盖印信，分为两半，当事双方各执一半。"勘合贸易"是一种官方之间的贸易，对方提出需求清单，明朝批准后颁发许可证才能进行。不仅出口的商品有限制，出口的目的地也有限制，比如限制泉州港只通琉球。

朱元璋规定各国每 3~5 年进行一次朝贡，明朝收到贡品后，再以"国赐"形式赏赐给朝贡国所需的物品。日本因为自身没有统一，尚未与明政府建立起真正的宗藩关系，朱元璋特意对日本规定 10 年一朝贡。

当时，中国沿海地区已经建立了十分发达的海上贸易体系和工商业体系，周边国家许多生活必需品如丝、布、锅、针及药材等都依赖从中国进口。3~5 年一次的朝贡贸易根本无法满足需求，也无法维持沿海地区工商业的生存发展。因此，朱元璋又在太仓、广州、宁波、泉州设立市舶提举司，以官方垄断的方式开展对外贸易。

由于日本的民间商人无法与明朝开展官方贸易，只好到中国东南沿海地区开展走私贸易甚至抢掠，这也是倭寇兴起的原因之一。

【商鉴】 工业革命以前，中国拥有世界上最发达的手工业，几乎所有商品都能在中国找到。当时，中国以贸易作为一种特权来建立朝贡关系，并且常常以中止贸易作为外交惩罚手段。

二、海盗与倭寇

明朝初年，为了打压商人和民间走私，朱元璋制定了非常严苛的刑法，只要发现走私行为，本人处以死刑，而且还连坐家人。该刑法导致许多商人走投无路，被逼沦为海盗或倭寇。《嘉靖实录》中记载："盖江南海寇，倭居十三，而中国叛逆居十七也。"

洪武年间，广东潮州商人陈祖义，因为参与走私贸易被通缉，举家逃到印度尼西亚的巨港（原名三佛齐），投靠渤淋邦国，成为国王麻那者巫里手下的一名军事将领。国王死后，陈祖义自封酋长，成为马六甲海盗首领。最鼎盛时，陈祖义海盗集团的成员超过万人，战船百艘，雄霸于日本、中国台湾、南海、印度洋等海域。陈祖义劫掠过往船只达万艘，攻打过 50 多座沿海城镇，南洋一些国家甚至要向他纳贡。1407 年，朱棣派郑和率舰队消灭了陈祖义海盗舰队，明朝与东南亚地区的朝贡关系得以恢复。陈祖义则被抓捕回国，斩首示众。

新航线开辟后，葡萄牙人来到中国寻求"勘合贸易"。当时，葡萄牙占领了马六甲王国，由于马六甲王国是明朝的朝贡国，明朝要求葡萄牙先退出马六甲，双方才能开展贸易。葡萄牙人拒绝了明朝的要求，先后在东莞屯门岛、浙江舟山双屿、福建金门建立据点开展走私贸易。1535 年，葡萄牙人通过贿赂广东地方官吏，在澳门取得了受官方承认的贸易据点，并获得了"勘合贸易"的权利。但是，由于民间走私贸易没有关税，因此仍是葡萄牙人的首选。

宁波外海的双屿港是当时东亚最大的走私贸易港，也是明朝最大的倭寇头目汪直的据点。汪直原是徽州府歙县商人，他以低价的丝绸"诱佛郎机夷，往来浙海，泊双屿港，私通贸易"。"佛郎机夷"即明代对葡萄牙人的称呼。不仅如此，汪直还将葡萄牙的火绳枪卖给日本战国大名松浦隆信，在日本肥前国的松浦津建立了贸易据点。

最初，浙江官方有意采用招安的方式，将舟山沥港作为汪直的贸易据点，官方"默许私市"。此举遭到抗倭名将俞大猷的坚决反对，他认为汪直拥有自己的舰队武装，"默许私市"会让他们发展壮大，成为更强大的倭寇。于是，俞大猷偷袭了沥港，汪直不敌，败走日本。

1554 年，胡宗宪出任浙江巡按御史，他是徽州府绩溪县人，与汪直同是徽州府老乡。胡宗宪劝说汪直投降，汪直提出条件要求"开市"，但是，明朝最终拒绝了这个条件。1559 年，浙江巡按使王本固以谈判为名将汪直诱捕，斩首于杭州府官巷口。汪直死后，倭寇大举报复，造成两浙等地大乱。倭患的核心问题——民间走私贸易与明朝政府"勘合贸易"政策之间的冲突一直没有得到解决。

【商鉴】大禹治水，宜疏不宜堵。"勘合贸易"逼商为寇的历史教训说明，商人与政府的关系处理好就能达成"双赢"，处理不好就可能变成"双输"。

三、隆庆开关

1567 年，明穆宗继位后，明朝进入了隆庆时代。面对倭患之乱，福建巡抚许孚远给明穆宗上奏疏称"市通则寇转而为商，市禁则商转而为寇"，福建巡抚都御史涂泽民也上书"请开市舶，易私贩为公贩"。明穆宗当即批准了这一奏请，史称"隆庆开关"。

明朝政府通过发放贸易许可证（"由引"）使走私合法化，同时开放福建漳州府月港（今福建海澄），并以月港为治所设立海澄县，设立督饷馆，负责管理民间海外贸易和税收。但是，对日本的贸易仍在禁止之内，所有出海船只均不得前往日本。若私自前往，则处以"通倭"之罪。

隆庆开关后，由于民间海外贸易获得了合法的地位，倭患很快消除了。明朝东南沿海各地的民间海外贸易进入了全盛的繁荣期。1567~1644 年，海外流入大明朝的白银总数大约为 3 亿 3000 万两，相当于当时全世界生产的白银总量的1/3，西班牙波托西银矿开采的白银相当一部分流入了中国。

民间海外贸易的繁荣也为明朝带来了大量税收，月港督饷馆的关税收入最高时达到 2.9 万两白银，有"天子南库"之称。

【商鉴】明清时期的"闭关"是相对于民间贸易而言，官方的贸易从未中断。"开关"也是相对于民间贸易而言，是指开放民间海上贸易。

四、清朝海禁与一口通商

清朝入主中原后，南明的郑成功依然拥有强大的海军力量，他从英国东印度公司购买了大量火炮，并聘请英国军官训练海军。1661 年，郑成功击败荷兰，收复了台湾，准备以台湾为基地光复明朝，此事震惊清廷朝野。

为防御郑成功的进攻，清朝顺治皇帝下令将江、浙、闽、粤、鲁等省沿海居民分别内迁 30~50 里，设界防守，严禁逾越。1683 年，明朝降将施琅指挥清军水师在澎湖海战中击败南明水师，郑克塽率部降清，南明的威胁得到解除。随后，清朝解除海禁，先后设立闽、粤、江、浙四大海关，分别管理各自下辖的数十个对外通商口岸的对外贸易事务。清朝开关以后，东南沿海的工商业再度兴盛，迎来了"康乾盛世"。

当时，浙江地方官员为了吸引英国东印度公司购买浙江的丝绸、茶叶等商品，给出了比广东更低的关税，致使粤海关关税收入锐减。两广总督急忙向乾隆上奏，称浙海关降低关税的做法，使朝廷收入遭受损失，要求禁止浙江与英国东印度公司贸易。乾隆下令浙海关把关税税率提高一倍。不过，上有政策下有对策，浙江地方官员通过"默许私市"的方式仍然与英国东印度公司保持贸易关系。

浙海关与粤海关的冲突，让乾隆有了统一关税、统一管理的想法。1757 年，乾隆下江南巡察，在苏州目睹了千余条商船络绎往来的盛世景象。当时，西方商船为了防备海盗，都准备有强大的火炮，船员也配备有先进的火绳枪。事实上，商队也即舰队。乾隆很快意识到，如果发生战争，这些武装商船将会对国防安全构成严重的威胁。思来想去，乾隆最终决定让这些武装商船全部到远离中原地区的广州进行贸易，这样既可以解决国防安全问题，还可以统一关税，增加税收。

回京后，乾隆下诏江、浙、闽三个海关下辖的所有口岸不再对西洋船只开放，只留下粤海关作为清政府的对外贸易窗口。至此，清朝的对外贸易政策由"四口通商"变为"一口通商"。

【商鉴】"一口通商"政策对江苏、浙江、福建的工商业发展极为不利，但有利于广东工商业的发展，为近代粤商的崛起创造了有利条件。

五、广州十三行

康熙年间，闽、粤、江、浙四大海关设立后，来华从事贸易的外国商人日益增多。1686 年，广东地方政府招募了 13 家实力雄厚的行商，指定他们与外商做生意并代海关征缴关税，这便是广州十三行的由来。

1757 年，乾隆关闭了闽、江、浙三个海关，只留粤海关"一口对外通商"，广州十三行便垄断了清朝的所有对外贸易。当时，广州十三行一带有 5000 余家专营外销商品的店铺，约 25 万名匠人专门从事外销工艺品的生产和制作，涉及漆器、银器、瓷器、纺织、绘画、雕刻等各个行业。十三行口岸洋船聚集，亚洲、欧洲、美洲的主要国家和地区都与十三行发生过直接的贸易关系。

广州十三行每年为宫廷输送洋货，时称"采办官物"，其中多为紫檀、象牙、珐琅、鼻烟、钟表、仪器、玻璃器、金银器、毛织品及宠物等。洋行商人根据清宫内廷出具的式样、要求逐件采买，分别由两广总督、广东巡抚和粤海关监督每年进献四次。翻阅清宫《进单》《贡档》便可以发现，"一口通商"之后，皇宫享用的洋货几乎全部是由广州十三行输送的。乾隆年间，货栈每年进口洋货千余件，由广东官员进呈的贡品达到数百件。

在"一口通商"的近百年间，广州十三行向清朝政府提供了 40% 的关税收入。广东大吏历年进呈的奏折、清单中记载，广州十三行每年上缴税银超过百万两，粤海关每年送入宫中约 60 万两白银，作为皇室的经费开支。

【商鉴】广州十三行商人从垄断外贸特权中崛起，上规模的商号拥有资产上千万银两，是货真价实的"富可敌国"。十三行商人兴建的叶家别墅花园、潘家花园、伍家花园、海山仙馆等岭南园林见证了当时粤商的财富。

● 伍秉鉴

伍秉鉴，又名伍敦元，1769 年生于广东广州，是清代广州十三行最具代表性的商人。

康熙年间，伍秉鉴的先祖在广东与福建之间从事茶叶买卖。1783 年，伍秉鉴的父亲伍国莹在广州创建了"元顺行"，伍秉鉴的哥哥接手后改名"怡和行"，从事对外贸易，主营丝织品、茶叶和瓷器。

1801 年，32 岁的伍秉鉴接手了家族生意，同西方各国的重要客户都建立了紧密关系，每年的贸易额达数百万两白银，成为广州十三行的领头人。嘉庆十四年（1809 年），伍秉鉴通过巨额捐款，获得了三品顶戴。

除了对外贸易，伍秉鉴还投资美国的铁路、证券、保险等业务，同时他还是英国东印度公司的最大债权人。据估算，1834 年伍秉鉴拥有资产 2600 万两白银，是当时的世界首富。

作为英国东印度公司的最大债权人，伍秉鉴及儿子伍绍荣参与了鸦片贸易。1839 年，林则徐在虎门海滩销毁鸦片，伍绍荣主动向林则徐上缴了 1037 箱鸦片。不过，林则徐坚持秉公执法，将伍绍荣逮捕入狱。

鸦片战争爆发后，清政府与英国签订《南京条约》，开放了广州、福州、厦门、宁波、上海五处通商口岸，广州十三行垄断外贸的特权被取消。清政府还在 1843 年下令十三行商人偿还 300 万银圆的外商债务，其中伍秉鉴承担 100 万银圆。也在这一年，伍秉鉴病逝于广州。

【商鉴】鸦片战争发生时，英国已经完成工业革命。英国要求清政府开放五处通商口岸的主要目的是向中国倾销工业商品，而不是初到中国那样为了寻求进口商品。曾经以中国丝绸、瓷器、茶叶为主导的世界贸易体系正在发生转变，属于丝绸、瓷器的时代已经结束了。

第 三 篇

工业化时代

第十七章　第一次工业革命

新航线开辟后，葡萄牙、西班牙、荷兰、英国先后来到亚洲开展贸易，东方的香料、丝绸、瓷器开始源源不断地输入欧洲。与此同时，大量白银涌入亚洲，其中，大部分流向中国。

当时，葡萄牙在非洲、巴西有金矿、蔗糖等产业，西班牙在美洲有波托西银矿和大量殖民地收入，荷兰则有发达的手工业、造船业以及金融业，这三个财大气粗的国家对白银流出不敏感。但是，英国既没有殖民地，也没有发达的手工业和金融业，主要依靠不可持续的"奴隶三角贸易"和皇家海盗来创收。因此，大量白银外流很快引起英国人的警觉。

1598 年，为了维持贸易平衡，英国采取贸易保护措施，关闭了伦敦商站，取消了汉萨同盟在伦敦的贸易优惠。随后，英国又模仿荷兰东印度公司成立英国东印度公司，扩大出口赚取外汇。同时，英国还成立英国刺绣同业公会，以发展本土手工业，减少进口商品。至此，英国正式确立了"重商主义"路线，大力发展本国手工业成为英国国策。

1623 年，为了鼓励学习外国先进技术，英国颁布了《垄断条例》（*Statute of Monopolies*），以特许经营权的方式来保障拥有先进技术的商家在一定期限内独家经营某种产品的权利。《垄断条例》是世界上第一部专利法。根据《垄断条例》规定：专利权授予第一个真正的发明人；发明必须具有必要性、紧迫性和实用性；专利权人享有独家生产或制造该产品的权利，有效期为 14 年；他人在此期间不得利用该项发明。

《垄断条例》颁布后，大学教授、工匠、工程师都想方设法改进新技术，以便申请专利获得高额利润。同时，金融资本为了获取商业利益，与专利拥有者相结合，进一步推动了技术发展。

【商鉴】"利润"是工业革命的重要推动力，《垄断条例》对第一次工业革命的发生非常关键，也是第一次工业革命发生在英国的重要原因。新技术的发明往往需要大量资金的投入，《垄断条例》保证了技术发明者的利益，人们开始愿意投入时间和资本开发新技术。

一、蒸汽提水机

在大航海时代，商船和军舰都使用大量木头制作。对于国内缺少森林的英国而言，这是一个十分严峻的问题。伊丽莎白一世时期（1533～1603年），曾派出一支队伍前往英国各地调查木材短缺问题，调查结果让人震惊：英国森林正处于消失的边缘。

森林消失导致英国木材短缺，价格暴涨。1666年，伦敦发生了历史上最严重的火灾，木房子几乎烧毁殆尽。重建伦敦时，由于缺少木头，石头成为伦敦重建的主要原料。在此之前，石头主要用于建造神庙、教堂等建筑。

木材短缺引发的价格暴涨，使普通人连柴也烧不起。但幸运的是，英国的煤炭资源非常丰富，人们只好使用煤炭来代替木材。虽然煤炭燃烧时会产生难闻的煤烟和灰尘，但是普通人别无选择。随着金属冶炼、锻造等行业的发展，英国对煤炭的需求进一步增长，煤炭业也得到空前发展。

17世纪后期，英国地表的煤炭基本被采光了。煤越挖越深，当煤炭层位于积水层以下时，就会面临矿井排水的问题。煤矿的规模越大，人们花在排水上的时间就越多，排水问题严重制约了煤炭开采。

为了解决煤矿排水问题，英国工程师托马斯·萨弗里利用"真空吸力"原理，在1698年制成了一台蒸汽提水机，命名为"矿工之友"，并获得英国专利。萨弗里蒸汽提水机由一个蛋形容器构成，通过三个步骤实现矿井的排水。第一步，在容器内充满蒸汽，然后关闭进汽阀，在容器外喷淋冷水使容器内蒸汽冷凝而形成真空；第二步，打开进水阀，井底的水受大气压力作用被吸入容器中；第三步，关闭进水阀，打开排水阀，将水排出容器。

1705年，纽科门改进了萨弗里的蒸汽提水机，加入了活塞、传动杆等装置，大幅提升了排水效率，英国的煤炭产量得以大幅提升。纽科门蒸汽提水机是当时最先进的机器，其改进型直到19世纪初还被一些煤矿使用。

【商鉴】"蒸汽提水机"的科学原理是依靠蒸汽冷却后产生的"吸力"，它的发明源于商业利益的推动，最初是为了提升煤炭开采时的排水效率。事实上，许多伟大的发明创造都是由商业利益驱动的，商业利益也是工业革命的重要驱动力。

二、瓦特蒸汽机

詹姆斯·瓦特出生于1736年，他的父亲是一位造船工人。瓦特从小就拥有很好的动手能力以及数学天赋。18 岁时，瓦特成为一名仪器制造匠。21 岁，瓦特被格拉斯哥大学聘请为"数字仪器制造师"。格拉斯哥大学始建于 1451 年，由罗马教皇尼古拉斯五世创立，是中世纪七所古典大学之一。

在格拉斯哥大学，瓦特学到很多蒸汽机知识，并且有机会修理当时世界上最先进的机器——纽科门蒸汽提水机。瓦特对纽科门蒸汽提水机做了一项非常重要的改进，他将冷凝器与汽缸分离开来，使用蒸汽动力来推动冷凝器往返直线运动，实现对汽缸的冷却。这个改进的主要困难在于活塞与大型气缸的密合，恰好英国铁匠大师威尔金森在改进加农炮的制造时发明了一种精密镗孔加工技术，可以使表面精糙度 Ra 值降低到 0.8~1.6 微米，添加润滑油后，活塞与大型气缸便可实现密合。瓦特将精密镗孔加工技术应用到蒸汽提水机中，将冷凝器与汽缸分离，大幅提升了蒸汽提水机的效率。

瓦特"分离式蒸汽机"的发明引起了商人博尔顿的注意，他认为非常有市场前景。1776 年，瓦特与商人博尔顿共同创办了瓦特 & 博尔顿蒸汽机公司。在博尔顿的推广下，瓦特蒸汽机迅速打开市场，获得了许多矿场的订单。

当时，斯蒂德发明了一项曲柄传动技术，并申请了专利。这项技术可以使瓦特蒸汽机的直线运动转化为圆周运动。众所周知，圆周运动可以用来代替畜力、水力，应用曲柄传动技术后，瓦特蒸汽机的应用领域将大幅拓展。博尔顿意识到其中的商机，找到斯蒂德洽谈合作。斯蒂德提出条件，要求与瓦特共享蒸汽机专利。瓦特拒绝了这一要求，决定研发自己的动力转换系统。1781 年，瓦特 & 博尔顿蒸汽机公司的雇员威廉·默多克发明了曲柄齿轮传动技术，瓦特以自己的名义申请了专利。同时，瓦特又对蒸汽机作了一系列改进，发明了双向气缸，使蒸汽机实现了往复双向运动，动力更加强劲。

瓦特双向式蒸汽机上市后，一家啤酒厂订购了一台，想代替马匹牵动抽水机。啤酒厂老板想确认一下蒸汽机的生产效率是否能够抵得上一匹马，于是，他从自己的马群中选了一匹最强壮的马，让它连续工作了 8 个小时。经过计算得出：一匹马每秒能够把 75 千克的水提高 1 米，即 1 马力 = 75 千克力·米/秒。同等条件下，瓦特蒸汽机的生产效率是马匹的 15 倍。于是，瓦特将蒸汽机的动力标注为"15 马力"，表示这台蒸汽机相当于 15 匹马的力量。

1786 年，博尔顿将瓦特蒸汽机推销给东印度公司用来铸造硬币。之后，英国皇家造币厂也采购了瓦特蒸汽机。在博尔顿的成功经营下，到 1800 年，英国安装的瓦特蒸汽机已经接近 500 台，应用领域包括陶瓷业、纺织业、采矿业、冶金业、造纸业、铸造业等。随着蒸汽机的普及和使用，英国的煤炭产量从 1700 年的 300 万吨增长到 1800 年的 1100 万吨，预示着第一次工业革命已经到来。

瓦特和博尔顿去世后，并排埋葬在亨斯华斯教堂的墓地。为了纪念瓦特和博尔顿对英国工业革命的贡献，发行于 2011～2022 年的 50 英镑纸币使用了他们的头像，以表彰他们"取得了英国最杰出的个人成就，彰显了英国传统"。

英国 50 英镑上的瓦特和博尔顿

资料来源：http://thepaper-prod-ddimagefromnfs. oss. cn-shanghai. aliyuncs. com/image/4/500/40. jpg.

【商鉴】瓦特与博尔顿是"技术"与"资本"的组合，是工业革命发生的底层逻辑。瓦特蒸汽机使煤炭可以转化为蒸汽动力，实现了以机器代替畜力的时代变革。用"万马奔腾"来形容蒸汽火车一点儿也不为过，因为蒸汽火车的牵引力可达 10000 马力，相当于 1 万匹马的力量。自此以后，煤炭成为推动人类文明前进的重要动力。

三、蒸汽轮船

在工业革命以前，帆船运输是最主要的运输方式。瓦特改良蒸汽机以后，很多人都注意到蒸汽机产生的圆周运动与轮船的轮桨运动方式一致，只要想办法给轮船安装一个蒸汽机，就能制造一艘蒸汽轮船。然而，理想很丰满，现实却很残酷，许多人制造蒸汽轮船都以失败告终。

罗伯特·富尔顿生于宾夕法尼亚州，年少时立志成为一名画家，曾前往英国伦敦学习绘画。1786 年，瓦特五十岁大寿，富尔顿受邀为他画一幅肖像。富尔顿由此结识瓦特，开始对蒸汽机技术产生了浓厚的兴趣，通过自学成为了一名蒸汽机专家。

1793 年，富尔顿设计了建造蒸汽轮船的方案，他向美国和英国寻求资金赞助，但没有得到认可。当时，24 岁的拿破仑在土伦战役中崭露头角，开始筹备强大的海军，以便与英国争夺海权。拿破仑十分重视将最先进的技术应用于军事领域，决定支持富尔顿的蒸汽轮船项目。1799 年，富尔顿建成了第一艘试验蒸汽轮船，他以拿破仑的姓氏将轮船命名为"波拿巴"号。由于技术不成熟，同时担心"轮桨"卷起河底淤泥，破坏内河航道，拿破仑最终放弃了轮船项目。

当时，美国驻法国公使罗伯特·利文斯顿参加了"波拿巴"号的下水试航仪式。罗伯特·利文斯顿是美国《独立宣言》和《邦联条例》的起草人之一，曾任纽约州第一任总理。利文斯顿意识到这是一项革命性的尝试，如果研发成功，不受风力影响的蒸汽轮船将会使运输业迎来革命性的改变。于是，利文斯顿决定赞助富尔顿回到美国继续研发蒸汽轮船。1807 年，富尔顿研发的第一艘商用蒸汽轮船在哈得逊河下水，利文斯顿以自己的出生地将蒸汽轮船命名为"克莱蒙特号"。

"克莱蒙特号"船长 45 米，宽 4 米，吃水深度 20 英尺，是一艘细长的木板船。船上安装有一台当时最好的瓦特蒸汽机，船身两侧则装有两片形状像大车轮一样的桨叶。在长达 240 千米的试航路线上，"克莱蒙特号"只航行了 32 小时，而普通的帆船通常需要四天四夜。此后，蒸汽轮船很快被投入商用，纽约州议会授予蒸汽轮船的投资商利文斯顿和发明者富尔顿在纽约州水域的蒸汽轮船航行垄断权，期限为 30 年。

"克莱蒙特号"试航成功，宣布船舶发展史进入一个新的时代。与帆船相比，蒸汽轮船不受风力影响，大大增加了航速。人类依靠不可预测的风力驱动的帆船时代结束了，"一帆风顺"的蒸汽轮船时代来临了！

【商鉴】一方面，蒸汽轮船使人类有可能建造越来越大的船，运载更多的货物，同时不受季风影响，加速了商业的"全球化"。另一方面，蒸汽轮船的发展大大促进了河运、海运的发展，在水路航运领域出现了许多商业大亨。

四、蒸汽火车

16 世纪，欧洲的采矿业逐渐兴起。随着运输量的增加，土质路面不堪负荷。

为了避免满载煤炭的矿车陷入泥泞的土路，德国人在哈兹煤矿从矿井至码头的路段铺设了石质路面。但是，这样做成本太高。后来，改为只在车轮碾过的地方铺设两行石板。1660 年，英国纽卡斯尔附近的煤矿出现了在木制轨道行驶的马拉矿车。为了解决木制轨道容易磨损的问题，人们将一层铁皮钉在木轨上，这便是"铁轨"的原型。

1789 年，英国工程师威廉·杰索普设计出真正的铁轨，并将矿车的车轮更换为铸铁车轮，这便是最早的"马拉火路"。由于铁与铁之间摩擦系数小，很少颠簸，"马拉火路"的速度更快，运输效率更高，曾被广泛使用。

1804年，"高压蒸汽机"的发明者——英国机械工程师特里维西克，制造出最早的火车原型——"新城堡号"，这辆轮轨式蒸汽机车由一个"高压蒸汽机"火车头和五个车厢组成。当时，瓦特握有蒸汽机的许多核心专利，特里维西克的"高压蒸汽机"想要商业化，必须获得瓦特授权。但是，瓦特以"高压蒸汽机"不安全为由，拒绝了特里维西克的请求。商业化失败后，特里维西克宣布破产，没能继续推进他的蒸汽机事业。

虽然特里维西克失败了，但他发明的"新城堡号"火车原型却吸引了越来越多的人参与蒸汽机车的研发。1829年，英国政府为了找出最可靠的蒸汽机车，举行了第一届"蒸汽机车比赛"。斯蒂芬森设计建造的"火箭号"，以47千米/小时的速度获得第一名，远高于时速约20千米/小时的马车，这意味着蒸汽火车取代马车的时代即将到来。

斯蒂芬森之所以能取得第一名，是因为他对蒸汽火车头进行了大量改进，比如，使用了卧式多烟管锅炉。更为重要的是，斯蒂芬森将铁轨与机车视为一个整体，发明了钢轨来替换容易开裂和变形的铸铁轨道，还加装了枕木和矿石以减少振动。这项专利使斯蒂芬森垄断了英国铁路的建设，因而被誉为"蒸汽机车之父"。

【商鉴】斯蒂芬森的蒸汽机车能够成功，原因之一是握有铁轨的专利。铁轨看似简单，实际上拥有许多技术含量，而且对于火车的运行至关重要。从商业角度来看，人们往往会把注意力放在火车本身，而忽视铁轨的重要性。进入汽车时代以后，生产轮胎的米其林收购雪铁龙，生产汽车油漆、轮胎的杜邦控股通用汽车，都是这个商业原理。

● 曼彻斯特—利物浦铁路

1830年9月15日，由斯蒂芬森设计和督造的英国利物浦—曼彻斯特铁路正式开通，这是世界上第一条定期运行的火车线路。它总长约56千米，一共铺设了64座桥梁和高架桥，并且首次设计了市区地下隧道。

曼彻斯特是英国工业革命中崛起的、最具代表性的工业城市，是英国的棉纺织业中心，而利物浦则是英国最重要的港口与贸易中心。美洲、印度等殖民地的棉花抵达利物浦后，运往曼彻斯特纺成棉布，再通过利物浦运往世界各地。巅峰时期，利物浦港口的棉纺织贸易量达到世界贸易总量的40%。

不过，曼彻斯特—利物浦铁路最初主要用于运送游客。当时，火车属于新鲜事物，乘坐火车出行被认为是身份的象征，因此还特意设置了豪华的一等座，收取数倍的车费。到1830年底，利物浦—曼彻斯特铁路共载客7万人次，盈利1.4万英镑。1831年，利物浦—曼彻斯特铁路的运输总收入高达50万英镑。

曼彻斯特—利物浦铁路的巨大成功，催生了"铁路热"，大量私人公司提出修建铁路的计划。到 1836 年，英国铁路长达 724 千米，美国铁路则长达 2036 千米。由于铁路能够带动商业、物流、钢铁、机械、建筑工程、地产等行业的发展，是工业化取得成就的象征。

到第一次世界大战前，美国、英国、法国、德国、意大利、比利时、西班牙等国，先后建立了覆盖全国的铁路网，世界正式进入了铁路时代！

【商鉴】蒸汽火车最初并非是运送货物的，而是以客运为主。从商业角度来看，运送货物的价值是相对固定的（如运费），而服务于人的价值则是有等级的（如身份象征）。因此，尽管"一等舱"并不比"二等舱"更快到达目的地，价格却可以贵出数倍。

五、亚当·斯密《国富论》

工业革命前夕，英国重商主义盛行，人人都以追求财富为荣。天主教教会借机抨击新教徒追求财富的现象，认为这是道德堕落的表现。

1714 年，荷兰新教徒孟德维尔（Mandeville）出版了《蜜蜂的寓言》一书，为重商主义辩护。孟德维尔以蜜蜂为例，指出蜜蜂的一生都为努力获取花蜜而辛劳工作，蜜蜂越是努力工作，越能促进族群的兴旺。因此，蜜蜂对花蜜的追求，不仅不是道德堕落的表现，反而是一种高尚的行为。天主教反驳孟德维尔称，蜜蜂采花蜜是为了公共利益，而新教徒对财富的追求是为了"私利"，是利己主义的体现。利己主义者只顾及自己的利益而不顾别人的利益，对公共利益是有损害的。

针对"利己主义会损害公共利益"的观点，孟德维尔又出版了《关于宗教、教会和天然的福利的畅想》一书，指出人类和蜜蜂的区别是"分工不同"。人类有许多分工，而蜜蜂只有采花蜜一项分工。只有每一个人都努力追求财富，"公共利益"才能最大化。因此，孟德维尔提出"私利即公共利益"的思想。

受孟德维尔思想的影响，苏格兰经济学家亚当·斯密于 1759 年出版了《道德情操论》，从道德哲学的角度对"劳动分工""追求私利"等问题进行了分析。他说："我们的晚餐不是来自屠夫、酿酒师或面包师的仁慈，而是来自他们对自身利益的考虑。"亚当·斯密得出这样的结论："每个人被自利这只看不见的手所驱动，自利驱使每个人都追求最大化私利，从而导致公共利益的最大化。"

为了将"看不见的手"描述清楚，亚当·斯密于 1776 年出版了《国富论》。在书中，亚当·斯密就国家财富的增长（即公共利益），提出了三个主要观点：

第一，财富最大化的原则是劳动分工。每个人基于自利原则，将会利用自己的优势做自己最擅长的工作，从而创造最大的价值。

第二，农业的"劳动分工"十分有限，人们很难发挥自己的优势，无法创造更多的价值；相反，发展工商业会创造更多的"劳动分工"，让人们的优势得以发挥，使国家财富实现增长。亚当·斯密进一步说明，富国在工业制造方面远远领先于穷国，比如，荷兰的造船业、羊毛纺织业，中国的丝绸业、瓷器业都领先于其他国家，因此创造了更多的财富。

第三，农业是发展工业的前提。亚当·斯密指出："就事物的本质而言，生存先于便利和奢侈。"

亚当·斯密以"追求私利""劳动分工"作为哲学基础，为工业化提供了理论依据。自此之后，"工业化"成为西方国家的共识，《国富论》也成为工业革命时期的第二大经济学著作，仅次于卡尔·马克思的《资本论》。

【商鉴】亚当·斯密在《国富论》中提出劳动分工会带来生产力的提高，该理论在工业中被广泛应用，流水线上的工人是最标准的分工——每一位工人都从事简单、专一的工作，可以提高劳动生产效率。劳动分工也是工业化的必然结果，一架飞机拥有数百万个零件，它由遍布世界各地的工厂来生产，不同工厂的工人拥有各自的专业技能。

六、《谷物法》

亚当·斯密的《国富论》为英国从"农业国"向"工业国"转变奠定了理论基础。然而，工业化也带来一个问题：大量农民转变为产业工人后，从事农业的人口减少了，英国的粮食产量逐年减少，粮食进口逐年增加。

1806~1814年，拿破仑为了与英国竞争，实施了"大陆封锁令"，禁止欧洲向英国出口粮食。凭借强大的皇家海军，英国从俄罗斯、北美、亚洲等地获取了粮食，最终免于饥饿，但拿破仑发出的"饥饿威胁"还是给英国人留下了很深的心理阴影。拿破仑战争结束后，英国议会通过了《谷物法》，决定保护本国农业的发展。该法案对进口的玉米、大麦、小麦等粮食征收高额税收，将粮食价格维持在较高水平，以便更多人愿意从事农业生产。

由于食品价格被人为推高，工厂需要为工人支付更多的工资。因而，《谷物法》遭到英国工业城市的反对。1839年，理查德·科布登（Richard Cobden）和约翰·布莱特（John Bright）成立了"反谷物法联盟"，要求取消《谷物法》，通过进口廉价的外国粮食降低食品成本，从而降低劳动力成本，提高英国工业商品的出口竞争力。

此外，《谷物法》导致粮食价格过高，普通农民无法负担，爱尔兰地区的农民只好以物美价廉的马铃薯作为主粮。1845 年，爱尔兰种植的马铃薯感染了一种真菌，马铃薯在土地上大面积枯萎、腐烂。马铃薯歉收使底层人民失去赖以生存的主粮，最终导致约 100 万人饿死、病死，250 万爱尔兰人离开故土，前往美国谋生，爱尔兰的总人口减少了 1/3。

"爱尔兰饥荒"证明《谷物法》不但没能为英国的工业发展提供有效保障，反而因为饥荒问题使工业生产大幅下降。为了平息爱尔兰人的愤怒，英国于 1846 年废除了《谷物法》。

【商鉴】导致爱尔兰饥荒的并不是粮食供给问题，而是因为《谷物法》导致粮食价格过高，人们购买力不足。取消《谷物法》可以降低食品价格，从而降低劳动成本，提升出口商品的价格竞争力。英国敢取消《谷物法》，是因为拥有强大的皇家海军，能够从海外保障供应。此外，废除《谷物法》与发展本国农业并不冲突。

七、万国工业博览会

工业革命以后，英国经常举办工业产品博览会，以此宣传本国的工业成就，推广新的工业产品和技术。1851 年，英国为了向世界显示"日不落帝国"的空前强大，决定邀请所有英国殖民地国家举办一场"万国工业博览会"。

"万国工业博览会"是第一届世界博览会，在英国首都伦敦的海德公园举行，从 1851 年 5 月 1 日开始至 10 月 11 日结束。在为期 5 个多月的时间里，吸引了 600 多万名参观者。博览会展出了 13000 多件英国以及其殖民地地区（包括美国、印度、加拿大、澳大利亚）在工业革命中取得的成果，包括一块 24 吨重的煤块，一颗来自印度的大金刚钻，来自美国加利福尼亚的巨大金块，以及蒸汽机、水力印刷机、纺织机、割草机、播种机、缝纫机等。博览会最具特色的是展览馆，它长 563 米，宽 138 米，采用钢铁和玻璃结构建造，英国人称之为"水晶宫"，因此这次博览会也被称为"水晶宫博览会"。

万国工业博览会是维多利亚时代最重要的里程碑。当时，英国建立了有史以来地域最广的"日不落帝国"，殖民地面积达到 3300 多万平方千米，占全球陆地面积的 1/4。

美国在万国工业博览会上展出了 500 多项产品，包括树胶、武器、机械、舰船、照相机等，并且获得多项大奖。作为新兴工业国家，美国在这次博览会崭露头角。

【商鉴】万国工业博览会集中展示了英国在第一次工业革命中取得的成果，是英国完成第一次工业革命的标志。这一年，太平天国运动的领袖之一洪仁玕在

《资政新篇》中提出了学习西方先进科学技术、发展工商业的具体施政措施，最终因太平天国运动失败，未能付诸实施。

八、吉尼斯家族

吉尼斯家族是英国工业革命时期的财阀大亨，以酿酒起家，发迹于爱尔兰首都都柏林。当时，都柏林是不列颠群岛仅次于伦敦的第二大城市，到处都是酒吧，酿酒业十分发达。

爱尔兰的酿酒历史可以追溯至古罗马时期，古罗马的军队入侵不列颠后，将酿酒技术带到英格兰，然后传入爱尔兰。喜好喝酒的凯尔特人将酿酒技术发扬光大，成为爱尔兰的优势特色产业。

1759 年，亚瑟·吉尼斯（Arthur Guinness）从外祖父威廉·雷德（William Read）那里继承了酿造和销售啤酒的许可证。他发现伦敦市场上流行德国酿造的黑啤，就在都柏林租下一家占地 4 英亩的废弃啤酒厂，开始用麦芽、蛇麻子酿造黑啤，这便是吉尼斯啤酒厂的前身。吉尼斯啤酒厂是最早进行工业化的企业之一，率先采用了瓦特的蒸汽机进行抽水及相关作业，不仅大幅提升了啤酒生产的效率，还降低了成本。

亚瑟·吉尼斯妻子的堂兄亨利·格拉坦（Henry Grattan）是爱尔兰议会的一名议员。在亨利·格拉坦的帮助下，吉尼斯啤酒厂成为爱兰尔向英国及其殖民地出口啤酒的官方供应商，并且还获得了十分有利的税收优惠。此后，吉尼斯啤酒厂不断发展壮大，于 1838 年成为爱尔兰最大的啤酒厂。

到 1886 年，吉尼斯啤酒厂已发展成为世界上最大的啤酒厂，占地面积 64 英亩，年产量达 120 万桶。同年，亚瑟·吉尼斯的曾孙爱德华·吉尼斯以 600 万英镑的价格，将公司 2/3 的股份在伦敦证券交易所上市。当时，英国的 GDP 约1.16 亿英镑，这次交易约占英国 GDP 的 5%。上市后，爱德华·吉尼斯成为大英帝国的首富，被封为伊维伯爵。

爱德华·吉尼斯十分重视公益事业，于 1890 年成立了"吉尼斯基金会"，资助居住在贫民窟的人们改善住房条件。爱德华·吉尼斯还捐赠 25 万英镑，建立了英国第一个医学研究慈善机构，用于研究传染病。1898 年，这家机构更名为詹纳研究所（以天花疫苗发现者爱德华·詹纳命名），现为伦敦大学的李斯特研究所（以外科消毒法的创始人及推广者李斯特命名）。

• 吉尼斯世界纪录

爱尔兰盛行酒吧文化，人们常常在酒吧一边畅饮，一边高谈阔论。有一次，吉尼斯啤酒公司的执行董事休·比弗爵士狩猎归来，与同伴在酒吧相聚畅饮。

酒酣耳热之际，同伴嘲笑休·比弗爵士枪法不准，让一只金鸻跑了。休·比弗爵士辩解说："金鸻是世界上飞得最快的鸟。"他的同伴不同意这一说法，这让休·比弗爵士觉得很没面子。但是，他很快发现，要是有一本记录这类话题的书籍，就可以帮助人们在喝酒时寻找聊天话题。

1954 年，吉尼斯公司筹划出版了一本记录"世界之最"的书——《吉尼斯世界纪录大全》。毫无疑问，这是有史以来最成功的营销手段。然而，吉尼斯公司在中国销售的啤酒不叫"吉尼斯啤酒"，而叫作"健力士啤酒"，该名称来自吉尼斯的英文 Guinness 的音译。

从营销角度来看，"吉尼斯"显然比"健力士"更为知名。人们或许不知道"健力士啤酒"，但一定听说过吉尼斯世界纪录。因此，"健力士啤酒"可能是有史以来最失败的中文品牌命名之一了。

【商鉴】吉尼斯家族是英国工业化成就的象征之一，吉尼斯是世界上最大的啤酒厂，其创办者亚瑟·吉尼斯曾担任柏林市市长，爱德华·吉尼斯被封为伯爵，是爱尔兰及英国首富。难能可贵的是，吉尼斯家族将财富用于公益，为成功企业家的最终归宿树立了榜样。

第十八章　第二次工业革命

如果说煤是第一次工业革命的标志，那么石油就是第二次工业革命的标志；如果说蒸汽机是第一次工业革命的标志，那么内燃机就是第二次工业革命的标志；如果说火车是第一次工业革命的标志，那么汽车就是第二次工业革命的标志……不同的燃料，不同的动力，不同的出行方式，三者都为商业带来了深刻的变革。

不过，第二次工业革命的成就远不止于此。这个时期，化学工业得到空前发展，人类创造了许多自然界不存在的产品，如塑料、油漆、化学染料、化学药品、清洁剂等。按照人类所使用材料的不同，人类文明发展进程可以划分为石器时代、青铜时代、钢铁时代，而合成化学材料可以被认为是"新材料时代"。

除此以外，电作为人类创造出的一种全新的能源形式被广泛应用，电动机、电灯等发明为人类进入更高阶的电气化时代奠定了基础。电报、电话的发明，开启了通信革命，人类拥有了神话传说中的"千里眼""顺风耳"等神力。航天工业也在这一时期兴起，在征服大海和陆地之后，人类抬头望向天空和宇宙，开启了新的征程。

一、石油工业的崛起

石油最初的工业用途是提炼煤油，用于照明。

19 世纪早期，欧洲王室与贵族使用的优质照明燃料是鲸鱼油。鲸油燃烧时火焰明亮而稳定，由此催生了一个庞大的捕鲸业，几乎使鲸鱼灭绝。于是，一些化学家开始研究替代鲸油的燃料。1846 年，加拿大地质学家亚伯拉罕·盖斯纳从煤炭中提炼出煤油。煤油是十分理想的照明燃料：亮度足，火焰稳定且燃烧后没有异味。此后，经过技术改良，盛产煤炭的德国人开始使用煤炭大规模生产煤油，奠定了德国在化学工业中的地位。

1853 年，波兰药剂师武卡谢维奇在蒸馏原油时，利用原油中各种成分的沸点不同，成功提炼出煤油。随后，武卡谢维奇在波兰境内建立了世界上第一座油井和第一家工业炼油厂。炼油厂在生产煤油的同时，还使用蒸馏法提取沥青、润滑油等副产品。武卡谢维奇发明的煤油灯首先被应用于医院的紧急外科手术以及市镇中心照明，此后逐渐在欧洲普及，武卡谢维奇因此成为当时欧洲的首富，也是世界上最早的石油大亨。

20世纪初，随着内燃机技术的发展，人们开始从石油中提炼汽油，作为动力燃料。1908年，福特公司推出利用大规模流水线装配作业生产的T型车，使汽车在美国得到普及，由此刺激了石油工业的发展。1911年，美国标准石油公司使用热裂化工艺代替传统的蒸馏法，使汽油产出率达到40%，汽油进入大规模生产阶段。为了提高石油利用率，科学家们对石油成分进行各种研究，生产出各种各样的化工材料，如乙烯、丙烯、丁二烯、苯、甲苯、二甲苯等，它们被广泛用于塑料、染料、漆、药物、清洁剂等化工产品的生产中。

到1967年，全球石油在一次能源消费中的比例达到40.4%，而煤炭下降到38.8%。从这一年开始，人类从煤炭时代正式进入石油时代。

【商鉴】工业的发展很大程度上是由商业推动的，正是对优质照明燃料——煤油的提炼推动了石油化工的发展。1879年，洛克菲勒的"标准石油公司"已控制了全美90%的煤油市场。1908年，福特公司推出T型车，汽油的需求与商业价值凸显，此后，汽油成为重要的炼油产品之一。

二、汽车时代的到来

在很长的一段时间里，人们使用的速度最快的交通工具是马车。蒸汽机出现后，人们便设想用蒸汽机来代替马拉车。1769年，世界上最早的一辆以蒸汽为动力的"汽车"出现在法国。它的时速只有5千米，每过15分钟就需要停下来休息一会儿。1802年，英国人理查德·特利韦切克又制造出一辆时速为10千米的蒸汽汽车。尽管这些蒸汽汽车的实用性不强，但对于人类迈向汽车却意义重大。

法拉第发明电动马达后，使电动汽车成为可能。不过，当时还没有发明可以充电的蓄电池。1834年，托马斯·达文波特使用一组液体电池制造了第一辆电动三轮车，但这远不是一辆可以商用的电动汽车，更像是一辆大号的电动玩具车，而且成本十分高昂。受限于电池技术，电动汽车的应用和发展十分缓慢。

1860年，法国化学家勒努瓦使用煤油作为燃料，设计制造出第一台实用内燃机。这是一台使用电点火、无压缩的原始内燃机，热效率只有4%左右，但它为内燃机和汽油车的发展奠定了基础。

● 戴姆勒·奔驰

发动机是为汽车提供动力的装置，是汽车的心脏，因此，早期汽车技术的发展主要是汽车发动机技术的发展。1876 年，德国发明家奥托（Otto）对勒努瓦的煤油内燃机进行了改进，成功研发出往复活塞式、单缸四冲程煤油内燃机，热效率达到 14%。此后，德国出现了内燃机技术的研发热，其中最著名的两位是戴姆勒（Daimler）和本茨（Benz）。

1879 年，德国工程师本茨（Benz）对奥托煤油内燃机进行改进，制造出转速为 200 转/分的单缸煤油发动机。1883 年，戴姆勒（Daimler）首次将汽油作为内燃机燃料，成功研发出第一台立式汽油内燃机，转速高达 800 转/分。1885 年，本茨将他的单缸煤油发动机改进为单缸汽油发动机，然后安装在三轮车架上，发明了第一辆奔驰汽车，并获得汽车制造专利权。第一辆奔驰汽车的功率约为 0.49 千瓦，相当于 2/3 马力，虽然不如马车跑得快，但已经很接近了。

数周后，戴姆勒听说本茨获得了汽车制造专利，便将自己的发动机安装在一辆四轮马车上，创造了第一辆戴姆勒汽车，获得四轮汽车制造专利。与本茨相比，戴姆勒更懂营销，他将自己发明的第一辆汽车，作为生日礼物送给妻子。当时，汽车属于新兴事物，价格十分昂贵。为了彰显自己的绅士风度，德国贵族纷纷给自己的妻子订购汽车，于是汽车成为贵族阶层身份的标志。

1886 年 1 月 29 日本茨（Benz）研制了第一辆奔驰汽车

资料来源：维基百科。

本茨和戴姆勒都成立了自己的汽车公司，是当时世界上排名第一、第二的机动车生产厂家。1899 年，法国举办了一届"尼斯之旅"汽车大赛，戴姆勒公司的"梅赛德斯"号汽车一举夺魁。这辆汽车由奥地利驻匈牙利总领事艾米·耶里耐克驾驶，他也是戴姆勒汽车公司的主要投资人。艾米·耶里耐克以女儿的名字"梅赛德斯"（温文尔雅之意）为该汽车命名。1902 年，戴姆勒将"梅塞德斯"作为新的商标。

福特推出用流水线生产的 T 型车以后，汽车开始平民化，本茨公司、戴姆勒公司流失了大量订单。1926 年，为了增加市场竞争力，本茨和戴姆勒两家汽车公司合并形成了戴姆勒·奔驰公司，从此他们生产的所有汽车都命名为梅赛德斯-奔驰（Mercedes-Benz）。

【商鉴】戴姆勒-奔驰取得成功的原因是高端定位，这一战略使其不断追求品质，如提高汽车的安全性、舒适性及奢华内饰等。公司在营销方面也很成功，特别是以奥地利官员艾米·耶里耐克女儿的名字"梅赛德斯"为汽车命名，从而使其成为"世界元首使用最多的车"，这是最好的品牌宣传。

● 福特汽车

亨利·福特出生于 1863 年。25 岁时，福特成为底特律西屋电气公司的一名机械工程师。28 岁时，福特跳槽到爱迪生照明公司，很快升任为总工程师。

汽车在德国流行以后，福特利用业余时间，制造了一辆每百公里加速只需 24 秒的汽车，最高时速可达 147 千米。当时，戴姆勒公司的"梅赛德斯"号在"尼斯之旅"汽车大赛一举夺魁，福特认为自己制造的汽车可以打败"梅赛德斯"号，决定辞职创业。

福特开着自己的汽车去找投资者洽谈，最终获得 11 位投资者的认可，筹得 2.8 万美元，于 1903 年创立了福特汽车公司。为了打开市场，福特在汽车车身上涂上红色的醒目油漆，并喷上"999"标记，因此，该款汽车也被称为福特 999 型。福特让一位著名的赛车手开着福特 999 型汽车，在美国的主要城市飙车兜风。赛车手呼啸而过的画面，给人们留下了深刻的印象，福特汽车品牌很快在全美家喻户晓。四年内，福特汽车公司资产总值就超过了百万美元。

在赛车市场取得成功后，福特决定改进汽车生产技术，降低汽车成本，以便让更多的人能买得起。1908 年，福特发明了流水线装配作业的生产方式，通过使用标准化模具生产的零部件，让每一个生产单位只专注处理某一个片段的工作，从而大大提高了工作效率及产量，同时还大大降低了成本。福特首次采用锡（Tin）制作模具，新车以锡的英文首字母"T"来命名，即福特 T 型车。

T 型车上市后，售价 850 美元。当时，同类型的汽车售价通常为 2000~3000

美元。之后，福特继续优化流水生产流程，到 1914 年，福特汽车车间每 93 分钟就可以生产一辆 T 型车。到 1921 年，T 型车的产量已占世界总产量的 56.6%，售价也降到了 260 美元。这在商业史上具有非常重要的意义，它使普通的美国家庭也买得起汽车，使汽车作为一种实用工具走入寻常百姓之家，让美国率先进入"汽车时代"。

　　T 型车是 20 世纪最有影响力的汽车，从第一辆 T 型车面世到停产，福特公司共计销售了 1500 多万辆 T 型车。福特发明的流水线生产是先进工业生产技术与管理的典范，是其他所有工业化国家学习的标杆。

　　【商鉴】与奔驰汽车的高端路线不同，福特汽车走的是平民路线。为了让普通美国人都买得起汽车，福特对汽车生产线进行了大量改良。福特汽车是那个时期"美国梦"的标志，最终使美国成为一个"车轮上的国家"。这意味着，在商业上，当高端产品出现时，如果能做到让普通人都买得起，就能取得卓越成就。例如，小米手机，让高端智能手机变成"平民手机"，最终获得了商业上的巨大成功。

三、化学工业的兴起

　　人类制造和使用化学品有着十分久远的历史，秦汉时期的中国方士炼成的"仙丹"是最古老的化学药品之一，尽管它本身含有剧毒的汞。隋唐时期，中国已经将硫黄、硝石、木炭混合在一起制作成火药，成为中国古代四大发明之一。

　　18 世纪中叶，伦敦药剂师约书亚·沃德（Joshua Ward）通过加热硝石，使硫氧化并与水结合，生产出硫酸。当时，英国纺织业兴起，广泛使用硫酸与石灰漂白棉布。1749 年，为了满足纺织业的需求，约翰·罗巴克（John Roebuck）和塞缪尔·加贝特（Samuel Garbett）在苏格兰建立了一家大型硫酸工厂，成为世界上最早的化学工厂。

　　半个世纪后，英国化学家查尔斯·坦南特（Charles Tennant）将氯气与干熟石灰反应制成次氯酸钙，俗称漂白粉。由于漂白粉价格低廉，且对棉布的漂白效果更佳，很快成为英国纺织业的首选。1799 年，查尔斯·坦南特创建了漂白粉工厂，仅仅五年的时间，产量便突破了 10000 吨。200 多年过去了，漂白粉作为一种划时代的化学产品，仍被广泛应用于各个领域。

　　碱是古代常用的一种化学原料，来源于草木灰（主要成分是碳酸钾），中国瓷器的釉质层在很长一段时间内都是以草木灰作为原料制作的。在欧洲，草木灰也被广泛用于生产玻璃、纺织品、肥皂等产品。1791 年，法国化学家尼古拉斯·勒布朗（Nicolas Leblanc）使用食盐（氯化钠）制造出了碳酸钠（也称苏打），创建了勒布朗制碱工厂。当时，英国对食盐征收高额关税，导致碳酸钠（苏打）的价格十分昂贵。由碳酸钠制成的苏打水（即汽水）属于高档奢侈饮品，在英国贵族阶层非常流行。食盐关税废除后，碳酸钠的价格大大降低，汽水随之成为工薪阶层的饮品。到 18 世纪 70 年代，英国汽水（苏打水）年产量达到 20 万吨，成为一个新兴行业。

众所周知，化学工业普遍存在环境污染的问题。汽水行业的发展，刺激了制碱工业。当时，英国的制碱厂将大量碱性废物排入泰晤士河，使之变成一条发黑的臭水沟。迫于舆论压力，英国政府先后制定了《公共卫生法》《制碱法》《河流污染防治法》等法律，以保护环境。

企业为了减少废弃物排放，聘请科学家进行科学研究。科学家先后从化工厂的废弃物中提炼出了石脑油、沥青、炭黑和氯化铵、硫酸铵化肥等一系列副产品。此后，化学工业所生产的品种和数量出现爆炸式增长，大型化学工业先后在德国、美国出现。

【商鉴】解决污染问题、"变废为宝"是化工行业的两大推动力。化工行业很好地阐述了"危机"这个词语，"危机"既包括"危"，也包括"机"，企业解决危机的落脚点应该放在"机"上。

● 可口可乐

苏打汽水在英国流行后，很快流行到美国。1886 年，美国药剂师彭伯顿使用南美洲的古柯叶 Coca 和非洲的可乐果 Cola 配制出一种药剂，他将之命名为 Coca-Cola（可口可乐）。彭伯顿将这种药剂溶入苏打水中，再加入冰块和蔗糖，然后在药店销售，用于治疗头痛。

以今天的标准看，当时的可口可乐无疑是一种"三无"产品。当时，美国的食品、药品法律与监管体系还没有建立，人们也不知道古柯叶 Coca 的提取物古柯碱（即可卡因）是一种毒品。直到 1914 年，美国将可卡因列为禁药，可口可乐才将古柯碱成分剔除。

可卡因具有麻醉止痛、兴奋中枢神经系统的作用，饱受偏头痛折磨的药材商人阿萨·坎德勒饮用可口可乐后，感觉疗效显著，于是花 2300 美元买下可口可乐的专利与经营权。阿萨·坎德勒将可口可乐宣传为"提神"的保健饮品，使可口可乐的定位从一种药品变成一种饮料，大大拓展了可口可乐的消费群体。

可口可乐饮料上市后，因为味道奇特，可卡因又具有"提神"功效，很快风靡一时。当时，两位美国律师向阿萨·坎德勒提出"特别许可经营"的商业合作模式：可口可乐公司将糖浆出售给他们，他们自己投资公司，按照可口可乐公司的要求及品质标准将糖浆兑水，装瓶后再出售。

阿萨·坎德勒同意了他们的请求，并将"特别许可经营"推广开，迅速在北美和海外打开了市场。1927 年，可口可乐进入上海。当时，Coca-Cola 还没有中文名称，阿萨·坎德勒登报悬赏 350 英镑征求中文译名。最终，上海教授蒋彝的"可口可乐"译名被选中，并沿用至今。"可口可乐"被广告界公认为是翻译最好的品牌名称之一，它不但保持了英文名的音译，还比英文名更有意境。

"二战"时期，美国艾森威尔将军将可口可乐作为一种提升士气的饮品，要求保证美军士兵在任何地方都可以用 5 美分的价格买到一瓶可口可乐。随着美国军队在世界各地作战，可口可乐也成为世界知名饮料，成为美国文化的重要象征。

【商鉴】可口可乐的营销是十分成功的，无论是"提神"保健品的定位，还是"特别许可经营"的商业合作模式，还是"可口可乐"的命名，都是教科书级别的经典案例。无独有偶，广药集团的凉茶品牌王老吉主打"怕上火就喝王老吉"也取得了巨大的成功，"怕上火"是极具中国文化特色的一个词汇。

● 箭牌口香糖

碳酸钠（即苏打）工业化生产后，人们使用苏打粉、动物脂肪制和芳香物质制作出了晶莹透亮又带有芳香气味的香皂。在此之前，肥皂是使用草木灰与动物脂肪混合制成的，由于夹杂着草木灰，外观略显肮脏。因此，使用苏打粉制作的香皂问世后，很快成为一种高档奢侈品，受到贵族和商人阶层的追捧。

1891 年，29 岁的威廉·瑞格理（William Wrigley）从美国费城来到芝加哥，使用苏打粉制作香皂销售。为了推销香皂，瑞格理将生产香皂剩余的苏打粉作为赠品。当时，喝汽水（苏打水）在美国十分流行，有多位买家对瑞格理的香皂不感兴趣，却提出要单独购买苏打粉。瑞格理发现苏打粉比香皂更受欢迎，于是专心做起苏打粉生意。

为了推销苏打粉，瑞格理又琢磨起赠品的事情。当时，美国社会开始流行"嚼糖胶"（即口香糖），这是一种源自中美洲玛雅人嚼树胶的习俗。瑞格理认为口香糖是一种不错的赠品，他在天然树胶中加入糖浆、薄荷等调味剂，压制成条状，再用纸张包装后，便制成了口香糖。令瑞格理意外的是，许多人对苏打粉不感兴趣，反而要求单独购买口香糖。于是，瑞格理又专心做起了口香糖生意。

1893 年，瑞格理将自己的口香糖命名为"黄箭"，在芝加哥世博会上展出。瑞格理宣扬嚼"黄箭"很酷，代表时尚与流行，大受年轻人欢迎。此后，"黄箭"在全美流行开来，成为口香糖的代名词。

1923 年，箭牌口香糖公司到纽约证券交易所挂牌交易，成为世界上首屈一指的口香糖生产商及销售商。"二战"时期，美国大兵将嚼口香糖的画面传递到世界各地，口香糖也成为美国文化的象征。

【商鉴】口香糖是一种文化营销，源自古老的美洲玛雅人嚼树胶的习惯。这种习惯被重新包装后，成为时尚、扮酷的文化。类似的还有中国的茶文化、非洲埃塞俄比亚的咖啡文化都已发展出了各自的巨大产业。

● 杜邦

1802 年，法国化学家杜邦（Du Pond）为了躲避法国大革命带来的动乱，来到美国特拉华州创办了杜邦公司，从法国进口机械生产炸药和无烟火药。

当时，杰斐逊就任美国第三任总统，将农业、制造业、商业及航运业确立为美国走向繁荣的"四根支柱"，出台了许多扶持工业发展的优惠政策。另外，欧洲各国之间持续不断的战争，为杜邦公司提供了大量订单。因此，杜邦公司很快发展成为美国最大的军火商之一。

美国南北战争期间（1861~1865 年），杜邦公司成为美国军方最大的火药供应商，为联邦军队提供了 30%~50% 的火药。第一次世界大战爆发后，杜邦公司新建了 5 个火药工厂，为协约国（英国、法国、俄罗斯、美国）提供了近一半的火药。杜邦公司利用战争带来的巨额利润，并购了许多为其提供原料的化工公司，还投资建立了两个化学工业实验室，研发新型化工材料。

在材料科学的研发投入，为杜邦公司带来了丰厚回报。美国汽车工业兴起后，杜邦公司研发了快干型汽车喷漆，成为美国汽车业的主要喷漆供应商。杜邦快干喷漆加快了汽车生产的速度，也带给消费者更多的色彩选择。此外，杜邦公司发明的氯丁合成橡胶也被广泛应用于汽车轮胎制造领域。凭借快干喷漆、氯丁合成橡胶，杜邦公司在汽车工业拥有了举足轻重的影响力。1917 年，杜邦公司成为通用汽车公司的控股股东，拥有其 23% 的股票。

杜邦公司最为人熟知的一项发明是尼龙，被称为"由煤炭、空气和水合成，比蜘蛛丝细，比钢铁坚硬，优于丝绸的纤维"。尼龙被广泛用于制作降落伞，但其制作尼龙丝袜更为有名。杜邦公司先把尼龙丝袜让公司内的女秘书们试穿，然后投放市场，以性感广告吸引顾客。全美各地女性看到广告后，蜂拥着来到百货公司及零售店，销售场面盛况空前。仅在 1938 年，杜邦公司就卖出了 6400 万双尼龙丝袜。

"二战"期间，美国陆军部与杜邦公司签署了研发原子弹的合同，由杜邦公司全盘负责"曼哈顿计划"。合同规定，除去成本，杜邦公司可获得 1 美元的利润。杜邦公司因此获得一批世界上最优秀的科学家为其服务。2015 年，陶氏化学与杜邦合并，成为全球仅次于德国巴斯夫的第二大化工企业。

1938 年杜邦尼龙丝袜广告女郎

资料来源：维基百科。

【商鉴】军工行业，也被称为国防工业，是工业中非常核心的一个领域，在历次战争中扮演着极为重要的角色。"二战"以后，各国在军事工业中的花费都是天文数字。例如，2022 年，全球军费总开支高达 2.24 万亿美元，占全球生产总值的 2.2%。数据显示，美国仅在阿富汗战争中就花费了 2.26 万亿美元。

● 巴斯夫

巴斯夫（BASF）是德语"巴登苯胺和苏打工厂"（Badische Anilin und Soda-fabrik）的首字母缩写词，该公司由弗里德里希·恩格尔霍恩（Friedrich Engelhorn）于 1865 年创立。最初，恩格尔霍恩在德国曼海姆市经营一家煤油厂，生产、销售瓶装煤油，为酒吧、工厂和城市街道提供照明。

当时，欧洲普遍使用煤炭生产煤油，生产过程中产生的大量煤焦油被直接排入河流。英国泰晤士河、德国莱茵河等欧洲主要河流受到严重污染，包裹着黑油的死鱼、死虾漂浮于河面。欧洲各国纷纷制定相关法律以保护环境，同时鼓励化学家对排放的废弃物进行研究，达到"变废为宝"的目的。

1856 年，英国化学家威廉·帕金斯（William Perkin）利用煤焦油提炼出苯胺。苯胺俗称品红，是一种被广泛使用的红色染料。恩格尔霍恩的煤油厂每天都要排放大量煤焦油，他很快引进帕金斯的技术生产苯胺。由于欧洲贵族特别喜欢红色，苯胺大获成功，纺织工厂纷纷发来订单。于是，恩格尔霍恩创立了巴斯夫工厂，专门生产品红。成立仅两年，巴斯夫雇用的员工就达到300多名，并将业务拓展到美国、俄国、法国等地。

为了开发更多的化学染料，巴斯夫聘请了德国化学家海因里希·卡罗（Heinrich Caro）担任首席技术研发负责人。在卡罗的带领下，巴斯夫公司研发出26种不同的染料，包括亚甲蓝、曙红、靛蓝、茜素等，这些发明使巴斯夫远远领先于竞争对手。到1901年，巴斯夫占据世界染料市场大约80%的份额，成为世界最大的化工企业。

"一战"期间，巴斯夫公司开始生产用于制作炸药的合成氨。1921年9月21日，巴斯夫公司在路德维希港的奥堡工厂发生爆炸，4500吨硝酸铵和硫酸铵炸出了一个长130米、宽90米、深20米的深坑，将奥堡工厂夷为平地。这次爆炸是德国历史上最严重的工业事故，共造成561人丧生，约2000人被严重烧伤。1925年，为了加强危险化学品的生产管理，同时也为了垄断德国的化学工业市场，巴斯夫公司与拜耳公司、赫斯特公司、阿克发公司、卡塞拉公司、格里斯海姆电子化学工厂、韦勒化学工厂、卡勒公司组成了法本公司（I. G. Farben AG），全称为"染料工业利益集团"。法本公司采用德国康采恩（Konzern）垄断组织的形式，目的是垄断整个行业的产业链，包括原材料产地、技术专利和销售市场，从而获得竞争优势与高额利润。

"二战"期间，法本公司为德国军队提供了100%的合成橡胶、甲醇和润滑油，98%的染料，90%的塑料，80%的炸药，70%的黑色火药，46%的航空汽油和35%的硫酸。公司营业收入从1932年的4800万马克飙升到1943年的8.22亿马克。美国参议院在一份报告中说："如果没有法本公司，就不会有希特勒战争。"

当时，法本公司在奥斯维辛集中营建立了莫诺维茨集中营，创办了伦纳合成橡胶厂，约11000名囚犯为其工作。法本公司还生产一种含氰化物的剧毒化学药剂齐克隆B（Zyklon-B），1公升空气中只要含有0.12毫克齐克隆B，人体吸入即可致死。在纳粹实施种族灭绝计划时，齐克隆B毒气被纳粹用于批量屠杀奥斯维辛集中营中的犹太人。"二战"结束后，法本公司被盟军勒令解散，公司23名负责人被控犯下5条罪状："反和平""抢劫和掠夺""参与战争和大屠杀""参与党卫军"和"建立莫诺维茨集中营"。

随着冷战的到来，美国实施马歇尔计划，决定扶持德国经济，法本公司的负责人被视为重振德国工业的重要力量，被重新启用。法本公司被拆分成巴斯夫、赫斯特、拜耳三家企业，这些企业在德国经济奇迹中扮演了重要角色，到20世纪70年代，巴斯夫再次崛起为世界最大的化工企业，赫斯特紧随杜邦之后位列第三，拜耳跻身前四位。

【商鉴】企业价值观对于企业经营有着至关重要的影响。同样一家企业，既可以生产用于杀人的毒气，也可以生产用于治病救人的药品。巴斯夫能够重新崛起为世界最大的化工企业，主要原因是拥有雄厚的技术积累。可见，研发是企业生命力的源泉。

● 诺贝尔家族

伊曼纽尔·诺贝尔是一名军火商，他有四个儿子：老大罗伯特·诺贝尔、老二路德维格·诺贝尔、老三阿尔弗雷德·诺贝尔和老四埃米尔·诺贝尔。

克里米亚战争期间（1853~1856年），伊曼纽尔·诺贝尔向沙皇俄国提供了鱼雷。克里米亚战争结束后，伊曼纽尔·诺贝尔开始研发炸药。在一次试验中，硝化甘油发生爆炸，他最小的儿子埃米尔·诺贝尔不幸遇难。

老三阿尔弗雷德·诺贝尔决定继续父亲和弟弟的研发工作。1867年，阿尔弗雷德·诺贝尔把硝酸甘油和硅藻土混合在一起，发明了稳定性高、爆炸力强的硝酸甘油炸药。诺贝尔为硝酸甘油炸药配方申请了专利，并命名为Dynamite，意思是"硅藻土之力"。Dynamite一词由"dynamis（力量）"和"diatomite（硅藻土）"组合而成。

阿尔弗雷德·诺贝尔的第一个订单来自英格兰。他前往英格兰萨里郡的一个采石场展示硝酸甘油炸药的威力，英国人大为震惊。此后，阿尔弗雷德·诺贝尔收到来自欧洲各国的订单，一跃成为欧洲最主要的军火商之一。他还收购了瑞典著名的博福斯军火厂。普法战争期间（1870~1871年），阿尔弗雷德·诺贝尔为普鲁士1600门火炮提供炮弹。在色当会战中，普鲁士炮弹造成法军伤亡10.4万人，拿破仑三世不得不向普鲁士军队投降，因此，法国人对阿尔弗雷德·诺贝尔极为痛恨。

当时，阿尔弗雷德·诺贝尔的两个哥哥——罗伯特·诺贝尔和路德维格·诺贝尔，在阿塞拜疆创立了"诺贝尔兄弟石油公司"。这家石油公司在1877~1901年生产了1.5亿桶石油，是当时世界上最富有的公司之一。1888年，路德维格·诺贝尔去世。一家法国报纸以为是阿尔弗雷德·诺贝尔去世了，在报纸头版刊登了讣告，欢呼道："那位依靠提高杀人效率致富的商人，死了！"法国报纸刊登的这则讣告，令阿尔弗雷德·诺贝尔深感不安。显然，他不希望自己被人评价为"一个依靠提高杀人效率致富的商人"。

19世纪末，许多成功的商人开始反思财富归属以及个人声誉，无论是欧洲还是美国的成功商人，都开始从事慈善事业。阿尔弗雷德·诺贝尔决定成立一家公益基金会，以挽回自己的声誉。1895年，在他逝世前一年，阿尔弗雷德·诺贝尔签署遗嘱，用自己资产的94%（31225000瑞典克朗）设立诺贝尔奖，规定"每年用这个基金的利息作为奖金，奖励那些在前一年为人类做出卓越贡献的人"。诺贝尔共设立了五个奖项，包括物理学奖、化学奖、生理医学奖、文学奖、和平奖。为了确保诺贝尔奖的可持续性，奖金金额会随着诺贝尔基金会当年的收益而浮动。

1968年，瑞典中央银行为庆祝诺贝尔基金会成立300周年，向基金会捐赠资金，增设了"经济学奖"。由于"诺贝尔经济学奖"并非诺贝尔本人的遗愿，诺贝尔家族的彼得·诺贝尔称之为"虚假的诺贝尔奖"。

【商鉴】财富不仅是个人私利，用于个人及家族挥霍；财富也可以造福全人类。成功的企业家都需要思考一个重要的问题：赚钱的目的究竟是什么？诺贝尔通过设立诺贝尔基金回答了这一问题，即从物理、化学、生理医学、文学、和平五个方面，推动人类文明维度的发展。

四、电力文明的奠基

1875年，巴黎火车站建成世界上第一座火电厂，人类开始使用电力照明。不久，英国和美国都建成世界上第一批水电站。到1913年，全世界的年发电量达500亿千瓦时，电力工业成为一个独立的工业部门，人类步入电力时代。

电是人类历史上最伟大的发明之一。在可预见的未来，电的应用仍是人类文明的重要标志。

● 戴维

汉弗里·戴维是一名英国化学家，曾受雇于瓦特＆博尔顿蒸汽机公司。当时，英国煤矿经常发生爆炸，有人认为是瓦特蒸汽机的轰鸣声导致矿井爆炸。汉弗里·戴维的任务是找出导致矿井爆炸的原因。

经过仔细研究，戴维在矿井中发现了瓦斯气体。他发现，在适当条件下，瓦斯接触到旷工用于照明的油灯时，便会被点燃，从而引发爆炸。为了解决这一问题，戴维发明了在矿井中使用的安全灯，也称戴维灯。这种灯的原理是用金属网包围火焰，降低火焰外围的温度，使瓦斯无法被点燃。戴维灯还可以用于分析矿井中的空气成分，当矿井中有瓦斯时，戴维灯的火焰会更高；在二氧化碳聚集的矿井低洼处，戴维灯则会因为缺氧而熄灭。

戴维灯的发明大大降低了英国煤矿的安全事故，使戴维声名大噪。1801年，戴维被英国皇家研究所聘请为化学讲师,并管理实验室。当时,意大利物理学家伏打发明了将化学能转化为电能的伏打电池,使人类获得持续电流。伏打电池发明后,电解化学开始成为一门新的学科。英国的威廉·尼科尔森和卡里斯尔将水进行电解,使人们了解水是由氢和氧两种元素构成的。

戴维在实验室组装了一个特别大的伏打电池,通过对各种盐溶液、固体化合物的电解实验,戴维分解出钾、钠、钙、锶、钡、镁等金属元素。1812 年,戴维发表了《化学哲学原理》,并被封为爵士。此后,戴维经常在英国皇家研究所举办的讲座上演讲。有一次,一位年轻人将自己的笔记拿给戴维看,他对戴维的演讲内容进行了整理。戴维对这位年轻人的见解非常赞赏,并推荐其作为自己的化学助理。这位年轻人叫法拉第,当时他还是一位书店的学徒。

晚年,戴维说:"我这辈子虽然在科学上有很多发现,但是我这辈子最大的发现,就是发现了法拉第。"

【商鉴】"千里马常有,而伯乐不常有。"伯乐虽然重要,制度对于人才的发现也十分重要。戴维能够发现并重用法拉第,与英国皇家学会的优良传统分不开。英国皇家学会在多方面支持英国年轻的顶尖科学家、工程师及科技人才。在这种制度下,法拉第才能被戴维发现,并且被他聘请为助理。

● 法拉第

迈克尔·法拉第于 1791 年出生在英国的一个铁匠家庭。在哥哥的介绍下,法拉第参加了学者塔特姆领导的青年科学组织——伦敦城哲学会,从此对化学特别感兴趣,经常去聆听汉弗里·戴维在英国皇家研究所的讲座。与其他听众不同,法拉第每次听课都进行详细的记录。有一次,法拉第拿着自己的笔记向戴维请教,戴维看后大为赞赏,并将他收为化学助理。

1821 年,丹麦化学家奥斯特在做电解实验时,发现了"电磁转动"现象,这意味着电能可以转为机械能。随后,英国皇家学会会长沃拉斯顿设立了一个"电动机实验项目",他邀请戴维和他的助手法拉第参与了这一实验项目。经过多次实验,法拉第设计出最原始的电动机——"单极马达",它由电池、导线和放有磁铁的汞池构成。通电后,导线会绕着磁铁持续旋转。

在实验过程中,法拉第还发现了"电磁感应"现象:若移动一块磁铁通过导线线圈,线圈中将会产生电流,同样,在磁铁上方移动线圈也会产生电流。依据这个发现,法拉第发明了人类第一台发电机——圆盘发电机。发电机使大规模用电成为可能,是人类通往电力时代的基石。

受戴维的影响,法拉第放弃了所有商业利益,他既没有为他的单极马达申请专利,也没有为他的发电机申请专利。1857 年,他甚至谢绝了英国皇家学会提名他当会长的机会，甘愿以平民身份实现献身科学的诺言，终身在皇家学院实验室工作一辈子，当一个平凡的迈克尔·法拉第。

【商鉴】按照当时对成功商人的定义，商业的目的是获得财富，获得财富的目的是推动人类文明的发展。作为一名科学家，法拉第信奉自己的工作是为了推动人类文明的进步，因此无需为发明申请专利，也无需进行商业化运作。科学家和商人的根本区别：商人追逐财富，而科学家是为了推动人类文明的进步。

● 爱迪生

在电灯发明前，人类的夜晚通常是漆黑的。或许正因为如此，中国的元宵节有点灯的习俗，这一天也被视为最热闹的节日。

1878 年，英国工程师约瑟夫·斯旺（Joseph Swan）经过近 30 年的研究，制成了碳丝真空灯泡，并申请了专利。斯旺率先给自己的居所安装了电灯，这是人类首次使用电来照明。作为一种新鲜事物，电灯很快在英国上流社会流行，成为身份的象征。

斯旺的碳丝灯泡寿命只有约 45 个小时，更换起来十分不便。有时候，正当大家兴高采烈地议论话题，灯泡就突然熄灭了，令人十分扫兴。爱迪生决心对灯丝进行改良，以提高灯泡寿命。经过对 6000 多种材料进行实验后，1906 年，爱迪生终于发现以钨丝作为灯丝最为经久耐用，它可使灯泡寿命达到 1000 个小时。

爱迪生为自己的发明申请了专利，并得到了 J. P. 摩根的支持，成立了美国爱迪生电灯公司，爱迪生持股 50%，摩根公司的合伙人法布里出任董事和财务主管。在摩根公司雄厚财力的支持下，爱迪生电灯公司建设了发电站、输电网等基础设施，使电灯在美国普及。

爱迪生是公认的"世界发明大王"，拥有超过 2000 项发明。同时，爱迪生非常擅长商业经营，创立了许多公司，包括生产灯泡的爱迪生灯泡公司，生产直流发电机的爱迪生机器厂，生产灯具、插座及其他电气照明装置的伯格曼公司，以及持有专利并进行财务运作的爱迪生电灯公司等。1890 年，爱迪生将其名下的所有公司合并成为爱迪生通用电气公司，成为美国排名第一的电气公司。排名第二的是汤姆森—豪斯顿电气公司，旗下拥有佐治亚州、亚特兰大州的两座发电厂以及一条有轨电车生产线。

1892 年，J. P. 摩根收购了汤姆森—豪斯顿电气公司，与爱迪生通用电气公司重组为通用电气公司，在电气领域获得垄断地位。1896 年，道琼斯工业指数正式设立，指数创立时共有 12 只股票，通用电气正是该指数的"创始成分股"之一，这反映了通用电气公司在美国经济中的地位。此后的 100 多年时间里，通用电气一直是道琼斯工业指数的成分股，是保持繁荣时间最长的一家公司。2018

年，通用电气市值下滑、股价下跌，最终被剔出道琼斯工业指数。

【商鉴】爱迪生是商人中最伟大的发明家，同时也是发明家中最伟大的商人。爱迪生为通用电气公司注入"科研"基因，历任 CEO 则为这家企业不断进行管理革新。130 多年过去了，通用电气仍名列世界 500 强的前茅，是商业史上最成功的企业之一。

● 尼古拉·特斯拉

尼古拉·特斯拉于 1856 年出生于奥地利帝国（今克罗地亚），1875 年进入格拉茨格工业大学帝国技术学院电机工程专业学习。毕业后，特斯拉成为大陆爱迪生公司的一名电机工程师。

1882 年，美国威斯康星州的阿普尔顿市要建一座水力发电站，特斯拉负责方案的设计。特斯拉提出一个交流发电机组的设计方案。与直流发电机组相比，交流发电机组结构更为简单，费用更低。同时，根据电阻理论，电力输送时，电压越高，损耗越少。因此，特斯拉设计了一个变压器，将电流转换为十几万伏的高压电，输送到目的地后，再通过变压器转为低压电。

爱迪生认为交流电不安全，否决了特斯拉的方案。特斯拉坚持交流电才是未来的趋势，最终与爱迪生不欢而散。离开爱迪生公司后，特斯拉继续完善交流电解决方案，于 1886 年获得交流电动机、变压器的发明专利。

当时，乔治·威斯汀豪斯在美国宾夕法尼亚州创办了西屋电气公司。威斯汀豪斯发明了一系列用于提升铁路安全运输的控制系统，这些控制系统需要使用电力和电动机维持运转。由于铁路系统连接两个遥远的城市，使用交流电方案进行电力传输可以明显减少电力损耗，节省成本。威斯汀豪斯买下了尼古拉·特斯拉的专利，价格是 6 万美元的现金、股票以及每台电动机每马力 2.5 美元的使用费。

特斯拉的交流电方案商业化后，因为具有显而易见的经济性，受到市场的欢迎，西屋电气公司很快成为通用电气公司最大的竞争对手。为了挽回市场，爱迪生使用交流电电死小动物，以此警告人们交流电是十分危险的。然而，资本是逐利的。1895 年，美国兴建尼亚加拉大瀑布发电站，西屋电气公司获得制造发电机组的合同，由特斯拉负责相关技术工作。爱迪生与特斯拉的直流电与交流电之争胜负已分。此后，通用电气公司与西屋电气公司签署了专利共享协议，由西屋电气公司支付 216000 美元买断特斯拉的专利。从此，交流电成为支配性的电力。

2003 年，为了纪念尼古拉·特斯拉，马丁·艾伯哈德与马克·塔彭宁合伙成立了特斯拉（TESLA）汽车公司，后被埃隆·马斯克收购。

【商鉴】尼古拉·特斯拉与爱迪生之争是技术路线之争，市场对技术有决定性影响，从而对商业产生重要影响。近些年在新能源汽车技术路线上，日本选择了"氢能路线"，而世界上许多国家选择了"锂电池路线"，孰优孰劣，最终还是要由市场来选择。

● 奥的斯

升降机的应用可以追溯到工业革命以前。从西班牙在美洲的银矿到欧洲的煤炭开采，都会用到升降机，其原理是使用畜力，通过绳索拉动绞盘，将人或物从矿井中提升到地面。

众所周知，升降机有一个致命缺陷：如果绳索突然断裂，升降梯便会急速坠落，从而造成重大的人员伤亡。

奥的斯（Otis）原是纽约贝德斯泰德制造公司的一名机械师。1852年，他在改进公司货运升降机时，借鉴蒸汽火车的刹车系统，发明了一个安全装置：在绳索断裂时，会触发"刹车"，使升降机在井道中停下。奥的斯将他发明的升降机命名为"安全升降机"，并申请了专利。

1853年，纽约举办了第二届世博会，这届展会最大的亮点就是奥的斯发明的蒸汽动力"安全升降机"。为了验证"安全升降机"的安全性，奥的斯进行了一次惊险的表演。他站在升降机平台上，让助手将他送到几十米的高处。随后，奥的斯命令助手砍断连接升降机平台的绳索。绳索砍断后，升降机在半空中摇晃了几下，人们发出一阵惊呼，但升降机平台很快便稳稳地停住了。奥的斯向观众鞠躬说道："一切平安，先生们，一切平安！"这次表演使"奥的斯安全升降机"声名鹊起，收到来自欧洲、北美的许多订单。

1887年，奥的斯公司使用直流电动机代替蒸汽机，制作了一台传动升降机，取名"电梯"。从此，升降机有了一个新的名称——"电梯"。三年后，奥的斯为纽约市的一座五层建筑安装了首部载客电梯，电梯开始成为高层建筑的标志性配置。当时，埃菲尔铁塔、纽约帝国大厦等著名建筑都安装了奥的斯电梯。1900年，奥的斯为上海和平饭店安装了中国首部电梯。

至今，奥的斯仍是全球最大的电梯、扶梯及人行道电梯的供应商和服务商，其产品约占全球市场份额的27%。

【商鉴】电梯是商业中的"隐形冠军"，高楼大厦通常被视为工业革命成就的标志，而电梯却是高楼大厦不可或缺的一环。"不起眼"又"不可或缺"的商业属性，使奥的斯拥有170年的历史。

● 西门子

在古代，最快的信号传递方式是烽火，世界上用于传递烽火的最著名建筑是中国长城。根据爱因斯坦相对论，世界上最快的速度是光速，30万千米/秒，而电磁波的传播速度就是光速。神话传说中，能"千里传声"已经可以视之为神，而声音的传播速度只有340米/秒，是远不能和电相比的。因此，用电来通信，是工业革命最伟大的成就之一。

电报是最早用电的方式传送信息的远距离通信方式。1844年，美国人塞缪尔·摩尔斯从华盛顿州向72千米远的马里兰州巴尔的摩，拍发人类历史上第一份电报。摩尔斯是摩尔斯电码的发明者，他利用通电的频率、次数、时间长短的变化来表达不同的字母和符号。摩尔斯电码因为过于复杂，有加密性质，也被称为摩斯密码，主要应用于军事领域。

1847年，德国工程师维尔纳·冯·西门子和约翰·乔治·哈尔斯克发明了指针式电报机，根据指针的偏转变化来读取相应的字母，使用起来非常方便。西门子和哈尔斯克成立了"西门子—哈尔斯克电报机制造公司"（西门子公司的前身）来推广他们的电报机。

西门子指针式电报机

资料来源：维基百科。

当时，普鲁士决定在柏林和莱茵河畔法兰克福之间，修建一条长500千米的电报线路，用于传递军事情报。西门子—哈尔斯克电报机制造公司获得了这一订单，整条电报线路包括10个电报站、18台指针式电报机。1849年3月，这条欧洲最长的电报线路接通，它传递的第一条重要信息是：普鲁士国王弗里德里希·威廉四世当选为德意志皇帝。

西门子公司由此声名大振，业务迅速发展，1853年为俄罗斯建造了芬兰至克里米亚长约1500千米的电报线路。1870年4月21日，西门子公司为英国建造了横跨欧亚大陆连接英国至印度的印欧电报线路，该线路全长1.1万千米，是利润最丰厚的电报线路之一，一直使用到1931年。

随着电报业务的发展，用电量也不断上升，西门子公司的发电机业务也得到了发展。1866 年，西门子发明了实用型发电机，建立了发电站。有发电站作为电力来源，西门子公司开始大力推广电力应用，成为电力时代的重要奠基者。1879 年，西门子公司为柏林街道安装了路灯；1880 年制造了世界上第一台电梯；1881 年建立了第一个电子公共交通系统（红绿灯）；1882 年建造了世界上第一辆无轨电车……

【商鉴】西门子并非电报的发明者，而是通过对电报机的改良，获得了市场认可。通过对发明者的产品进行创新，从而获得商业上的竞争优势，可以称为"后发优势"，也被称为"人有我优"的模仿创新策略。这样的例子很多，比如爱迪生对斯旺灯泡的改良。

● 贝尔

早在 18 世纪，欧洲已有"电话"一词，专指用线串成的话筒（以线串起杯子）。电报发明以后，电气工程师开始设想利用声音在空气中的振动来改变电流大小，然后在另一端通过电流大小还原声音。

1876 年，亚历山大·格拉汉姆贝尔与电气工程师沃特森制成了两台电话样机。样机圆筒底部的薄膜中央连接插入硫酸的碳棒，人说话时，薄膜振动改变电阻使电流发生变化，在接收处再利用电磁原理将电信号转换为语音。贝尔将这项发明申请了专利，获得为期 15 年的电话运营专属权。

在桑德士、哈勃特两位金融家的帮助下，贝尔创建了贝尔电话公司。电话业务一经推出，马上被应用于军事、政府等诸多领域。商人、贵族也纷纷要求贝尔电话公司为其安装公司或家庭电话，以彰显身份。1878 年，贝尔电话公司实现了波士顿与纽约之间相距 300 多千米的长途通话，长途电话开始在北美普及。

贝尔的电话专利到期后，美国电话通信市场开始出现无序竞争，约 6000 家新电话公司如雨后春笋般冒出来。为了统一市场标准，贝尔电话公司将长途电话业务分拆，成立了独立的子公司——美国电话电报公司（AT&T），母公司则负责本地电话业务。通过不断并购，贝尔电话公司从 1910 年开始垄断整个北美的电话通信行业，占据美国 80% 的市内电话业务和 90% 的长话业务，并垄断了美国的电信器材设备市场。贝尔电话公司的通信系统被人们称为"贝尔母后"，英文为 Ma Bell 或者 Mother Bell，其他电话公司的线路必须接入贝尔的通信系统才能运营。

1984 年，美国司法部依据《反托拉斯法》将贝尔电话公司拆分为专营长途电话的美国电话电报公司（AT&T）和七个本地电话公司即"贝尔七兄弟"，其中，AT&T 继承了贝尔电话公司的主体部分。

在接下来的数十年中，通信行业从固定电话发展到移动电话，从 PC 互联网发展到移动互联网，从地面基站发展到卫星通信，这些发展机遇也使 AT&T 不断发展壮大。2022 年，AT&T 公司排名世界财富 500 强第 22 位，营收达 1207 亿美元。

【商鉴】贝尔电话系统是典型的美国托拉斯组织，并购过程中，原来的企业主成为托拉斯股东，按照股权分享利润。加入托拉斯可以获得垄断优势，确保优厚利润，因而受到资本推动。托拉斯有助于规范无序的市场竞争，但市场竞争的消失则会阻碍技术进步和新兴企业发展，因此，反垄断的根本目的是维护市场竞争环境。

五、航空工业的诞生

1891 年，德国滑翔机之父奥托·李林达尔成功试飞滑翔机。在无风情况下，滑翔机依靠自身重力获得前进的动力，这种损失高度的无动力下滑飞行称为滑翔。在上升气流中，滑翔机可以实现持续地平飞或升高。滑翔机试飞成功后，世界迎来了一股"飞机热"。由于飞机的各项技术都不成熟，飞机经常在空中失控，飞行事故层出不穷。例如，1896 年，李林达尔在飞行时坠机身亡；1899 年，英国航空先驱帕西·皮尔策在试飞时坠机身亡……

当时，内燃机技术已日臻成熟，许多工程师或飞行爱好者如马克沁、阿德尔、兰利等，尝试给滑翔机安装一个动力强劲的发动机来制造上升气流，从而实现飞行。但他们忽视了一个至关重要的问题，即在空中实现对飞机的操控，因为这是安全飞行的前提。如果不能实现在空中对飞机的操控，越是强劲的动力，越是危险。

美国莱特兄弟解决了这一问题，他们原本经营一家自行车公司。李林达尔试飞滑翔机成功后，开始研制飞机。莱特兄弟通过仔细观察发现，鸟类的飞行是通过身体倾斜和羽毛变化来调整高度和方向的。根据这个原理，莱特兄弟设计了一套"三轴控制系统"，通过倾斜机身，可以让飞机进行上下、左右、横向运动。1903 年，莱特兄弟为这项发明申请了专利。"三轴控制系统"对于飞机的安全操控至关重要，构成了现代飞机的雏形，正因为如此，莱特兄弟被认为是现代飞机的发明人。

在许多行业，发明人总能制造出最优秀的产品，并引领这个行业。飞机不同于一般产品，它是一个庞大的系统工程。莱特兄弟的专利是制造飞机的必要条件，但不是充分必要条件，因而无法垄断飞机生产。想要制造出最好的飞机，还需综合应用其他发明专利。

"一战"期间，飞机首次被大规模应用于战场，欧洲的飞机订单雪片般飞往美国。但美国的各家飞机公司却因为专利纠纷互相起诉，迫使对方停止飞机生产。1917 年，美国政府推动成立了航空器制造协会以解决专利纠纷问题。协会规定，所有的航空专利都归该协会所有，会员企业只需缴纳 1% 的专利税，便可以使用全部专利，包括莱特兄弟的专利。这项措施对于美国成长为世界最强大的航天大国至关重要，"专利共享"也是美国在工业革命中的一大创新。

【商鉴】与其他商品不同，飞机对安全的要求是无限的，因此，飞机的关键部件都需要采用人类工业文明的最高成果，体现的是工业文明的全球化合作，即整合全人类最优秀的智慧结晶。面对专利纠纷，美国政府推动成立航空器制造协会，采用"专利共享"的方式解决专利纠纷问题，这种制度创新，对于当今的高科技企业而言，也有重要的借鉴意义。

● 波音

波音公司成立于 1916 年，早期仿造马丁公司的飞机，生产搭载双浮筒的水上飞机。"一战"期间，凭借与美国海军的军方关系，波音公司获得了 700 架飞机的订单，由此奠定了在飞机制造领域的地位。

"一战"结束后，军用飞机市场萎缩，波音公司开发了 C 型货运飞机，在美国西雅图与加拿大温哥华之间开通了货运航线。

1933 年，波音开发了全金属框架结构的波音 247 型小型螺旋桨飞机。以往飞机一般使用轻便的木头作为框架结构，由于木头不够坚固，在快速飞行或降落时容易出现解体现象。波音 247 首次使用全金属框架结构，时速可达 322 千米/小时。波音 247 服役后，开通了从旧金山直飞纽约的长途客运航线，可搭载十名乘客。这是客运飞机首次跨越美国东西海岸，整个旅途为 19.5 个小时。

波音 247 大获成功后，全金属结构的飞机成为行业主流，竞争对手纷纷模仿，如洛克希德公司开发了伊莱克特拉 L-10，道格拉斯公司开发了 DC-3。其中，道格拉斯 DC-3 军用型飞机为 C-47，绰号"空中列车"，是"二战"时最具代表性的运输机，生产了大约 10000 架。

当时，美国陆军航空队提出一种新型轰炸机的招标设计方案，要求轰炸机可以飞越美国东西两个大洋（即飞行距离 8045 千米）、装弹量 2 吨、时速 322 千米。波音公司将波音 247 稍加改装，制造成 B-17 轰炸机，绰号"空中堡垒"，这是美军主要的战略轰炸机。"二战"期间，共生产了各型 B-17 轰炸机 12731 架，其投弹量占美军全部投弹量的 40%。

"二战"结束后，波音公司研发出第一架波音 307 平流层客机，可以在 6000 米高空巡航。平流层的下方是对流层，集中了大约 75% 的大气质量和超过 90% 的水汽质量，雷雨、冰雹、浓雾等恶劣天气都发生在这一层。因此，波音 307 的宣传口号是"飞在坏天气之上"，其飞行旅途既安全又舒适。另外，波音 307 可以一次搭载 33 名乘客，经济效益大幅提升，是民航客运发展的里程碑。

"二战"以后，波音公司又研发出远程战略轰炸机 B-52、KC-135 空中加油机、E-3 预警机以及首架喷气式客机波音 707 等。如今，波音公司是世界上最大的民用与军用飞机制造商，是美国最大的出口商之一。

【商鉴】最先进的技术往往被首先应用于战争，航空工业也不例外。在和平年代，波音公司以民营业务为主，但这并不影响其成为全球第三大军火商。受资本影响，军火商往往打着"维护世界和平"的旗号，制造世界各地的摩擦，以达到"鹬蚌相争，渔翁得利"的目的。回顾波音的发展历程，两次世界大战的订单是波音公司发展壮大的关键所在。

六、摩天大厦竞赛

工业革命以前，人类建造的最高建筑是公元前 26 世纪的古埃及吉萨大金字塔，高 146 米，几千年来它的高度一直没有被超越。一般而言，超过吉萨大金字塔（146 米）的高度，才可以被称为 skyscraper，即摩天大楼。

随着钢铁冶炼技术及建筑工程技术的发展，人们终于可以建造比金字塔更高的建筑。1889 年，巴黎世界博览会上，法国人建造了高 312 米的埃菲尔铁塔，惊艳了全世界。

20 世纪初，美国已经崛起为新兴的工业强国，也成为第二次工业革命的中心。为了与法国人一争高下，美国人决心建造一座比埃菲尔铁塔更为宏伟的建筑——摩天大厦。相对于埃菲尔铁塔而言，摩天大楼是可以生活和办公的，功能性显然更胜一筹。

当时，纽约已经取代伦敦成为世界上人口最多的都市，是新的世界金融中心，也是许多跨国大公司的总部所在地。1908 年，高 612 英尺（187 米）的胜家大厦在纽约曼哈顿百老汇街建成，这是世界上第一栋超过吉萨大金字塔高度的摩天大厦。胜家公司（singer）的创始人是梅里瑟·胜家，他先后发明了机械缝纫机和电动缝纫机。为了使普通人买得起缝纫机，胜家率先开创了"分期付款"的销售方法，使胜家缝纫机销往全球。19 世纪末，胜家缝纫机的全球销量达 135 万台，销售额 1.08 亿美元，相当于当时美国 GDP 的 0.5%。

胜家大厦建成后，纽约出现了摩天大厦竞赛，高度不断刷新。1909 年，高 213 米的大都会人寿保险公司大楼在纽约曼哈顿麦迪逊大道建成。1913 年，"五分一毛"连锁店创始人弗兰克·温菲尔德·伍尔沃斯（Woolworth）在纽约市曼哈顿百老汇街修建了高 241 米的伍尔沃斯大楼。伍尔沃斯大楼的建成，预示着连锁零售行业开始成为一种重要的商业形式。

20 世纪 30 年代初，纽约摩天大厦竞赛进入高潮，洛克菲勒大厦与帝国大厦为争夺"世界最高大楼"的荣誉，展开了激烈竞争。最终，洛克菲勒大厦于 1930 年竣工，高 319 米；帝国大厦于 1931 年竣工，高 381 米。

20 世纪 60 年代末至 70 年代初，美国工业城市芝加哥与纽约又展开了一场"摩天大厦竞赛"。1969 年，约翰·汉考克中心（芝加哥）竣工，高 343 米。1973 年，怡安中心（芝加哥）竣工，高 346 米。同样是在 1973 年，纽约世贸双子大厦竣工，高 417 米，超过帝国大厦成为世界第一摩天大厦。一年后，威利斯大厦（芝加哥）竣工，高 442 米，芝加哥最终夺得这场摩天大厦竞争的胜利。

2001 年 9 月 11 日，纽约世贸双子大厦遭遇恐怖袭击，被两架飞机撞击后，大楼整体坍塌。2003 年，美国制订的重建计划，确定世界贸易中心一号楼的建设高度为 1776 英尺（541 米），以此象征 1776 年美国独立宣言的签署。

【商鉴】摩天大厦是一个国家经济成就与经济实力的象征。从经济角度来看，"摩天大厦"的经济性源于世界级城市中心的高地价，而高地价是商业繁荣的体现。同时，摩天大厦建成以后，其办公场所需要高额的租金，唯有在商业上具有高竞争力的企业才能支付。因此，摩天大厦内部的企业也代表这座城市的经济竞争力。

● 克莱斯勒大厦

1927 年，克莱斯勒汽车公司成为美国第三大汽车制造商，排在福特、通用汽车之后。克莱斯勒决心在纽约市曼哈顿东区建设一座世界最高的摩天大厦，高度超过 1000 英尺。

在建筑外观设计上，克莱斯勒大厦做了大胆创新。据说，克莱斯勒要求将建筑的顶冠制成像汽车散热器帽盖的装饰物一样，作为自己显赫的汽车制造帝国的标记。建筑工程师使用了德国克虏伯公司开发的一种奥氏体不锈钢，其中含 18% 铬和 8% 镍。建筑窗框及顶冠使用奥氏体不锈钢装饰后，远远望去会呈现金属光芒，具有很强的现代感、科技感和艺术感。

1930 年，克莱斯勒大厦竣工，凭借 319 米的高度成为当时世界上最高的建筑，也是第一座高度超过 1000 英尺的摩天大厦。该纪录只保持了 11 个月，便被高 381 米的帝国大厦超过了。不过，克莱斯勒大厦至今仍是纽约最具标志性的摩天大厦之一，是美国汽车业及商业发达的双重见证。

【商鉴】克莱斯勒大厦的建成正好是经济大萧条时期。"大厦建成，经济衰退"的现象，被称为"摩天大楼诅咒"，这种现象由德意志银行研究主管安德鲁·劳伦斯率先提出，也称为"劳伦斯魔咒"。劳伦斯魔咒表明，当人们对经济很乐观时，政策往往会鼓励兴建大型工程，而过度投资会使经济出现泡沫，因此，大厦建成之时，正好是经济衰退之时。

● 帝国大厦

帝国大厦竣工于 1931 年，高 381 米，其名称来自纽约州的昵称"Empire State"。1970 年，纽约世贸双子大厦第一座塔楼封顶之前，帝国大厦一直是世界上最高的建筑，也是第一座超过 100 层的摩天大厦。

帝国大厦的主要出资人是约翰·雅各布·拉斯科布（John Jakob Raskob），他创建了一家金融公司，为通用汽车的销售提供贷款服务。某种意义上，帝国大厦可以看作是通用汽车与克莱斯勒的竞争，当然这是指财富。实际上，帝国大厦和通用汽车无关，克莱斯勒大厦也不属于克莱斯勒汽车公司。

帝国大厦与克莱斯勒为争夺世界第一高楼展开了激烈竞争，双方多次修改设计图纸。当帝国大厦要建 260 米高楼时，克莱斯勒大厦立即将高度修改为 263 米；帝国大厦再次修改图纸，将高度增加到 282 米，克莱斯勒大厦则在建筑顶部增加了 56 米的塔顶，使建筑高度达到 319 米。两天后，帝国大厦更新图纸，将高度改为 320 米，高出克莱斯勒大厦 1 米。拉斯科布担心克莱斯勒还会继续"耍花招"，决定将帝国大厦的高度改为 381 米，同时还在顶部加装 62 米长的天线。竞争到此画上句号，由于克莱斯勒先于帝国大厦建成，保持了 11 个月世界最高建筑的纪录。

大厦建成后，美国总统胡佛亲自参加了在 86 层观景台举行的开业仪式。帝国大厦在 86 层和 102 层都设有观景台，每年吸引 400 万名来自世界各地的游客参观。在某些年份，观景台的门票收入甚至超过租赁办公空间获得的收入。为了方便人们上下大楼，帝国大厦使用了 66 部奥的斯电梯，这是奥的斯公司最大的一笔订单。

1933 年，电影《金刚》上映。影片中，一只巨大的黑猩猩爬上了帝国大厦，坐在观景台观看曼哈顿日落，这一幕使帝国大厦成为曼哈顿最著名的城市标志。据统计，有 250 多部电视剧和电影将帝国大厦作为背景元素。1981 年 5 月 19 日，纽约市地标保护委员会投票决定将帝国大厦指定为城市地标。由于帝国大厦建造于大萧条时期，因此也被认为是美国国家希望的象征，代表了新移民在那个时代取得的伟大成就。

【商鉴】摩天大厦是独特的城市景观和经济标志，反映了城市发展的历史和经济的变迁。工业化的发展导致城市化的加速，城市的土地变得愈发珍贵，促使建筑师和投资者开始尝试建造更高的建筑来满足需求。从这个意义来看，摩天大厦是一个国家工业化的标志之一。

七、泰勒《科学管理原理》

工业革命前，古典经济学认为，企业的利润来源于资本和工人的劳动，为了获取更多的利润，只能不断地扩大投资、雇用更多工人。资本家为了获取更多利润，最常用的方法便是延长工人的劳动时间，马克思称之为榨取"剩余价值"。

工业革命在美国发生后，特别是福特汽车流水线生产方式的发明，开始对生产进行标准化管理，以提高生产效率。比如，福特汽车生产成本的降低和生产效率的提高，都不是通过增加工人的劳动强度来达到的。因此，出现了对"科学管理"的探讨。

1911 年，泰勒出版了《科学管理原理》（*Principles of Scientific Management*）一书，阐述了科学管理理论的基本内容和基本原则。泰勒的科学管理理论的核心在于"科学"二字，其本质是在不增加工人劳动量的前提下，通过科学管理来提高生产率，从而使雇主和工人双方都从中受益。

泰勒科学管理的基本原则包括：第一，以科学方法代替经验判断，即方法管理；第二，以科学方法培训人才，即培训管理；第三，以科学方法设计工作流程，即流程管理；第四，以科学方法进行分工，即分工管理。

科学管理并没有一种放之四海皆准的管理方法，需要进行不断地优化和迭代，就像福特汽车的流水线一直都在优化一样。由于科学管理的普遍适用性，除了运用于企业，科学管理也被广泛应用于社会管理领域。

【商鉴】工业化不仅需要使用先进的工业设备，还需要配套的工业化管理思想。泰勒的科学管理主要包括四个方面：方法管理、流程管理、培训管理、分工管理，而工业化管理的目标是使雇主和工人实现双赢。但泰勒的科学管理，把人当作机器，没有顾及人的心理、精神方面的需求，这是其最大的缺陷所在。

第十九章 美国的工业化之路

1607年，英国弗吉尼亚公司在北美切萨皮克湾的詹姆斯镇，创建了英国在美洲的第一个殖民地。经过不断扩张，到1775年，英国在北美大西洋沿岸创建了13个殖民地，也就是美国建国之初的北美十三州：弗吉尼亚、马萨诸塞、新罕布什尔、马里兰、罗得岛、康涅狄格、北卡罗来纳、南卡罗来纳、纽约、新泽西、宾夕法尼亚、特拉华和佐治亚。

在英国"重商主义"的经济构想中，殖民地的作用有两个：一是为英国提供农产品和工业原料，如粮食、棉花等；二是成为英国工业产品的倾销地。北美十三州是典型的殖民地经济，中部生产小麦和玉米，南部黑人种植园生产水稻、棉花、烟草，而玻璃、纺织、冶铁、造纸等工业产品全部依赖从英国进口。

因此，美国要发展自己的工业，首先要摆脱殖民地地位。

一、独立战争

受"重商主义"思想影响，英国在各个殖民地实行贸易保护政策，对非英国生产的商品征收高额关税，包括玻璃制品、纸张、铅、颜料、茶、糖、朗姆酒、铁、棉花等。例如，1733年，为了保护英属西印度群岛蔗糖在北美的出口贸易，英国制定了《糖蜜法》，对法属西印度群岛和法属美洲殖民地的蔗糖征收重税。

为了避开高关税，商人们纷纷以走私的方式在黑市开展贸易。北美最大的港口——波士顿因为距离欧洲较近，聚集了欧洲各国的商船，贸易最为繁荣，走私也最为猖獗。1767年，为了打击走私，英国国会通过了《唐森德条例》，规定关税税吏有权进入殖民地的民宅、仓库、店铺搜查。当时，欧洲商船普遍配备私人武装以防止海盗，以波士顿商人武装力量最为强大，因此，武力拒绝税吏搜查的事件时有发生。为了执行《唐森德条例》，英国向只有16000名常住人口的波士顿港派驻了7000名士兵，进一步激化了矛盾。

1773 年，英国议会为了帮助英国东印度公司向北美倾销茶叶，通过了《茶叶法》，对英国以外的茶叶征收高额关税。北美所有经营其他国家茶叶的茶商遭受巨额亏损，引发了激烈抗争。在塞缪尔·亚当斯的领导下，一群人假扮印第安人，将停泊在波士顿港口的英国东印度公司货轮上运载的 342 箱茶叶抛入海中，这便是"波士顿倾茶事件"。

《茶叶法》是英国对殖民地实行管理的法律文件，体现的是英国将殖民地作为商品倾销地的经济构想。如果《茶叶法》不能有效执行，其他法律也无法在殖民地执行，这将动摇英国的整个殖民体系。"波士顿倾茶事件"发生以后，英国议会立即通过了闭关法令，封闭了波士顿港。

封闭波士顿港是一条愚蠢的法令，它使原本合法的贸易全部变成了走私或非法贸易。为了维持贸易，波士顿商人联合起来，与英国军队公开对抗。1775 年 4 月 19 日，英国军队前往列克星敦，企图逮捕"波士顿倾茶事件"的领导者塞缪尔·亚当斯。商人武装得到消息后，在半路伏击了英国军队，造成 247 人伤亡。英国国王乔治三世十分震怒，声称"宁可不要头上的王冠，也绝不会放弃战争"。

在争夺美洲殖民地的过程中，英国得罪了许多欧洲国家，其中法国、西班牙被英国占领的殖民地最多。事实上，波士顿商人的主体也是法国和西班牙商人。因此，英国向波士顿商人宣战不久，法国、西班牙马上对英国宣战。法国认为这是一个削弱英国的契机，在军事行动上最为积极，帮助北美十三州把各地的武装力量组建成正规军队即大陆军，华盛顿担任总司令。随后，北美十三州通过了《独立宣言》，宣布脱离英国，成立美利坚合众国。

为帮助美国独立，法国与美国签订了军事同盟，帮助美国训练军队、提供军火援助，还派出军队直接参战。其他欧洲国家忌恨英国在殖民地实施的"贸易保护措施"，希望与美国开展"自由贸易"。于是，俄国、普鲁士、荷兰、丹麦、瑞典等国组成"武装中立同盟"，以武力保护与美国的贸易。表面上"武装中立同盟"是"中立"的，但却以"武力"保障与美国的贸易，实际上就是不承认英国对美国的殖民统治。

1781 年，法国海军司令德格拉斯率领舰队进入切萨皮克湾，击败英国皇家海军，获得了制海权。由于海上补给线被切断，被英法联军围困在弗吉尼亚州约克镇的 7000 名英军士兵向华盛顿投降。此战后，英国议会被迫议和。1783 年，英美双方签订《巴黎条约》，美国正式独立。

【商鉴】独立战争时期，美国还没有形成工业体系，大量商品都需要进口。由于英国对殖民地采取排他性的垄断贸易政策，不允许其他国家到英国的殖民地进行贸易，不但让美国国内的商人感到不满，同时也得罪了所有希望与美国开展贸易的国家。因而，从商业角度看，美国独立战争是一场摆脱"英国对美国贸易垄断"的战争。"哪里有压迫，哪里就有反抗"，商业领域也是如此。

● 汉密尔顿《关于发展美国制造工业的报告》

美国独立战争期间，英国经济学家亚当·斯密于 1776 年出版了《国富论》。在书中，亚当·斯密指出：农业是发展工业的前提，因为"生存先于便利和奢侈"。同时，"工业比农业创造更多财富，富国在工业制造方面远远领先于穷国"。

亚当·斯密的思想，对美国独立后的经济发展产生了重要影响。美国开国元勋之一的杰斐逊认为，农业是发展工业的基础，主张优先发展农业，提出凭借美国的优势土地资源，大力发展农业生产，使农业成为美国社会的经济基础。杰斐逊的观点与南部种植园园主不谋而合，他们希望将西部广袤的土地变为农产品的生产基地，以增强美国农产品的竞争力。

汉密尔顿则认为：美国应大力发展工业，才能成为一个富强的国家。1791年，汉密尔顿在国会的演讲《关于制造业问题的报告》中指出："一个国家如果需要从别国购买布匹而不是靠国内制造供应，国家就会受到损失，因为进口制造业产品注定将纯粹农业国的财富掠走，将欧洲制造业强国和只有种植业的国家相比，悬殊是惊人的。"

无论是杰斐逊还是汉密尔顿，他们的观点与亚当·斯密是一致的。1801 年，杰斐逊担任美国第三任总统，他在就职演说中称农业、制造业、商业及航运业，是美国走向繁荣的"四根支柱"。

【商鉴】杰斐逊提出农业、制造业、商业及航运业是美国走向繁荣的"四根支柱"，这意味着农业与制造业是平等关系。按照亚当·斯密的理论，农业是发展工业的基础，是递进关系。事实上，美国在走向工业化的过程中，是以工业为主导的，农业需要服务于工业，这或许可以解释美国南北战争的起因和结局。

二、南北战争

为了发展美国制造业和工商业，杰斐逊之后的历代美国总统都采取"重商主义"的贸易保护措施。例如，在 1828 年与 1832 年，美国总统两次提高欧洲工业产品的进口关税，以保护北方工业产品在美国国内市场的销售。

当时，美国南方的农业经济主要是黑人种植园。一方面，他们将美国的棉花、粮食等农产品出口到欧洲；另一方面，将欧洲的工业产品进口到美国销售。美国不断提高欧洲工业产品的进口关税，显然不利于南方的进口贸易。随着矛盾的加剧，南卡罗来纳州议会召开州代表大会，通过《联邦法令废止权条例》，宣布 1828 年及 1832 年的关税法在该州废止。南卡罗来纳州议会还通过相关法令授权州政府组织军队、购置武器，必要时以武力废止联邦法令，甚至威胁要退出联邦。

1860 年，林肯当选美国第 16 任总统。他在竞选纲领中宣布要实施《莫里尔关税法》，把关税从 15% 增加至 37.5%，以更加强硬的贸易保护措施发展美国的制造业。南卡罗来纳州随即通过法令，宣布退出美国联邦政府。南方各州纷纷响应，宣布成立美利坚联盟国，推举杰斐逊·戴维斯为总统。

南方各州的想法是，既然北美十三州可以从英国独立，那么南方各州也可以从美国独立。但是，北方各州可不这么想。按照亚当·斯密《国富论》的观点，农业是发展工业的基础，也就是说，南方各州的农产品是北方各州发展工业的基础。北方各州之所以实施贸易保护，是为了发展制造业。如果南方各州独立了，发展工业的基础就没有了，因此，北方是不可能允许南方独立的。

美国南北战争爆发后，英国原想支持南方各州，因为南方各州最符合英国对殖民地的定位。南方各州向英国出口农产品，同时又从英国进口工业品。北方州的美国国务卿苏厄德向英国发出警告："拥有广大殖民地以及包括英格兰、爱尔兰的大英帝国，不要制造危险先例。"当时，英国为了维持海外殖民地统治，执行"大陆均势"政策，不与任何国家结盟，不介入任何国际纷争。最终，英国维多利亚女王宣布保持中立，法国、西班牙、荷兰等国家也都声明保持中立。

为了赢得战争，林肯于 1862 年 5 月颁布了《宅地法》，规定一切忠于联邦的成年人，只要交付 10 美元登记费，就可以在西部领取 65 公顷土地；在土地上耕种 5 年后，就可以成为这块土地的所有者。此前，美国通过与墨西哥进行战争（1846~1848 年），获取了大约 230 万平方千米的土地。南方奴隶主希望把这些土地用于发展规模化农业，而林肯支持让更多人去开发西部。事实证明，《宅地法》对北方联邦赢得最终胜利起到十分关键的作用。在南北战争中，西部农民为联邦军队输送了半数以上的士兵。

1862 年 9 月 22 日，林肯颁布《解放黑人奴隶宣言》。此后，相当多的黑奴协助联邦作战，胜利的天平进一步倒向北方。林肯在总统就职演讲时说："我无意直接或间接地在实行蓄奴制的州干预蓄奴制度。我相信我没有这样做的合法权利，而且我也没有这样做的意愿。"然而，由于美国南北战争本质上是"工业化"与"农业化"的路线之争，也就不可避免地触及农业与黑奴问题。

南北战争结束后，美国将贸易保护关税提高到 54%，凭借发达的农业基础，美国很快发展成为一个强大的工业国家。

【商鉴】虽然杰斐逊将农业、制造业、商业及航运业列为美国繁荣的四大支柱，但美国南北双方在如何发展这四大支柱上存在分歧。南方希望发展奴隶制农业庄园，但得不到北方的支持；北方希望通过提高关税保护自身工业的发展，同样得不到南方的支持。从经济角度看，南北战争使美国在如何发展农业、制造业的问题上达成了共识。

三、芝加哥世博会

1870~1900 年，芝加哥市人口从 29.9 万人猛增到 170 万人，是美国最大的商业中心区。

芝加哥被九个州包围在中央，便捷的水陆运输极大地刺激了工商业的发展，当地的制造业和零售业是美国中西部经济的主宰力量。该地区的面积约占美国的 13%，人口占美国的 35%，铁路里程数占美国的 37%，谷类作物产量占美国的 55%。

1893 年，芝加哥举办了世博会，以庆祝"哥伦布发现新大陆 400 周年"，这届世博会又名"世界哥伦布博览会"。这届世博会展出了包括艺术、制造业、商业、园艺、矿业和海洋产业的最新成就，共吸引 2750 万名游客前来参观。

作为展馆主建筑的电子宫，使用了 12 万个爱迪生通用电气公司生产的灯泡照明。西屋电气公司则为整个展会提供了电力，这是交流电的首次大规模应用，预示着美国进入电力时代。

【商鉴】芝加哥世博会是美国从一个殖民地国家发展为一个工业化国家的标志，也是美国成为工业革命中心的标志。

● 蓝带啤酒

贝斯特啤酒厂原本是德国的一家酿酒坊。1516 年，德国颁布纯正啤酒法，规定只能使用大麦、啤酒花、水作为啤酒的酿造原料，从此，德国啤酒成为纯正啤酒的象征。由于无法长期储藏，德国各城镇在当地酿造啤酒，使德国啤酒产业形成百花齐放的局面。

1844 年，贝斯特（Pabst）移居美国。为了让人们喝到新鲜的啤酒，贝斯特采用瓶装啤酒的形式进行销售。由于啤酒含有大量二氧化碳，对瓶盖有严格的要求，一是密封性要好，二是要有一定的咬合度。

为了解决这一难题，美国工程师威廉·佩特（William Painter）通过不断地实验，发现 24 齿的"咬合齿"瓶盖最适合啤酒酒瓶的密封。他同时在瓶盖内部垫上纸片，以阻止饮料与金属接触。贝斯特率先采用威廉·佩特的密封专利技术，并在 1893 年的芝加哥世博会上首次展出新款贝斯特啤酒。

贝斯特为了让人们记住这款与众不同的新鲜啤酒，设计了一套新颖的包装——在瓶颈处系上一条蓝色丝绸飘带作为品牌标志。这条小小的丝绸飘带，使贝斯特啤酒成为芝加哥世博会最耀眼的明星之一，获得最高奖项，人们亲切地称之为"蓝带啤酒"。世博会结束后，贝斯特干脆将"蓝带啤酒"注册成为商标，产品很快畅销全世界。

啤酒是一种以小麦和大麦为主要原料酿造的酒精饮品。蓝带啤酒在芝加哥世博会上的亮相，宣示着美国已经从一个出口小麦、大麦的农业国转变为一个出口啤酒的工业国。

【商鉴】品牌是工业化取得成功的标志之一。蓝带啤酒将蓝色丝绸系在瓶颈上作为品牌标志，既是为了吸引消费者关注，同时也显示出对自己产品的信心。蓝带啤酒也说明，一个好的名字对于商品的销售有着非常重要的帮助。

1. 禁酒令

蓝带啤酒在芝加哥世博会上闪耀登场后，以发达的农业为基础，美国酿酒业迎来了空前发展。1901年，美国最大的啤酒企业安海斯-布希公司生产的百威啤酒产量达到100万桶。在美国，酒吧如雨后春笋般冒出，酗酒滋生了许多社会问题。美国清教徒认为，人们的思想正在腐化堕落。

随着美国女性的参政积极性高涨，酗酒引发的家暴问题成为社会关注的热点问题，主张限制酒精饮品的呼声日益高涨。1920年，美国通过了宪法第18号修正案，即禁酒令。到第二次世界大战开始时，美国有2/3的州执行了禁酒令。

根据这项法律规定，凡是制造、售卖乃至运输酒精含量超过0.5%的饮料皆属违法。禁酒令对美国的酿酒产业产生了显著影响，许多小型酿酒厂倒闭，大型酿酒厂则推出了无醇啤酒，并通过生产麦芽汁、冰淇淋、酵母等产品使公司渡过难关。

但是，禁酒令的实施没有令美国的社会治安好转，反而更加恶化：滋生各类犯罪的地下酒吧大量涌现；黑手党等组织从国外走私进口各类酒精饮品；私自酿酒空前猖獗；假酒泛滥导致民众失明甚至死亡。

禁酒令颁布10年后，美国经济陷入大萧条。1933年，罗斯福当选总统。为了增加税收、重振经济，罗斯福取消了禁酒令，美国的酿酒业得以重新复苏。例如，百威啤酒产量在1938年突破200万桶，最终成为世界上最畅销的啤酒之一。

【商鉴】国家政策对商业有无与伦比的影响，它既可以扶持某个产业发展，也可以打击产业，甚至毁灭整个产业。为了增加税收或重振经济，国家政策又经常会出现"钟摆效应"，这一现象在改革时期尤为常见。

2. 食品药品监督管理局（FDA）

19世纪末，由于没有相关法律以及监管，美国市场上充斥着各种假冒伪劣食品和药品。1883年，维莱（Wiley）被任命为美国首席化学家，他领导的美国农业部化学物质局发布了一份《食品与食品添加剂》的研究报告，呼吁美国政府制定一部统一食品与药品标准的联邦法律，但一直没有受到美国联邦政府的重视。

1906 年，美国作家克莱尔出版了小说《屠场》，对芝加哥肉类罐头厂令人作呕的加工过程进行了细致描写，引发全社会的愤怒和恐慌，成为近代史上美国最严重的食品丑闻。美国总统西奥多·罗斯福向公众道歉，并采纳维莱的建议，签署了《纯净食品和药品法》，该法案也称为维莱法案。

维莱法案禁止在食品中"掺杂"各种物质，包括导致"健康受损"的添加剂、以次充好的填充剂、用以掩盖产品质量的着色剂等。维莱法案还规定，食品、药品的监管与执法由维莱所领导的美国农业部化学物质局负责。1927 年，化学物质局更名为"食品药品监督管理局"（Food and Drug Administration，FDA）。

由于执法权力与力度不足，美国食品与药品安全问题层出不穷，如辐射性饮料、导致失明的化妆品以及毫无疗效的各种假药等。1937 年，美国马森基尔制药公司生产的万能磺胺，造成 107 人死亡，再次引发民愤。美国总统富兰克林·罗斯福向公众道歉，并签署了《联邦食品、药品和化妆品法案》，要求所有新药上市前必须通过安全性审查，同时授权食品药品监督管理局对制造商进行检查，并将化妆品和医疗器械也置于政府监管之下。

此后，美国"食品药品监督管理局"经过多次改革，依靠严格检测和专业评估，最终赢得了公众的信任。

【商鉴】由于商业的本质是逐利的，"只要有 10% 的利润，资本就会到处被人使用；有 20% 的利润，资本就会活泼起来；有 50% 的利润，资本就会引起积极冒险；有 100% 的利润，资本就会让人不顾一切法律；有 300% 的利润，资本就会使人不怕犯罪，甚至不怕绞首的危险"。因此，政府对商业的监督与管理，是市场经济健康发展必不可少的重要保障。

四、美国财阀大亨

1870～1900 年，是美国的"镀金时代"，这一称谓来自马克·吐温的小说。

南北战争结束后，美国先后建成 5 条横贯大陆的铁路线，总铁路里程增加到 30 万千米。大约有 1000 万名移民来到美国，他们在工厂、农场、牧场、矿场寻找"美国梦"。这一时期是美国财富突飞猛进的时期。1860 年，美国 GDP 不到英国的一半；1894 年，美国的 GDP 超过英国成为世界第一；1913 年，美国的人均 GDP 跃居世界第一。

在此期间，美国诞生了一大批知名企业，如摩根大通、通用电气、标准石油、美国钢铁公司、美国电话电报公司、福特汽车等，还出现了铁路大亨范德比尔特、钢铁大亨卡耐基、石油大亨洛克菲勒、金融大亨 J. P. 摩根等。财阀的形成，是美国工业发展的重要见证。

● 铁路大亨：范德比尔特

康内留斯·范德比尔特（Cornelius Vanderbilt）出生于 1794 年，祖先来自拥有悠久经商传统的荷兰。11 岁时，范德比尔特开始协助父亲经营纽约港的渡轮生意，往返于史泰登岛和曼哈顿。23 岁时，范德比尔特在吉本斯（Gibbons）的渡轮公司担任一艘蒸汽船的船长，往返新泽西和纽约。因此，范德比尔特获得了"船长"的绰号。

1829 年，范德比尔特接管了家族生意，将吉本斯新泽西至纽约航线的渡轮业务纳入自己公司，同时还运营多条往返纽约及周边地区的航线。纽约繁忙的客流与物流，使范德比尔特的业务迅速发展，公司成为美国最大的渡轮公司。1849 年，加利福尼亚出现淘金热，范德比尔特开辟了淘金客运专线，从此，垄断了加利福尼亚的海上航运。

美国南北战争结束后，南方各州与欧洲之间的贸易开始减少，范德比尔特的海上航运业务受到不同程度的影响。同时，美国南北之间的铁路运输量大幅增长。1864 年，范德比尔特预计铁路运输将成为美国交通运输业的主流，卖出全部渡轮业务，将所有资金入股铁路，控制了伊利铁路、新泽西中央铁路、哈特福和纽哈芬铁路、纽约和哈林铁路。1869 年，范德比尔特在曼哈顿 42 街兴建大中央铁路车站，以曼哈顿为枢纽连接他旗下的所有铁路，成为美国的"铁路大亨"。

1873 年，范德比尔特为了弥补南北战争给南方造成的创伤，捐赠一百万美元在南方田纳西州建立了一所大学，这所大学以他的名字命名为范德比尔特大学（也称范德堡大学）。1877 年，范德比尔特去世时，拥有 1.05 亿美元财产，占当时美国 GDP 的 1/87。

【商鉴】美国开国元勋之一的杰斐逊将农业、制造业、商业及航运业确立为美国经济繁荣的四大支柱，范德比尔特所取得的财富印证了交通在经济中的重要性，也印证了中国工业化过程中的一句俗话"要想富，先修路"。范德比尔特从"船长"成长为"铁路大亨"，分别代表了工业革命对交通的两项变革：渡轮和铁路。

● 钢铁大亨：安德鲁·卡耐基

安德鲁·卡耐基（Andrew Carnegie）出生于 1835 年。18 岁时，卡耐基进入宾夕法尼亚铁路公司担任电报接线员，受到副总裁斯科特（Scott）的赏识，被提拔为宾夕法尼亚铁路公司的西部负责人。

美国南北战争期间，斯科特被林肯任命为助理战争部长，负责物资运输。当时，生产炮艇、大炮、炮弹、装甲等武器所需的钢材需求量特别大，是铁路运输中的重要战略物资。卡耐基发现这一商机后，投资了一个钢铁厂，赚得丰厚的利润。

战争结束后，卡耐基离开宾夕法尼亚铁路公司，在匹兹堡成立了联合钢铁公司（Union Ironworks）和拱桥公司（Keystone Bridge Works）。凭借与斯科特、汤姆森的关系（两人都曾担任过宾夕法尼亚铁路公司总裁），卡耐基获得为宾夕法尼亚铁路公司生产和铺设钢轨的合同，斯科特、汤姆森也获得一部分联合钢铁公司的股份。为了确保钢铁和工程的质量，卡耐基从伦敦采购了最先进的冶炼设备和生产专利，并聘请了英国专家提供指导。

1874 年，卡耐基为圣路易斯市建成横跨密西西比河的铁路拱桥——艾斯大桥（Eads Bridge），这是世界上第一座钢结构桥梁，也是当时世界上最大跨度的拱桥。该项目的成功，不仅巩固了卡耐基在铁轨项目中的地位，也为他带来了更多订单。

为了建立垄断竞争优势，卡耐基开始不断并购钢铁厂、煤矿和铁矿等相关产业。1901 年，联合钢铁公司已经成为世界上最大的生铁、钢轨和焦炭制造商，生产的钢铁占全美钢铁销量的 25%，年产量超过英国全国的钢铁产量。这一年，卡耐基以 4.8 亿美元的价格将联合钢铁公司卖给 J. P. 摩根组建的美国钢铁公司，美国钢铁公司成为世界上第一家市值超过 10 亿美元的公司，这次交易使卡耐基的财富仅次于同时代的洛克菲勒。

实现财富自由后，卡耐基专注于公益事业。他一生资助了大约 3000 家图书馆，这些图书馆分布在美国、加拿大、英国、爱尔兰、澳大利亚、新西兰、南非、西印度群岛和斐济，他还在匹兹堡创办了"卡耐基技术学院"（今卡耐基梅隆大学）。

卡耐基认为，企业家的生活应该包括两部分：第一部分是赚取财富；第二部分是将这笔财富分配给慈善事业，这是让生活变得有价值的关键。他在《财富的福音》一书中提到，财富是社会文明的根本，竞争决定了只有少数人才能成为富人，而大多数人只能依附于富人而生活。因此，富人有责任用他们手里的财富让整个社会受益。

他说："如果一个人死的时候拥有巨额财富，那就是一种耻辱。"

【商鉴】卡耐基是美国制造业的代表。如果把一个国家比作一个人，那么钢铁就是这个国家的"脊柱"。钢铁产量在很长一段时间内被视为衡量"工业化"的指标，中国钢铁产量在 1996 年突破 1 亿吨，成为世界第一，这也标志着中国制造成为世界第一。卡耐基留给我们的一个思考是："成为第一之后，该做什么？"

● 石油大亨：洛克菲勒

洛克菲勒生于 1839 年，早年经营谷物和牧草批发生意。1859 年，宾夕法尼亚州发现石油，"石油开采热"席卷全美，洛克菲勒在这一时期进入石油行业。

1863 年，洛克菲勒成立了一家炼油厂。化学家安德鲁斯是洛克菲勒的一名合伙人，他掌握了十分先进的分馏技术，可以生产出更多、更纯的煤油以及其他高价值副产品。由于洛克菲勒公司的煤油价格更低、质量更好，他将公司的名字改为"标准石油公司"，暗示标准石油公司生产的煤油才是符合标准的煤油。不仅如此，洛克菲勒还与范德比尔特的铁路公司达成秘密协议，以提升运输成本的方式将小炼油厂挤出市场。最终，当地 26 家炼油厂中的 22 家被洛克菲勒收购。1879 年，标准石油公司控制了全美 90% 的炼油产业。

为了进一步垄断市场，标准石油公司的经营范围不断扩大，包括经营油田、控制油管、炼油、生产副产品以及一切与炼油有关的产品。1882 年，洛克菲勒正式建立了美国第一家托拉斯，拥有 7000 万美元资产，控制了 40 家公司。托拉斯的英文是 Trust，意为"信任"。洛克菲勒说："我们现在的企业就像一个无与伦比的帝国，正在向着成为世界上最大、最好、最富有商业组织的目标迈进。"

标准石油公司的垄断行为，引起美国国会的关注。1890 年，国会通过谢尔曼议员的提案，即《谢尔曼法》，也称反托拉斯法。该法案禁止企业之间订立契约、实行合并或联合采取行动以达到垄断市场的目的，并判定托拉斯属于违法组织。标准石油公司花费大量资金用于游说美国国会，因此很长一段时间内，标准石油公司并未受到处罚。直到 1911 年，标准石油公司才被判定违反《谢尔曼法》，被拆分为 34 家公司。标准石油公司拆分后，洛克菲勒在标准石油公司的股份被置换成巨额的现金财富。据统计，1914 年洛克菲勒的财富总值达到 9 亿美元，占当年美国 GDP 的 2.4%。这一比例，前无古人，后无来者。

此后，洛克菲勒致力于慈善事业，先后创办了芝加哥大学、洛克菲勒大学，还出资建设了哈佛大学公共卫生学院、北京协和医院等医学机构。

【商鉴】洛克菲勒是美国石油化工行业的代表人物，也是第一家美国托拉斯的创立者。洛克菲勒拥有的财富是美国工业实力的象征，所做的慈善事业与谋求商业垄断时的托拉斯行为形成鲜明对比。对于企业家而言，在赚取财富之后，如何花钱仍是一门重要的学问。

● 金融大亨：J. P. 摩根

J. P. 摩根出生于 1837 年，他的父亲是一位银行家。J. P. 摩根的第一桶金来自美国南北战争时期的军火生意。当时，他以每支 3.5 美元的价格购买了 5000 支步枪，随后以每支 22 美元的价格转售给一位陆军将军，赚了 9.25 万美元。有了原始资本后，J. P. 摩根开始投资美国公司，不断累积财富。

1890~1913 年，J. P. 摩根参与投资的公司包括美国钢铁公司、通用电气公司、美国电话与电报公司（AT&T）、美国桥梁公司、安泰人寿、西联汇款等。J. P. 摩根通过控股 26 家铁路公司，控制的铁路长达 10.8 万千米，占当时全美铁路的 2/3。

1907 年，美国国家商业银行（Mercantile National Bank）的两位高管海因策和莫尔斯，在投机联合铜业股票时遭受重大损失。由于担心银行破产，人们纷纷从银行等金融机构提款以避免损失，引发金融危机。尽管这次金融危机导致近 100 家银行因为挤兑倒闭，但与 1893 年 500 多家银行倒闭相比，算是一个不错的结局。这要归功于 J. P. 摩根，因为他在危急关头，召集最重要的几家金融公司总裁开会，要求大家共同拿出资金，帮助有挤兑风险的银行。

在 J. P. 摩根的建议下，美国联邦政府决定成立一个统一的中央银行，以应对下一次金融危机。1913 年，J. P. 摩根去世。同年，美国联邦储备系统（美联储）宣告成立。与其他国家的中央银行相比，美联储作为美国中央银行诞生得比较晚，这是因为美国各州担心联邦政府以此为名来扩大自己的权力范围。美联储是世界上最重要的金融机构，美联储发行的美元也是世界上最重要的货币。

J. P. 摩根通过金融资本，利用股权信托方式，获得了银行业史上前所未有的商业权力。银行家不再局限于为客户提供资金和建议，而是直接进入公司的经营领导层，华尔街拥有了对美国商业至高无上的发言权。

【商鉴】J. P. 摩根代表美国资本的力量，是华尔街的象征。资本是商业发展不可或缺的要素，但资本也是逐利的。每一次的商业变革，每一次的金融危机，都与资本密切相关。J. P. 摩根开创了资本对商业的发言权，从而改变了商业的游戏规则，商业的竞争在很多时候变成了资本的竞争，如烧钱大战、补贴大战……

五、大萧条

第二次工业革命以后，流水线作业使工业产能大幅增长，为产能过剩埋下了伏笔。同时，第一次世界大战以及战后重建，为美国工业带来大量订单。工业繁荣反映在股市，就是持续的牛市。当投资股票看似"稳赚不赔"的时候，美国各个银行开始向个人提供贷款，用于投资股市。

1929年，投资于美国股市的总贷款额超过85亿美元，相当于股市市值的2/3，这部分资金比美国当时流通的货币总额还要多。为了给过热的股市降温，美联储开始收缩货币发行量。随着贷款资金退出股市，股市泡沫在1929年10月24日被无情地戳破了，人们开始惊慌地抛售手中的股票，股市一路狂跌。股价的下跌使投资者无法偿还银行贷款，出现了大面积债务违约。人们担心银行破产，试图抢在银行破产以前把存款取出，又造成银行挤兑。1930年底，共有608家美国银行倒闭。J. P. 摩根无论如何也想不到，他倡议成立的美联储不但没能拯救银行，反而导致更多银行破产倒闭。

金融危机很快传导到欧洲，欧洲对美国工业商品的进口骤减。为了消耗过剩的工业产能，美国试图通过内需来解决问题。1930年，美国通过了《斯姆特-霍利关税法》，将20000多种进口商品的关税提升到历史最高水平。该法案通过之后，有1028名经济学家签署了一份请愿书抵制该法案，其他国家则对美国采取了报复性关税措施，使美国的进口额和出口额骤降50%以上。1932年，世界贸易额减少了2/3，金融危机演变成一场全球性的经济危机。美国的失业人数由不到150万人猛升到1700万人，占整个劳动大军的1/4以上，整体经济水平倒退回1913年。

当时，英镑是世界上最具信用的货币。1717年，牛顿担任英国铸币局局长期间，将每盎司（28.35克）黄金的价格固定为3英镑17先令10.5便士，确立了金本位制度。受经济危机影响，英国债务、贸易逆差等问题开始凸显，人们担心手中的英镑成为一张废纸，纷纷将英镑兑换为黄金。为了维护英镑的信用，英国政府刚开始允许英镑自由兑换为黄金，每天从伦敦流失的黄金达18吨。随着黄金储备接近枯竭，英格兰银行被迫于1931年9月宣布停止用英镑兑换黄金。

英国宣布英镑不能兑换黄金后，人们开始将美元兑换为黄金。美国持有世界一半的黄金储备，本想趁机取代英镑成为最有信用的国际货币，但在坚持了一段时间以后，面对日益减少的黄金储备，美国政府也不得不采取管制措施。1933年4月5日，罗斯福签署了第6102号行政命令，禁止私人持有金币、金条以及黄金证书。在罗斯福的领导下，美国国会制定了《紧急银行法》《农业调节法》《国家产业复兴法》《社会安全法》等一系列法案，以挽救美国的经济。同时，建立了一系列制度和机构，如社会安全保障基金、美国证券交易委员会、美国联邦存款保险公司、美国住宅局、田纳西河谷管理局等，旨在克服经济危机。这些政策措施，也被称为"罗斯福新政"。

经济危机加剧了世界各地的紧张局势。为了摆脱经济危机的影响，日本、德国制定了激进的扩张政策。1931年，日本发动九·一八事变，侵占了中国的东北。1933年，希特勒成为德国元首，宣称经济危机是因为政府无能，认为德国经济要想走出困境，必须摆脱《凡尔赛和约》的约束。此时，战争阴云开始笼罩欧洲。"二战"爆发后，军火贸易使美国的出口迅速恢复，很快超过了大萧条以前的水平。"二战"后，美国经济强劲复苏，奠定了美国工业霸主的地位。

【商鉴】从商业角度来看，经济危机的本质是"投资失败"，应对经济危机就是应对"投资失败"。由于"投资何时失败"不可预测，因此，经济危机不可预测。不过，拯救"投资失败"却是可以做到的，如提供新的资金、发现新的商机等。用政府投资摆脱经济危机，实质上就是为企业注入新的资金、提供新的商机。

第二十章　法国的工业化之路

　　1683 年，路易十四废除了《南特敕令》，宣布新教为非法，法国成为一个天主教占绝对主导地位的国家。大批从事工商业的胡格诺派新教徒逃亡，对法国的工业化造成了沉重打击。由于工商业遭到破坏，法国税收大幅减少。路易十五时期，法国国债总量高达 20 亿法郎。

　　路易十六时期，法国与美国结成军事同盟，对英国宣战，帮助美国赢得独立战争，但又欠下一笔巨额战争借款。英国为了报复法国，对法国实行贸易封锁和海上禁运，导致法国国内经济一片萧条，工商业者大量失业。当时，仅巴黎一地的失业人数就达到 20 万，约占城市总人口的 1/3。

　　为了解决政府财务赤字问题，路易十六决定召开三级会议（教士第一等级、贵族第二等级、市民第三等级），希望获得普通市民的支持以增加税收。三级会议召开后，市民中的胡格诺派新教徒宣布成立"制宪议会"，要求制定宪法约束国王和教会的权力。这一要求遭到教会和天主教贵族的一致反对。路易十六也不想失去权力，于是调集军队准备强行解散"制宪议会"。巴黎市民随即攻占了拥有大量军火的巴士底狱，建立了国民自卫军，准备以武力方式实现宪政，法国大革命就此爆发。由于这场革命由胡格诺派工商业者发起和领导，因此也被称为法国资产阶级革命。

一、法国大革命

　　1790 年 6 月，"制宪议会"宣布废除法国的封建制度，取消了亲王、世袭贵族、封爵头衔。同时，"制宪议会"还宣布法国教会脱离罗马教皇统治，归国家管理。此后，法国各地的天主教堂遭到破坏，牧师受到迫害，教会财产被没收。

　　在罗马教皇的号召下，奥地利、普鲁士、西班牙、葡萄牙、意大利等天主教国家很快组成反法联盟。英国为了报复法国支持美国独立，也宣布加入反法联盟。由于路易十六的王后玛丽·安东尼特是奥地利皇帝的妹妹，"制宪会议"认为路易十六勾结奥地利，以叛国罪将他送上了断头台。

随后，"制宪会议"发布征兵令，决定通过战争消除敌对势力，确保革命安全。通过一系列战争，法国军事天才拿破仑崛起，缔造了法兰西第一帝国。鼎盛时期，法兰西第一帝国的影响波及大半个欧洲。从战败国获取的战争赔款，缓解了法国的财政问题，军队将领也因战争胜利而获得财富和地位。法国的卢浮宫博物馆，至今收藏着拿破仑军队从欧洲各地掠夺来的艺术品。

为了躲避战乱，许多商人前往美国，如法国化学家杜邦（Du Pond）正是在这一时期来到美国的特拉华州，创办了杜邦公司，为欧洲生产火药。同时，随着法国封建体制被摧毁，破除了垄断、特权等不利于工商业发展的旧制度，有利于工业化发展的"资产阶级"制度正式建立，小规模的手工业、制造业、采矿业都开始蓬勃发展。

【商鉴】政治体制决定商业环境。法国大革命最初的起因，是法国胡格诺教派与天主教之间的冲突。由于胡格诺教派的主体是商人，因此也被认为是"资产阶级革命"，其意义相当于中国的辛亥革命。

二、法兰西银行

法国的第一家中央银行是法兰西皇家银行，它由苏格兰经济学家约翰·劳于1716年成立，并与密西西比公司捆绑经营，使密西西比公司的股价从500里弗尔飙涨到10000里弗尔。泡沫破灭后，法兰西皇家银行纸币贬值，引发银行挤兑，最终于1721年破产。这件事情使法兰西皇家银行的信用遭受玷污，以至法国在将近一个世纪的时间里都没有中央银行。

1800年，法兰西第一共和国成立。拿破仑为了筹集战争资金，在巴黎成立了法兰西银行，授予其发行纸币的特权。法兰西银行的主要股东是十五位银行家，他们是拿破仑崛起的主要策划者和资金提供方。1803年，拿破仑以1500万美元的价格把法属路易斯安那卖给美国，就是通过法兰西银行完成的。这笔交易获得的资金作为军费，对拿破仑赢得欧洲战争至关重要。

通过一系列战争，法国成为仅次于大英帝国的第二大殖民帝国，殖民地面积达1234.7万平方千米。随着殖民地的扩张，法兰西银行深入地参与铁路、采矿、农业种植园等业务，成为欧洲最重要的银行之一，巴黎也开始成为欧洲大陆的金融中心。如果说阿姆斯特丹银行、英格兰银行是荷兰和英国崛起的象征，那么法兰西银行就是法国崛起的象征。

在"一战"期间，法兰西银行在国外出售短期国债以帮助筹集战时开支所需资金。为了维护法郎货币的稳定，当时的法兰西银行持有世界黄金储备的

28.3%，仅次于美国的 30.4%。"二战"期间，法兰西银行监管的黄金储备向海外转移，主要转移地包括加拿大、美国和法国的海外领土。1945 年，法兰西银行被戴高乐收归国有。

【商鉴】金融是工业的血液。法兰西银行的创办和发展，是法国工业化的见证。

三、《拿破仑法典》

1804 年，拿破仑建立"法兰西第一帝国"，在法国巴黎圣母院大教堂加冕称帝，后称拿破仑一世。为了兑现法国大革命的"制宪"承诺，拿破仑制定并颁布了《民法典》，也称《拿破仑法典》。

《拿破仑法典》分为三大部分，有 2281 条法律条文。第一部分是人法，是有关民事权利的规定；第二部分是物法，是有关财产所有权、物权的规定；第三部分是获取各类所有权的规定，包括继承、遗嘱、还债、赠予、夫妻共同财产等相关法律条文。

法国大革命期间，天主教的资产几乎全部被没收了，将来胡格诺教徒的资产会不会被没收呢？谁也无法保证。不安全感笼罩在每个人的身上，谁也不知道自己的资产哪天就会被没收了，因此，许多工商业者被迫离开法国。《拿破仑法典》规定私有财产神圣不可侵犯。例如，第 537 条规定，"私人可以自由处置属于其所有的财产"；第 544 条规定，"所有权是对事物拥有绝对无限制地使用、收益及处分的权利"。《拿破仑法典》颁布后，私有财产得到了法律的明确保护，法国向美国、加拿大等地区的工商业移民显著减少了。

《拿破仑法典》还明确了商业契约原则，法典中有超过 1000 条条文对"契约"进行了详细规定，如第 1134 条规定，"依法订立的契约，在缔结契约的当事人间具有法律效力"；第 1710 条规定，"凡劳动力雇佣者可与出卖劳力者商定并签署契约：一方为他方完成一定的工作，他方按约定支付相应报酬"。商业契约是商品交易、劳动雇佣、商业合作的基础，法律保障下的商业契约使法国工商业出现繁荣发展的局面。

拿破仑对这部民法典十分重视，曾多次亲自参与一些法律条文的讨论。法典草案在讨论一年后完成，拿破仑命人将其送往枢密院和各个法院。这些政府部门为了审核、修改草案，总共召开了 102 次讨论会，其中 97 次是拿破仑亲自主持的。

拿破仑说："我一生赢得了无数战争，但是我最骄傲的是《民法典》。"

【商鉴】《拿破仑法典》被欧洲大陆的许多国家借鉴，使法律取代教皇成为解决矛盾冲突的渠道，也使胡格诺教派与天主教之间的矛盾得以解决。在法国，由于胡格诺商人的社会地位以及利益得到了法律保护，法国很快发展成为欧洲的工业中心之一。

四、大陆封锁令

拿破仑称帝后，英国成为法国最大的竞争对手。为了打击英国经济，同时发展法国工业，拿破仑决定利用他控制下的欧洲国家对英国实施贸易禁运。

1806 年 11 月 21 日，拿破仑颁布《柏林敕令》规定：所有隶属于法国同盟的各国包括意大利、荷兰、瑞士、莱茵邦联等，禁止与英国发生贸易关系；法国统治下欧洲的英国侨民，一律宣布为战俘；所有英国的货物和商船，全部没收。此后，拿破仑一世又陆续颁布了《华沙敕令》（1807 年 1 月）、《米兰敕令》（1807 年 11 月和 12 月）和《枫丹白露敕令》（1810 年 10 月），要求葡萄牙、西班牙和俄国参与对英国的封锁。这些政策被统称为"大陆封锁令"。

作为回应，英国议会通过贸易禁令，指示英国皇家海军封锁法国及其盟友的所有港口，阻止一切航运。由于欧洲大陆的工业发展水平较低，商品无法代替英国而满足欧洲各国需求，大量英国商品从葡萄牙、西班牙港口走私进入欧洲，使"大陆封锁令"大打折扣。为了让葡萄牙、西班牙贯彻"大陆封锁令"，拿破仑率领军队入侵西班牙，引发了半岛战争。此外，英国皇家海军击败中立的丹麦海军，控制了波罗的海航线，俄罗斯也成为英国商品向欧洲走私的重要通道。拿破仑要求俄罗斯执行"大陆封锁令"，遭到拒绝后，拿破仑发动了侵俄战争。

1815 年，拿破仑在滑铁卢战败，被英国流放于圣赫勒拿岛，"大陆封锁令"随之解除。但它仍然对英国造成了沉重打击。与 1806 年之前相比，英国对欧洲大陆的出口下降了 25%～55%，引发了高失业率和通货膨胀等问题。

英国采取的反封锁措施，也对法国及其盟友造成了重创。依赖海外市场的行业（如造船业、亚麻业）业务量严重下滑，港口城市马赛、波尔多、拉罗谢尔都因出口减少而遭受利润损失。与英国有传统贸易关系的国家，由于进出口停滞，经济陷入萧条之中。

不过，由于来自英国的商品减少，法国北部、东部以及德国莱茵地区的工业得到了发展。

【商鉴】大陆封锁令是近代史上规模最大的贸易战，几乎使整个欧洲都卷入其中。由于缺少贸易协商机制，贸易战最终演变为战争冲突。如果历史有什么经验教训的话，那就是：在贸易战中，没有一个国家是赢家。

五、法兰西工业的辉煌

1889 年，为了纪念法国大革命 100 周年，法国决定在巴黎举办一场盛大的世博会。

法国政府希望建造一座里程碑式的建筑，既彰显法国的工业成就，也能纪念法国大革命 100 周年，还能成为巴黎世博会的标志。通过向全球招标，最终确定了古斯塔夫·埃菲尔的设计方案——在巴黎建造一座世界最高的大铁塔。

由于法国政府、巴黎市政府只能提供总预算资金的 1/5，古斯塔夫·埃菲尔将他的建筑工程公司和全部财产抵押给银行，筹得其余 4/5 资金，法国政府则给予古斯塔夫·埃菲尔 20 年铁塔运营权。

建成后，古斯塔夫·埃菲尔以自己的名字将铁塔命名为埃菲尔铁塔。埃菲尔铁塔的塔身为钢架镂空结构，重 7300 吨，高 324 米，是当时世界上最高的建筑。巴黎世博会期间，埃菲尔铁塔安装了数百盏煤油灯进行照明。无论白天和黑夜，在巴黎的任何一个角落都可以看到埃菲尔铁塔。

埃菲尔铁塔是巴黎世博会最大的亮点，至今仍是巴黎的城市地标。当时，埃菲尔铁塔的门票价格为第一层 2 法郎，第二层 3 法郎，顶层 5 法郎。仅在巴黎世博会期间，就有约 190 万人参观。

这不仅是一件杰出的建筑艺术，还是一个商业项目，是世界上付费参观人数最多的名胜古迹之一。

【商鉴】埃菲尔铁塔是法国工业革命成就的象征，它既是一件艺术品，同时也具有商业化属性。艺术与商业是相辅相成的，艺术会提升商品的内在价值，许多高端商品本身也都是艺术品。这种价值是一种独特的价值，来源于人类情感。

● 雪铁龙

安德鲁·雪铁龙出生于 1878 年，毕业于巴黎综合理工学院。大学期间，他目睹了巴黎世博会上埃菲尔铁塔的辉煌，立志成为一名工程师。

有一次，雪铁龙访问母亲的家乡波兰时，看到一位木匠正在加工一组鱼骨结构的齿轮，这种齿轮有噪声小、效率高的特点。雪铁龙买下这项专利并进行改进后，申请了"双螺旋齿轮"发明专利。1912 年，安德鲁开办了"V 形齿轮厂"。当时，正值汽车行业的飞速发展期，安德鲁的齿轮厂迅速发展壮大。

1919 年，安德鲁创立了雪铁龙汽车公司，推出了百公里仅耗油 7.5 升的 A 型车。在法国勒芒举行的一次汽车比赛上，雪铁龙 A 型车获得了"省油冠军"称号。此后，雪铁龙汽车声名远扬，仅在 1920 年，就卖出了 1.5 万辆 A 型车。

A型车大获成功后，安德鲁决定在埃菲尔铁塔上制作一个当时世界上最大、最醒目的广告。从1925年到1934年，雪铁龙一直用埃菲尔铁塔做广告，以至于许多人以为"埃菲尔铁塔"改名"雪铁龙铁塔"了。广告带来的效应是显著的，雪铁龙一跃成为欧洲第一大汽车制造商，占当时法国汽车出口总量70%的份额。在人们看来，雪铁龙汽车与埃菲尔铁塔一样，都是法国的象征。

大萧条时期，受世界经济危机影响，汽车销量开始下降。安德鲁没有及时削减产量，反而要求日产量保持在1000辆。他这么决策是因为规模化生产可以降低汽车生产成本，从而确立市场竞争优势。但是，安德鲁低估了这次经济危机的破坏力。由于市场急剧萎缩，雪铁龙公司生产的汽车积压在仓库无法卖出。同时，大量银行破产倒闭，没倒闭的银行自身难保，安德鲁无法从银行贷到新的借款来渡过难关。1934年，雪铁龙公司资金链断裂，申请破产。雪铁龙公司的最大债权人——米其林公司，成为雪铁龙的新主人。

不久，雪铁龙推出了Traction Avant15SX，Traction是"牵引"的意思，Avant是"前"的意思。Traction Avant15SX汇聚了那个时代的诸多先进技术：承载式车身、前轮驱动技术、液压刹车、悬浮式发动机。按照空气动力学原理设计的流线型外观，也使它显得优雅轻盈，韵味十足，被称为"公路女皇"。

1940年，法国被德国占领，德国将纳粹标志挂到埃菲尔铁塔上，侮辱了法国人的自尊心。面对咄咄逼人的德国，英国首相丘吉尔下令"点燃欧洲"，法国则发起了一场"抵抗运动"。"抵抗运动"要求法国企业不为德国服务，否则被视为通敌。对于不合作的企业，德国采取的办法是将工厂没收并搬回德国，或者直接派驻德国管理人员接管工厂。时任雪铁龙总裁是米其林董事会的布朗热（Boulanger），他被命令为德国生产军用卡车。布朗热故意将油箱油尺的槽口放在错误位置，这使雪铁龙工厂生产的卡车容易出现发动机故障。虽然德国人不知道是什么原因，但还是意识到一些端倪。在纳粹帝国最重要敌人的黑名单上，布朗热的名字位列前茅。

"二战"结束后，雪铁龙恢复了轿车生产。由于布朗热在"抵抗运动"中的表现，开雪铁龙汽车被法国人视为爱国的表现。1955年，雪铁龙推出使用液压气动自调平悬架系统的流线型汽车——雪铁龙DS。液压气动自调平是指一种汽车悬架系统，这种系统即使在坑洼不平的道路，也能使车辆保持恒定的行驶高度，像"魔毯"一样平稳。DS在法语中是"女神"的意思，它不仅外观设计前卫，而且能以160千米/小时的速度巡航，被戴高乐作为总统座驾。

【商鉴】雪铁龙汽车既有主打"省油"的平民化A型车，也有应用"液压气动自调平悬架系统"的总统座驾雪铁龙DS，这一切都是由技术推动的。从埃菲尔铁塔的广告营销到戴高乐总统的座驾，雪铁龙无疑是法国工业的重要象征。

● 雷诺

路易·雷诺出生在巴黎一个富商家庭。1899 年，路易·雷诺将自己的德·迪翁牌三轮摩托车改装成一辆汽车。一位马车公司老板在体验路易·雷诺的改装车后，要雷诺帮他改装 13 辆汽车，用以代替马车。在获得这份订单后，路易·雷诺、马塞尔·雷诺、费尔南·雷诺三兄弟成立了雷诺公司。

当时，火车正在兴起，马车仍然是主要的交通工具之一，因此，用汽车代替马车的市场战略让雷诺迅速发展。到 1908 年，雷诺公司共生产了 3575 辆汽车，成为最大的出租汽车制造商，垄断了伦敦、巴黎、纽约等城市的出租车市场。这一年，福特公司推出 T 型车，价格只有雷诺的 1/3，抢占了许多市场。路易·雷诺意识到，想要在市场上保持竞争优势，必须向福特学习。1913 年，路易·雷诺拜访了福特公司，并且引入流水线生产技术。

"一战"爆发后，路易·雷诺使用汽车工厂的液压机为法国军方制造炮弹，转型为军工企业。路易·雷诺还将汽车发动机改进为军用飞机发动机，成为飞机引擎制造商。雷诺公司将汽车改进为坦克，制造了世界上第一种可旋转炮塔式坦克——雷诺 FT-17。由于这些贡献，路易·雷诺在战后被授予大十字勋章，继续为法国研发新型坦克，如 D1 坦克和 R35 坦克。

战争结束后，雷诺公司推出了雷诺拖拉机，以代替广大农村地区的马匹。20世纪 30 年代，雷诺并购了法国高德隆飞机制造公司，开始生产小型飞机。这一时期，雪铁龙以更具创新性、流行性的车型击败雷诺，成为法国最大的汽车制造商。

1940~1944 年，法国被德国占领，路易·雷诺为避免雷诺公司被戴姆勒—奔驰公司接管，不得不与德国合作。在四年的时间里，路易·雷诺为德国制造了 34232 辆汽车，在德国的后勤运输中扮演了极为重要的角色，法国媒体称他为"臭名昭著的巴黎通敌者"。德国战败后，路易·雷诺被捕，罪名是与纳粹德国进行工业合作，雷诺公司被法国临时政府查封并收归国有。1956 年，雷诺公司成为法国最大的国有公司。1996 年，雷诺公司开始民营化。截至 2022 年，法国政府仍持有雷诺公司 15.7% 的股份。

【商鉴】政治立场是企业不得不面对的一个课题。在法国被德国占领的情况下，路易·雷诺的选择尽管十分有限，但仍应重视良好的声誉，这样才能使企业走得更远。从企业长远经营的角度来看，声誉的得失比财富的得失更为重要。

● 米其林

1889 年，安德鲁·米其林和爱德华·米其林兄弟创办了米其林公司。公司的前身是他们祖父创办的一家橡胶用品厂，主要生产皮带、阀门、管道、自行车轮胎等产品。

19世纪末，自行车已经成为一种流行的交通方式。1888年，英国邓禄普（Dunlop）发明了充气自行车轮胎。充气轮胎可以大大减少颠簸，提升骑行的舒适性，但充气轮胎有一个缺点，就是容易被扎胎，维护起来很不方便。米其林兄弟对自行车充气轮胎的设计进行了很大改进，使轮胎更容易更换和修理。1891年，米其林兄弟申请了可拆卸轮胎专利。从此，米其林公司开始垄断自行车轮胎生意。

汽车兴起后，米其林兄弟又研发了机动车充气轮胎。1896年，米其林公司成为雷诺公司的供应商，巴黎300辆雷诺出租汽车率先安装了米其林充气轮胎。从此，米其林在轮胎行业站稳了脚跟，被广泛应用于农用车、卡车、飞机。毫不夸张地说，法国几乎所有有轮子的交通工具都装上了米其林轮胎，包括未被淘汰的马车。

随着对轮胎的需求越来越多，对橡胶的需求量也越来越大。1922年，米其林在法国殖民地越南创办了3万亩橡胶种植园，到1929年，橡胶种植园规模扩展到12万亩。1934年，雪铁龙公司资金链断裂，宣布破产。作为雪铁龙公司的轮胎供应商米其林公司反客为主，收购了破产的雪铁龙汽车公司。在米其林的经营下，雪铁龙成为欧洲最具创新性的汽车制造商之一。

《米其林指南》

米其林兄弟为了提升米其林轮胎的品牌知名度，在1900年出版了一本针对法国驾车者的指南，即《米其林指南》。

第一份免费版指南分发了近35000份，它为驾车者提供了十分有用的信息，如地图、轮胎修理和更换说明、汽车修理工列表、酒店和法国各地的加油站。从1920年起，《米其林指南》不再免费发放，改为售价2美元。收费版《米其林指南》删除了所有广告，并按特定方式列出餐厅类别，方便人们查找和使用。

该指南于1926年开始为高级餐厅颁发星级。最初，只授予一颗星。1931年，引入了零星、一星、二星和三星等级制度，其中一星表示推荐，二星表示优秀（值得绕道），三星表示卓越（值得一次特别旅行）。

【商鉴】成功的商业营销创意，就在于能为顾客提供有实用价值的商品、服务和信息。《米其林指南》是最成功的商业营销案例之一，它是汽车时代的生活指南。2003年，张涛创办大众点评网，正是受《米其林指南》启发。

第二十一章 德国的工业化之路

　　德国由法兰克王国分裂而来，而法兰克人是日耳曼民族中的一支。公元 800 年，罗马教宗圣良三世在罗马为法兰克国王查理曼加冕，查理曼成为"罗马帝国皇帝"。查理曼去世后，虔诚者路易继位，他将法兰克王国一分为三，分别由他的三个儿子统治。不久，中法兰克被东、西法兰克瓜分。西法兰克后来演变为法兰西王国，即法国的前身；东法兰克则继承了"罗马帝国"，也就是德国的前身。1157 年，东法兰克国王腓特烈一世为了强调皇权的正统性与合法性，将"罗马帝国"更名为"神圣罗马帝国"。

　　英法百年战争后，法兰西王国崛起为军事强国，经常与神圣罗马帝国争夺影响力和主导权。由于欧洲复杂的王室联姻，很长一段时间内，神圣罗马帝国受奥地利哈布斯堡王朝统治。因此，法兰西王国对神圣罗马帝国非常蔑视。法兰西哲学家伏尔泰曾经讽刺说："神圣罗马帝国，既不神圣，也非罗马，更非帝国。"

　　1806 年，神圣罗马帝国被拿破仑灭亡，奥地利国王弗朗茨二世放弃神圣罗马皇帝尊号。在拿破仑的支持下，列支敦士登、巴伐利亚、符腾堡、巴登等莱茵河两岸的原神圣罗马帝国邦国，建立了"莱茵邦联"。莱茵地区盛产褐煤，是德国仅次于鲁尔煤田的第二大煤炭基地，也是欧洲大陆最重要的工业区之一。

　　拿破仑战败后，原神圣罗马帝国境内的普鲁士和奥地利，联合其他邦国建立了"德意志邦联"。普鲁士最初由勃兰登堡侯国和普鲁士公国组成，曾是条顿骑士团的主力，拥有历史悠久的军事传统，是德意志邦联内德语居民占主体的唯一强国。奥地利帝国皇帝弗朗茨二世曾经是神圣罗马帝国的皇帝，是"德意志邦联"名义上的主席国。

　　【商鉴】自工业革命以来，煤炭一直是工业化的重要推动力。直到 1967 年，石油才超过煤炭成为第一能源。德国在莱茵、鲁尔等地区拥有丰富的煤炭资源，因而能成为欧洲工业革命的中心，莱茵工业区和鲁尔工业区也是德国最重要的两大工业中心。

一、李斯特

弗里德里希·李斯特（Friedrich List）出生于 1789 年，是德国著名的经济学家，也是德国工业化的主要奠基者，他的作品《国家政治经济学体系》（*The National System of Political Economy*），是除马克思作品外被翻译得最多的德国经济学家作品。

1815 年，德意志邦联成立后，李斯特当选为一名议会代表。在一次经济改革会议上，李斯特一针见血地指出德意志邦联存在的问题："我们的大学里没有农业、林业、采矿、工业、贸易等课程，人们对经济没有任何概念。政府形式与 200 年前没有任何区别，一位 17 世纪的官员完全可以胜任现在的职位，尽管他会惊讶于工业已经取得的巨大进步。"

李斯特提出，一个国家真正的财富来自生产力的全面发展。纯农业国家往往生产力落后，经济因此停滞不前，而工商业则与航海、铁路等技术相关，能推动生产力发展，从而使一个国家不断进步。一个国家的工业化发展，可以划分为四个阶段：田园生活—农业—农业与工业—农业、工业与商业。农业国家应该从自由贸易开始，通过出口原材料产品，与其他国家进行贸易，提升本国的经济水平；当经济发展到可以发展制造业的时候，应该采取贸易保护措施，让本国工业在国内市场上先发展起来，避免被外国工业的竞争打败；当本国工业发展到足以与外国工业竞争时，就达到最高阶段，这时候应该倡导自由贸易，让国家融入世界工业体系。

针对德意志邦联当时的情况，李斯特主张建立德意志关税同盟，取消内部关税，以促进互相之间的贸易。同时，还可以共同提高进口商品关税，以保护本地工业发展。1825 年，李斯特以美国为蓝本，起草了建设德国国家铁路网的建议，倡议大力发展铁路来推动国家工业化。

李斯特说："关税同盟和铁路系统是具有共同思想和感官的连体双胞胎，它们互相支持，追求同一个伟大目标：把德意志统一成为一个伟大、文明、富有、强大和不可侵犯的国家。"

【商鉴】德意志邦联成立后，面临着与美国独立后同样的问题，即国家的下一步应该怎么发展？李斯特长期生活在美国，因而受汉密尔顿《关于制造业的报告》的影响，也受杰斐逊"四个支柱"理论（农业、制造业、商业和运输业）的影响。简而言之，李斯特认为，当时的美国就是德国学习的榜样，即以工业化作为国家的发展目标。

二、德意志关税同盟

在一国境内，工业与农业的发展通常在地域上是不均衡的。美国工业与农业的划分是南北划分，南部是农业，北部是工业；而德意志邦联则是东西划分，东部是传统农业区，西部则是工业区。

拿破仑战败后，针对英国的"大陆封锁政策"被取消，原先受到保护而得到发展的德国工业，面对英国工业品的强大竞争，遭受了重大打击。为了保护德国工业发展，李斯特倡议进行关税改革：一是提高英国进口工业品关税，二是免除德意志邦联内部关税、原材料进口关税。当时，普鲁士境内有 67 道关卡，而整个德意志邦联境内有大约 1800 个海关边界，一次货物运输往往要被检查数十次，内部贸易成本极高。1818 年，普鲁士率先通过了《关税改革法案》，废除了普鲁士境内的所有关税，对进口原材料免税，同时对进口工业产品征收 10%～20% 的关税。

普鲁士免除境内关税，受到其他邦国的普遍欢迎。1834 年，38 个德意志邦联国家与普鲁士签订关税条约，成立了德意志关税同盟，李斯特担任首任秘书长。成员国之间享受完全自由贸易；同盟境内实行统一关税，净收益按人口比例分配；生产制造中所需的所有原材料和半成品免征关税。此后，德意志关税同盟签署国之间的铁路交通网络也开始建设，各个邦国之间共同构建了网状分布的交通运输体系。德意志境内商品运输成本大大降低，商业空前繁荣。

为了争夺对"德意志邦联"的领导权，奥地利一直被排除在德意志关税同盟之外。1866 年，普鲁士与奥地利之间爆发战争，奥地利战败后，退出"德意志邦联"，普鲁士完成对德意志邦联的统一。

1871 年，普鲁士击败法国，成立德意志帝国。普鲁士国王威廉一世特意在法国皇宫——凡尔赛宫，加冕为德意志皇帝，狠狠地羞辱了法国人。战败的法国被要求赔偿 50 亿法郎，并割让盛产铁矿的阿尔萨斯—洛林地区。

这两笔赔偿极大地推动了德国工业发展。20 世纪初，德国经济超过英国本土，仅次于美国和整个英联邦。

【商鉴】按照李斯特的工业发展理论，国家在工业化的过程中应采取贸易保护措施来发展本国工业，统一的关税是前提条件。一个国家如果没有统一，或处于半殖民地状态，就没法进行工业化。中国清朝末年、民国初年都没有完成工业化，其中一个重要原因是没有关税主权。

三、德国的两次世界大战

在工业化过程中，世界各国普遍实行贸易保护的重商主义政策，英国及其殖民地拥有世界 1/4 的人口，美国则在美洲建立了庞大的内需市场，但都设立了高关税以阻止德国商品进入。在德国人看来，要想成为工业化强国，必须拓展生存空间，参与殖民地争夺。

德意志帝国建立后，确立了"走向海洋，与英国竞争"的发展战略。德意志帝国皇帝威廉二世说："德国的未来在海上，要把海神手中的三叉戟掌握在我们手中。"宰相皮洛夫则宣称："让别的民族去分割海洋和大陆而我们自己却无动于衷的时代，已经过去了，我们也要为自己谋求阳光下的地盘。"

1898 年，德国建成仅次于英国皇家海军的世界第二大舰队。德国海军在非洲和太平洋群岛展开攻势，在极短时间内建立起一个仅次于英、法的世界第三大殖民帝国。面对德国咄咄逼人的攻势，英国不得不放弃"大陆均势"政策，与俄国、法国结成军事同盟；德国则与意大利、奥匈帝国结成同盟。德国参谋总长小毛奇叫嚣说："我们已经准备好了，对于我们来说，战争越快越好。"

1914 年，第一次世界大战爆发，德国主力舰队被英国皇家海军封锁在波罗的海，德国不得不使用无限制潜艇战来攻击英国运输物资的船只，结果击沉了多艘美国船只，导致美国对德宣战。美国参战后，德国很快战败，威廉二世退位，德意志帝国灭亡，被迫签订了《凡尔赛和约》。该条约对德国作出了极为严厉的惩罚：第一，赔偿 2260 亿金马克，1 金马克约等于 3.58 克黄金，总计约 162 亿两黄金；第二，德国所有的海外殖民地（包括德属东非、德属西南非、喀麦隆、多哥以及德属新几内亚）由战胜国瓜分；第三，阿尔萨斯—洛林地区归还给法国。

按照《凡尔赛和约》的规定，德国每年需要支付 20 亿金马克战争赔款，要 113 年才能全部还清。英国经济学家凯恩斯将战争赔款称为"迦太基的和平"，暗示法国要把德国削弱后，再彻底消灭。法国总理庞加莱向英国人争辩说，如果让德国人在赔偿方面违反《凡尔赛和约》，会开创一个先例，导致《凡尔赛和约》的其余部分被废除，从而解除束缚德国的锁链，引发另一次世界大战。

为了使德国有能力偿还战争赔款，英、美、法同意把苏维埃俄国作为德国商品出口的专属市场。1921 年，进一步将战争赔款降低到 1320 亿金马克，但这一天文数字，对德国人来说依旧是巨大的财务负担。1922 年起，德国开始有意无意拖欠战争赔款。在交涉无果后，法国派出军队占领了德国工业中心鲁尔区，用这里的机械设备和工业产品作为战争赔款。在英国、美国的调解下，法国军队于

1925 年撤出了德国鲁尔工业区，由美国贷款给德国来支付战争赔款。1929 年，美国发生金融危机，股市崩溃，银行遭受挤兑，无法继续向德国提供贷款，德国随之中断了战争赔款的支付。

当时，整个世界因经济危机处于动荡之中。1933 年，希特勒利用德国民众的不满成为德国元首，他上台后做的第一件事情，就是让德国退出国际联盟和世界裁军协议，开始为"争夺生存空间"发展军备。

为了麻痹英国和法国，希特勒将矛头对准"犹太人"和"布尔什维克"，称他们是德国的敌人，他的态度获得了英国、美国的肯定。1933~1936 年，在英美贷款的援助下，德国兴建了大量的水坝、高速公路、铁路、机场和其他工程设施，经济得以从大萧条中恢复，失业人口也从 600 万人下降到 100 万人。1935 年，德国还与英国签订了《英德海军协定》，允许德国的海军总吨位增加到英国海军总吨位的 35%，希特勒称之为英德同盟的开始。1936 年，希特勒成功举办了柏林奥运会，有 49 个国家的 3963 名运动员参加，德国位列金牌榜第一。

随着德国经济强劲复苏，很快出现德国工业商品与英国、美国竞争的局面。由于英国、美国都实施贸易保护主义，德国不得不设法拓展"生存空间"。1938 年，希特勒召开内阁会议，宣布最迟在 1943~1945 年解决德国的生存空间问题。之后，德国先后吞并奥地利和捷克斯洛伐克。1939 年 9 月 1 日，德国入侵波兰。由于英国、法国与波兰订有盟约，英国、法国被迫向德国宣战，第二次世界大战爆发。这场战争没有为德国解决"生存空间问题"，反而带来了深重的灾难。

"二战"结束后，世界贸易组织成立，成为战后和平计划的核心组织之一，它的任务是制定符合各国利益的国际贸易政策，消除贸易争端，从而避免战争。

【商鉴】无论是企业还是国家，都应吸取"二战"的经验教训。如果所有人都坚持"损人利己"的做法，最终会导致双输或多输，甚至引发战争。要解决商业纠纷问题，最终需要制定一套协商和沟通机制，以实现双赢或多赢。

四、"铁"与"血"的工业化

"铁血政策"是普鲁士首相俾斯麦提出的政策，旨在通过战争实现德意志的统一。其中，"铁"指武器，"血"指战争，俾斯麦因此被称为铁血宰相。

德国的工业化也可以用"铁与血"来形容，它们代表两个行业，一个是钢铁，一个是化工。这两个德国的传统优势行业，也是德国工业化最成功的行业。

● 铁——克虏伯公司

工业革命后，英国凭借先进的坩埚冶炼技术，垄断着欧洲的钢铁贸易。拿破仑曾经对英国实施"大陆封锁令",以发展欧洲大陆的工业。钢铁工业因为具有重要的军事意义,是拿破仑重点发展的项目,他悬赏4000法郎,鼓励研发任何可以打破英国垄断的钢铁冶炼技术。

拿破仑的奖金吸引了弗里德里希·克虏伯,他于1811年创立了克虏伯铸钢厂。由于铁矿石含磷量过高,克虏伯用了五年时间才冶炼出优质的钢铁。此时,拿破仑已经被英国人流放到圣赫勒拿岛。奖金拿不到了,克虏伯只好将钢铁制造成餐具出售。

德意志关税同盟成立后,德意志邦联境内开始大力修建铁路。克虏伯发明了无焊缝铁轨技术,成为欧洲大陆最重要的钢轨制造商,产品也远销美国。此后,欧洲和美国大规模的铁路建设,使克虏伯迅速发展成为德意志邦联中最大的一家公司,收购了许多铁矿和煤矿。

1851年,英国举办万国工业博览会。为了彰显其工业成就,英国展出了一块24吨重的煤块。在1855年的巴黎博览会上,邀请克虏伯公司展示了一块10万镑(约4.5吨)重的钢锭。这表明欧洲大陆的工业完全不输于英国,也标志着重工业时代已经到来。

1864~1870年,普鲁士王国先后通过普丹战争、普奥战争、普法战争三次战争,建立了德意志帝国。在这三次战争中,克虏伯是普鲁士军队的主要武器制造商。克虏伯公司设计了当时最先进的步枪——德莱赛M1841后膛枪,这种步枪在枪械史上具有举足轻重的地位。早前的火枪,弹药都是由枪管前面装进去的,"后膛枪"则是从后面填装弹药的,这种设计使弹药填装更快,射击更精准。普奥战争、普法战争的胜利,为M1841后膛枪赢得了声誉,也使克虏伯成为德意志帝国的主要军火供应商。1890年,克虏伯研发出镍钢炮弹,其硬度可以击穿铁甲战舰的装甲。清政府为了加强海防,花费10万两白银从德国购买了两门克虏伯大炮,部署于厦门胡里山炮台。这两门克虏伯大炮重87吨,长约14米,口径280毫米,射程约20千米。

欧洲频繁的战争和军备竞赛,使克虏伯公司在20世纪初成为欧洲最大、最富有的公司。当时,克虏伯公司甚至实行"乌托邦式"管理,为员工建造住宅,提供居住房屋以及配套的浴室、医院、学校、游乐园等,还为员工购买事故、人寿和疾病保险。

"一战"期间,克虏伯并购了荷兰航运公司,成为德国的主要军舰供应商,生产了84艘U型潜艇,以及大量运送物资的潜艇货轮(因为海面被英国封锁)。德国战败后,克虏伯受到制裁,被禁止生产军事装备。为了生存下去,克虏伯制定了"我们制造一切"的发展策略,为美国的克莱斯勒大厦提供钢材,为普鲁士国家铁路公司生产火车机车等。由于德国没有按时支付第一次世界大战的战争赔款，1923 年，法国派兵进占德国的鲁尔工业区，克虏伯工厂的大部分工业设备被运往法国作为战争赔款。1933 年，希特勒上台后，克虏伯公司的董事长古斯塔夫被任命为德国工业联合会主席。克虏伯为德国秘密设计火炮、坦克、潜艇等武器，并由陆军、海军参谋长协调。克虏伯公司生产了一门口径 800 毫米的攻城火炮，火炮在战斗状态时全长达 53 米，高 12 米，全重 1488 吨。古斯塔夫以自己的名字，将巨炮命名为古斯塔夫巨炮。该炮可发射重达 7 吨的弹药，最远射击距离约为 47 千米，是历史上最重、最大，且参与过实战的移动火炮。

"二战"期间，克虏伯公司接管了许多被占领国的工厂，包括奥地利亚瑟钢铁厂、阿尔萨斯机械制造公司、罗斯柴尔德在法国的拖拉机工厂、捷克斯洛伐克的斯柯达工厂等。德国战败后，克虏伯公司因"掠夺"和使用奴隶劳工等罪名被起诉。古斯塔夫因患有老年痴呆症，免于受审。

盟军原计划彻底拆解克虏伯公司，以遏制德国发展军事的潜力。随着世界进入冷战，美国开始在欧洲实行马歇尔计划。克虏伯公司的军火业务被移交给美国、英国、法国，采矿和钢铁业务则被继续保留。1959 年，克虏伯成为欧洲第四大、世界第十二大公司。1999 年，克虏伯公司与其最大的竞争对手蒂森公司合并为蒂森克虏伯。2022 年，蒂森克虏伯在《财富》世界 500 强排名第 344 位。

【商鉴】 钢铁是工业时代的象征，人类文明的发展历程正是以"铁"命名，从石器时代到青铜时代再到铁器时代。克虏伯是德国工业的象征，其地位如同美国钢铁公司。可以预见，当我们进入"新材料时代"，钢铁材料被彻底颠覆以后，必然会出现新的划时代企业。

● 血——拜耳公司

战争意味着流血，而流血意味需要医药。事实上，拜耳最初是一家染料厂，由弗里德里希·拜耳于 1863 年创立，生产品红和苯胺两种工业染色剂。当时，德国的化学工业在合成染料领域占主导地位，垄断了世界近 90% 的市场。

1898 年，拜耳药厂的化学家霍夫曼发现"二乙酸吗啡"可明显抑制肺炎和肺结核病人的剧烈咳嗽、久喘和胸痛，于是将其制成止咳药销售。拜耳的药理学主任不希望这种药物有"太复杂的名字"，将其取名为 Heroin 且注册为商标。Heroin 源自德文 heroisch 一词，意即女英雄，中文译名为"海洛因"。直到第一次世界大战后，人们才认识到"海洛因"的"成瘾性"会对人体健康造成严重损害，从此将之划为违禁毒品。

阿司匹林是拜耳公司史上具有里程碑意义的一款药品，这是一种在柳树树皮中发现的民间药物。1899 年，拜耳将其生产的"乙酰水杨酸"注册为"阿司匹林"（Aspirin）商标。"阿司匹林"被广泛应用于减轻疼痛、发烧、炎症的治疗，至今仍在世界卫生组织基本药物标准清单上，是基本卫生系统所需的重要药物。

拜耳的第二个重要贡献是发明治疗癫痫的苯巴比妥。这种药物源自由费舍尔和梅林发现的二乙基巴比妥酸，拜耳公司买下这项专利后，将它作为安眠药销售。1911 年，拜耳科学家系统研究了二乙基巴比妥酸的结构变化，以及效力和作用的持续时间，发现了苯巴比妥的抗癫痫活性，使其成为世界上最广泛使用的癫痫治疗药物之一。

拜耳科学家还发现了抗寄生虫药物——苏拉明，它也在世界卫生组织基本药物清单上。拜耳科学家多马克（Domagk）发现了磺胺类抗菌药物，它对革兰氏阳性球菌具有相对广泛的作用。因为这项发现，多马克获得了诺贝尔医学奖。

"一战"中，拜耳参与了德国化学武器的研发和生产，制造出用于 105 毫米炮弹的二茴香胺氯硫酸盐，这种气体可以严重损害士兵的肺部。"一战"结束后，拜耳公司的资产（包括其名称和商标权）被美国、加拿大等国家没收。"二战"中，拜耳使用奥斯维辛集中营的 150 名女囚犯进行麻醉剂研究，这导致拜耳公司在世界范围内的许多资产被没收。

在马歇尔计划的扶持下，拜耳被重新启用，在德国经济奇迹中发挥了关键作用。2022 年，拜耳位列《财富》世界 500 强排行榜的第 254 位。

【商鉴】医药公司的使命是"救人"而不是"杀人"，因此，声誉对于医药企业而言格外重要。拜耳公司参与化学武器研发的历史，是其公司发展史上无法抹去的一大污点。医药公司作为一种特殊的商业组织，除盈利外，还有不同于一般企业的社会使命。因此，医药公司应该建立一套风险控制体系，树立正确的企业文化导向，这对于公司自身发展以及人类社会的幸福无疑都是极为重要的。

● 大众汽车

德国是最早发明汽车的国家。1885 年，本茨（Benz）研制了第一辆汽车，但由于定位高端，德国汽车普及率一直不高。福特 T 型车量产后，美国率先进入汽车时代。1930 年，美国的家庭汽车拥有率达到了 46%，而德国汽车工业仍然以豪华车型为主，家庭汽车拥有率不到 10%。

大萧条时期（1929~1932 年），德国为了刺激经济增长，利用失业工人在科隆和波恩之间修建一条高速公路，长约 20 千米。科隆—波恩高速公路是第一条真正意义上的高速公司。由于德国汽车普及率过低，一些人质疑高速公路是一种超前的奢侈行为，只会让少数有钱有车的人受益。德国汽车制造商协会也担心长途驾驶的安全性以及车辆损耗问题……

面对人们的质疑与反对，希特勒将高速公路比作埃及金字塔，认为高速公路将与铁路一样成为德国工业进步的象征，汽车也将成为德国人民的一种生活必需品。随后，德国实施了"帝国高速公路计划"与"人民的汽车计划"。1937年，大众汽车公司成立，德文名称"Volkswagen"，意思是"人民的汽车"。保时捷、梅赛德斯、宝马、斯太尔等德国企业被召集，共同参与设计一辆每个德国家庭都能买得起的汽车，速度要达到100千米/小时，可以搭载2名成人或3名儿童。保时捷的设计方案最终被采纳，该设计方案应用风冷、四缸、后置发动机、空气动力学性能等技术，因其外形像一只甲壳虫，因此得名"甲壳虫"。

甲壳虫还没有正式开始量产，第二次世界大战便爆发了。大众汽车公司转型生产军用车辆，"人民的汽车计划"也被搁置。"二战"后，大众汽车公司被英国接管。英国陆军军官伊万·赫斯特少校在厂区发现了战前生产的KdF-Wagen"甲壳虫"汽车，并被这辆小车深深吸引，将它重新涂成绿色作为交通工具。赫斯特向英国陆军总部推荐这款汽车，说服英国陆军订购了20000辆"甲壳虫"汽车，分配给占领区的军人使用。一些英国军人在复员时被允许将他们的"甲壳虫"带回英国，这使"甲壳虫"在英国流行开来。

马歇尔计划实施后，大众汽车公司受到扶持，"甲壳虫"汽车到美国展出、销售。由于造型独特、设计先进，深受美国年轻人的喜爱，引发"甲壳虫热"。1972年2月17日，第15007034辆"甲壳虫"被售出——这是福特T型车保持的单一品牌汽车销量纪录。1973年，"甲壳虫"总销量超过1600万辆，创造了一个新的世界纪录。

【商鉴】"平民化"是商业取得成功的重要标志，也是商业造福人类的象征。汽车平民化使我们进入汽车时代，电话平民化使我们进入电话时代，电脑平民化使我们进入电脑时代，智能手机的平民化使我们进入智能手机时代……把握住下一个产品的平民化，也就把握住了下一个商机。

五、罗斯柴尔德家族

罗斯柴尔德家族始于18世纪，是历史上最成功的商业家族之一。罗斯柴尔德家族的创始人迈尔·阿姆谢尔·罗斯柴尔德，是一位犹太裔德国银行家。

最初，迈尔·罗斯柴尔德在神圣罗马帝国境内，为王室贵族提供私人理财服务，其最大的客户是黑森-卡塞尔伯国的威廉一世。1806年，拿破仑颁布"大陆封锁令"，禁止欧洲与英国贸易。迈尔·罗斯柴尔德将三子纳坦·罗斯柴尔德派往伦敦，开辟了英国与欧洲大陆之间的走私贸易，这项业务使罗斯柴尔德家族与英国政商界建立了密切关系。据《印度大博弈》杂志的调查，罗斯柴尔德家族曾是英国东印度公司的控股股东之一。

为了进一步拓展伦敦与欧洲大陆的金融与商业贸易，迈尔·罗斯柴尔德将他的另外四个儿子分别派往法国巴黎、德国法兰克福、奥地利维也纳、意大利那不勒斯，形成了一个覆盖欧洲的金融商业网络。1831 年，格里高利十六世继任教皇，他致力于改善教廷的经济状况，邀请罗斯柴尔德家族帮助管理教会财产。此后，罗斯柴尔德家族与梵蒂冈建立了密切关系，罗斯柴尔德家族一度被称为"教皇财富的守护者"。

工业革命期间，罗斯柴尔德家族大量投资于世界各地的铁路，欧洲、美洲、非洲、亚洲的铁路，背后都有罗斯柴尔德家族的身影。1875 年，罗斯柴尔德家族为英国政府购买苏伊士运河公司的股份提供资金。此外，罗斯柴尔德家族还投资利润丰厚的矿业，如西班牙力拓铜矿、南非戴比尔斯钻石矿业。

债券发行和融资是罗斯柴尔德家族的核心业务之一，英国、葡萄牙、普鲁士、奥地利等政府都依赖于罗斯柴尔德家族提供的融资服务。日本也在日俄战争期间，前往伦敦请求罗斯柴尔德家族帮助发行了 1150 万英镑的战争债券。有人认为，罗斯柴尔德家族能够影响一场战争的胜负。事实上，罗斯柴尔德家族无须影响战争的胜负，也无须押注战争输赢。战争是"烧钱"的机器，即便是战胜一方也需要发行战争债券或进行相应的战争融资，而失败的一方需要支付战争赔款。不论谁输谁赢，提供金融服务的罗斯柴尔德家族永远都是赢家。比如，《凡尔赛和约》要求德国向法国赔偿 2260 亿金马克，承接这项金融服务的罗斯柴尔德家族是最大的赢家之一。

"二战"期间，纳粹德国对犹太人实施种族清洗。罗斯柴尔德家族成员成功逃离纳粹抓捕，但其在欧洲的财产受到一定冲击。不过，由于投资分散，而且核心资产以股票、债券的形式持有，因此，被纳粹没收的财产只占罗斯柴尔德家族财产中的很少一部分。

作为欧洲王室、贵族、宗教的"财富守护者"，外人很难得知罗斯柴尔德家族的真正财富。据估计，罗斯柴尔德家族拥有超过 41 座豪华宅邸，并收藏有大量珍贵的油画、铠甲、挂毯和雕像等艺术品，同时还拥有欧洲、澳大利亚、南非等地的大量酒庄，如木桐酒庄、拉菲酒庄、克拉克酒庄、劳蕾丝酒庄等。

【商鉴】从罗斯柴尔德家族投资的领域来看，其对工业发展的影响相对有限，不如瑞典的瓦伦堡家族。罗斯柴尔德家族在金融领域的影响力，也不及美国的 J. P. 摩根。简而言之，罗斯柴尔德家族投资的实业包括矿产、城堡、艺术品、酒庄等，这些投资历经数百年的考验而经久不衰，"财富守护者"的称号名不虚传。

第二十二章　日本的工业化之路

　　1615 年，德川家康在统一日本后，建立了"幕藩体制"。德川家康参照中国明朝的社会阶层制度，将人民分为"士、农、工、商"四个等级，同时，还参照印度种姓制度中的"首陀罗"，设立"贱民"阶层。贱民一般是指罪犯、奴婢、乞丐、流浪汉、歌舞伎、娼妓等群体。

　　在"幕藩体制"中，商人的阶层仅高于贱民，为了防止日本商人通过贸易发展出自己的武装力量，从而对自身统治构成威胁，日本幕府奉行闭关锁国政策。在此后的 200 多年间，日本只保持与中国、荷兰的贸易。1854 年，美国海军准将马休·佩里率领蒸汽轮船舰队驶抵江户附近的浦贺，日本人第一次见到冒着黑烟的船只，感到非常恐惧和震惊，史称"黑船事件"。

　　在马休·佩里的武力胁迫下，日本幕府被迫与美国签订条约，同意开放下田、箱馆两个港口，允许美国在这两个港口派驻领事，并享有最惠国贸易待遇。不久，英国、俄国等国也与日本签订了类似条约。

　　当时，中国在经历两次鸦片战争的失利后，从 1861 年起开始兴起"洋务运动"，大规模引进西方先进的科学技术，兴办近代化军事工业和民用企业。日本长期以来都以中国为师，受中国洋务运动影响，日本也开始向西方学习，开启了工业化之路。

一、明治维新

　　1871 年，明治政府派出由岩仓具视、大久保利通、木户孝允、伊藤博文等重要官员组成的岩仓使团考察欧美各国，探求改革之道。

　　经过长达一年九个月的考察，岩仓使团回到日本。当时，普鲁士击败曾经横扫欧洲的法国，成立了德意志帝国。岩仓使团认为普鲁士是最适合日本学习的对象。"明治维新三杰"之一的大久保利通，因崇尚普鲁士的"铁血政策"，被称为"东洋的俾斯麦"。在大久保利通的推动下，日本确立了"殖产兴业"的国家政策，将日本从一个农业国发展为工业国。

1873 年，日本设立了统筹工业发展的内务省，大力引进外国先进技术，不惜以数倍于英国等各国的薪资聘请外国专家，创办了千住呢绒厂、新町纺纱厂和爱知纺纱厂等"模范工厂"。在"模范工厂"的带动下，日本棉纺织业迅猛发展。1890 年，日本棉纺厂增加到 30 万个，纱锭增至 28 万个，日本已从棉纺织品进口国变成一个棉纱出口国。

为加速工业化进程，明治政府发布"官业下放令"，将军工、铸币、通信、铁道、印刷等特殊部门以外的官营企业，低价处理给三井、三菱、川崎、古河等财阀企业家。同时，采取一系列措施推动日本工业发展，如采用专营方式扶植企业发展；授予专利权，鼓励产品和技术创新；举办博览会，推广产品和技术。

1894 年，中日甲午战争爆发，清朝北洋水师全军覆灭，标志着清朝历时三十余年的洋务运动失败，而明治维新却取得了成功。随后，中日签订《马关条约》，清政府赔偿日本 2 亿两白银，割让台湾及其附属各岛屿。1904 年，日俄战争爆发，俄罗斯陆军被日本击败，前来增援的波罗的海舰队也被日本海军击退。日本先后击败清朝和沙俄，令世界刮目相看，崛起为世界列强之一。

明治维新是日本成为近代强国的开始，它所制定的是工业化强国之策。中国清政府的洋务运动则坚持"中学为体，西学为用"，虽然向西方学习了一些先进技术，但并不是要将中国发展成为一个工业化国家。因此，一直到清朝灭亡，中国仍然是一个"农业为体，工业为用"的农业国家。

【商鉴】历史上，日本以中国为师，但并不仅以中国为师，也不是照搬，日语便是最直接的表现。在工业化发展道路上，日本向欧美各国学习，博采众家之长，选择最适合自己的方式，从而在最短时间内成为世界列强。在商业上，"善于学习，向引领者学习"，也是永不过时的战略。

● 富冈制丝厂

江户时代末期（1603~1868 年），生丝一直是日本的主要出口商品。由于技术标准等问题，日本的生丝产品质量不高。

明治维新以后，日本决定兴办官办制丝厂，作为"模范工厂"推广到全日本。1872 年，明治政府从法国引进由蒸汽动力驱动的缫丝机，在日本群马县富冈市创办了日本第一座机械化制丝厂——富冈制丝厂。富冈制丝厂雇用法国人保罗·卜鲁纳监督生产和管理，是当时世界上规模最大的机械化制丝厂。

富冈制丝厂是日本进入现代工业化时代的标志。日本缫丝工业崛起后，超过中国成为世界上最大的生丝出口国，生丝产量一度占据全球 80% 的市场份额。1893 年，三井财阀买下富冈制丝厂。1939 年，改名为片仓纺纱纺织会社（现片仓工业）。1987 年，该工厂停业。2014 年，"富冈制丝厂与丝绸产业遗产群"被列入世界文化遗产候选名单。

【商鉴】从农业文明到工业文明，是历史发展的必然趋势。中国是发明丝绸的国家。数千年来，中国丝绸一直领先于世界，陆上丝绸之路和海上丝绸之路都以此命名。富冈制丝厂是日本取代中国成为丝绸大国和丝绸强国的象征，也是工业文明打败农业文明的象征。

二、日本财阀

岩仓使团考察欧美时，欧美正处于财阀形成阶段，比较知名的有标准石油公司、卡耐基钢铁公司、吉尼斯家族、巴林家族、罗斯柴尔德家族、克虏伯公司、蒂森公司等。日本官员认为，只有采取与西方相同的方式参与商业竞争才能取得成功，因此日本财阀应运而生。

日俄战争后，日本出现了一些"二线"财阀，主要是军工企业。这些军工企业因利润丰厚的军事合同而崛起，如大仓、古川、中岛等。20 世纪 30 年代，日本在中国东北（伪满洲国）发展工业，通过殖民地的垄断经营与贸易，催生出一些新财阀，如新光集团。

从明治维新到"二战"，日本财阀在日本经济中发挥了重要作用，见证了日本工业化的整个过程。第二次世界大战后，日本财阀被解散。朝鲜战争开始后，在美国的扶持下，日本财阀得以重组，在日本经济奇迹中扮演了重要角色。

【商鉴】财阀模式是日本考察西方各国后形成的工业化发展路线。与一般企业不同，财阀往往拥有深厚的政府背景、本国最具竞争力的实业以及自身的银行或金融业务，即通过"要政策给政策，要资源给资源，要资金给资金"的方式，使其在商业竞争中获得优势。

● 三井财阀

三井家族是日本幕府时代的知名家族，经营清酒、服装（和服）、当铺、钱庄等生意。

1673 年，三井高俊到江户（今东京）开办和服经销店。当时，和服需要本人到裁缝店量身定做，三井高俊率先采用预制方式，进行规模化生产，然后将不同型号的和服批发到日本各地销售。1683 年，三井高俊开始经营钱庄，代理江户政府的税收业务。

明治维新时期，增田隆史担任三井物产株式会社社长，将三井钱庄改组为樱花银行。樱花银行是明治政府的主要存款和税收银行，并负责为明治政府筹集军费、购买武器装备。凭借与明治政府的亲密关系，三井接管了许多官营工厂（如富冈制丝厂）、矿山（如三池煤矿），成为日本最早、最大的财阀集团。增田隆史还创办了一份报纸——《中外商业新闻》，后来更名为《日本经济新闻》。

甲午战争后，中国台湾成为日本殖民地，三井在台湾创建了台湾糖业公司。到20世纪10年代，三井已发展成为日本最大的综合商社，占日本贸易总额的近20%，主导了日本的丝绸、棉花、大米、煤炭等出口贸易。

伪满洲国建立后，中国出现了"抵制日货"的运动。三井集团生产了"GOLDEN BAT"牌香烟，伪装成欧美品牌，打入中国东北市场。"GOLDEN BAT"牌香烟由"中国通"土肥原贤二策划，为了使人们上瘾，过滤嘴内装有少量鸦片。GOLDEN BAT 的中文翻译是"金蝙蝠"，在中国文化中，"蝠"通"福"，蝙蝠被视为好运、福气的象征。"金蝙蝠"上市后，很快"风靡"中国东北，对东北百姓造成巨大伤害。据估计，"金蝙蝠"香烟每年为三井创收约3亿美元。

"二战"期间，三井旗下的三池煤矿强迫大量囚犯充当劳工进行采煤活动，被称为"修罗之坑"（炼狱的含义）。樱花银行则为日本军方提供了大量军费和军火贷款。由于日军在战场失利，这些贷款成为不良资产，使樱花银行落后于同时代的其他银行。

"二战"结束后，三井集团被拆分，东芝、丰田汽车、三得利纷纷开始独立经营。尽管如此，三井产业集团（前三井财阀）仍拥有数百家公司，覆盖各种业务，包括钢铁制造、造船、金融、保险、造纸业、电子、石油、化学农药、仓库、旅游业和核能，是日本经济的一支重要力量。

【商鉴】我们常常说"在商言商"，而真正强大的商人背后需要一个强大的国家。三井财阀由钱庄发展而来，三井钱庄改组为樱花银行后，通过管理日本政府税收和筹措军费，发展成为最具影响力的日本银行之一。从商业伦理角度来看，三井集团生产含有鸦片的"GOLDEN BAT"牌香烟、强迫囚犯劳动、通过樱花银行为日本军方提供战争贷款，无不显示了资本的罪恶。

● 三菱财阀

三菱集团由岩崎弥太郎于1870年创立，三菱的 LOGO 源自岩崎家族三片橡树叶的徽章。

早期，岩崎弥太郎受雇于土佐藩的大名山内丰重，负责肥前国在长崎的贸易。长崎的地位类似清朝时期的广州，在明治维新以前是日本唯一的国际贸易港。明治维新以后，日本学习普鲁士的"铁血政策"，通过长崎港大量进口军舰、武器和弹药，准备攻占琉球和台湾。

1879 年，日本进犯琉球群岛，三菱公司负责运输日本士兵和军事物资。随后，琉球被日本吞并，改设为冲绳县。作为回报，日本政府将参与这次战争的所有运输船赠予三菱公司，并签订了长期军事运输合同。此后，三菱成为日本军部的后勤运输部门，参与国内萨摩叛乱、侵略朝鲜、日俄战争、中日甲午战争等多场战争。

为了给其庞大的船队提供煤炭燃料，三菱收购了高岛煤矿。之后，又从日本政府手中买下造船厂，自己建造运输船。接着，又成立钢铁厂为造船厂供应钢材。1885 年，三菱集团接管一家日本国营银行，改名为三菱银行。在金融资本的加持下，三菱加快了多元化发展的步伐，涉足造纸、钢铁、玻璃、电气设备、飞机、石油、房地产等诸多行业。

1921 年，位于名古屋的三菱内燃机制造公司在英国索普维斯飞机公司的帮助下，成立了三菱飞机公司。英国索普维斯飞机公司制造的"骆驼"战斗机，是"一战"期间著名的机型，一共击落敌机 1294 架，创造了大战中单机种战果纪录之最。三菱飞机公司研发了零式战斗机（三菱 A6M），这款飞机拥有转弯半径小、速度快、航程远等作战优势，是日本"二战"中的主力舰载战斗机，也是当时产量最大的战斗机。

"二战"结束后，三菱集团被拆解。但因为日本首相币原喜重郎是岩崎弥太郎的女婿，三菱的核心工业能力得以保存。朝鲜战争爆发后，由于美国的军事需求，原属三菱集团的一些企业被再次合并，三菱也由此发展为日本最大的综合性重工业集团公司，造船能力长期居世界第一位。同时，三菱集团也超过"二战"前排名日本第一的三井集团，成为日本最大的财阀。

【商鉴】三菱是日本政府扶持的军工企业，是世界知名的重工企业，也是知名的军火商，其地位类似于德国的克虏伯。三菱的不同之处是，其产业还涉及飞机、轮船制造。某种程度上，三菱代表了日本的军事能力。

● 住友财阀

住友财阀的历史可追溯至公元 1615 年，创始人住友政友在京都开办了一家名为"泉屋"的小型杂货商店。当时，住友政友的姐夫苏我理右卫门，学会了一种"灰吹法"的铜冶炼技术，该技术可以将银从铜矿中分离出来。实际上，"灰吹法"在中国唐代之前就已经发明，明代宋应星在《天工开物·五金》中将这种技术称为"熔礁结银"。

晚年，住友政友给一个叫勘十郎的家持（家中侍从）留下一纸信笺，告诫其经商的五条训诫，即《文殊院旨意书》：

（1）买卖不要贪图便宜，若无法辨别商品品质，则不能购买；

（2）不要留宿任何人，也不要替任何人寄存物品，就算是一顶斗笠也不行；

（3）不可做他人的保证人；

（4）做买卖时不可以先交货物，后收钱；

（5）无论与谁说话都不可以说粗话，凡事都要反复仔细解释清楚。

住友后人将这份训诫归纳为两条，作为住友集团的经营要旨：

第一条　注重信誉，讲究诚实，以此固本，谋求发展。

第二条　审时度势，究理财得失而定张弛取舍；不苟求浮利，尤忌轻举冒进。

1691 年，江户幕府在伊予国（今四国西北部）发现了别子铜矿，住友家族获得这座铜矿的经营开采权。明治维新后，为了提升铜矿的开采效率，住友家族从西方引进机械设备生产线，设立了机械制造所，这项业务后来发展为住友重工。为了处理铜矿冶炼过程中产生的硫酸气，住友家族以此作为原料生产农业化肥，后来发展为住友化工。

据估计，住友家族在别子铜矿共开采了 70 万吨铜，从而跻身日本四大财阀，实力次于安田财阀。1895 年，住友家族创办了住友银行。住友银行是仅次于富士银行的日本第二大商业银行，后来与三井的樱花银行合并为三井住友银行。住友银行、住友化学株式会社、住友金属工业株式会社被称为"住友御三家"。

住友的总部设在大阪，其他财阀如三井、三菱的总部都设在东京。因此，住友集团被视为日本关西财阀的代表。住友旗下的企业包括三井住友银行、住友信托银行、住友生命、三井住友海上火灾保险、住友商事、住友金属、住友轻金属、住友重机械、住友电气工业、NEC、住友化学、住友电木、日本板硝子、住友金属矿山、住友石炭矿业、住友林业、住友仓库、住友不动产、三井住友建设、住友大阪水泥 20 家核心企业。

【商鉴】金属冶炼、化工、金融是现代工业的三大基石。"住友御三家"分别代表至关重要的三个行业：金融业是住友银行，化工业是住友化学株式会社，金属冶炼是住友金属工业株式会社。通过把控三大基石，住友在一定程度上把持着日本的经济命脉。

● 安田财阀

明治维新期间，岩仓使团在访问欧美期间，对巴林家族和罗斯柴尔德家族的财力深感震惊，同时也与这两个家族建立了密切联系。

巴林家族和罗斯柴尔德家族的主要业务是为欧洲王室和贵族管理财富，因此，明治政府认为日本也可以成立一个类似的银行机构，帮助日本的王室和贵族管理财富。最初有多家银行是备选者，最后的胜出者则是安田银行。

安田银行的创始人是安田善次郎，他在 1866 年开设了经营外币兑换业务的安田商店。明治政府成立后，为解决财政问题，发行了"太政官札"新纸币。"太政官札"是一种信用纸币，没有黄金、白银作为担保，发行不久便大幅贬值，100 两太政官札一度只能兑换 40 两正币。明治政府为了稳定货币，委托安田善次郎大量收购"太政官札"。1869 年，明治政府宣布，"太政官札"与正币等额兑换，安田商店因此获得暴利。

1876 年，安田善次郎参与创立了日本第三国立银行，随后又将安田商店改组为安田银行（今富士银行）。日本第三国立银行与安田银行，被称为安田善次郎的左膀、右臂。日本第三国立银行承接日本官方各部门的外汇兑换与储蓄业务，获得无息官方资金，安田银行则将这些资金投资于各个领域，如钏路煤矿、钏路铁道、函馆仓库（用于经营和出口硫黄矿）、安田制钉所（安田工业）、西成纺织所（帝国纤维公司）、安田保险（现日本财产保险）、安田保善社（今安田不动产）、东京建筑公司等。

在日本四大财阀中，安田财阀的资本位居第一。1948 年，安田银行改名富士银行，将日产、根津、浅野、大仓、大建等旧财阀系企业整合为富士财团，核心企业有日产汽车、日本钢管、札幌啤酒、大成建设、佳能、日本精工、久保田等。因为日本人喜欢把富士山叫作芙蓉山，所以富士财团也被称为芙蓉财团。

【商鉴】安田财阀的发展，得益于日本官方各部门的外汇兑换与储蓄业务，一度以资本规模居日本四大财阀之首。安田财阀的地位，类似于美国的摩根财团，是金融资本推动实体经济发展的典型代表。

第二十三章　俄罗斯的工业化之路

金帐汗国时期，俄罗斯是一个由游牧民族统治的、落后的内陆农业国。1703年，彼得一世从瑞典手中抢来圣彼得堡，使俄罗斯拥有波罗的海出海口。彼得一世将俄罗斯首都迁到圣彼得堡，开启了俄罗斯的海洋时代，同时，也开启了俄罗斯的工业化之路。

一、彼得一世改革

俄罗斯迁都圣彼得堡时，英国已经开始大规模应用纽科门蒸汽提水机（1705年），世界正处于第一次工业革命前夕。

对于彼得一世而言，他首先要考虑的是在圣彼得堡站稳脚跟，因此发展军事工业是当务之急。彼得一世引进西欧的技术装备，聘请欧洲的技术工程师，兴建了许多造船厂、兵工厂、冶金工厂、纺织厂等。

为了吸收欧洲企业家前往俄罗斯投资，彼得一世制定了一系列优惠政策。他从国库中拨款，资助前来俄罗斯投资的企业家，给予他们津贴，实行免税政策，还将国有森林和矿山的特许经营权授予欧洲企业家，一些企业主还获得了生产和销售特定商品的专利垄断权。例如，1717年，阿普拉克辛公司获得了生产丝织品的专利权。

对发展工业而言，科学技术是至关重要的。彼得一世向欧洲各国派出留学生，将欧洲近代科学著作翻译成俄文，并在俄国建立各种类型的学校，对贵族子弟实行强制教育。此外，为吸引技术人才前往俄罗斯工作，彼得一世给他们提供免费住宅，并且免除他们的税赋和兵役。该措施为俄罗斯引进了大量技术人才，同时也培养了俄罗斯本国的技术人才。

通过一系列举措，彼得一世在俄罗斯境内创建了 200 多家大型工业企业，其中以钢铁冶炼的成就最大。彼得一世改革前，俄罗斯需要从瑞典进口钢铁来制作武器。到 1726 年，俄罗斯成为钢铁的出口国，出口的钢铁重量达到 5.5 万多普特（约900吨）。

在对外贸易方面，彼得一世采取措施鼓励对外出口，并在阿姆斯特丹、伦敦、里斯本等地建立俄国领事馆，提供商务上的方便。同时，还在维堡、纳尔瓦、列维尔、里加等地建立外贸出口公司，扩大对波罗的海地区的商品出口。彼得执政晚年，俄国每年输入商品额约为210万卢布，输出商品额达420万卢布，取得巨额贸易顺差。

【商鉴】人才与技术是衡量一个国家或一家企业是否有竞争力的关键指标。彼得一世通过人才的吸引和培养，不仅为俄国建立了近代工业体系，还建立了人才体系，最终使俄国成为世界列强之一。

二、西伯利亚铁路

1860年，沙俄与清政府签订《中俄北京条约》，获得了太平洋的出海口——海参崴，并将其命名为符拉迪沃斯托克，俄语意为"统治东方"。但是，想要实现真正意义上的统治是十分困难的，毕竟这里距离沙俄的政治中心圣彼得堡太遥远了。从圣彼得堡到符拉迪沃斯托克（海参崴），要经过广袤的西伯利亚无人区，一年中大约只有五个月可以通行。

工业革命以后，欧美开始大量建设铁路。1869年5月10日，全长3000多千米、横贯北美大陆的太平洋铁路竣工通车。这条贯通美国东西海岸的交通运输线路，大大推动了美国西部的经济发展，对一心想要开发远东地区的俄罗斯具有非常现实的借鉴意义。俄罗斯有开发西伯利亚地区的需求，但由于路途遥远，对远东地区的控制十分薄弱。因此，修建一条圣彼得堡—莫斯科—符拉迪沃斯托克（海参崴）的铁路，对俄罗斯具有经济、军事双重意义。

1891年3月9日，俄罗斯发布了一份帝国诏书，宣布修建一条横贯西伯利亚的铁路。因为有利可图，该项目得到法国、英国、意大利、美国等国家的支持，巴黎银行家帮助俄罗斯筹集了资金，英国提供了钢轨、机车，意大利派出了工程师，美国则资助勘察铁路线路……

1904年，西伯利亚铁路开通，全长9288千米，是美国太平洋铁路长度的3倍，是世界上最长的铁路线，是工业革命时期的"工业奇迹"之一。由于这条线路是单轨的，火车必须在交叉路口等待对面的火车通过，因此运输速度较慢，跑完全程需要七天七夜。但这不妨碍西伯利亚铁路成为俄罗斯境内最重要的交通枢纽，至今俄罗斯仍有大约30%的出口产品通过该线路运输。

西伯利亚铁路开通后，俄罗斯首相斯托雷平实施了土地改革，引导人们迁往西西伯利亚、远东和突厥斯坦草原等地区定居，据统计，1906~1910年共迁出了

250 万人。大量定居者的迁入，使西伯利亚一跃成为俄国的农牧业基地。十月革命前后，西伯利亚粮食产量已达到俄国总粮食产量的 17%。同时，西伯利亚铁路沿线的煤炭、木材、金属矿产业，都得到了前所未有的发展，提升了俄罗斯的整体工业水平。

西伯利亚铁路也带动了中国东北地区的经济发展。为了争夺在中国东北的利益，日本加紧了侵略步伐，美国人也垂涎三尺。美国商人柯林斯写道："阿穆尔河是美国商业企业进入北亚、开辟新世界的必经之路。"

【商鉴】西伯利亚铁路使传统的丝绸之路黯然失色，俄国从此成为对中国影响最大的国家之一。当时，这条铁路是中国从陆路前往欧洲的首选通道，俄罗斯也因此成为许多中国人前往西方学习的目的地。可见，交通不仅对商业有重大影响，对文化、政治也有着极为深远的影响。

三、工业化总方针

1905 年，沙俄在日俄战争中惨败。就像清政府在甲午战争中失败一样，日俄战争的失败意味着俄罗斯工业化遭遇了重大挫折。沙俄与清政府十分相似，工业化是为军事目标服务的，国家仍然是农业国。正如李斯特所言，"政府形式与 200 年前没有任何区别，一位 17 世纪的官员完全可以胜任现在的职位"。

俄国十月革命后，苏维埃政权建立。列宁确立了先发展农业、再发展工业的路线。他认为，为了实现社会主义，必须创造现代化和工业发展的物质先决条件。所谓的物质先决条件，就是粮食。

当时，美国已经实现机械化耕种，拥有全球最发达的农业。1925 年，斯大林接替列宁主持工作，他说："我们落后发达国家 50～100 年，我们必须在十年内赶上这段距离。"随后，苏维埃确定了社会主义工业化的总方针，通过一系列的五年计划，将苏联从一个农业国家转变为一个工业强国。

1928～1932 年，苏联启动第一个五年计划。苏联花费 20 亿美元（相当于现在的 2500 亿美元）聘请德裔美国人阿尔伯特·卡恩作为国家工业化的首席顾问。卡恩被称为"现代工厂设计之父"，美国 19% 的工业厂房都是由他设计的，包括福特汽车的生产线。卡恩从西门子、通用电气、福特汽车、德马格起重机械、英国奥斯汀汽车、纽波特纽斯造船厂等公司引进生产设备，为苏联设计了钢铁、轴承、水轮机、拖拉机等共 521 个工厂。卡恩还向苏联派遣了 730 名工程师，训练了近千名工程师。1932 年，苏联花费 2700 万美元从美国杜邦公司引进生产技术，建设了一座年产 35 万吨的硝酸工厂。硝酸可以用于生产化肥，也可以用于生产炸药。

斯大林认为，将来与资本主义国家发生战争的可能性很高，必须做好战争准备。因此，苏联的工业化总方针有两个目标：为了农业现代化（拖拉机和化肥）、为了战争（坦克和炸药）。这两个目标从工业化角度来看是一致的：拖拉机厂可以改造为坦克厂，而化肥厂可以改造为炸药厂。

20世纪30年代的快速工业化，使苏联的工业生产量提升至世界第二位，仅次于美国。这帮助苏联在"二战"时期抵御住德军的进攻，最终赢得战争胜利。"二战"后，苏联成为世界上石油、煤炭、铁矿石和水泥的主要生产国和主要工业国。冷战时期，苏联发射了第一颗人造卫星，实现了第一次载人航天飞行，还首次将探测器降落在金星，在太空竞赛中处于领先地位。

然而，由于苏联的工业化是为农业和战争服务的，而不是为商业服务。因此，苏联虽然是一个工业化国家，却很少有知名品牌。

【商鉴】工业化的特征之一是全球合作，因此苏联的工业化并不是靠"自力更生"完成的，而是在美国、英国等拥有发达工业体系国家的帮助下完成的。为了应对战争，苏联侧重于发展重工业，这导致苏联许多工业消费品短缺，出口主要依赖武器、石油、天然气，在商业方面几乎没有孵化出成功的品牌企业。

四、农业现代化

大航海时代，当欧洲各国纷纷走向海洋的时候，俄罗斯却形成了极为特殊的农奴制度，旨在把农民永久地固定在土地上。

1497年，伊凡三世颁布法典，规定只有尤里节（俄历11月26日）前后各一个星期，农民才能由一个主人转移给另一个主人。从此，俄罗斯农民失去了自由迁徙的权利。16世纪末，沙皇政府在全国实行土地和户口登记，禁止农民流动，规定地主有权追捕逃亡期未满5年的农民，自由人只要替他人做工达到6个月以上便沦落为奴隶。此后，除了北部和东北部一些富裕地区，大约4/5的俄罗斯农民沦为农奴。

这一状况直到拿破仑入侵俄罗斯后才得以改善。1762年，为了抵御法国军队入侵，彼得三世废除了贵族义务兵役制，允许农奴参加军队。由于农奴长期享受不公待遇，作战意愿不强，同时缺乏作战经验，战斗力很弱，常常成为炮灰。1853年，俄罗斯与奥斯曼帝国争夺小亚细亚的控制权，发生了克里米亚战争。在这次战争中，俄军伤亡约40万人，其中绝大部分是农奴。

克里米亚战争的失败，使俄罗斯农奴的不满达到顶点，社会矛盾高度激化。1861年，亚历山大二世废除了农奴制度，他说："最好从上面解放农民，而不是等待他们起义。"1912年，中国发生辛亥革命，清帝退位，俄国也出现要求沙皇退位的呼声。1914 年，第一次世界大战爆发，俄罗斯入侵东普鲁士。在坦能堡会战中，俄军被时任德国陆军上将的冯·兴登堡率军包围，全军覆没，伤亡 13 万人，被俘 14 万人。坦能堡会战失利，加剧了俄罗斯国内的动荡局势。1917 年，俄国十月革命爆发，建立了俄罗斯苏维埃联邦社会主义共和国。之后，列宁颁布《土地法令》，宣布废除土地私有制，将地主、皇室、寺院、教堂的土地收归国有，再由地方政府分配给农民统一耕种。不过，农民没有对土地的支配权，他们不能按照自己的愿望种植自己擅长种植的农作物，也不能私自在市场上出售农产品，家禽、牲畜的饲养也受到严格限制，家中几乎没有余粮。

1921 年，苏联发生大饥荒。在这次饥荒中，美国为苏联提供了 2000 万美元的粮食援助。对比美国的机械化农业，苏联认为，本国落后的生产力是导致饥荒的主要原因，决定向美国学习"农业现代化"。随后，苏联将农村土地合并成可以使用现代机械（如拖拉机）耕种的地块，实施"农村集体化"，规定农民无权擅自离开集体。

尽管如此，苏联拖拉机工业却因此发展起来。"二战"时期，苏联拖拉机厂被改造成坦克工厂，生产了超过 10 万辆的坦克，成为苏联抵御德军入侵并赢得战争胜利的重要支柱。"坦克洪流"无疑是苏联工业化的标志性成就。

【商鉴】管理是"现代化"进程中不可或缺的一个环节，也是常常容易被忽视的一个环节。如果没有有效的管理，再先进的机器设备也无法提高生产力。苏联的农业现代化，至少有一半目的是建立工业体系以应对未来可能爆发的战争。从这个角度来看，它成功了一半。

五、石油工业

俄罗斯的石油工业可以追溯至彼得一世时期。1723 年，俄罗斯通过与波斯萨法维帝国的战争，获得巴库地区（今阿塞拜疆首都）。

当时，巴库地区虽然已经生产石油，但石油的真正价值还没有被发现。1853 年，波兰药剂师武卡谢维奇从石油中提炼出煤油，建立了世界上第一座炼油厂。此后，石油被广泛用于提炼煤油。随着煤油照明的普及，石油的商业价值日益凸显。盛产石油的巴库地区，因此受到资本关注。诺贝尔家族（1873 年）和罗斯柴尔德家族（1882 年），先后从俄罗斯获得在巴库地区的石油勘探和开采权。之后，大量油井、炼油厂拔地而起，巴库成为世界石油中心。1900 年，巴库拥有 3000 多口油井，开采的石油占国际市场上石油总量的一半，享有"石油城"的美誉。

借助巴库地区的石油工业，俄罗斯在 20 世纪初成为全球最大的石油生产国，占全球 30% 的市场份额。1940 年，巴库生产的石油占苏联石油总产量的 71.4%。当时，德国制订了突袭苏联的"巴巴罗萨"计划，准备攻占苏联的巴库产油区。为了避免石油被德国利用，苏联调来大批水泥，将 1300 口油井全部封死，并炸掉当地所有炼油厂。此后，巴库油田再也没能恢复到战前水平。

苏联为了减少对巴库油田的依赖，在境内展开勘探，发现了格罗兹尼、马伊考普、恩姆巴、土库曼斯坦、克拉斯诺沃茨卡、巴什基里尔等油田。20 世纪 60 年代，苏联又在西西伯利亚地区发现了萨莫特洛尔油田（俄罗斯第一大油田、世界第二大油田）和秋明油田（俄罗斯第二大油田）。

苏联解体后，俄罗斯继承了苏联主体部分资产，成为世界第二大石油生产国和出口国，是石油输出国组织"欧佩克"（OPEC）成员。长期以来，石油工业在俄罗斯经济中发挥着核心作用。2021 年，俄罗斯油气收入占当年 GDP 的 18%，占出口总收入的 26%，占俄罗斯政府预算收入的 43%。

【商鉴】石油是现代工业的"血液"，盛产石油的中东国家因此富甲一方。凭借丰富的石油资源，俄罗斯对世界经济有着举足轻重的影响。

六、军事工业

"一战"期间，沙俄成立了中央军事工业委员会，在全国各地设立了超过 200 个地方性军事工业委员会，管理武器装备的生产。此后，苏联和俄罗斯都继承了这一制度。

中央军事工业委员会的创立，使俄罗斯的国防军工产业在经济中占据很高比重。"二战"期间，大约有 120 万名工人受雇于国防相关产业，研发出许多知名武器，如哈尔科夫共产国际工厂的 T-34 坦克，佩特利亚科夫设计局的 Pe-2 轰炸机，沃罗涅日工厂的 BM-13 型"喀秋莎"火箭炮等。

冷战时期，苏联与美国进行军备竞赛，国防工业蓬勃发展。20 世纪 70 年代，苏联甚至超越美国，成为世界最大的军火出口国。20 世纪 80 年代末，苏联国防与军需工业产值占国内生产总值的 25% 以上，由国家推动或资助的科学研究、超过 75% 的实验与军事工业有关。

苏联解体后，俄罗斯继承了苏联 70% 的国防工业企业、80% 的研制生产能力、85% 的军工生产设备和 90% 的科技团队，以及几乎所有大型常规武器装备及核生化武器生产设备。另外，一些苏联遗弃的武器被俄罗斯商人贩卖到阿富汗、南非等地，引发了中东、非洲等地区的持续战乱。如俄罗斯军火大亨维克托·布特（Viktor Bout），绰号"死亡商人"，在全世界战乱频发的地区都有他的身影，他还通过间接途径向基地组织出售军火，被西方媒体称为"世界头号军火商"，他的故事曾被改编成好莱坞电影《战争之王》。

《美国国防新闻周刊》曾发布全球百大国防工业，俄罗斯有 6 家上榜，分别是金刚石-安泰集团、联合航空制造公司、俄罗斯国家原子能集团公司、战术导弹武器集团、乌拉尔机车车辆厂、俄罗斯直升机公司。凭借先进的飞机、造船、导弹、雷达、坦克、核能等军事工业，俄罗斯的军火工业产值和军火出口额排名世界第二位，仅次于美国。

【商鉴】当今世界许多地区的动乱都与军火贸易有直接或间接的关系，军火商往往需要面临道德困境，如诺贝尔被称为"靠提高杀人效率致富的商人"；当然也会面临法律风险，如俄罗斯军火大亨维克托·布特被指控"违反联合国安理会决议，向恐怖分子贩卖军火"。

第二十四章　中国的工业化之路

工业革命以前，中国的手工业在世界上一直居于世界领先地位。国外能生产的，中国基本能生产；国外不能生产的，中国也基本能生产。中国对外国商品的需求十分有限，而中国生产的丝绸、瓷器、茶叶等商品却很受西方欢迎。因此，长期以来中国都是贸易顺差国。

第一次鸦片战争后，清政府被迫开放五个通商口岸。当时，西方能卖给中国的商品并不多。在清政府看来，开放通商口岸只不过是西方想要从中国进口更多商品，却没有想到西方是为了向中国倾销商品。

第二次鸦片战争后，西方的"坚船利炮"再次把清军打败，这对于以"天朝上国"自居的清朝来说，心理上是无法接受的。为了打败敌人，必须"知己知彼"。因此，以林则徐、魏源为代表的国人开始主动了解西方，并提出"师夷长技以制夷"的口号。此后，清政府推行"洋务运动"，开办了一大批军工企业。但在甲午海战中，北洋水师被日本全歼，"洋务运动"功亏一篑。

于是，洋务派又提出"求富"口号，主张民富才能国强，开始大力发展实业。辛亥革命后，孙中山将发展实业作为建国计划的一部分，但由于内有军阀混战，外有日本入侵，最终建树不多。

一、洋务运动

鸦片战争以前，清政府实施"一口通商"政策，只允许外国商人在广州开展贸易。西方商人为了逃避关税，常常跑到工商业发达的江浙沿海一带，与民间开展走私贸易。

1832 年，林则徐任江苏巡抚，奉命驱逐在东南沿海一带走私的英国东印度公司商船。林则徐想了解英国东印度公司的情况，发现沿海的文武官员"不谙诸夷情"，只知道"英吉利"是一个强大的国家，但不知道它究竟在哪里。此后，林则徐开始收集西方各国的情报信息。1836 年，英国人慕瑞所在伦敦出版了

《世界地理大全》一书，书中简述了世界四大洲 30 多个国家的地理、历史、文化。林则徐拿到此书后，命人将其翻译并编撰为《四洲志》。

由于《四洲志》的内容过于简单，林则徐嘱托魏源继续收集资料进行完善和扩编。魏源参考了大约 70 多本著作，包括英国人马礼逊的《外国史略》、葡萄牙人马吉斯的《地理备考》等。1842 年，57 万字的《海国图志》完稿，书中展示了 23 幅全新的世界各国地图，详细地介绍了世界各国的气候、物产、交通、民情风俗、宗教、历法、贸易、科学技术等情况。当时，正值中国在鸦片战争中失败之际。魏源在序中写道："是书何以作？曰：为以夷攻夷而作，为以夷款夷而作，为师夷长技以制夷而作。"

1851 年，太平天国运动爆发。在占领明朝故都南京后，洪秀全将南京改称天京，作为太平天国首都，封族弟洪仁玕为干王，总理政事。为了制定施政纲领，洪仁玕前往香港考察，在传教士的帮助下，借鉴英国、美国的工业化发展策略，写成了《资政新篇》。

《资政新篇》包括六方面的施政措施：

（1）交通：引入蒸汽轮船和铁路，疏浚河道，兴车马和舟楫之利；

（2）通信：引入电报，国家设立邮亭，兴办邮政；

（3）采矿冶金：引入机械设备发展采矿业、冶金业，"兴宝藏""兴器皿技艺"；

（4）兴修水利发展农业；

（5）主张保护私有财产，鼓励私人投资，奖励技术发明；

（6）开办银行和保险事业。

当时，清政府处在内忧外患中，长江以南有太平天国运动，长江以北有捻军起义，东北有沙俄虎视眈眈，英国则步步紧逼要求通商。议政王爱新觉罗·奕訢经过分析，认为"发捻乃心腹之害"，俄国是"肘腋之忧"，英国"志在通商，不为限制，则无以自立"。因此，制定了"灭发捻为先，治俄次之，治英又次之"的策略。1861 年 1 月 11 日，爱新觉罗·奕訢会同桂良、文祥上奏《通筹夷务全局酌拟章程六条》，建议"设立总理各国事务衙门"，目的是效仿诸葛亮"联吴抗魏"之策，交好西方以对付太平天国和捻军。总理衙门所处理的事务以"洋务"为主，这被认为是洋务运动的开始。

失去西方支持后，太平天国运动很快失败了。洪仁玕最终未能将《资政新篇》付诸实践，但大部分内容为洋务派所继承。

【商鉴】爱新觉罗·奕訢设立总理衙门有三个目的："灭发捻""治俄""治英"，这也是洋务运动的目的。设立总理衙门，是为了发展军事力量，而不是为了让中国从农业国向工业国转变，这与日本明治维新有本质区别。洋务运动的标志性成就是北洋水师的建立，当北洋水师在甲午海战中被日本全歼后，意味着洋务运动失败了。

● 曾国藩

太平天国运动期间，曾国藩发布《讨粤匪檄》，组建了湘军与太平军作战，因战功升任两江总督、钦差大臣，督办江南军务。

1861 年，为了提升湘军的战斗力，曾国藩创办了安庆内军械所，为湘军生产子弹、火药、枪炮等武器装备。曾国藩还集合了一批中国技术专家徐寿、华蘅芳等，研发蒸汽轮船。1864 年，湘军攻陷太平天国首都南京，曾国藩把安庆内军械所从安庆迁到南京，改建为金陵内军械所，蒸汽轮船的研发工作也转移到南京。一年后，中国自主设计建造的第一艘蒸汽机轮船在南京下关江面试航成功，曾国藩赐名"黄鹄"。"黄鹄大鸟也，一举千里者"，比喻"黄鹄号"这艘船像大鸟一样，自由翱翔于江河湖海之中。

"黄鹄号"长 17 米，航速 6 节，自重 25 吨，造价八千两白银。这艘轮船试航于扬子江，在不到 14 个小时内逆流行驶了 225 里，时速约 16 里；返回时因顺流仅用了 8 个小时，时速约 28 里。曾国藩在日记中写道："窃喜洋人之智巧，我中国人亦能为之，彼不能傲我以其所不知矣。"

曾国藩是洋务运动的代表性人物，因为他创办了安庆内军械所，主持研发了中国第一艘蒸汽轮船。曾国藩也是清末儒家的代表性人物，主张"民生以稼事为先，国计以丰年为瑞"，提出"今日之州县，以重农为第一要务"，是儒家"重农思想"的忠实拥护者。

【商鉴】曾国藩受传统儒家思想"以农为本"的影响，并不认为工业化是强国要务，这也是当时许多清政府官员的想法。中国在这个时期发展的工业，主要是军事工业，以"强军""灭发捻"为目的。

● 左宗棠

太平天国战争期间，左宗棠因接济曾国藩部军饷之功，被清廷"以兵部郎中用"，赏戴花翎。1860 年，左宗棠在湖南招募 5000 人，组成"楚军"，赴江西、安徽与太平军作战。1864 年，左宗棠攻陷杭州，加太子少保衔，被赐黄马褂。

当时，曾国藩正在研制"黄鹄号"蒸汽船，左宗棠也准备筹划设立福州船政局。反对者提出，买船比造船划算，自己造船不仅成本高，而且质量不佳。左宗棠反驳称，办船政局不仅是为了造船，更是通过造船来创建中国的工业体系。有了自己的工业体系，将来想造什么都行。左宗棠说："夫使学造轮船而尽得一轮船之益，则自造不如雇买聊济之需。至轮车机器、造铁机器，皆从造船机器生出。如能造船，则由此推广而制作，无所不可。"

1866 年，清廷批准在福州马尾设立总理船政，即后来的福州船政局。左宗棠聘请法国人日意格、德克碑为正副监督，组织外国技术团队协助设厂、造船，使福州船政局成为当时中国最先进的近代舰船工业基地。

左宗棠提倡"教种桑棉为养民务本之要"，因为这样做可以扩大对外出口，使白银流入中国。不仅如此，左宗棠还提倡发展进口替代工业，引进西方机器制糖，"不夺民间固有之利，收回洋人夺取之利，更尽民间未尽之利"。

移督陕甘后，左宗棠见西北"羊毛驼绒均易购取"，而当时内地的毛纺织品主要来自西方。于是，左宗棠筹银 30 万两，派人员向德商订购纺织呢绒的全套设备，创办了兰州织呢局，"以中华所产羊毛，织成中华呢片，普销内地"。

【商鉴】左宗棠与商人胡雪岩交往密切，是清政府官员中少有的"重商派"。他率先提出要建立本国自身的工业体系，鼓励对外出口，同时推动"进口替代"。但是，由于缺乏顶层设计，左宗棠倡议的"建立自身工业体系"的思想，没有成为清政府的国家战略，从而使洋务运动成效大打折扣。

● 李鸿章

太平天国运动爆发后，李鸿章前往安徽办理团练防剿事宜，组建了一支"淮军"。李鸿章筹集 18 万两白银，租用麦李洋行的轮船将淮军运抵上海，与英国、法国军队共同构筑上海防线，以阻止太平军占领上海。

稳固上海防线后，李鸿章被清政府任命为五口通商大臣。随后，李鸿章以海关税收为抵押，筹资创办了上海洋枪三局，为淮军生产枪炮。1865 年，平定太平天国运动后，李鸿章上书《置办外国铁厂机器折》，称洋枪、洋炮对于剿灭太平天国军队起了非常重要的作用，"机器制造一事，为今日御侮之资，自强之本"。

置办兵工厂需要从西方引进设备和技术，而西方往往坐地起价，技术上也有所保留。当时，上海虹口有一座美商经营的旗记铁厂正准备出售。旗记铁厂有汽炉厂、机器厂、轮船厂、熟铁厂、洋枪楼、木工厂、铸铜铁厂等军工设施，是"洋泾浜外国厂中机器之最大者"，也是东亚最大的兵工厂，能修造大小轮船及开花炮、洋枪等各种武器装备。李鸿章认为机不可失，建议朝廷尽快批准购买。清政府准奏后，李鸿章买下旗记铁厂，改名为江南制造局。为确保江南制造局的正常运营，清政府从上海海关关税收入中拿出 10% 作为江南制造局的经费，后提高到 20%，每年约 40 万两白银。

1870 年，李鸿章就任直隶总督兼北洋大臣。为提升北方的军事防务，李鸿章筹集经费 20 余万两，创办了天津机器制造局，分为东西两局。东局在天津城东贾家沽，生产火药、子弹，兼造步枪和水雷；西局在城南海光寺，制造开花炮、炮车和军用器具。经费由海军衙门和天津、烟台两个海关拨付，每年约 35 万两白银。

1872 年，为提升兵员的调动和运输能力，李鸿章督办创立了轮船招商局。为扶持轮船招商局，清政府将一半"官物"运输业务委托给轮船招商局。轮船招商局还发动价格竞争，挤垮了曾经占据长江航运 80% 市场份额的旗昌轮船公司。1877 年，旗昌轮船公司以 220 万两白银出售给轮船招商局。

19 世纪七八十年代，李鸿章认识到开办企业不仅可以减少清政府的军费负担，还能增加税收收入。他先后创办了开平矿务局、河北磁州煤铁矿、江西兴国煤矿、湖北广济煤矿、山东峄县煤矿、漠河金矿、热河四道沟铜矿、三山铅银矿、天津电报总局、上海电报总局、津沽铁路、唐胥铁路、上海机器织布局、上海华盛纺织总厂等企业，涉及矿产、通信、铁路、纺织等行业。

1888 年，李鸿章从英国购进 2300 吨的巡洋舰"致远"号、"靖远"号，从德国购进 2900 吨的巡洋舰"经远"号、"来远"号，创办了北洋水师。此后，清政府每年拨付 400 万两白银作为北洋水师的军费。据当时《美国海军年鉴》排名，北洋水师的实力排名亚洲第一位、世界第九位。然而，在 1895 年的中日甲午战争中，北洋水师全军覆没。慈禧太后任命李鸿章为全权大臣，与日本签订了《马关条约》。签署《马关条约》是李鸿章一生最大的污点，也是洋务运动失败的标志。

【商鉴】李鸿章总体上继承了曾国藩的思想，将"强军"作为发展工业的目的。不同之处是，李鸿章在核心幕僚盛宣怀的帮助下，大力发展工商业，以商业利润来发展军事。由于清政府的国家制度并不为发展工商业服务，因此，李鸿章的失败不是个人的失败，而是国家战略的失败。北洋水师并不能改变清朝的命运。

● 张之洞

1863 年，张之洞参加殿试，中一甲第三名，进士及第，并进入翰林院。1883 年，中法战争爆发，张之洞力主抗战，被任命为两广总督。

当时，清廷内忧外患，加上各种战争赔款，国库空虚。各地方政府为了筹措军费，流行筹设官办企业，利用赚取的利润供养地方部队。张之洞从英国购置机器，开办了广州织布局。1889 年，张之洞调任湖广总督，广州织布局的机器设备也随即运到武昌，更名为湖北织布局。鼎盛时，湖北织布局有布机 1000 张，纱锭 3 万枚，雇佣工人约 2500 名，能织原色布、斜纹布、花布等，产品畅销湖北、湖南、四川等省份，同时远销海外。

湖北织布局大获成功后，张之洞又设立了纺纱、缫丝、制麻三局，与织布局合称"湖北纺织四局"。1890 年，张之洞又创办了汉阳铁厂。他以为创办铁厂和创办纺织厂一样，只需要进口一套先进设备就行了，于是派人到英国梯赛特工厂考察采办。

英国工程师提出要先化验中国煤、铁的质地，才能量身订制设备。他说："欲办钢厂，必先将所有之铁、石、煤、焦寄厂化验，然后知煤铁之质地如何，可以炼何种之钢，即以何样之炉，差之毫厘，谬以千里，未可冒昧从事。"

张之洞误认为英方是想趁机讹人，于是回复说："以中国之大，何所不有，岂必先觅煤铁而后购机炉？但照英国所用者购办一分可耳。"

英国梯赛特工厂只得从命，将全套设备卖给张之洞。设备运回中国后，张之洞命人从湖北大冶找来铁矿，又从安徽马鞍山运来煤炭，结果炼出的钢材质量很差，脆性高，易断裂。无奈之下，张之洞委托李鸿章的幕僚盛宣怀帮忙解决问题。盛宣怀接手后找来美国工程师，经过对煤、铁矿石进行分析化验，发现钢铁中含磷量太高。改用去磷的装置后，终于炼出优质钢锭。

中国的冶铁历史始于春秋战国时期，但由于铁矿含磷量高，导致炼出来的铁脆性高。如果用来做炮管的话，容易炸膛，因此，元朝的大炮普遍使用青铜铸造。明朝为了解决这个问题，使用铜铁复合技术来提升炮管的韧性。因为钢铁冶炼问题一直未能解决，清朝入关时使用的红衣大炮，也称"红夷大炮"，主要是从葡萄牙购买的。汉阳铁厂生产出优质钢锭后，彻底改变了这一历史，被视为中国重工业的开端。

钢铁问题解决以后，张之洞又从德国力佛厂和格鲁森厂引进设备，开办了湖北枪炮厂，后改为汉阳兵工厂。汉阳兵工厂是晚清规模最大、设备最先进的军工企业，可以生产汉阳造步枪（德国 1888 式 7.9 毫米口径毛瑟步枪）和克虏伯山炮。其中，汉阳造步枪共生产了 68 万余支，一直到抗日战争时期都被中国军队使用。

甲午战争后，康有为、梁启超等维新派人士向光绪皇帝上书，倡议学习西方体制，如改革政府机构、开办新式学堂、科举考试废除八股文等。工部尚书、大学士倭仁表示反对，他说"立国之道，尚礼义不尚权谋，根本之图，在人心不在技艺"，主张"以忠信为甲胄，礼义为干橹"。数千年来，中国以世界文明中心自居，有悠久的华夷之辨传统。例如，春秋《左传》曰："中国有礼仪之大，故称夏；有服章之美，谓之华。"清朝原本是来自非中原地区的一个少数民族政权，它接受了中原地区的传统礼仪，以"华夏"自居。在倭仁看来，如果清朝学习"西夷"的体制，那清朝就不能代表华夏文明了，会失去统治的合法性。

1898 年，张之洞发表《劝学篇》，提出"中学为体，西学为用"的主张。"中学"指三纲八目，是儒家学说的核心。其中三纲是明明德、亲民、止于至善，八目是格物、致知、诚意、正心、修身、齐家、治国、平天下。"西学"则指先进的工业技术，包括造船业、冶铁、枪炮、纺织、采矿、电报等。

为了落实"中学为体，西学为用"的主张，张之洞创办了许多书院和学堂，如广雅书院、两湖书院、经心书院、农务学堂（今华中农业大学前身）、工艺学堂（今武汉科技大学前身）、武备自强学堂（今武汉大学前身）、商务学堂、三江师范学堂（今南京大学前身）、铁路学堂、陆军学堂、水师学堂等。这些学堂的创办，使更多中国人得以了解西方工业化以来的先进技术，成为洋务运动的主要成就之一。

【商鉴】甲午海战后，康有为、梁启超等人意识到，只靠引进西方设备发展工业是不够的，还需要改革政府体制。为此，张之洞提出"中学为体，西学为用"的主张。该主张使大量近代学堂得以创办，更多中国人得以接触"西学"，开始了解世界。

二、近代铁路

交通在商业与经济活动中占据核心地位。京杭大运河、丝绸之路、海上丝绸之路，对经济与商业的繁荣起着至关重要的作用。

历史上，许多城市因为交通而繁荣，如京杭大运河上的扬州、苏州、杭州、汴梁（开封）；陆上丝绸之路上的西安、洛阳、敦煌、乌鲁木齐；海上丝绸之路的始发港泉州、广州、明州（宁波）……

清朝末年，世界已经进入铁路时代，铁路首次成为世界运输业的核心。美国铁路大亨科尼利尔斯·范德比尔特（Cornelius Vanderbilt）见证了铁路时代的辉煌。1877 年，他去世时，拥有 1.05 亿美元财产，占美国 GDP 的 1/87。1880～1890 年，美国铁路干线增加到 26.8 万千米，年均建设 1.18 万千米。

交通方式的变革，意味着世界财富版图的重塑。城市地位、贸易方式、工商业格局，都将因此产生翻天覆地的变化。

● 中国第一条铁路：吴淞铁路

鸦片战争后，上海被开放为通商口岸。江浙一带繁荣的工商业以及优越的地理位置，使上海快速发展为一座国际化城市，间接导致了苏州、扬州的衰落。

上海原本隶属苏州，属于尚未开发的县域。西方各国在上海取得租界地后，便开始修建基础设施。为方便将货物从吴淞港运往上海外滩的英租界地，英国打算修建一条从吴淞港到黄浦江港的铁路。当时，清政府对蒸汽火车持反对态度，认为蒸汽火车不仅扰民，还会"震动龙脉""有伤和稼"。1863 年，上海 27 家洋行联名向钦差大臣、江苏巡抚李鸿章上书，要求修筑上海至苏州之间的铁路，被清政府断然拒绝。

于是，英国人想了个迂回的办法：先修公路，再修铁路。1872 年，美国驻上海副领事奥立维·布拉特福成立了吴淞道路公司，打着修建马路的名义，获得清政府的土地批文。马路建成后，布拉特福将"吴淞道路公司"卖给英国怡和洋行，怡和洋行随即成立"吴淞铁路公司"，将马路改建为铁路。

1876 年 7 月，全长 14.5 千米的吴淞铁路竣工通车，从没见过蒸汽火车的上海民众纷纷前往观看。据申报《纪看铁路》记载："男女往观者络绎不绝，不特本埠人喜看，即在数十里、百里外者亦无弗欲先睹为快。故每日约有千余人，或驾马车或乘大轿，至坐东洋车与小车者尤指不胜屈，且有卖水果点心摊以赶市者。"

由于这条铁路属于怡和洋行私自建设，涉及主权问题，上海道台冯竣光主张收回铁路。他说："各国一切工务以及筑路等事，其权原归各国朝廷掌理。遍查地球各国，从未有任别国开造火轮车路者。倘我中国竟任他国之人造路，不免为地球内各国所笑。"

1876 年 8 月，一名行人在穿越吴淞铁路时，被疾驰而过的蒸汽火车轧死。清政府总理衙门照会英国公使威妥玛，勒令吴淞铁路暂停运营。当时，负责上海地区的两江总督沈葆桢是林则徐的外甥。林则徐主持虎门销烟使怡和洋行蒙受重大损失，其创始人威廉·渣甸还因此游说英国与清政府开战。鸦片战争失败后，林则徐被远贬新疆。所以，沈葆桢对怡和洋行的态度十分强硬，打算强行拆除吴淞铁路。

于是，英国公使威妥玛找到李鸿章协商。李鸿章提出："何不由中国照原值买回，另招华商股份承办。如此则洋商资本不致无着，而中国主权亦无所损，似是两全之法。"经过多次协商，中英双方签订《收赎吴淞铁路条款》，清政府以 28.5 万两白银赎回铁路，付清后铁路归中国自主，外商不得干涉。

收回吴淞铁路后，李鸿章主张"交给华商经营，自办吴淞铁路，不失为发展中国铁路事业的良好时机"。沈葆桢坚决反对，他上奏称："臣揣度情形，英国即倡于前，难保他国不踵其后。"为了惩前毖后，朝廷最终采纳了沈葆桢的意见。1877 年，吴淞铁路的铁轨被全部拆除。

吴淞铁路作为中国铁路运行的先例，它让有识之士看到铁路运输的巨大发展前景。即使是沈葆桢，也不得不承认这一点。他在给驻英公使郭嵩焘的信中说："铁路弟所极愿办者，无如吴淞非其地也，起卸货物，则偷漏之端，防不胜防。"

【商鉴】由于缺乏相关的商业法律条文，外商想要修建一条铁路却没有正常的协商渠道，因此采取私建方式。拆除铁路，表面上看是两江总督沈葆桢对铁路的认知不足，实际上涉及清政府主权被侵犯的问题。由于清政府没有制定相关的法律条文来处理类似事情，因此才会出现"购买铁路拆除"的荒唐事情。

● 马拉火车：唐胥铁路

清代，河北省被称为直隶省，直隶地区的用煤主要由滦县（今滦州市）的开平矿区生产。1870年，李鸿章调任直隶总督，先后创办了轮船招商局和天津机器局。随着蒸汽轮船、蒸汽机的引入，传统的土法采煤已经越来越难以满足需求。

1876年，李鸿章从英国引入先进的煤炭开采设备，委派唐廷枢筹办了开平矿务局。为了将煤炭运往港口，开平矿务局聘请英国工程师威廉·金达（William Kinder），修建了胥各庄至唐山之间的一小段铁路——唐胥铁路。唐胥铁路采用国际通用的1.435米标准轨距，长约9.3千米。

数千年来，中国老百姓习惯了宁谧的田园生活。1881年，唐胥铁路开通，蒸汽机车的轰鸣声打破了乡村原有的宁静，老百姓纷纷向地方官员告状。虽然地方官员反感噪声，但也得罪不起直隶总督李鸿章。正巧开平煤矿的西北方向是清朝皇家陵园清东陵的所在地，两地相距不到100千米。于是，地方官员向清廷上书反馈，担心蒸汽火车会震伤清朝皇家陵墓。"震伤清朝祖宗陵墓"的罪名谁也担当不起，慈禧太后很快下令禁止蒸汽机车行驶。

英国工程师金达只好采用马匹来取代"蒸汽火车头"作为牵引动力，也称"马拉火车"。这种有轨马车出现于英国工业革命早期，比如1801年修建的英国彭林铁路，用两匹马可以牵引24吨货物。相比之下，唐胥铁路上运行的蒸汽火车一次可拉上千吨，运载量是"马拉火车"的40~50倍，而且永远不会疲劳。

1882年，开平煤矿的产量猛增到38000吨，"马拉火车"已经远远不能满足运输需求。为了运煤，也为了发展火车事业，李鸿章上奏朝廷，请求派遣钦差大臣实地考察。英国工程师金达向钦差大臣讲解了铁轨下面铺设碎石的减震减噪原理，说明在蒸汽机车通过时，只要在几百米开外就感受不到任何震动了。

最终，清政府批准了蒸汽机车的运行。1888年，唐胥铁路延长至天津，全长130千米，称为津沽铁路。

【商鉴】当美国蒸汽轮船驶抵日本江户，蒸汽机冒出的黑烟曾震惊全日本。震惊之余，日本决心学习这一先进技术。清政府官员看到喷吐黑烟的蒸汽机"怪兽"，想到的是"有伤禾稼，动摇农业之根本"，甚至担心会惊动"龙脉"，即便接受了也是迫不得已。一个是主动学习，一个在抵制中被动接受，这也是洋务运动比明治维新早十年开始，但成就不如明治维新的原因所在。

● 东北大动脉：中东铁路

1895年，甲午海战失败后，清政府被迫与日本签订《马关条约》。根据条约规定，中国割让辽东半岛、台湾岛及其附属各岛屿、澎湖列岛给日本，赔偿日本2亿两白银。

签署《马关条约》时，俄国曾多次暗示日本不得侵占东北。俄国获悉清政府割让辽东半岛给日本后，与法国、德国组成联盟，照会日本放弃辽东半岛，否则将以军事手段解决问题。日本自知无法与法、德、俄三国同时开战，同意退出辽东半岛，但要清政府支付3000万两白银作为"赎辽费"。

众所周知，辽东半岛是清朝的"龙兴之地"，是清太祖努尔哈赤起兵建立"后金"的地方。因此，清政府对俄、法、德出面调解并帮助收回辽东半岛十分感激。俄国、法国、德国因"还辽有功"，分别获得"奖赏"：中俄签订《中俄御敌互相援助条约》（简称《中俄密约》），获得了在中国东北修建中东铁路的特权；中德签订《胶澳租界条约》，获得在中国山东半岛修建胶济铁路的特权；中法签订《中法续议界务商务专条》，获得在中国云南修筑滇越铁路的特权。

1898年8月，中东铁路正式动工，以哈尔滨为中心，分为东、西、南三段，从六个方向同时相向施工。东线从哈尔滨到绥芬河再通往符拉迪沃斯托克（海参崴），西线从哈尔滨到满洲里再通往赤塔，南线从哈尔滨经沈阳到旅顺，三条线构成一个"T"字形，全长约2500多千米，采用俄制1524毫米轨距。

1903年7月，中东铁路正式通车运营，30多个国家在铁路沿线设立领事馆和银行。以铁路为依托，各地商人纷纷涌入东北开设商号，哈尔滨、沈阳、长春、大连等铁路沿线城市随即崛起，东北成为中国经济最活跃的区域之一。

为了与俄国争夺在中国东北的利益，日本发动日俄战争，占领了长春至大连段铁路，改称南满铁路。1929年，张学良"东北易帜"，通电全国，宣布服从南京国民政府。为了收回苏联掌握的中东铁路部分管理权，张学良的东北军与苏联特别远东集团军发生军事冲突，伤亡过万。由于担心日本伺机侵占东北，民国政府与苏联签订了《伯力会议议定书》，中东铁路由两国共管。第二次世界大战末期，苏联击败日本关东军，控制了全部中东铁路，改称中国长春铁路，简称中长铁路。1952年，苏联将铁路管理权移交中国。

【商鉴】在铁路时代，谁控制了铁路，谁就控制了财富。当时，铁路被当作一种殖民统治手段，中东铁路的通车意味着东北也成了半殖民地。客观上，中东铁路促进了当地工商业和经济发展，但从整个国家角度看，主权的丧失才是致命的。因而，中国近代的工业化，是一个半殖民地国家的工业化。

● 华北大动脉：胶济铁路

1898年，德国因为"还辽有功"，与清政府签订《胶澳租界条约》，将青岛"租借"给德国99年，同时允许德国在山东半岛修筑铁路。

胶济铁路始建于 1899 年，1904 年建成通车，自东向西经过青岛市、胶州市、高密市、潍坊市、昌乐县、青州市、淄博市、济南市 8 座城市，是山东境内最早的铁路，长 393 千米。当时，山东拥有中国第三大煤矿坊子煤矿，德国特意设置了"坊子火车站"，以便将这里的煤炭运出销售。

胶济铁路的修建，对青岛、山东乃至整个华北地区都产生了很大影响。原来昌邑、潍县、胶州、高密、平度、掖县（今莱州）一带的进出口货物都在烟台港出入，铁路开通后逐渐改为在青岛港出入；在烟台的商号，有些也迁往青岛。山东半岛的贸易中心，逐渐由烟台转向了青岛。同时，铁路沿线一些城市的商业开始繁荣。比如，潍县发展成当时北方最大的纺织、烟草等商品贸易集散地。

胶济铁路开通十年后，第一次世界大战爆发，欧洲战事让德国无暇东顾，日本趁机逼迫袁世凯政府与日本签订"二十一条"不平等条约，承认日本继承德国在山东的一切权益。自此，青岛和胶济铁路落入日本之手，日本将胶济铁路改为山东铁道。1922 年，中日双方签订《山东悬案铁路细目协定》，中方花费 4000万日元赎回胶济铁路。抗日战争爆发后，日本再次控制了胶济铁路。

【商鉴】胶济铁路位于中原腹地，它的修建不仅仅是为了掠夺中国的矿产资源，还意味着中国华北的半殖民地化。日本控制胶济铁路后，实现了对中国华北地区的殖民统治。这里也成为抗日战争最重要的正面战场之一，发生了著名的台儿庄战役。

● 西南大动脉：滇越铁路

1885 年，越南沦为法国殖民地，并入"法属印度支那联邦"。法国人在控制越南后，派出探险队前往云南考察物产，在红河哈尼族彝族自治州发现了中国最大的锡矿——个旧锡矿。

当时，中国银贵锡贱，锡矿的锡产不被重视，而欧洲却严重缺锡，法国认为有利可图。在《巴黎殖民报》上，署名雪生的《法人与云南》一文中提到："云南物产矿源之丰富，尤为印度支那全部所不及，必宜实行取而领有之，以为法人子孙万世之基业，断不可使他人势力侵占一份。"为了便于将个旧锡矿的锡运出，法国人决定修建一条"滇越铁路"，将云南与越南的北部湾连接起来。

1895 年，法国因为"还辽有功"，与清政府先后签订《中法续议界务商务专条》《中法会订滇越铁路章程》，取得滇越铁路的筑路权。按照规划，滇越铁路由越南海防港至云南省会昆明，全长 854 千米。越南境内称为越段，长 389 千米，中国境内称为滇段，长 465 千米。

滇越铁路修筑以前，存在一条非常难走的滇越古道。过去，马帮对这条路的描述是："一天上一丈，云南在天上。"1903 年，滇越铁路正式动工，法国招募了近 30 万劳工修筑，历时七年竣工，花费 1.6 亿法郎，平均每千米花费超过 9 万两白银。滇越铁路有 80% 的行程穿行于崇山峻岭间，最大海拔落差 1900 多米，平均每 1 千米就需架设一座桥梁，每 3 千米就需开凿一个隧道。据统计，修建滇缅铁路死亡人数高达 7 万多人。人们形容这条铁路："一根枕木一条命，一颗道钉一滴血。"

滇越铁路人字桥，位于云南省红河州屏边县和平乡五家寨，由法国工程师鲍尔·波丁设计，跨度为 67 米，距离谷底 100 米。1908 年竣工至今，100 多年来没有掉过一个铆钉和螺丝，已被列入《世界名桥史》

资料来源：http://ss2.meipain.me/users/28923624/65e2f63d463ba16c4426476672df.jpeg。

滇越铁路通车后，锡便源源不断地运往法国。据《建国前滇越铁路修建史料》估计，在通车后的 30 年中，法国通过该铁路从个旧运走锡矿 234242 吨，相当于 2.9 亿两白银。法国曾打算修建"滇蜀铁路"，将越南与四川连接起来。后来，因为辛亥革命以及第一次世界大战的爆发，该计划最终没有实施。

"二战"爆发后，法国投降德国，中国成立了滇越铁路司令部，接管了滇越铁路。在抗日战争中，滇越铁路成为唯一一条打破日本封锁并由国民政府控制的重要长途运输通道，同时也是国际援华物资运输的"大动脉"。

【商鉴】滇越铁路是中国西南地区的第一条铁路，也是中国保留至今最长、最完整的米轨铁路（轨距1米），滇越铁路的修建推动了中国西南地区的经济发展。铁路沿线的部分未废弃车站，承担着少量货物运输与旅游观光功能。例如，作为滇越铁路上重要的中转站，碧色寨是一个欧洲风格的云南边陲小镇。这里曾经商贾云集，有"小巴黎"的美誉。

● 南北干线：津浦铁路

自隋朝以来，京杭大运河一直是中国南北交通的大动脉。清朝末年，随着西方巨型蒸汽轮船的到来，京杭大运河的水位已经无法满足航运条件，海运开始成为南北运输的主要方式。

1895年，俄国、德国、法国因"还辽有功"，分别获得中东铁路、胶济铁路、滇越铁路的修筑权。为了与俄国、德国、法国争夺在中国的殖民利益，英国提出修建南北铁路干线的计划。

由于南北铁路干线要经过德国在山东的势力范围，英国又拉上了德国。当时，北京到天津、镇江到上海的铁路都已修成，因此，英德两国联合提出了从天津修到镇江的"津镇铁路"方案。1898年，该方案由江苏候补道员容闳提交给了清政府总理衙门大臣、全国铁路总督办许景澄。许景澄是清末铁路建设的坚定支持者，很快批准了这一方案，并与英国汇丰银行、德国德华银行草签了《津镇铁路借款合同》，规定津镇铁路的北段由德国承办，南段由英国承办。不久，义和团运动爆发，"津镇铁路"建设也被搁置。

1902年，德国驻华大使照会清政府，要求议定修筑津镇铁路的正式合同。清政府委任袁世凯督办津镇铁路，袁世凯则派唐绍仪、张翼等人与英国、德国代表进行谈判。谈判过程中，地方官员主张由直隶、山东、江苏三省绅商集资自建，由中国人自己控制铁路的管理权。地方官员提出，津镇铁路"北接畿甸，南贯江淮，扼江海之咽喉，握三省之命脉"，如果让英、德拥有了津镇铁路的管理权，"直隶、江苏、山东永为英德势力范围。平时则妨我主权、事事牵制，有事则南北隔绝、声势不通，中原全局，关系甚巨"。

然而，地方官员想要自建铁路的计划遭到德国反对。根据《胶澳租界条约》，德国享有在山东半岛优先承办各项工程的特权。由于德国反对，津镇铁路被再次搁置。1907年，为了推进铁路建设，清政府委派张之洞会同袁世凯一起督办津镇铁路。张之洞、袁世凯几经协商，认为自办不可行，于是向英、德争取津镇铁路的管理权。英国、德国认为清政府没有实际管理能力，管理权只是名义上的，因而同意"铁路建造工程以及管理一切之权全归中国国家办理"。

取得管理权后，清政府出于经济、政治、军事等多方面考虑，将津镇铁路的南段终点由镇江西移至浦口，津镇铁路改为津浦铁路。浦口是长江北岸的一个港口，与六朝古都南京隔江相望。津浦铁路北起京奉铁路天津北站，途经沧州、德州、济南、泰安、兖州、滕州、徐州、宿州、蚌埠、滁州、浦口等站点，全长1010千米。

1908年，清政府与英国、德国签订《津浦铁路借款合同》，清政府向英、德借款980万英镑，英、德各派一人任总工程师，负责修筑铁路。四年后，津浦铁路建成通车，成为中国铁路交通的南北干线。1968年9月，南京长江大桥铁路桥建成通车，津浦线与沪宁线贯通运营，津浦铁路成为京沪铁路的一部分。

【商鉴】交通对商业有着十分重要的影响。津浦铁路建成后，京杭大运河沿岸的商埠就开始衰落，其中以扬州、镇江所受的影响最大。与此同时，一些城市也因铁路开通而崛起，比如蚌埠在清代是一座小镇，铁路兴起后，曾被作为安徽督军府治所和日伪安徽省会。

● 保路运动

清朝修建铁路有两种集资方式：一种是向外商借款筹资，称为官办；另一种是中国的地方乡绅和商人集资，称为商办。

官办的优点是能够引入最先进的技术和管理，确保铁路建设能够按时达标完成。弊端也显而易见，一方面，外商会控制铁路的修筑权与经营权；另一方面，外商还会附带提出诸如开采沿线矿产、架设电线甚至设置路警、驻兵等特权。

虽然商办可以使中国拥有对铁路的管理权和控制权，但也有两大弊端：一是绅商的资金实力远不如外资银行，常常筹集不到充足的资金，从而耽误铁路的建设工期；二是绅商不掌握技术，加上缺乏专业管理，容易出现铁路工程质量问题。

1911年，盛宣怀担任邮传部大臣，他派员督查进展缓慢的粤汉、川汉铁路。他认为："近年各省官办铁路，皆能克期竣工，成效昭著。而绅商集股，请设各公司，奏办有年，多无起色，坐失大利，尤碍交通。"

为了统筹全国铁路建设，盛宣怀颁布"铁路干线国有政策"，该政策将全国铁路划分为干线铁路、支线铁路，其中干线铁路全部收归官办，支线铁路则交由商办。对于已经"商办"的干线铁路，收归"官办"后，给予相应股份补偿。江浙铁路商办质量较好，给予全额股票补偿；湖广铁路商办成效甚微，一些不合格路段没有给予补偿；川汉铁路不仅宜昌段建设不合格，还因为其他投资造成"倒账甚巨"，为此清政府全部不予补偿。

川汉铁路的资金大多数来自民间，而且是向全省农民强行摊派征收的"租股"。所谓"租股"，是由绅商们把持的各县租股局，强行摊派到农户头上，每年四川农户的租股负担大概有200多万两。据统计，当时四川人口大约为5000万人，有2000万人是川汉铁路的直接投资者。因此，清政府将川汉铁路收归官办，又不给予补偿，至少涉及 2000 万人的利益。1911 年 6 月，川汉铁路公司在成都召开股东大会，宣布成立"保路同志会"，不到十天时间发展到 10 万人。1911 年 9 月，川汉铁路督办端方率领驻守武昌的湖北新军，入川平息保路运动，造成武昌防卫空虚。1911 年 10 月 10 日，武昌起义爆发，打响了辛亥革命第一枪，清朝灭亡。

中华民国成立后，孙中山借鉴美国的发展道路，提出："道路者，文明之母也，财富之脉也。"他构想了中央、东南、西北、东北、高原五大铁路系统，以组成遍布全国的铁路网。他在《实业计划》中写道："如美国现有铁道二十余万里，合诸中华里数，则有七十万里，乃成全球最富之国。中华之地五倍于美，苟能造铁道三百五十万里，即可成为全球第一之强国。余现拟进行之计划，规定于今后十年之内，敷设二十万里之铁路，此成诚巨大之企图，但余敢申言其必能实现也。"1912 年 9 月，袁世凯特授孙中山"筹办全国铁路全权"的任命书。按照计划，孙中山要用 10 年时间修建 20 万里铁路。

胡适评论说："大多数政客一听说十年、二十年的计划，就以'不尚空谈'为名，蒙着耳朵逃走。孙中山一生就吃了这个亏，不是吃他的理想的亏，是吃大家把他的理想，认作空谈的亏，他的革命方略，大半不曾实行，全是为了这个缘故。"

【商鉴】 铁路是工业化的重要象征之一。清朝在"保路运动"之后灭亡，最终未能完成工业化之路。中华民国建立后，孙中山以《实业计划》明确了工业化之路。现在看来，孙中山建设铁路的理想并非完全是空想。截至 2022 年 12 月，中国铁路营运里程达 15.5 万千米，其中高铁 4.2 万千米，居世界第一。

三、红顶商人

红顶商人的说法来源于清代官帽特有的"红顶"款式。事实上，中国古代商人绝大部分都是"红顶商人"，从范蠡到吕不韦，再到明清盐商以及广州十三行商人，他们都与官府有着非常密切的联系。

清朝的红顶商人可以追溯至明朝末年。当时，为了遏制后金，明朝对后金实施贸易制裁。山西商人大量走私粮食、衣物、铁器、火药到后金，甚至为后金提供军事情报。清兵入关后，山西商人成为清朝钦定的官商，被任命管理清廷府库，为清政府筹措军费，负责采办各种军事物资，还为兴修水利、赈济救灾等事项筹备资金。为了与晋商在商业上抗衡，徽商、浙商、苏商、粤商也都加强了与清朝官员的联系，形成了独特的红顶商人文化。

1873 年，盛宣怀拟定《轮船招商章程》，首次采用"官督商办"的方法办企业。所谓官督商办，就是由商人出资开办企业，但由清政府委派的官员监督管理。这样，清政府不用花费一分钱，就可以获得股权收入，但给予这些企业专营、免税、减税等特权与优惠。例如，轮船招商局享有从上海到天津随漕运货免二成进口税的权利；上海机器织布局的棉布、开平煤矿的煤炭，均享有免税优惠。

当时，清政府国库空虚，军费需求缺口巨大。因此，"官督商办"的无本经营模式受到清政府的鼓励和支持。官员们近水楼台先得月，纷纷"下海经商"，"亦官亦商"现象极为普遍。

● 日昇昌票号

1823 年，山西平遥西达蒲村李大全投资白银 30 万两和细窑村掌柜雷履泰共同创立日昇昌票号，总号设于山西省平遥县城内繁华街市的西大街路南。

日昇昌票号创立之后，结束了中国镖局押送现银的落后金融局面。各省税收不再将真金白银送往北京，只需要将钱存入当地票号，拿着票引前往北京，就能在北京票号支取白银。再后来，票引成为一种市场流通货币。

日昇昌票号以"汇通天下"闻名于世。鼎盛时期，分号遍布全国 30 余个城市、商埠重镇，远达欧美、东南亚地区。日昇昌票号的成功，使平遥成为 19 世纪清朝的金融中心，还吸引了邻近的祁县、太谷县争相效仿，先后有太谷志成信、祁县合盛元等票号成立，逐步形成山西票号中的平、祁、太三帮。

咸丰年间，清政府为筹集军饷，大开捐纳鬻官之门。山西票号乘机居间揽办，为一些人代办代垫捐纳官职，这些官员则为山西票号提供政治庇护。此后，山西票号进入发展期，业务不断扩展，成为清户部银行成立前清政府的重要金融工具，揽办军饷、协饷、赈款、税银汇解等官款业务。

1900 年，八国联军攻入北京，慈禧太后和光绪皇帝逃往西安。山西票号承担了"两宫"西行的一切费用。《辛丑条约》签订后，清政府对各国赔款 4.5 亿两白银，价息合计超过 9.8 亿两，史称庚子赔款。庚子赔款以关税、盐税的收入等为抵押，由山西票号负责汇兑。

辛亥革命后，晋商失去了清政府作为依附。同时，由于军阀混战，山西票号蒙受了巨大损失。例如，日昇昌票号在四川、陕西各省"总计损失白银 300 万两以上"，天成亨票号被土匪抢劫 100 多万两现银。从此，平遥失去了金融中心地位，上海崛起为新的金融中心。

【商鉴】凭借与清政府的特殊关系，山西票号通过为清廷管理府库税收、筹措军饷、经办战争赔款等业务，迅速发展。平遥一度成为中国的金融中心。由于实业投资过少，依赖清廷过多，清朝灭亡后，以日昇昌为代表的山西票号也很快衰落了。

● 乔致庸

乔致庸出生于 1818 年，山西祁县人，是清末晋商的代表人物，人称"亮财主"。乔家事业兴起于乔致庸的祖父乔贵发，他从中原地区贩运油、米、面等商品到包头销售，创办了"复盛公"商号。

乔致庸接手时，"复盛公"已派生出复盛全、复盛西、复盛油坊、复盛菜园、复盛西店、复盛西面铺等商号，成为当时连号最多、规模最大的商家。乔家商号带动了包头的商业繁荣，成为中原地区与北方草原贸易的商品集散地，民间有"先有复盛公，后有包头城"的说法。

1875 年，左宗棠被任命为钦差大臣，督办新疆军务，乔致庸负责为左宗棠的军队汇兑朝廷拨付的军饷，复盛公商号则负责军队粮饷、衣物、武器弹药等物资的运输和供应。左宗棠收复新疆后，为乔家商号亲笔题篆体楹联"损人欲以复天理，蓄道德而能文章"，楹额是"履和"。1884 年，乔致庸创办了大德通票号，总号设在祁县城内小东街，经营存款、放款、汇兑三项业务。庚子事变，慈禧太后逃往西安，途经祁县，行宫就设在大德通票号。李鸿章组建北洋舰队时，听闻晋商富甲天下，便向山西商人募捐。乔致庸捐银 10 万两。于是，李鸿章为乔家大院亲笔题写了"仁周义溥"四字匾额。

辛亥革命后，乔致庸失去清政府支持，生意勉力维持。1926 年北伐战争期间，冯玉祥所率领的国民军向西北撤退，所需粮饷全部由包头商号筹集垫付。当时摊派很重，复盛公商号及其他包头商户损失 2000 多万，造成市场上银根紧缺，物价飞涨。北伐战争结束后，民国政府改革币制，汇兑业务由官办银行垄断。大德通票号改组为银号，又改为钱庄，经营日渐惨淡。

抗日战争爆发后，包头被日本占领。日本把复盛公、复盛全、复盛西三家商号，连同资金、货物、职工一律移交汪精卫伪政府接收。乔家生意从此走向衰败。

【商鉴】乔致庸家族不仅拥有实业"复盛公"商号，还拥有大德通票号，是山西红顶商人最具代表性的人物。"复盛公"商号的致命缺点是依赖于包头城，而大德通票号的缺点是依赖于清政府。当包头城被日本占领，商业被日本商人垄断后，便注定了"复盛公"走向衰败的命运。没有了清政府的庇护，大德通票号的经营也就难以为继了。

● 胡雪岩

胡雪岩出生于 1823 年，安徽徽州绩溪人，是清末徽商的代表人物。

13 岁时，胡雪岩到杭州"信和钱庄"当学徒。从扫地、倒尿壶等杂役干起，因勤劳、踏实成为钱庄正式伙计。19 岁时，杭州阜康钱庄于掌柜因为膝下无子，又看胡雪岩办事机灵，收他作干儿子。于掌柜去世后，胡雪岩继承了拥有 5000 两白银资产的阜康钱庄，成为杭州工商界举足轻重的人物。

1851 年，胡雪岩前往湖州收购丝绸运往杭州、上海销售，遇见湖州知府王有龄扶助农民种桑养蚕，两人建立了密切的合作关系。1860 年，王有龄升任浙江巡抚，负责防卫太平天国进攻。王有龄将募兵经费存到胡雪岩的阜康钱庄保管，同时还把办粮械、综理漕运等重任委托给胡雪岩，于是，胡雪岩掌管了浙江一半以上的财政。1861 年，太平军攻破杭州城，王有龄自缢身亡。经曾国藩推荐，左宗棠继任浙江巡抚，胡雪岩负责为左宗棠军队提供钱粮和军饷。胡雪岩向英国、法国等国购买大量洋枪、洋炮，并雇用英国、法国军官为左宗棠组建了"常捷军""常安军""定胜军"。

在之后的两年中，左宗棠先后攻陷金华、绍兴等地，并最终收复杭州，控制了浙江全境。战争中获取的战利品，全部存放在胡雪岩的阜康钱庄中。1866 年，胡雪岩协助左宗棠在福州开办"福州船政局"，成立了中国历史上第一家新式造船厂。

1873 年，时任陕甘总督的左宗棠准备发兵新疆。为解决军费问题，他委托胡雪岩先后借得军费 1870 万两白银。当时，李鸿章反对收复新疆，认为新疆是不毛之地，距离首都北京路途遥远，对于发兵新疆并不是那么紧迫。从军事角度来看，英法联军火烧圆明园后，暴露了北京城的安全隐患。西方列强只要从海上发起进攻，天津就会失守，北京将岌岌可危。从经济角度看，清政府的财税收入主要来自长江沿海地区。因此，李鸿章主张先发展海防，优先保护京城以及富裕的沿海地区。他在奏折中说"盖京畿为天下根本，长江为财赋奥区，但能守此最要（京畿）、次要（长江流域）地方，其余各省海口边境略为布置，即有挫失，于大局尚无甚碍"。

与李鸿章的看法不同，左宗棠指出海防、塞防都很重要，他说："东则海防，西则塞防，二者并重。"新疆是蒙古的屏障，而蒙古是北京城的屏障，要保北京城，必须保新疆。他说："重新疆者，所以保蒙古，保蒙古者，所以卫京师。西北背指相连，形势完整，自无隙可乘。"在左宗棠看来，如果新疆丢失，"挫国威，且长乱，此必不可"。最终，清政府采纳了左宗棠的建议，任命他为钦差大臣，督办新疆军务。

新疆收复后，胡雪岩因帮助左宗棠筹集军费有功，被授予布政使衔（三品），赏穿黄马褂，官帽上可戴二品红色顶戴，总办"四省公库"。此后，胡雪岩在各省设立阜康钱庄二十多处，开办了庆余堂药号，兼营药材、丝、茶等生意，成为当时的"中国首富"。1882 年，胡雪岩在上海开办蚕丝厂，以各省协饷作担保，先后向汇丰银行借款 1000 万两，耗银 2000 万两囤积丝茧。

因为"收复新疆"一事，李鸿章与左宗棠政见不合。新疆收复后，左宗棠风光无两，李鸿章则受到朝廷冷落。李鸿章深知胡雪岩是左宗棠最得力的金融助手，想要扳倒左宗棠，就必须先扳倒胡雪岩。在得知胡雪岩囤积生丝后，李鸿章授意盛宣怀收买各地商人和洋行买办，让他们不买胡雪岩的生丝，致使胡雪岩生丝库存越来越多，资金日益紧张。

1883 年，胡雪岩为左宗棠筹借的一笔 80 万两军费借款即将到期，这笔借款每年由协饷拨付给胡雪岩。盛宣怀找到上海道台邵友濂，以李鸿章的名义，要求 20 天后再划拨这笔钱，又找到外国银行向胡雪岩催款。胡雪岩亲自找邵友濂，邵友濂则以"外出"为由拒绝见面。无奈之下，胡雪岩只好从阜康钱庄调出 80 万两银子先行垫上。盛宣怀得知此事后，马上托人去阜康钱庄提款。由于款项无法提出，盛宣怀又叫人四处散布"阜康钱庄倒闭"的消息，引发进一步挤兑。胡雪岩再次去找邵友濂，邵友濂仍然避而不见。胡雪岩急忙向左宗棠发去电报求助，可是，电报局是由盛宣怀控制的，根本发不出去。胡雪岩只好廉价抛售积存的蚕丝应付挤兑，导致亏损 1000 万两白银。在抵押了全部地契和房产后，阜康钱庄宣布倒闭。

此时，中法战争接近尾声，清朝南洋海军被法国全歼。清政府担心法国海军挥师北上威胁京畿，以左宗棠为代表的主战派受到冷落，以李鸿章为代表的主和派受到重视，李鸿章还被任命为谈判代表。李鸿章趁机上奏，称阜康钱庄存有左宗棠的军费，胡雪岩贪污军费、挪用公款经商，致使朝廷蒙受损失，应予严办。清政府随即下旨将胡雪岩革职，并让左宗棠亲自彻查胡雪岩。左宗棠迫不得已，只能查封胡雪岩的全部财产，只留给他一间郊区的小房子居住。

1885 年 6 月 9 日，《中法新约》签订，清政府承认法国对越南的保护权。9 月 5 日，左宗棠在福州病逝。11 月，胡雪岩也在贫困中郁郁而终。

【商鉴】日本于 1872 年创办富冈制丝厂，成为当时世界上最大规模的机械化制丝厂。胡雪岩在 1882 年开办现代化的上海蚕丝厂，本有机会稳固中国丝绸在世界贸易中的地位。可惜由于清政府官员之间的内斗，"鹬蚌相争，渔翁得利"，日本趁机抢占市场，超过中国成为最大的生丝出口国，一度占据全球 80% 的市场份额。作为一名典型的红顶商人，胡雪岩无法挽救他的蚕丝生意，就像左宗棠无法挽救清政府的失败一样。

● 盛宣怀

盛宣怀生于 1844 年，江苏省常州人，是清末苏商的代表人物。他的父亲盛康在太平天国运动期间，曾任湖北布政使（从二品官衔），管理"全省厘政"，为巡抚胡林翼筹集军费，与李鸿章有交往。

1870年，盛康将盛宣怀推荐给时任湖广总督的李鸿章，协助他筹集军费。由于办事得力，盛宣怀受到李鸿章的赏识，从此成为李鸿章最重要的幕僚。李鸿章创办轮船招商局时，由盛宣怀拟定《轮船招商章程》，采用"官督商办"的方法，朝廷不用出一分钱，便可获得不菲的收入。李鸿章将这笔收入作为建造军舰的费用，受到朝廷嘉奖，因此更加器重盛宣怀。

盛宣怀对李鸿章的赏识和提拔也十分感激，他在写给李鸿章的信中说："竭我生之精力，必当助我中堂办成铁矿、邮政、织布、银行数事。"

铁矿是指汉阳铁厂。当时，张之洞耗资560万两，始终没有炼出合格的钢材，因此奏请朝廷派盛宣怀接办汉阳铁厂。盛宣怀接办后，将"官办"改为"官督商办"，通过招募商股，使用民间资本激活汉阳铁厂。盛宣怀还奏请朝廷派李维格出访美国考察，并购置新的炼钢炉。在美国专家的帮助下，汉阳铁厂全面改造成功。盛宣怀将汉阳铁厂、大冶铁矿、萍乡煤矿合并，成立了当时东亚最大的钢铁煤联合企业——汉冶萍煤铁厂矿公司。

邮政是指中国电报局。1881年，李鸿章委派盛宣怀任津沪电报陆线总办，开通了上海—天津—北京的电报线路。随后，盛宣怀在南京、宁波、福州、厦门、广州、武汉、成都等城市修建了电报线路。这些电报线路的建设，对之后"东南互保"的形成以及辛亥革命都产生了深远的影响。

织布是指华盛纺织总厂。华盛纺织总厂的前身是上海机器织布局，1893年因失火被毁。盛宣怀接手后，采用官督商办的形式，改建为华盛纺织总厂，生产"洋布"，"销分洋商之利"。1901年，盛宣怀通过出售、转租等方式，逐渐将华盛纺织总厂据为己有。他还以官商合办的方式，控制了大纯、裕春、裕晋等诸多纱厂。

银行是指中国通商银行，成立于1897年，是中国自己创办的第一家银行，也是上海最早开设的华资银行。中国通商银行采用"官商督办"的方法，商人朱葆三、叶澄衷、严信厚等是该行的创办人与大股东。通商银行成立之初，清政府即授予其发行银圆、银两两种钞票的特权，"国中始见本国纸币与外商银行之纸币分庭抗礼，金融大权，不复为外商银行所把持"。

除了铁矿、邮政、织布、银行这四项事业，盛宣怀对近代教育也有十分重要的贡献。他兴办了北洋大学堂（天津大学前身）和南洋公学（上海交通大学前身），开设师范、电报、外语、经济、铁路等专业，并聘请了一批外籍教员。他在给朝廷的奏折中说："西国人才之盛皆出于学堂。自强首在储才，储才必先兴学。"

1899 年，义和团运动兴起。慈禧太后以光绪的名义，发布《万国宣战诏书》，号召向英国、美国、法国、德国、俄国、奥匈帝国、日本、意大利、西班牙、荷兰、比利时十一国宣战。西方各国为了瓦解义和团运动，希望时任两广总督李鸿章出面让东南各省都督、巡抚保持中立。李鸿章知道无法与十一国同时作战，更不可能取胜。一旦战败，不仅清朝会灭亡，中国也会被瓜分。他当即致电朝廷："此乱命也，粤不奉诏。"

李鸿章担心西方各国趁机派兵进入长江流域和内地各省，让邮政大臣盛宣怀下令各地电报局将《万国宣战诏书》扣押，并电告各地总督、巡抚不要奉诏。经盛宣怀牵线，两江总督刘坤一、湖广总督张之洞、两广总督李鸿章、闽浙总督许应骙、四川总督奎俊、山东巡抚袁世凯等人，与西方各国驻沪领事签订《东南互保协议》，规定"上海租界归各国共同保护，长江及苏杭内地均归各督抚保护，两不相扰"。

《东南互保协议》签订后，东南各省保持了相对稳定的局面。与此同时，义和团运动导致北方大乱，作为北方经济中心的天津受到沉重打击，大批商人、企业、文化名人南下避难。据统计，上海公共租界的人口总数从 29 万人增加到 44 万人，上海、苏常等地新办工厂企业达 62 家。1900 年，八国联军攻入北京，李鸿章代表清政府在北京签订《辛丑条约》，中国对各国赔款 4.5 亿两白银，价息合计超过 9.8 亿两白银，这些赔偿主要依赖东南经济发达地区的财政收入。盛宣怀因为保护东南经济有功，被加赏太子太保。

1911 年，盛宣怀升任邮传部大臣，由于"川汉铁路收归官办"处理不当，引发保路运动。盛宣怀被清政府革职，永不再用。辛亥革命后，孙中山邀请盛宣怀重新管理汉冶萍煤铁厂矿公司和中国通商银行。1916 年，盛宣怀在上海病逝。家人为他举办了盛大的葬礼，耗资 30 万两白银，轰动上海。

【商鉴】盛宣怀是李鸿章最重要的幕僚，是清末"洋务运动"中取得成就最大，也是最多的一位，他先后督办了汉冶萍煤铁厂矿公司、中国电报局、华盛纺织总厂、中国通商银行，并创办了北洋大学堂（天津大学前身）和南洋公学（上海交通大学前身）。盛宣怀不但是红顶商人，还因长期的业务往来，与洋人买办、西方金融界关系极为密切，他对推动中国工商业的发展、教育的发展，甚至对中国政局走势，都起到了十分重要的作用。

● 张謇

张謇出生于 1853 年，江苏南通人，是清末及民国初期苏商的代表人物。

光绪二十年（1894 年），41 岁的张謇考中状元，授翰林院修撰，负责记载皇帝言行、草拟典礼文稿等工作。这一年，甲午战争爆发，北洋水师全军覆没，李鸿章经营 20 年之久的洋务运动以失败告终。张謇上疏弹劾李鸿章:"以四朝之元老,筹三省之海防,统胜兵精卒五十营,设机厂学堂六七处,历时二十年之久,用财数千万之多,一旦有事,但能漫为大言,挟制朝野。曾无一端立可战之地,以善可和之局。"

随后,张謇为湖广总督张之洞起草了《代鄂督条陈立国自强疏》。在奏疏中,张謇提出"造铁路、广开学堂、速讲商务、讲求工政、多派游历人员"等九项措施。当时,张之洞创办的"湖北纺织四局"大获成功,建议张謇回到老家江苏南通,利用当地的棉花产业创办纱厂。张之洞当即表示:"愿成一分一毫有用之事,不愿居八命九命可耻之官。"

1899 年,在张之洞荐举之下,清政府委派张謇创办了南通大生纱厂。"大生"二字源自《易经》:"天地之大德曰生。"因为张謇是状元出身,大生纱厂使用"魁星点斗,独占鳌头"作为商标形象,下设有"红魁""蓝魁""绿魁""金魁""彩魁"等不同产品线。大生纱厂建成投产后,拥有 2.04 万枚纱锭,第二年便获得利润 5 万两白银,第三年获得利润 10 万两白银。1901 年,在两江总督刘坤一的支持下,张謇在吕泗、海门交界处围垦沿海荒滩,建成了 10 多万亩原棉基地。此后,张謇又先后建成四个纱厂,成为当时中国最大的纺织企业。

为了方便棉花、棉纱运输,张謇在南通唐闸西面兴建了天生港,意谓天生良港。1904 年,张謇集资 25200 两白银,在天生港建成"通源""通靖"两座码头。他向两江总督周馥申请自开商埠,呈文说:"凡八州县,一水可通,而天生港适为枢纽之一。"1906 年,清政府外务部和户部联合议决,"天生港作为起卸货物之口岸,以通航路而兴商务"。

利用天生港便利的交通条件,张謇创办了广生油厂、复新面粉厂、资生冶铁厂、通燧火柴厂等实业,他还引入最新的电机设备,成立了天生港电厂和镇江大照电灯厂,使长三角地区率先进入电力照明时代。

辛亥革命后,张謇全力投入教育,创办了中国近代第一所师范学校——南通师范学校。此后,他又参与筹办国立东南大学(现南京大学、东南大学、江南大学的前身)、河海工程专门学校(现河海大学)、复旦大学、江苏省立水产学校(现上海海洋大学)等。

1926 年 8 月 24 日,张謇病逝,享年 73 岁。他一生创办了 20 多家企业和 370 多所学校,是中国近代民族工业和教育事业的重要奠基人。

【商鉴】"实业救国"是张謇对洋务运动失败的反省,他提出"愿成一分一毫有用之事,不愿居八命九命可耻之官",所谓"有用之事"即兴办实业和教育。当时,内有军阀混乱,外有洋货倾销竞争,能取得张謇这样的成就实为不易。从企业家角度来看,张謇是谋事成事之君子,是利民利国之圣人。

● 聂云台

聂云台出生于 1880 年，湖南省衡山县人，是清末民国时期典型的官商代表。他的父亲是聂缉椝（历任上海道台、安徽巡抚、浙江巡抚），母亲曾纪芬是曾国藩之女。

早年，聂缉椝经左宗棠保荐，任上海江南制造总局会办，两年后升任上海江南制造总局总办。自从盛宣怀推广"官督商办"以后，清朝官员开始以"官商合办"的方式，为自己获取企业股份。1890 年，聂缉椝任上海道台，参与筹办"官商合办"企业——华新纺织新局，获得华新纺织新局股票 450 股，共 5.4 万两银。聂云台 14 岁时，聂缉椝将其任命为华新纺织新局经理。18 岁时，聂云台以白银 31.75 万两买下华新纺织新局的全部股份，改名为恒丰纺织新局，任总经理。

1904 年，湖南设立垦务局，招人领垦洞庭湖内历年淤积的洲土，以"裕库收，增税源"。聂云台和父亲买下大通湖南洲一带 4 万余亩湖田，并招佃户 3000 余家种植棉花、水稻。聂家每年从这里获取佃户租金，其中棉花 7500 千克、稻谷 5 万石（约 3500 吨）。棉花运往上海的恒丰纺织新局作为纺纱原料，稻谷则使用新式机器碾为大米运往长沙协丰栈出售。

第一次世界大战期间，西方受战争影响，国内生产受到破坏，从中国大量进口纺织品，聂云台的恒丰纺织新局获利颇丰。1919 年，聂云台投资 23 万两在吴淞创办了中国最大的纱厂——大中华纱厂，有纱锭 4.5 万枚。1921 年，聂云台筹建了中国最大的棉花、棉纱市场——上海华商纱布交易所，随后当选为"全国纱厂联合会副会长"和"上海总商会会长"。聂云台还以合伙经营的方式，先后创建了大通股份有限公司、华丰纺织公司、中国铁工厂等企业，还与孔祥熙合办中美贸易公司，成为上海工商界的风云人物。

抗战时期，聂云台的纱厂被日军接管，被迫与日本大康纱厂合作，成立"恒丰纺绩株式会社"。其间，聂云台在《申报》刊载自己的文章《保富法》，对清代以来的"红顶商人"进行反思："数十年来所见富人，后代全已衰落。六十年来文武大官世家，都已衰落，后人不兴。唯有不肯发财的几个大官，子孙尚能读书上进。官极大，发财的机会极多，而不肯发财，念念在救济众人的，子孙发达最昌盛，最长久。"

抗战胜利后，国民政府经济部清查敌伪产业委员会接收了恒丰纺绩株式会社。聂云台写信向宋子文求助，并通过军政部次长俞大维说情，才将产权收回，但已经无力维持和经营了。

【商鉴】聂云台提倡"不肯发财，念念在救济众人"，强调了发展企业不是为了追求财富，而是为了"救济众人"，颇有道家老子"无私寡欲、志在为善"的胸怀。他的看法与徽商"达则兼济天下"的主张略有不同，"达则兼济天下"是儒家主张，强调"达"是"兼济天下"的前提，也就是说"追求财富"与"兼济天下"不冲突，也并不矛盾。

四、近代工商实业

洋务运动早期的口号是"师夷长技以制夷"，创建的主要是官办军工企业。甲午战争后，国人开始反思为何日本的明治维新会比中国成功？因此提出"求富"的口号，认为国家只有富了，才能真正强大。

1896 年，维新派成员陈炽受亚当·斯密《国富论》的启发，为救中国之贫弱撰写了《续富国策》。《续富国策》全书分为《农书》《矿书》《工书》《商书》4 卷，共 64 项内容。陈炽指出，英国之所以能"商务之盛冠全球"，原因在于大力发展工商业。他说："今后中国的存亡兴废，皆以劝工一言为旋转乾坤之枢纽。"陈炽还认识到，关税对于保护本国工业发展的重要性，提出中国应自订税则，认为税司乃"利权所在"。

李鸿章则指出，要制定"商律"保护商人。他说："泰西各邦，皆有商律专以保护商人，盖国用出于税，税出于商，必应尽力维持，以为立国之本。"为什么要制定"商律"保护商人呢？因为国家的开销要依靠税收，而税收来自工商业，保护商人就是保护立国之本。1903 年，清政府令载振、伍廷芳起草商律，定名为《钦定大清商律》。《钦定大清商律》由《商人通例》和《公司律》组成。其中《商人通例》9 条、《公司律》131 条，是清末仿照西方法律制定的第一部新法，也是中国近代第一部正规商法。

《商人通例》规定，凡经营商务、贸易、买卖、贩运货物者均为商人，并对经商规则做了详细规定。例如，男子满 16 岁才可以经商，妻子经商要获得丈夫的许可，商人必须使用真实姓名，商人必须建立流水账簿，并且要保存 10 年。《公司律》规定了公司的组织形式、创办呈报方法、经营管理方式和股东权利等，并将公司分为合资公司、合资有限公司、股份公司、股份有限公司四种类型。

《钦定大清商律》颁布以后，清政府设立商部，商务大臣盛宣怀与各业董事70 余人成立了上海商业会议公所，即上海总商会。上海总商会是工商界名流聚会之地，历届会长有朱葆三、聂云台、宋汉章、虞洽卿等，以"明宗旨，通上下、联群情、陈利弊、定规则、追捕负"为宗旨，对内处理华商争端，对外处理与洋商的交涉、联络商情、争取利益。

1912 年，刘揆一接受袁世凯任命，出任工商总长，提出"工商立国"的主张。他说，中国历来"尊士重农而贱工商"，如今要以"工商立国"，必须对工商业给予"极端保护"才能树立人的信心，同时还要扶持、指导、监督国内工商业的发展，以遏制西方经济的侵略。由于清政府以关税作为抵押向外国银行借款，用于偿付战争赔款，西方完全掌握了中国的海关行政权、海关税率、关税收支与保管等业务。北洋政府数次试图收回关税自主权，均以失败告终。国家没有关税自主权，也就无法实施贸易保护，各国工业品潮水般涌入中国，洋针、洋线、洋油、洋皂、洋烛、洋火、香水、搪瓷品等洋货充斥中国市场。

第一次世界大战后，孙中山看到欧美国家为战争服务的工业设备大批闲置，认为中国如果能够趁机利用这些设备进行实业建设，就可大大加速中国的工业化进程。1919 年，孙中山用英文写成《实业计划》，亦名《国际共同发展实业计划》，由朱执信、廖仲恺等译成汉语。《实业计划》全书共 20 余万字，由六大计划组成，主要内容是：在渤海湾、杭州湾及珠江口修建三个世界级海港，修建中央、东南、西北、东北、高原五大铁路系统，全面开采煤、铁、石油等矿藏，以此带动冶金、机械、纺织等各个行业的发展，实现"万端齐发"。1927 年，南京国民政府成立，孔祥熙被任命为工商部长。他说："谨遵总理民生主义及建国实业计划，力谋发展国家富源，改善人民生计。"然而，由于内忧外患，孙中山的《实业计划》最终未能实施。

"九·一八"事变后，日本不断侵略中国，国内出现抵制日货运动，并逐渐演变为"国货运动"。在国货运动中，中华总商会创办了许多国货商场，如上海市商会国货商场、上海国货公司、中国国货公司、中央国货大市场、上海国货便宜商场等。1933 年，第一个"国货年"设立，之后的 1934 年、1935 年、1936 年、1937 年则被冠以"妇女国货年""学生国货年""市民国货年""公务员国货年"等主题。媒体也大力提倡国货运动，出版了《国货年鉴》《国货年刊》《国货运动报》《国货周报》《国货导报》《国货与实业》等刊物。

郁达夫在《关于使用国货》一文中写到：除了外国的书报与必备文具不得不购买洋货之外，其他饮食起居以及日用品皆选用国货。民国时期，使用洋货的主体是城市社会的中上层群体，这类人群消费行为的转变对国货运动的发展意义非同寻常。

【商鉴】鸦片战争后，中国逐步沦为半殖民地半封建社会，丧失了关税自主权，无法通过提高关税来保护本国工商业发展。因此，只能通过"国货运动"，号召人们支持本国工商业发展，这便是"民族品牌"的由来。

● 朱葆三

鸦片战争后，广州、厦门、福州、宁波和上海成为通商口岸。上海地处长江入海口，交通便捷，周边又有江苏、浙江发达的工商业，逐渐成为内外贸易中心，外商及各省商帮云集上海。

朱葆三生于1848年，浙江定海人，是清末民国时期浙商的代表人物。14岁时，朱葆三丧父，经同乡介绍来到上海"协记"吃食五金店（出售罐头食品和小五金的商店）当学徒。当时，上海是十里洋场，洋行势力很大，各大商号都需要与洋人打交道。在这样的环境下，朱葆三自学英语。凭借自己的努力和天赋，朱葆三从一个学徒被提拔为总账房、经理。

朱葆三30岁时，被英国平和洋行聘为买办，经销从英国进口的钢筋、钢管、钢板等大五金。朱葆三开设了新裕商行代理这项业务，还在上海黄浦区新开河路开设了"慎裕五金店"。当时，中国还不能生产钢材，洋务派创办工厂所需钢材均需要进口。凭借钢材生意，朱葆三很快成为上海滩的风云人物。

1901年，袁树勋任上海道台，督办《辛丑条约》战争赔款。款项来自各通商口岸海关关税收入，由上海道库暂存。朱葆三说服袁树勋将这笔款项存入新裕商行，再由新裕商行转付给西方各银行。由此，朱葆三与西方主要国家的金融界建立了密切联系，新裕商行也拥有了雄厚的资本。

借助新裕商行和外商资本，朱葆三投资了几乎所有的工商业。投资的银行有中国通商银行、浙江实业银行、浙江兴业银行、四明银行、中华银行、江南银行，投资的保险公司有华兴水火保险公司、华成保险公司、华安合群人寿保险公司等，投资的交通业有宁绍轮船公司、长和轮船公司、永利轮船公司、永安轮船公司、舟山轮船公司、大达轮埠公司、东方轮船公司等，还有上海华商水泥公司、柳江煤矿公司、长兴煤矿公司、大有榨油厂、赣丰饼油厂、龙华造纸厂、上海绢丝厂、日华绢丝厂、上海第一呢绒厂、和丰纱厂、同利机器纺织麻袋公司、中兴面粉厂、立大面粉厂、和兴铁厂、马来亚吉邦橡胶公司、上海华商电车公司、定海电器公司、舟山电灯公司、上海内地自来水厂、汉口自来水公司、广东自来水厂等。

当时，朱葆三在上海滩的地位，就像J. P. 摩根在美国纽约的地位。许多民族企业借助朱葆三的声望招揽资本。例如，刘鸿生创办的华商上海水泥公司聘请朱葆三出任董事长；上海南洋兄弟烟草股份有限公司扩大改组招收外资股，聘请朱葆三为发起人；设在杭州的中华民国浙江银行特任命朱葆三为总经理……

辛亥革命时，朱葆三以上海总商会的名义资助革命党。沪军都督府成立后，朱葆三任财政总长。晚年，朱葆三致力于社会公益事业，先后参与筹资的福利事业包括中国红十字会、华洋义赈会、济良所、广义善堂、仁济善堂、惠众善堂、四明公所、定海会馆、四明医院、吴淞防疫医院、上海公立医院、上海孤儿院、新普益堂、普益习艺所、妇孺救济会、同义慈善会、联义慈善会、贫民平粜局、上海时疫医院等。

1926 年，朱葆三病逝于上海，上海各界为他举行了隆重的葬礼，50 万人参加了出殡仪式。上海法租界公董局将朱葆三创办的华兴水火保险公司所在的马路命名为"朱葆三路"，以表彰他在社会公益和市政建设上的功绩。

【商鉴】朱葆三从地位低下的"学徒"成长为上海总商会会长，是非常具有代表性的浙商人物。改变朱葆三命运的是英语，正是英语使他与西方金融界建立了密切联系，实现了从普通学徒到洋人买办阶层的跃升。受中国传统文化影响，朱葆三富而乐施，致力于社会公益事业，用行动践行"达则兼济天下"的理念。

● 虞洽卿

自从上海开埠以后，宁波籍人士利用甬沪交通仅一水之隔的优势，通过上海这个对外贸易窗口，形成了以买办商人、进出口商人为代表的宁波商帮。据估计，清末在上海的宁波人已达 40 万人，是上海滩中势力最大的一个商帮。

虞洽卿生于 1867 年，浙江宁波镇海人，是清末民国时期浙商的代表人物。14 岁时，虞洽卿经同乡介绍，来到上海黄浦区望平街的瑞康颜料行当学徒。瑞康颜料行的主营业务是经销德国进口染料。虞洽卿深知英语在上海这个国际商埠的重要性，一有时间便找传教士学习英语，并到城隍庙等处为外国游客导游，借此练习口语。学会英语后，虞洽卿被提升为跑街，负责与洋商联系业务。

25 岁时，虞洽卿经族人虞芗山介绍，被德商鲁麟洋行聘为买办。虞洽卿开设了通惠银号，经销从德国进口的染料、药品、五金、军火等商品，同时向德国出口大豆、桐油、丝绸、茶叶等农副产品。1895 年，中日签订《马关条约》，清政府向日本赔偿 2 亿两白银。为了弥补财政亏空，清政府向商人出售虚职官衔，虞洽卿捐纳 4032 两白银获得了候补道（正四品）。1902 年，虞洽卿辞去鲁麟洋行的职务，改任华俄道胜银行买办。次年，虞洽卿任荷兰银行中国事务总代理，因业绩卓著，荷兰政府颁给他荣誉勋章，并向他赠送王室保存了 200 多年的自鸣钟一座。

1905 年，清廷发布上谕，特派镇国公载泽、户部侍郎戴鸿慈、兵部侍郎徐世昌、湖南巡抚端方、商部右丞绍英出国考察政治，这就是"五大臣出洋"。虞洽卿因为懂英语，又与西方各国交往密切，被载泽指定为出国考察的助手。回国后，清廷成立度支部（相当于财政部），载泽担任度支部尚书。虞洽卿向载泽提出创办民营银行的主张，得到批准。1908 年，四明银行成立（四明是宁波的别称），周晋镳任董事长，陈薰任总经理，虞洽卿任协理。开业不久，四明银行就向清政府度支部申请了钞票发行权，发行的钞票有四种：壹元、贰元、伍元、拾元。四明银行的钞票以白银作为本位币，1 元可兑换 1 两白银。

20 世纪初，沪甬海上客货运输由英商太古公司、中法合资的东方轮船公司、轮船招商局三家公司垄断。最初，沪涌航线的客运票价是 5 角，后来三家公司达成垄断协议，统一将票价提升到 1 元大洋。虞洽卿以宁波旅沪同乡会名义，多次与各轮船公司交涉，要求降低票价，三家公司均置之不理。

　　四明银行成立后，有了资本依托，虞洽卿向福州马尾造船厂购置了 1 艘 2600 吨位的轮船，取名"宁绍轮"，成立了宁绍轮船公司。虞洽卿将票价定为 5 角，航行沪甬线。因为票价便宜，"宁绍轮"每趟都满员，太古公司、东方轮船公司、轮船招商局三家公司也不得已将票价降为 5 角。即便如此，宁波商人更愿意支持家乡人开办的宁绍轮船公司。不久，虞洽卿又开辟了上海至汉口的航线，将业务拓展到长江中上游地区。

　　辛亥革命时期，虞洽卿加入同盟会，刚一入会就捐助活动经费 8 千元，并出资在租界为同盟会提供秘密会场。虞洽卿还以宁波商会的名义筹措了 4 万元经费，资助老乡蒋介石成立沪军第五团。第一次世界大战爆发后，欧洲商船被征用回国参战，虞洽卿趁机收购英商鸿安公司。1914 年，虞洽卿在宁波余姚投资修筑码头，创立三北轮埠公司。随后，三北轮埠公司先后开辟了镇江、南京、汉口、重庆、福州、广州、天津、大连等 20 多个国内城市航线，还开辟了日本、新加坡、西贡等国际航线。当时，三北轮埠公司的总资本达到 320 万元，拥有江海船舶 82 艘，总吨位 9.1694 万吨，超过北方政记轮船公司和重庆民生公司，位居中国民营船运公司之首。

　　北伐战争期间，虞洽卿代表江浙财团（主要是宁波商帮）为蒋介石提供了重要的军费支持，三北轮埠公司的客轮也被北伐军征用作为运兵船。为了支付运费，南京国民政府财政部发行了 350 万元的航业公债。北伐胜利后，蒋介石提议虞洽卿出任南京政府财政部部长，虞洽卿以"在商言商"为由婉拒了这项提议。随后，蒋介石举荐虞洽卿担任中央银行监事、国民政府全国经济委员会委员。

　　抗日战争爆发后，上海沦陷，虞洽卿以上海难民救济会会长的名义留在租界。三北轮埠公司向挪威华伦洋行订购 8 艘船，挂起挪威、巴拿马、意大利等外国旗帜，从西贡、仰光等地进口大米运入上海销售。日本海军特务部发函给虞洽卿，要求三北轮埠公司与日资青岛东海轮船有限公司合并为船舶联合局，为"中日经济提携"效力。虞洽卿致函日本海军特务部和东海轮船公司，表示"盖在此中日不幸事件存续中，按环境事实，殊难共同经营海运事业"。

　　太平洋战争爆发后，日军派兵占领了上海的公共租界，虞洽卿无法继续在上海立足，经香港回到重庆。得知虞洽卿离开上海，日军海军马上对三北轮埠公司的船队展开追击。由于水路被日军控制，三北轮埠公司遭受重大损失，"被敌炸沉 5 艘，被敌掳去 27 艘，被敌炸伤 5 艘，被政府征用沉塞损失 12 艘，另装运公物牺牲 6 艘"。到重庆后，蒋介石设宴欢迎虞洽卿。1945 年 4 月 26 日，在抗日战争即将取得胜利前夕，虞洽卿因急性淋巴胰腺炎逝世，蒋介石专门送花圈表示哀悼，中共中央南方局也派出代表参加吊唁。

【商鉴】与朱葆三一样，虞洽卿也是通过学习英语从一名普通学徒跃升为洋人买办。虞洽卿虽然主张"在商言商"，但四明银行的创办却得到度支部尚书载泽的支持。虞洽卿还是同盟会成员，与国民党有着密切的关系，为蒋介石北伐提供了重要的军费支持。他还担任过民国政府全国经济委员会委员。可见，虞洽卿所说的"在商言商"是指商业的归商业，政治的归政治，而不是将商业与政治混为一谈。

● 孔祥熙

孔祥熙生于 1880 年，山西太谷县人，是清末民国时期的著名晋商。

10 岁时，孔祥熙随父加入基督教，就读于教会学校。1899 年，义和团运动爆发，六名欧柏林传教士被杀。为了与列强谈判，清政府发布上谕，称"此案初起，义和团实为肇祸之由，今欲拔本塞源，非痛加铲除不可"。1901 年，孔祥熙协助教会襄办"太谷教案"，受到华北公理会赏识，被推荐到美国欧伯林大学学习。在欧伯林大学毕业后，孔祥熙又考入耶鲁大学，获理化硕士学位。

1907 年，孔祥熙回国，他对未来的抱负是："提倡教育，振兴实业。"当时，中国学堂主要集中于东南沿海、直隶等地区，孔祥熙希望在山西省太谷县创办一所现代学校。在美国欧柏林大学的资助下，孔祥熙创办了铭贤学校（现山西农业大学），"铭贤"寓意"铭记庚子年义和团运动中死难的教友贤士"。铭贤学校刚开始只设小学，继而开设中学，最后成立学院，设英文、师范、商业、工业、农业等学科。

铭贤学校走上正轨后，孔祥熙开始思考"振兴实业"问题。在美国上学期间，孔祥熙听闻石油大亨洛克菲勒的故事，而煤油在中国尚未起步，市场前景广阔，因此，他决定做中国的洛克菲勒。不过，中国没有发现石油，无法发展石油化工，只能先做外商买办，进口销售国外煤油。1912 年，孔祥熙与五叔孔繁杏成立祥记公司，成为亚细亚火油公司在山西省的买办。亚细亚火油公司的母公司是英荷壳牌石油公司，火油是煤油的俗称。为了实行价格垄断，亚细亚火油公司与美国标准石油公司订立了瓜分中国市场的协议，各自拥有专属市场。因此，祥记公司拥有在山西市场销售煤油的垄断权。

1913 年，孔祥熙的耶鲁校友王正廷邀请他到日本担任东京中华留日基督教青年会总干事，为革命党人筹募经费。当时，孙中山的英文秘书是宋霭龄。孔、宋二人情投意合，于次年在日本横滨结婚。宋霭龄的父亲是民国实业家宋嘉树，曾在宁波经商，是孙中山的朋友，也是他的主要支持者。宋氏家庭主要成员有宋霭龄、宋庆龄（孙中山之妻）、宋美龄（蒋介石之妻）、宋子文等。由此，孔祥熙进入国民政府核心，并与宁波商帮建立联系，成为民国时期最具权势的商人之一。

"一战"期间，孔祥熙回到山西，被山西督军阎锡山聘请为督军公署参议。在阎锡山的支持下，孔祥熙创办了裕华银行，通过资本运作将山西阳泉的铁矿运往天津，再出口到欧洲。当时，天津是中国北方的经济中心，地位仅次于上海。1915年，孔祥熙将祥记公司总部迁到天津，担任孙中山与北洋政府的联络人。孙中山所著《建国大纲》手稿，正是通过孔祥熙交给冯玉祥的。不久，孙中山病逝，国内政局发生剧烈变动。

南京国民政府成立后，孔祥熙被蒋介石委任为国民政府工商部长。孔祥熙誓言继承孙中山遗志，"谨遵总理民生主义及建国实业计划，力谋发展国家富源，改善人民生计"。1930年，孔祥熙将工商部与农矿部合并为实业部，担任实业部部长，提出"以休养生息恢复元气为第一步，以积极准备力图发展为第二步"。

然而，日本却不给国民政府喘息的机会。1931年，日本发动"九·一八"事变，占领了经济相对发达的中国东北地区。为防范日本，蒋介石大幅提高军费开支，计划在德国帮助下，5年之内训练60个德械师。当时，正值世界经济大萧条，时任财政部部长的宋子文帮助蒋介石发行公债筹措军费。由于认购不足，蒋介石十分不满。宋子文认为蒋介石"不恤财政困难"，愤然辞职。随后，孔祥熙被蒋介石任命为财政部部长，同时还被任命为中央银行总裁，为蒋介石解决军费问题。由于财政收入几乎全部被挪作军费，无力发展实业，"因时事多艰，未能多所建树"。

为了给蒋介石筹措足够军费，孔祥熙采取的主要办法是开动印钞机，大量发行纸币。当时正值英格兰银行宣布停止用英镑兑换黄金之际，人们对纸币丧失了信心。日本占领东北后，将原本流通于东北地区的、由国民政府发行的纸币全部兑换为白银，导致大量白银外流。民众闻风而动，纷纷将手中的纸币兑换为白银，上海、南京等地很快发生了挤兑现象，国民政府的货币体系随之崩溃。1935年，孔祥熙以财政部部长名义发表"关于币制改革的宣言"，将白银收归国有，由中央银行、中国银行、交通银行三行发行法币，1法币 = 1先令，2.5便士 = 0.3美元。由于法币的汇率与英镑、美元同时挂钩，得到了英国、美国两国政府的支持。最终，法币改革取得成功，稳定的金融环境为工商业发展和国民经济恢复创造了有利条件。

1937 年，日本发动全面侵华战争，再次打断民国政府试图恢复经济的努力。抗日战争期间，孔祥熙被任命为中央信托局理事长，他的儿子孔令侃担任信托局理事，在香港从事易货、采购军火等业务。1942 年，国民政府用美国对华 5 亿贷款中的 1 亿元作为基金，在西南、西北地区发行"同盟胜利美金公债"。孔祥熙参与低买高卖行为，赚得不义之财 1150 余万美元，引起各界强烈不满，被迫卸任财政部部长一职，从此离开政坛。

【商鉴】青年时的孔祥熙立志"提倡教育，振兴实业"。他创办学校，帮助民国政府筹集军费，改革币制，也为中国工商业发展及国民经济恢复做出了不小的贡献。但是在晚年，身为财政部部长，孔祥熙低买高卖公债，赚取不义之财，早已没有年轻时的志向，这或许也是国民党撤退到台湾的原因之一。

● 范旭东

范旭东出生于 1883 年，湖南长沙人。1908 年，他考入京都帝国大学化学系，是民国时期著名的"海归派"创业者。

辛亥革命后，范旭东从日本回国，经梁启超推荐进入北洋政府任职，负责盐政。当时，欧洲国家食盐中氯化钠的含量高于 95%，而中国食盐中氯化钠的含量却不足 50%。1915 年，范旭东从欧洲引进技术，在天津创办了久大精盐厂，他亲自设计了一个五角形的商标，起名"海王星"。由于是国内独家，"海王星"牌精盐的年产量很快达到 3 万吨，畅销全国。

久大精盐厂创办后，欧洲各国开始设法在化工领域垄断中国市场。有一次，北洋政府找汇丰银行借款，英国人提出一个附带条件：授予英国卜内门公司在中国制碱的独家特许权。虽然负责借款的财政部官员不懂化学工业，但他马上意识到事关重大。当即回复说中国已经有人在制碱了。第二天，这位官员托人找到范旭东，让他尽快发展制碱业。

范旭东了解到，英国卜内门公司的制碱技术是由比利时人索尔维 Solvay 于 1861 年发明的，也称"索尔维法"。"索尔维法"以食盐（氯化钠）、石灰石和氨为原料，可以制出碳酸钠和氯化钙，这项工艺曾在 1867 年巴黎世界博览会上获得铜质奖章。英国、法国、德国、美国等国家组织了索尔维公会来垄断市场，他们共同保守制碱技术的秘密，并划定各自的独享市场，如中国市场由英国卜内门公司独占。

为了攻克制碱技术，范旭东聘请拥有美国麻省理工学院化工科学士学位和哥伦比亚大学博士学位的侯德榜作为技术总工程师，并重金买到一份"索尔维法"制碱图纸。1918 年，在侯德榜的帮助下，范旭东在塘沽成立"永利碱厂"，品牌以"红三角"作为标志。侯德榜对制碱工艺加以改进，将盐转化率从原来的

75％提高到95％以上，发明了"侯氏制碱法"。"侯氏制碱法"是以氯化钠、二氧化碳、氨和水为原料，制取纯碱的方法，成为当时最先进的制碱技术。1926年，美国费城举办世界博览会，"永利碱厂"的"红三角"牌纯碱荣获金奖。

当时，中国还不能生产化肥，每年需进口化肥1500多万担，花费8400余万银元。化肥俗称"肥田粉"，主要成分是硫酸铵，"铵"音译为"錏"，因此，硫酸铵也称硫酸錏。1934年，受国民政府委托，范旭东从美国引进设备和材料，在南京创办了永利錏厂，侯德榜担任厂长。1937年2月5日，永利錏厂建成投产，中国第一包硫酸錏下线，打破了中国不能生产化肥的历史。当年，永利錏厂生产硫酸錏1.87万吨，因其肥效显著，价格低廉，迅速畅销江浙等省，并出口到东南亚。

由于军事需要，范旭东又从美国引进硝酸生产设备，用于生产军用炸药原料——硝酸铵，使永利錏厂成为当时亚洲最大的硝酸工厂。范旭东在《记事》中写道："列强争雄于高压合成氨工业，在中华于焉实现矣，我国先有纯碱烧碱，这只能说有了一翼；现在又有硫酸、硝酸，才算有了另一翼。有了两翼，我国化学工业就可以展翅腾飞了。"

中国第一包国产化肥：红三角牌永利硫酸錏

资料来源：叶迎春：《中国第一包化肥蕴藏最先进技术》，《中国石油石化》，2023年1月13日。

抗日战争爆发后，日军出动大批飞机对永利錏厂进行重点轰炸。南京失守后，日军将永利錏厂尚未迁走的28套硝酸生产设备拆卸后运回日本本土，包括八座吸收塔、一座氧化塔、一座浓硝塔。抗战胜利后，这些装备全部归还中国，一直使用到 2011 年 5 月。

2018 年，永利铔厂入选首批"中国工业遗产保护名录"。它是 20 世纪 40 年代亚洲最大的化工厂，号称"远东第一大厂"，是中国第一座化肥厂，拥有中国第一台高压容器，第一套合成氨、硫酸、硝酸等生产装置，生产了中国第一袋化肥、第一包催化剂，先后创造了 30 多项"中国化工之最"。

【商鉴】和平的环境、技术的研发对商业成功都至关重要。1926 年，"侯氏制碱法"荣获万国博览会金奖，是当时世界上最先进的制碱技术。倘若没有日本侵华战争，中国化工行业早已争雄于列强。

● 刘鸿生

刘鸿生，1888 年出生于上海，祖籍浙江定海（今舟山），是清末民国时期的知名浙商。他的父亲刘贤曾任上海轮船招商局总账房，在刘鸿生 7 岁时病逝。刘鸿生少年时，经乡人介绍，就读于美国基督教圣公会在上海开办的教会学校。

大学毕业后，刘鸿生经同乡会会长周仰山介绍，进入开平矿务有限公司担任买办。开平煤矿是洋务运动时开办的重要企业，在义和团运动中，被俄国军队占领，后又被英商墨林公司占据，改名为开平矿务有限公司。墨林公司接管开平煤矿后，建起发电厂，以电力代替蒸汽，扩大了生产能力。为了提高运输能力，墨林公司还修缮了秦皇岛码头。

当时，秦皇岛港口的煤价每吨 6 两白银。运往上海后，煤炭售价每吨 14 两白银，再减去运费每吨 4 两白银，一吨煤可净赚 4 两白银。于是，刘鸿生找到上海滩商界的风云人物朱葆三寻求投资。朱葆三也是定海人，与刘鸿生的父亲刘贤是同乡好友，见刘鸿生颇有生意头脑，便出资帮助他创办了福泰煤号。当时，煤炭地位犹如今日石油，是工业命脉所在。刘鸿生租了数十艘船，由秦皇岛装煤运往上海销售，一年获得的利润达 1000 万两白银。

1912 年，京浦铁路全线筑成通车。刘鸿生与京浦铁路签订合作协议，开通多条运煤专线，将开平煤矿生产的煤炭经由铁路运往浦口港，再销往长三角各地。随着煤炭运输能力的提升，刘鸿生的煤炭生意也越做越大，先后成立了元泰、生泰恒、安丰、和兴、兴仁等煤号，还拓展了山西、山东、海外的煤炭资源。为了便于管理，刘鸿生将旗下的煤号组合为大华煤业公司，获得"煤炭大王"的称号。

"一战"后，孙中山在《实业计划》中提出倡议，希望"引进西方设备，发展满足人民衣食住行需要的近代工业"。当时，中国民族工业极为落后，许多生活用品都带一个"洋"字，如洋油、洋皂、洋烛、洋火等。1919 年，刘鸿生响应孙中山号召，前往美国考察。他决定从"小"做起，引进火柴生产设备，开办了鸿生火柴厂，生产出安全的国产火柴取代"洋火"。经过不断发展，刘鸿生先后合并了荧昌火柴厂、中华火柴二厂，并与鸿生火柴厂重组为大中华火柴公司。大中华火柴公司年产火柴 15 万箱，约占中国火柴总产量的 15%，是当时规模最大的中国火柴公司，刘鸿生因此被称为"火柴大王"。

19 世纪 30 年代，上海房地产行业兴起。刘鸿生与朱葆三等 23 人，创办了上海水泥厂，总资本为 120 万银元，其中，刘鸿生拥有 52% 的股份。上海水泥厂引进德国水泥机械设备制造厂的整套生产设备，并聘请德籍工程师马立泰为技术负责人。经过三年筹建，上海水泥厂正式开工生产"象牌"水泥。凭借优良的品质，"象牌"水泥很快在上海市场占据了绝对优势，并远销天津、湖北、河南、福建、广东、广西、浙江、江苏、安徽等地，遍及半个中国。

抗日战争爆发后，刘鸿生在上海、镇江、苏州、九江、杭州等地的企业，全部被日军以"敌产"接管。抵达重庆后，刘鸿生被任命为国民政府火柴专卖公司总经理、全国专卖总局局长，他还筹建了中国火柴原料厂、建国水泥厂、嘉华水泥厂、中国毛纺织厂等一批企业。抗日战争胜利后，刘鸿生任国民党政府善后救济总署执行长兼上海分署署长、经济部计划委员会委员、上海市政府咨议委员。中华人民共和国成立后，刘鸿生出任华东军政委员会委员兼财经委员会委员，以及生产救灾委员会委员，周恩来称他为"民族工商业者"。

【商鉴】"进口替代"是常见的工业化发展策略。民国时期，遍地洋货也意味着遍地的商机。刘鸿生引进设备生产国产火柴以替代"洋火"，是当时民族工商业发展国货替代进口商品的写照。

● 卢作孚

卢作孚，1893 年出生于四川省合川县（今属重庆市）。17 岁时，卢作孚追随孙中山加入同盟会，参加保路运动和辛亥革命。二次革命失败后，卢作孚认为"教育为救国不二之法门"，于是，担任泸州永宁公署教育科长，创办了成都民众通俗教育馆。

1919 年，孙中山发表《实业计划》，提出要建立遍布全国的水陆交通运输体系，卢作孚向"实业救国"转向。当时，长江上游航运由太古（英商）、怡和（英商）、日清（日商）等外国轮船公司控制。卢作孚在《一桩惨淡经营的事业》中回忆道："扬子江上游宜渝（宜昌—重庆）一段，触目可见英国、美国、日本、法国、意大利、瑞典、挪威、芬兰等国的国旗，却不容易看见本国国旗。"卢作孚认为，有必要将长江航运控制在中国人自己手中。为避免与外国轮船公司展开直接竞争，他决定先从外国轮船公司尚未涉足的航线入手。最终，他选定合川—重庆航线作为试点，因为这里水位较浅，轮船航线尚未开通。1926年，卢作孚创办了民生实业股份有限公司，"民生"来源于孙中山提倡的"民生主义"。

卢作孚亲自去上海订购了载重70.5吨的浅水客轮一艘，命名为"民生"号，航行于合川—重庆之间，大获成功。不久，卢作孚又收购了两艘客轮，新辟了重庆—涪陵、重庆—泸州航线。以后，民生公司不得不与外国轮船公司展开正面竞争。为了提升客轮的竞争力，卢作孚在船上设有"茶房"，还将每一位船员培训为"服务员"。当时，一位美国记者写道："在他（卢作孚）新船的头等舱里，他不惜从英国进口刀叉餐具，从德国进口陶瓷，但是在他自己家的餐桌上，却只放着几只普通的碗和竹筷子，家里唯一一件高级用具，是一把19世纪30年代初期买的小电扇，漆都褪尽了，破旧不堪，毛病不少。"

在民生公司的带动下，长江上游出现了几十个小型轮船公司，但都各自为政，无法与外国大型轮船公司展开竞争。1929年，卢作孚被四川军阀刘湘任命为川江航务管理处处长，他将重庆上游至宜宾一线、重庆下游至宜昌一线的所有中国轮船公司并入民生公司。通过不断整合，到抗战前夕，民生公司已经"崛起于长江，争雄于列强"，拥有46艘轮船，总吨位上万，职工近4000名。

抗日战争爆发后，国民政府成立国家总动员设计委员会，筹备工厂内迁，卢作孚被任命为交通部常务次长。最初，国民政府计划内迁到武汉。南京失守后，又转移至宜昌。1938年，武汉保卫战打响后，卢作孚受命将物资、设备从宜昌尽快内迁到重庆，史称"宜昌大撤退"。为了抢运物资和设备，卢作孚将航程划分为三段：宜昌—三斗坪—万县—重庆。在运输过程中，日军派出大批军机狂轰滥炸，导致民生公司9艘船只被炸沉，7艘严重损毁，公司共有117名船员牺牲，76人伤残。

"宜昌大撤退"堪称中国的"敦刻尔克"。经川江抢运出的单位包括兵工署22厂、23厂、24厂、25厂、金陵兵厂、兵工署汴厂、湘桂兵工厂、南昌飞机厂、申钢厂、大鑫钢铁厂、周恒顺机器厂、天元电化厂、新民机器厂、中福煤矿、大成纺织厂、武汉被服厂、武昌制呢厂、武汉纱厂等。转移到抗战大后方的还有国民政府机关、科研单位、学校设备及许多珍贵的历史文物，为中国取得抗日战争最终胜利奠定了基础。

整个抗战期间，民生公司还承担了重要的军事运输任务，运送出川的军队共计270.5万人，武器弹药等30多万吨。中华人民共和国成立后，周恩来电邀寓居香港的卢作孚共商国家建设大计，卢作孚率20余艘海轮返回大陆，继续担任民生公司总经理，补选为全国政协委员。

【商鉴】卢作孚是同盟会成员，被四川军阀刘湘任命为川江航务管理处处长，通过不断整合，将重庆上游至宜宾一线、重庆下游至宜昌一线的所有中国轮船公司都并入民生公司，改变了长江上飘扬着万国旗帜的格局，使中国江轮重新抢回了长江航运市场。

五、近代银行业

鸦片战争后，随着沿海、沿江城市陆续对外开放，中国商品经济迅速发展，外国金融业也开始进入中国。

1845年，英国丽如银行率先进入中国，在香港和广州设立分行，1847年，又在上海设立分行。第二次鸦片战争后，法兰西银行、汇丰银行、德意志银行、惠通银行、华俄道胜银行、花旗银行、荷兰银行等先后进入中国。

由于对金融业认识不足，中国本土金融机构一直以钱庄、银号的传统方式运营。外资银行则通过发钞、吸收存款、操纵外汇、承办贷款等方式，逐渐控制了中国的金融业，并全面渗透了中国的实体经济。

洋务运动后期，金融的重要性逐渐被国人认识到，先后创办了通商银行、大清银行、交通银行，中国民营银行迎来了发展的黄金时期。

● 中国通商银行

1883年，胡雪岩的阜康钱庄倒闭。盛宣怀为了承接阜康钱庄的业务（如各省协饷），有意创办一家银行。

盛宣怀先后找到英资"中华汇理银行"、俄资"华俄道胜银行"商谈合作，但是两家外资银行都要求拥有对银行的控制权。最后，盛宣怀决定办中国自己的银行，"通华商之气脉，杜洋商之挟持"。1897年，盛宣怀采用"官商督办"的方法，由朱葆三、叶澄衷、严信厚等人出资，成立了中国通商银行。

中国通商银行总行位于上海，在北京、天津、香港等地设有分行。盛宣怀将轮船招商局、中国电报局、仁济和保险等公司的资金存入中国通商银行，又从清朝户部获得百万两白银的定期存款。清政府授予中国通商银行发行银圆、银两两种钞票的特权，同时还拥有揽存、汇解官款等特权。

1899年，义和团运动爆发。动乱中，中国通商银行北京分行被抢，直接损失达40多万两白银。为了规避风险，天津分行关闭歇业。1903年，由于中国通商银行发行钞票所使用的防伪技术落后，山下忠太郎和中井义之助两位日本人伪造了30万大洋假钞，使中国通商银行的纸币信用大跌，最终不得不以真钞换假钞，才使风波平息下来。这些损失使中国通商银行逐渐出现经营困难，法国、奥地利政府趁机派人向盛宣怀提出入股合办的请求。盛宣怀说："中国商务大，近来各国到此添设银行不少，中国是一主人，仅一通商银行，论面子亦不能少。"

清政府也认识到，不应仅仅依赖中国通商银行，于是新设立了大清银行和交通银行。

辛亥革命以后，招商局、电报局把中国通商银行的认股悉数分派给各股东，由于股权转移，商股股东达 1600 多户。1916 年，盛宣怀去世，他的财政管家傅筱庵成为中国通商银行董事，兼任轮船招商局董事以及沪军都督府财政部总参议。傅筱庵利用职务之便，不断收购商股，最终控股中国通商银行。

北伐战争期间，傅筱庵通过中国通商银行为孙传芳筹集军费，还为孙传芳提供 9 艘招商局的客轮用于运送军队。蒋介石打败孙传芳后，虞洽卿等人建议蒋介石通缉傅筱庵，没收其家产。傅筱庵得到消息后，向日本大使馆求助，日本舰队将他护送到大连。傅筱庵将杜月笙、张啸林拉入中国通商银行的董事会，并为李鸿章的长孙李幼良、军阀王金钰的儿子王麟公、蒋介石的表弟周静波等人在中国通商银行安排了职位。经过这些打点，国民政府撤销了对他的通缉。

1935 年，孔祥熙实施法币改革，由中央银行、中国银行、交通银行三行统一发行法币，中国通商银行丧失了钞票发行权。之后，中国通商银行被改组为"官商合办银行"，杜月笙为董事长，张啸林为副董事长，傅筱庵改任常务董事。抗日战争爆发后，出于对失去中国通商银行的怨恨，傅筱庵投敌成为汉奸，出任汪精卫伪政府"上海特别市政府"市长。1940 年，在蒋介石的授意下，杜月笙派人将傅筱庵刺杀。

抗战胜利后，中国通商银行接受中央银行委托，代理兑换伪币，一度恢复业务。上海解放后，中国通商银行在抗日期间承购的国民政府公债成为废纸，除有一些房地产外，已无其他资产。

【商鉴】中国通商银行是中国人自己创办的第一家银行，开办后"国中始见本国纸币与外商银行之纸币分庭抗礼，金融大权，不复为外商银行所把持"。中国通商银行与日本安田银行（今富士银行）成立的背景较为相似，不同之处是，安田银行的发展受到日本政府的庇护，依托于安田财阀，以工业和实业作为基础，成为世界级的银行。而中国通商银行因缺乏对实业的投资，最终沦为一家平庸的银行，直至消失。

● 北四行

北四行是盐业银行、金城银行、中南银行和大陆银行的合称，是民国时期的北方金融集团。北四行成立初期，主要经营范围在华北地区，在政治上依赖北洋军阀。

1. 盐业银行

盐业银行创立于 1915 年，创始人是袁世凯的表弟张镇芳和袁世凯的侄儿袁乃宽，由张镇芳担任总经理。袁世凯批准盐业银行为官商合办，具有代理国库、经办盐务收入等特权。

盐业银行"以辅助盐商维护盐民生计、上裕国税、下便民食为宗旨"，与长芦盐商建立了大宗往来，并在盐务产销区设立机构为盐务提供服务。袁世凯去世后，盐业银行"代理国库""经办盐务收入"的特权被取消，成为一家普通商业银行。

1917年，张镇芳因参加"张勋复辟"被捕，总经理改由吴鼎昌担任。吴鼎昌有深厚的"北洋背景"，历任中国银行总裁、天津金城银行董事长、内政部次长、天津造币厂厂长。在吴鼎昌的经营下，盐业银行以抵押、收购等方式掌控了大批纱厂、航运、外贸、盐业、化工等企业，金融触角遍及国内外。

2. 金城银行

金城银行创立于1917年，董事长周作民曾担任过北洋政府财政部科长、库藏司司长。金城银行"名曰金城，盖取金城汤池永久坚固之意"，总行最初设于天津，在京、沪、汉等地开设分行。银行主要股东多为军阀官僚，最大的股东为安徽督军倪嗣冲、北洋政府参议院议员王郅隆，合计占银行创办时实收资本的56%。

金城银行对工业放款额较大，主要投放于棉纺织、化学、煤矿和面粉工业，其中，对化学工业放款的主要对象是范旭东创办的永利碱厂。为了支持范旭东试制洋碱，金城银行曾单独给予其60万元贷款，使永利碱厂的"红三角"牌纯碱进入国际市场。

南京国民政府成立后，周作民先后担任国民党政府财政委员会委员、冀察政务委员会委员等职。由于经济中心南移，金城银行经营重心也随之南移，总行于1936年迁往上海。当时，金城银行存款达1.83亿元，一度超过上海商业储蓄银行，位居民营银行之首。

【商鉴】张謇曾任北洋政府农商总长，倡导"实业救国"，因此，有北洋背景的盐业银行、金城银行都非常注重以金融服务实业。金城银行最大的成就，便是资助范旭东创办永利碱厂，使中国化工行业称雄亚洲。

3. 大陆银行

大陆银行于1919年由张勋、冯国璋、许汉卿、谈荔孙等人发起成立，谈荔孙任总经理。银行取名"大陆"，含"发展于东亚大陆"之意。在创办股本中，张勋占股20%，离任大总统冯国璋占股10%，两淮盐商占股12%。

大陆银行的仓库业务在各家银行中独具特色，所谓仓库业务是指以质押物管理、价值评估、仓储物流、质押品交易为主的金融服务。1925年，大陆银行在天津解放桥畔建立大型仓库2处，为钢筋水泥建筑。另外，在河东区建立1处仓库，租赁 1 处仓库，大量存放商品货物。经过两年努力经营，大陆银行每年押款达 1000 万元以上，仓库业务占据了市场份额的 70%。

4. 中南银行

中南银行由印度尼西亚前首富及糖王黄奕住（祖籍福建）于 1921 年投资创立，取名"中南"，含有中国与南洋互相联络之意。中南银行招股 2000 万元，开业时先收取 500 万元，由黄奕住认股 70%，即 350 万元，其他股东包括上海《申报》总经理史量才、交通银行北京分行经理胡笔江等人。中南银行创立后，胡笔江担任总经理，总行设在上海。

中南银行是近代海外华侨回国投资创办的最大银行，也是华侨投资创办的最大企业。由于资本实力，中南银行获得了财政部和币制局的发钞权。

5. 四行联营

1921 年，盐业银行总经理吴鼎昌赴欧美考察，发现美国银行业不仅资本雄厚，而且"团体亦坚"，不像国内银行界"各自为谋"。回国后，他立即向中南银行总经理胡笔江提议联营，得到金城、大陆两家银行的积极响应。1922 年，盐业、金城、中南、大陆四家银行成立了联合营业所。由于总行都在天津，人称"北四行"。

北四行效仿美国联邦储备制度，成立了一个由盐业银行、金城银行、大陆银行和中南银行共同发起的"准备库"。虽然只有中南银行可以发行钞票，"所有责任仍由四行共同负之"。依托四行联营，北四行的整体实力大为提升，巩固了银行信用，由中南银行发行的纸币，发行总额甚至超过交通银行，仅次于中国银行。

随着业务发展，北四行共同出资 82 万元，在上海市闸北区苏州河北岸的光复路 1 号建立了"四行信托部上海分部仓库"，简称"四行仓库"。这是一栋钢筋混凝土制六层大厦，与租界仅一河（苏州河）一路（西藏路）之隔。淞沪会战时，"八百壮士"奉命进驻四行仓库阻击日军。从此，四行仓库闻名全国，也使"北四行"声名大振。

20 世纪 30 年代初，美国纽约出现了"摩天大厦竞赛"，美国洛克菲勒大厦（1930 年）和帝国大厦（1931 年）相继竣工。当时，上海已经成为仅次于纽约、伦敦、柏林、芝加哥的全球第五大城市。盐业银行总经理吴鼎昌提议建造一栋中国最高的大楼，以彰显中国实业发展的成就，得到金城、中南、大陆的一致认同。1934 年，位于上海市中心（今黄河路）的"四行大厦"建成，又名"国际饭店"。它由匈牙利籍著名建筑师邬达克设计，采用钢框架结构，共 24 层，地面建筑高达 83.8 米。

虽然没法与高 381 米的帝国大厦相提并论，但国际饭店仍是当时亚洲最高的建筑物，并在上海保持最高纪录达半个世纪。国际饭店使北四行名声大增，"在通商巨埠有相当房地产业，令储户比较安心，反过来又吸纳更多存款者"，北四行由此成为当时全国收储额最高的金融机构。

【商鉴】四行仓库、国际饭店都是那个时代实业发展的最高成就，也是北四行以金融服务实业的历史见证。如果日本没有发动侵华战争，北四行可以创造更多的成就，只不过历史没有假设。

● 南三行

"南三行"是浙江兴业银行、浙江实业银行和上海商业储蓄银行的合称。三家银行都由江浙籍银行家投资创办和管理，都以上海为基地，在经营上互相声援、互相支持。

与"北四行"的北洋背景不同，南三行代表的江浙资本是南方革命势力。在第一次世界大战期间，南三行抓住有利时机打下基础。南京国民政府建立后，这三家银行都有不同程度的发展。

1. 上海商业储蓄银行

上海商业储蓄银行由陈光甫创立于1915年6月2日，创立之初额定资本为10万元，实际上仅有7万元，其中，盛宣怀的远房亲戚庄得之占股25%。当时，资本在百万元以上的私营银行有盐业、兴业、聚兴诚、新华等10家。因此，上海商业储蓄银行被人称为"小小银行"。

陈光甫毕业于美国宾夕法尼亚大学商学院，曾任江苏银行总经理和中国银行顾问，对金融改革有独到的见解。他推出了"一元开户"、零存整取、整存零取、存本付息、定活两便、育儿储蓄、养老储蓄、储金礼券等多种储蓄形式，受到普通市民的欢迎，银行资本很快增加到500万元。后来，陈光甫当选为上海银行公会会长，成为上海金融界的领袖之一。

北伐战争期间，陈光甫受虞洽卿委托，为蒋介石筹募军饷。南京国民政府成立后，陈光甫先后被任命为中央银行理事、中国银行常务董事、交通银行董事、贸易调整委员会主任和国民政府委员等。

凭借与国民政府的关系，上海商业储蓄银行进入发展的黄金时期，设立了储蓄、信托、外汇、证券、农业、盐业、仓库等专项业务部，分支机构达111个，职工2775人，存款总额近2亿元，成为民国时期最大的民营银行。

【商鉴】上海商业储蓄银行"一元开户"的平民服务，折射的是市场细分的商业理念，更体现了"顾客需求导向"的商业创新思想。在此之前，银行是有钱人的专属理财机构。凭借金融创新、留美背景以及与国民政府的关系，陈光甫成为当时上海金融界的领袖之一。

2. 浙江实业银行

浙江实业银行的前身是浙江银行，是清政府在浙江设立的官钱局，代理省库业务。辛亥革命后，北洋政府财政部将浙江银行收归国有，交给中国银行管理。上海、汉口两个分行独立出来，成立浙江实业银行，由李铭任总经理。

1923 年，李铭设计"零存整取"的储蓄存款办法来揽储，在报纸上大打广告：每月存入 1 元，存满 15 年后，整付 504.60 元。人们通过计算很容易发现，这是非常划算的存款计划，存 15 年一共只需花费 1×12×15＝180 元，却可获得 504.60 元。因每月节省 1 元，一般家庭也能接受，产品大受民众欢迎。加上当时币值相对稳定，民众纷纷开户存储。"零存整取"不仅吸收了大量民间资金，也扩大了银行的影响，其他存款业务也随之增加。仅一年时间，浙江实业银行的存款余额猛增到 600 多万元。

"一战"后，浙江实业银行与德商建立了密切的生意往来，为西门子、美最时、礼和、谦信洋行等提供进口押汇服务，所获利润极为丰厚，积累了可观的外汇资金。"二战"期间，浙江实业银行独家经营瑞士法郎，是民营银行中拥有外汇资产最多的一家银行，也是民国时期国际化程度最高的一家民营银行。

【商鉴】"零存整取"是浙江实业银行的一大金融创新，同时，又与德商建立了密切合作开展进口押汇业务，说明当时中国的民营银行在业务上极具创新力。

3. 浙江兴业银行

浙江兴业银行成立于 1907 年，由浙江铁路公司创立。浙江铁路公司是银行最大的股东。1915 年，原大清银行监督叶景葵担任浙江兴业银行董事长，将总行从杭州迁往上海。

在旧上海的金融界中，浙江兴业银行的房地产业务做得最大，拥有近 1000 幢房屋。

除了地产，浙江兴业银行十分注重振兴实业，如资助张謇创办南通大生纱厂，使之发展成为当时中国最大的纺织企业。张謇兴建天生港，创办广生油厂、复新面粉厂、资生冶铁厂、通燧火柴厂、天生港电厂、镇江大照电灯厂等实业，也得到了浙江兴业银行的贷款。张謇在实业领域的成功，也使浙江兴业银行在 1918～1927 年五度位居全国各大银行榜首。

1934 年，浙江兴业银行向南京国民政府铁道部建议修筑钱塘江大桥。建议被采纳后，浙江兴业银行邀请中国银行、浙江实业银行等组成建桥财团，共同投资 200 万元。然而，钱塘江大桥建成之时，正值抗日战争爆发之际。1937 年 12 月 23 日，钱塘江大桥建成通车的第 89 天，南京国民政府为了阻滞日军进攻杭州，炸毁了钱塘江大桥。浙江兴业银行在上海、江苏等地投资的房地产、工厂，要么被日军炸毁，要么被占领，工业贷款大都成了死账。至此，浙江兴业银行走向衰落。

【商鉴】抗日战争中，中国实业发展之路被日军炮火打断。以投资实业为主的浙江兴业银行，正是这场灾难的见证者和亲历者。许多时候，商业竞争是以国家间竞争为背景的，国家贫弱则商业贫弱。

第 四 篇

现代经济奇迹

第二十五章　第三次工业革命

从能源角度来看，第一次工业革命的标志是煤，第二次工业革命的标志是石油。煤和石油都是不可再生的化石燃料，在可预见的未来，这两种能源终有一天将消耗殆尽。所以，人类正在努力提升水能、风能、太阳能等可再生能源的使用比例，开创一个"新能源"时代。

从工业革命的特征来看，第一次工业革命以蒸汽火车为象征，带来了铁路交通革命；第二次工业革命以汽车为象征，带来了高速公路革命；第三次工业革命以数据信息为象征，带来了互联网"信息高速路"革命。

从动力的应用来看，第一次工业革命、第二次工业革命是以机器代替人类来劳动，解放了人类的双手、双脚。第三次工业革命是以机器代替人类来思考，解放了人类的大脑。计算机革命、互联网革命、移动通信革命，都为人工智能的发展奠定了基础。"算法"即计算机的思维方式，人类试图寻找"终极算法"以寻找终极答案，让机器代替人类做出最正确的决策。在许多棋类游戏中，已经实现"终极算法"。电脑通过计算，可以算出最正确、最合理的"招数"，下出最正确的一步棋。2016 年，谷歌公司人工智能"阿尔法狗"（AlphaGo）以 4 比 1 的成绩战胜世界围棋冠军李世石。这场人机大战是人工智能史上的一座里程碑，李世石唯一的一场胜利是人类在围棋领域最后一次战胜人工智能。

人工智能是计算机的高级形态，它通过海量计算，以类似人类大脑思考的方式，帮助人类作出决策。注入人工智能以后，机器变得更加聪明，因此，也可以代替更多的人类工作。2022 年，美国人工智能研究公司 OpenAI 发布了聊天机器人程序 ChatGPT，它能通过理解和学习人类的语言来进行对话，还能根据聊天的上下文进行互动，能完成撰写文章、写诗、绘画、翻译等任务。人工智能还可以为人类的决策提供建议，如医疗咨询、法律咨询等，最终取代人类的部分脑力劳动。

【商鉴】如果将人工智能作为第三次工业革命的衡量标准，那么计算机革命、互联网革命、移动通信革命还只是第三次工业革命的前奏，人工智能的应用还非常有限。人工智能意味着巨大的发展空间和无限的商机。

一、计算机革命

计算机是第三次工业革命的主要标志，它与第一次、第二次工业革命有着本质区别。计算机侧重于解决脑力劳动，中文专门为这种机器取名"电脑"。计算机革命带来了全新的商业机会，如美国的英特尔、IBM、微软等公司，都因这种新的商业机会获得了巨大成功。

● 硅谷

每一次工业革命都有一个中心，同时会诞生代表性的城市。例如，第一次工业革命的代表性城市是英国的曼彻斯特，第二次工业革命的代表性城市是美国的芝加哥，第三次工业革命的代表性城市是美国的硅谷（Silicon Valley）。

硅谷是圣塔克拉拉谷的别称，位于美国加利福尼亚北部的大都会区旧金山湾区南面。这里是最早研究和生产以硅为基础的半导体芯片的地区，因而得名硅谷。硅谷的起源可以追溯至 1933 年，当时，美国军方在加利福尼亚州的桑尼维尔空军基地建立了一个海军航空站（NAS）。在军方支持下，斯坦福大学的校友创建了"硅谷"的第一家高科技公司——瓦里安（Varian），为军方研发雷达组件。

为吸引美国高科技公司与斯坦福大学开展技术合作，同时鼓励科技人才在这里研究和创业，斯坦福大学工程学院院长弗雷德里克·特曼（Frederick Terman）创建了斯坦福工业园（现为斯坦福研究园）。1939 年，在弗雷德里克·特曼的支持下，斯坦福大学电气工程系毕业的戴维·帕卡德（Dave Packard）和比尔·休利特（Bill Hewlett）在硅谷成立了惠普公司（HP）。最初，惠普公司生产一种用于测试声音的电子仪器——阻容式声频振荡器（HP200A）。太平洋战争爆发后，惠普公司为美国海军开发信号发生器、雷达干扰器等产品。

在惠普公司的带动下，通用电气、洛克希德公司等一批高科技公司也在斯坦福工业园设立了实验室。1956 年，晶体管发明人威廉·肖克利（William Shockley）来到这里，建立了肖克利半导体实验室。晶体管被媒体和科学界称为"20世纪最重要的发明"，肖克利也因这项发明荣获诺贝尔物理学奖。当时，制作半导体的主要材料是"锗"，但肖克利认为"硅"的性能更好，同时也代表了未来趋势。肖克利研究的硅基晶体管是"硅谷"名称的由来，正是他奠定了"硅谷"在集成电路、微处理器、微型计算机等领域的技术基础。

由于斯坦福在计算机技术上的领先地位，美国国防部高级研究计划署在 1969

年开发 ARPAnet 网络时，四个数据中心中的一个由斯坦福研究所负责运营。ARPAnet 网络是互联网的早期骨干网，奠定了 Internet 的发展基础，因而硅谷在软件和互联网服务领域也确立了领先地位。

目前，硅谷的风险投资占全美风险投资总额的 1/3，硅谷与计算机行业相关的公司已经发展到大约 1500 家，知名公司包括亚马逊、苹果、惠普、英特尔、谷歌及 AlphaNet、甲骨文、Adobe、雅虎、思科、推特等。

【商鉴】从硅谷的发展可以看到，高科技商业的发展在早期离不开政府的扶持，但从长期来看，需要创造一个"人才""技术"与"资金"相融合的商业环境。

● 仙童半导体公司

1956 年，肖克利创办半导体实验室后，招募了戈登·摩尔（Gordon Moore）、罗伯特·诺伊斯（Robert N. Noyce）、布兰克（J. Blank）、克莱尔（E. Kliner）、赫尔尼（J. Hoerni）、拉斯特（J. Last）、罗伯茨（S. Roberts）和格里尼克（V. Grinich）八位研究人员，组成一个技术团队。

肖克利提供理论方面的指导，具体的实验则由技术团队完成。1957 年，肖克利半导体实验室对"硅基半导体"的研究取得了突破性的成果，八位技术人员瞒着肖克利出走，创办了仙童半导体公司。

硅谷之所以被称为"硅谷"，与仙童公司将"硅基半导体"成功商业化也有很大关系。当时，欧洲、美国、日本等国家的家电行业空前发展，推动了对半导体的需求。仙童公司凭借先进的"硅基半导体"技术，成为硅谷成长最快的公司。仙童公司创始人之一摩尔预言，集成电路上能被集成的晶体管数目，将会以每 18 个月翻一番的速度稳定增长，并在今后数十年内保持着这种势头。摩尔的预言是仙童公司的技术发展战略，也成为芯片行业的技术发展共识。在很长一段时间里，芯片的性能都会在 18 个月后提高一倍，人们称之为"摩尔定律"。

1967 年，仙童半导体公司的营业额已接近 2 亿美元。肖克利原来称仙童公司的八位创始人是"八叛徒"，此时，他改口称他们为"八个叛逆的天才"。肖克利的态度鼓励更多的人去创业。1968 年，仙童公司的两位创始人摩尔和诺依斯，创办了英特尔（Intel）公司。一年后，仙童公司销售部主任桑德斯创办了美国超威半导体公司（AMD）。硅谷大约有 70 家半导体公司，其中一半是仙童公司的直接或间接后裔。乔布斯曾在一次演讲中说："仙童半导体公司就像成熟了的蒲公英，你一吹它，这种创业精神的种子就随风四处飘扬了。"

英特尔是仙童半导体公司的主要继承者。基于"摩尔定律"，英特尔制定了 Tick-Tock 芯片技术发展战略，Tick-Tock 字面上是时钟"嘀嗒"的意思，秒针的前进会带动分针、时针转动。就芯片技术而言，Tick 代表工艺提升、晶体管变小；Tock 则表示进行微架构革新，以跟上工艺提升的步伐。Tick-Tock 战略确保了英特尔的芯片按照"摩尔定律"不断迭代，从而保持在市场上的领先地位和竞争力。

1981 年，英特尔公司开发出 8088 处理器，集成了大约 29000 个晶体管。IBM 公司将 8088 芯片用于其研制的 PC 机，开创了全新的微机时代。正是从 8088 开始，个人电脑（PC）的概念开始在全世界范围内发展起来。对个人电脑而言，芯片是最核心的配件，决定了电脑的整体性能。但芯片是电脑内部的一个组件，人们无法看到，也就无法通过芯片去判断电脑的性能。1991 年，英特尔公司发布了"Intel Inside"品牌战略，要求所有采用英特尔芯片的电脑厂家，在醒目位置贴上"Intel Inside"标识。"Intel Inside"战略大获成功，使英特尔芯片成为电脑性能优越的代名词，是最成功的品牌营销案例。

2022 年，英特尔在《财富》世界 500 强排行榜上排名第 145 位。如今，英特尔正转型为一家以数据为中心的公司，推动了人工智能、5G、智能边缘等转折性技术的创新和应用突破，以驱动智能互联世界。

【商鉴】仙童公司代表了硅谷的创业精神，正如乔布斯所言"仙童半导体公司就像个成熟了的蒲公英，你一吹它，这种创业精神的种子就随风四处飘扬了"。显然，孵化一批伟大的公司，比做一家伟大的公司更伟大。

● IBM

IBM 的历史可以追溯到 19 世纪末。1880 年，美国举行了一次全国性人口普查，为 5000 多万名美国人口登记造册。由于统计手段落后，花了 7 年半的时间才把数据处理完毕。1890 年，美国统计专家霍列瑞斯（Hollerith）发明了自动制表机，在当年的美国人口普查中使用，获得了巨大成功。

1911 年，金融家查尔斯·弗林特收购了霍列瑞斯的自动制表机公司，更名为 CTR（Computing Tabulating Recording）计算列表记录公司。"一战"结束后，制表机需求量激增，几乎每一家大保险公司和铁路公司都用上了 CTR 公司生产的制表机。1924 年，CTR 公司总经理托马斯·约翰·沃森将公司更名为 IBM（International Business Machines），即国际商用机器公司，并推出电动打字机、字母制表机等新产品。到 20 世纪 30 年代末，IBM 公司的销售额增长到 3950 万美元，一跃成为全美最大的商用机器公司。

"二战"期间，IBM 获得了美国军方的订单，为陆军研发真空管与电子计算机，以取代过时的机械式计算机。"二战"结束后，IBM 参与了洲际弹道导弹、阿波罗登月计划等项目。为了研发高性能计算机，IBM 招募了 6 万名员工，建立了 5 座新工厂，研发费用超过 50 亿美元，终于在 1964 年成功研发了 IBM360 大型机。IBM360 是一台划时代的大型计算机，它使计算机拥有了通用化、标准化的语言，可以将一切表单录入计算机，实现数据的自动化处理。各家银行纷纷购买 IBM360，由计算机取代传统的人工记账，由此掀起金融信息化浪潮。当时，IBM360 大型机每月销售量超过千台，每台价格约 300 万美元，每月销售额达 30 亿美元，占据大型计算机市场大约 62% 的市场份额。

随着芯片技术的发展，计算机开始朝小型化的方向发展。1973 年，IBM 推出"便携式计算机"SCAMP。SCAMP 是个人电脑的原型，它由主机、显示器、键盘和外接磁盘构成，至今被不断地发展。1980 年，《时代》杂志将"年度人物"授予"个人电脑"，标志着个人电脑时代到来。

当时，IBM 是计算机领域不容置疑的领先者，年营业额达 280 亿美元，外号"Big Blue"（蓝色巨人）。与此相对应，它的七个竞争对手数字器材公司、亨纳威尔公司、控制数据公司、伯勒斯公司、数据通用公司、王安公司和斯伯利公司被媒体称为"七个小矮人"。

IBM 定义了计算机业务的三大领域：硬件、软件和服务。在后期发展中，IBM 在"硬件"方面被英特尔超越，"软件"方面被微软超越，逐渐失去了在个人电脑领域的领先地位。1992 年，IBM 亏损 81 亿美元，这是当时美国企业历史上最大的年度亏损。此后，IBM 调整了经营策略，以"服务"为业务核心。2002 年，IBM 以 35 亿美元的价格收购了普华永道的咨询部门，这笔交易使 IBM 从纯粹的技术公司升级为全球顶级战略咨询公司。与此同时，IBM 剥离了低利润业务。2004 年，IBM 把个人电脑业务以 12.5 亿美元出售给中国联想。当时，IBM 是全球第三大个人电脑供货商，仅次于戴尔和惠普。

经过一系列改革后，IBM 成功转型为全球最大的信息技术和业务解决方案公司。2022 年，IBM 入选《财富》世界 500 强排行榜，居第 168 位。

【商鉴】随着芯片技术的进步，计算机的发展日新月异。今天的 IBM 公司与最初的自动制表公司已有天壤之别，是世界上最具影响力的企业之一。IBM 的成功可以归纳为两点：技术的创新和管理的变革。

● 微软

1973 年，IBM 推出了第一台个人电脑的原型机 SCAMP。个人电脑发烧友爱德华·罗伯茨利用英特尔刚刚问世的 8080 微处理器，设计出可编程的个人电脑 Altair 8800（牛郎星 8800）。

Altair 8800 电脑很快在个人电脑发烧友中流行，包括比尔·盖茨和保罗·艾伦，他们给 Altair 8800 开发了一套 BASIC 软件，并获得专利。1975 年 4 月 4 日，比尔·盖茨和保罗·艾伦成立了微软公司，公司名称 Microsoft 是"微型计算机软件"的简称。微软公司的成立，标志着个人电脑进入软件时代。

当时，个人电脑的领导品牌是 IBM，IBM 拥有自己的操作系统，但不如 BASIC 受欢迎。比尔·盖茨的母亲玛丽是华盛顿第一洲际银行的董事，她曾与 IBM 的首席执行官约翰·欧宝是同事。经玛丽介绍，IBM 公司买断了微软公司 BASIC 软件的使用权。1981 年 7 月 27 日，微软正式推出了 MS-DOS 系统（MS 是 Microsoft 的意思，DOS 是 Disk Operating System，磁盘操作系统）。IBM 和微软采用的是单台授权方式，用户每买一台 IBM PC，就要支付 40 美元的 MS-DOS 使用费。

通过与微软公司合作，IBM 放弃了自己的操作系统，同时，其他电脑厂商也纷纷找到微软公司合作，微软因此开始获得在操作系统领域的垄断地位。1985 年，微软发布了 Windows 操作系统，占据个人电脑操作系统 90% 以上的市场份额。1986 年，微软在纳斯达克股票交易所挂牌上市，产生了 4 名亿万富翁和 12000 名百万富翁，创造了个人电脑时代的奇迹。此后，微软不断推出 Win95、Win98、WinXP、Vista 等操作系统，使 Windows 成为个人电脑操作系统的代名词。

在个人电脑领域的成功，使微软忽略了智能手机操作系统，这一新兴市场被后起之秀苹果公司的 iOS 操作系统和谷歌公司的 Android 操作系统垄断，其中，iOS 占据约 20% 的市场份额，Android 占据约 70% 的市场份额。2013 年，微软花费 70 亿美元收购了诺基亚手机业务，试图通过推出 Windows Phone 争夺手机操作系统的市场份额，但由于诺基亚智能手机缺乏创新，始终未能获得市场认可。

不过，微软在许多软件领域都取得了不俗的成绩，如办公软件（Microsoft Office）、互联网搜索（必应）、网络浏览器（Edge）、云计算（Azure）以及人工智能（小冰）等。同时，微软还生产 Xbox 视频游戏机和 Microsoft Surface 系列触摸屏个人电脑。2021 年，微软市值突破 2 万亿美元，是继苹果之后美国第二家市值突破 2 万亿美元的企业。

由于软件边际成本极低，利润丰厚，在很长一段时间内，微软都是全球最有价值的上市公司。1995~2009 年、2014~2017 年，比尔·盖茨有近 20 年的时间蝉联福布斯全球榜首富。对于财富，比尔·盖茨称："希望以最能够产生正面影响的方法回馈社会。"2008 年，比尔·盖茨宣布将 580 亿美元的个人财产捐给比尔和梅琳达·盖茨基金会，致力于减少健康和发展领域的不平等现象。

【商鉴】由于微软在 PC 领域的长期垄断，针对微软的批评声音很多，但不可否认，比尔·盖茨在近 20 年的时间里位居全球首富之列，并创办了比尔和梅琳达·盖茨基金会。对成功的企业家而言，面对巨额个人财富，如何使用这些财富都是一个值得认真考虑的问题，比尔·盖茨给出了一种答案。

二、互联网革命

互联网的前身是 ARPAnet，它由美国国防部于 20 世纪 60 年代末创建，用于实现军事网络互连和资源共享。20 世纪 70 年代，美国国家科学基金会资助建设了 NSF 网，连接全美的 5 个超级计算机中心，供 100 多所美国大学共享资源。

之后，互联网网络技术和应用不断发展。20 世纪 90 年代初，互联网已经具备信息检索、社交、电商、娱乐、通信、新闻等功能。截至 2022 年，世界网民人数达到 49.5 亿人，中国网民人数达到 10.67 亿人。互联网的发展，改变了人们的生活习惯和工作方式，也改变了传统的商业模式。互联网带来的商机，孵化了一大批著名的互联网公司。

目前，代表性的互联网公司有亚马逊（电子商务）、Alphabet 谷歌母公司（搜索引擎）、Meta（社交娱乐）、阿里巴巴（电子商务）、腾讯（社交娱乐）、蚂蚁金服（互联网金融）、百度（搜索引擎）、优步（互联网出行）、字节跳动（社交娱乐）等。

● 纳斯达克

纳斯达克（NASDAQ）创建于 1971 年 2 月 8 日，全称为美国全国证券交易商协会自动报价表。纳斯达克是世界首家电子化的股票市场，是一个基于计算机和互联网的证券交易中心，人们可以通过电话或互联网直接交易，无需在交易大厅进行交易。

最初，创立纳斯达克是为了给中小企业提供一个融资平台，这些中小企业以高新技术行业为主，包括计算机、软件、互联网、电信、生物技术等。高新技术企业的快速成长，使纳斯达克成为成长速度最快的股票市场。1980 年 12 月 12 日，苹果公司在纳斯达克上市，创造了 4 位亿万富翁，从此纳斯达克被称为"亿万富翁的温床"。按交易量计算，纳斯达克是美国最活跃的股票交易场所，按交易股票市值计算，它在证券交易所名单中排名第二位，仅次于纽约证券交易所。许多美国高科技企业在纳斯达克上市，代表性的有英特尔、谷歌、微软、苹果、脸书等。中国也有 100 多家互联网公司在纳斯达克上市，包括新浪、搜狐、网易、百度、第九城市、金融界、携程网等。

纳斯达克股市在 1971 年创建时的指数为 100 点，在 2000 年突破 5000 点，上涨了 50 倍。互联网泡沫破裂后，互联网公司的股票被大规模抛售，在纳斯达克上市的企业有 500 家破产，40% 的企业退市，80% 的企业跌幅超过 80%，市值蒸发了 3 万亿美元。到 2002 年，纳斯达克股跌至 1108 点。

随着互联网行业的复苏，纳斯达克又开启了长达近 20 年的牛市，到 2020 年，纳斯达克股市突破 10000 点，再创新高。2022 年，苹果公司市值突破 3 万亿美元，创下了企业市值最高的纪录。从 100 点到 10000 点，纳斯达克见证了互联网发展的时代奇迹。

【商鉴】"军马未动，粮草先行"，金融资本是互联网产业快速发展的主要推动力。纳斯达克是"亿万富翁的温床"，也是"知名互联网企业的温床"。纳斯达克指数反映的是金融资本在新兴互联网行业所获得的巨大商业利益。

● 亚马逊

亚马逊创始人杰夫·贝索斯（Jeff Bezos）原是华尔街套头基金交易管理公司的副总裁，也是一名互联网发烧友。1994 年，贝索斯在"上网冲浪"时发现，互联网用户正以每年 2300% 的速度增长，他马上意识到，属于互联网的时代正在到来。

贝索斯想到的商业模式是利用互联网销售商品，即电子商务。相对于传统商店，在线商店可容纳的商品种类几乎是无限的，可以为顾客提供更多选择。当时，美国的物流配送网络尚未建立，主要依赖美国邮政（USPS）。贝索斯列出了 20 多种商品，然后逐项淘汰，精简为书籍和音乐唱片，最后选定了书籍。因为书籍特别适合在网上展示，而且美国作为出版大国，仅图书就有 130 万种之多，年销售额为 2600 亿美元，是一个巨大的市场。经过一年的准备，贝索斯的亚马逊网站于 1995 年 7 月正式上线。贝索斯用世界上流量最大、流域最广、支流最多的亚马孙河为自己的公司命名，表示亚马逊网站是"地球上最大的书店"。

为了与传统书店竞争，贝索斯设计了四大竞争策略——"多、快、好、省"。"多"是指图书的数量比任何一家书店都要多；"快"是指与美国邮政达成合作，使用航空邮件，几乎可以寄到所有国家；"好"是指图书的质量，相对于其他商品而言，图书的质量更容易保证；"省"是因为传统图书利润丰厚，规模化运作有较大的降价空间。由于互联网是新鲜事物，亚马逊的"多快好省"竞争策略迅速取得成功，"上亚马逊网站买书"成为一种时尚行为，风靡全美。不到两年的时间，亚马逊便超过了所有线下书店，成为名副其实的"地球上最大的书店"。

1997 年，亚马逊在纳斯达克上市，成为当时最成功的电子商务网站。上市后，贝索斯决定拓展网络零售商品，将亚马逊发展成一个综合的电子商务网站。1998 年，贝索斯上线了音乐唱片，凭借庞大的用户群体，亚马逊在一个季度内就成为美国最大的网上音乐唱片零售商。此后，亚马逊又将产品线拓展到影视、游戏、电脑、数码产品、玩具、婴幼儿用品、食品、服饰、鞋、珠宝、健康和个人护理用品、体育及户外用品等领域。1999 年，贝索斯当选《时代》周刊年度人物。2000 年，亚马逊已经成为世界上"最大的网络零售商"。

2001 年后，贝索斯将亚马逊定义为"电子商务服务商"，准备做一家"最以客户为中心的公司"。此后，亚马逊推出了第三方开放平台（Marketplace）、亚马逊云网络（AWS）、Prime 会员、外包物流（FBA）、数字出版平台（DTP）等服务。亚马逊的业务收入重心也由销售产品转向电子商务服务，如亚马逊云服务在 2022 年的销售额为 801 亿美元，是全球市场份额最大的云计算厂商。

【商鉴】亚马逊定义了互联网电子商务"多、快、好、省"四大特性，一个电子商务网站要取得成功产品必须多，物流要快，产品质量要好，同时还必须为消费者省钱。亚马逊不只是一家电子商务公司，还是全球最大的云服务公司。

● Alphabet

Alphabet 是谷歌的母公司，而谷歌的历史则要追溯到 1998 年。当时，拉里·佩奇和谢尔盖·布林在美国斯坦福大学的学生宿舍内发明了 PageRank（网页排名）专利，可以确保互联网信息搜索结果的可靠性和相关性。基于 PageRank 专利，拉里·佩奇和谢尔盖·布林创办了谷歌搜索引擎。谷歌的英文名称是 Google，表示天文数字 10^{100}，即 1 后有 100 个 0，寓意谷歌为用户提供海量信息。

1999 年，谷歌获得凯鹏华盈和红杉资本 2500 万美元的投资，拉里·佩奇和谢尔盖·布林将公司搬到硅谷。此后，谷歌将搜索技术应用于广告，为商家提供精准的广告服务。比如，用户搜索"电脑"时，谷歌便会将"电脑"的广告呈现给用户，如果用户点击该广告，谷歌会收取 5 美分的广告费。由于广告位有限，谷歌允许商家对"关键词"竞价，出价高的广告将被优先展示。

由此，广告收入占谷歌总收入的九成以上，也使谷歌成为最赚钱的互联网公司之一。2004 年，谷歌在纳斯达克上市，以 85 美元的价格发行，开盘就涨到 100 美元，公司市值突破 230 亿美元，成为全球市值最高、最具发展潜力的互联网公司之一。

谷歌是最早认识到智能手机将取代电脑的公司，也是最早布局移动互联网的公司。2005 年，谷歌收购了成立仅 22 个月的安卓 Android 公司。两年后，谷歌正式发布安卓 Android 操作系统，这是一个基于 Linux 内核的自由及开放源代码的操作系统，允许任何移动终端厂商加入开发。凭借众多厂商的支持（如小米 MIUI、三星 OneUI、OPPO ColorOS 等），安卓系统一度占据全球 81% 的市场份额。

按照谷歌的战略设想，网络最终将取代传统电视，成为一套新的娱乐系统，而谷歌则可通过搜索技术，为用户推送精准的视频。未来只要有能接入互联网端口的电视机、电脑、平板电脑、手机等视频接收终端，就可以收看电视节目。2006 年，谷歌以 16.5 亿美元收购了美国最大的视频网站 YouTube，这是谷歌电视 Google TV 战略的一部分。

为了适应互联网日新月异的发展，谷歌不断迭代搜索引擎算法，而算法正是人工智能的底层逻辑。2016 年，谷歌发布围棋人工智能程序 AlphaGo，以 4 比 1 的成绩战胜围棋世界冠军、职业九段棋手李世石。李世石仅取得的一场胜利，是人类对人工智能的最后一次胜利。2017 年，升级版的 AlphaGo 与排名世界第一的世界围棋冠军柯洁对战，以 3 比 0 获胜。围棋界公认人工智能的棋力已经超过人类职业围棋的顶尖水平。

作为互联网最成功、最有影响力的企业之一，谷歌开发了许多优秀的产品，如谷歌地图、谷歌翻译、电子邮箱 Gmail、浏览器 Chrome、谷歌眼镜、谷歌自动驾驶等。2020 年，谷歌母公司 Alphabet 成为第四家市值达到 1 万亿美元的美国公司，超过亚马逊，仅次于苹果和微软。

【商鉴】谷歌是一家技术驱动型企业。搜索引擎领先于 PC 互联网时代，安卓操作系统领先于移动互联网时代，而 AlphaGo 又领先于人工智能时代。人们常常拿百度与谷歌对比，百度与谷歌的差距越拉越大，一个重要的原因是没有采用"追随者"战略，即模仿行业领导的成功之处。当百度开始做 AI 以后，百度 AI 迅速成为行业的领先者之一。

● Meta

Meta 是 Facebook 脸书公司的母公司，是美国一家经营社交网络服务、虚拟现实、元宇宙等产品的互联网科技公司，旗下拥有 Facebook、Instagram、WhatsApp 等社交软件。"Meta"一词来自希腊语，意思是"Beyond"，也就是超越。

2004 年，马克·扎克伯格和他的室友在哈佛大学宿舍内创立了 Facebook（脸书），名称取自"学生通讯录""face book"。最初，Facebook 只是哈佛大学的校内交友网站，扎克伯格让同学们将个人基本信息公布在 Facebook 上，包括照片、班级、学年、电话号码、交友偏好等。为了与哈佛大学学生交友，麻省理工学院、纽约大学、斯坦福大学等常春藤名校的学生也纷纷注册成为 Facebook 用户。在常春藤名校学生的带动下，Facebook 迅速火遍全美，高中生以及社会人士都开始使用脸书。2010 年，Facebook 的会员达 5 亿，成为世界级的社交软件，年仅 26 岁的扎克伯格被《时代杂志》评选为"年度风云人物"。

由于 Facebook 拥有庞大且具有高附加值的用户群体，许多企业和个人利用脸书平台推广自己的品牌和产品。目前，脸书活跃的公司账号有三星集团、可口可乐、皇家马德里足球俱乐部等。2012 年，扎克伯格以 10 亿美元的现金和股票收购了 Instagram。2014 年，扎克伯格以 190 亿美元的现金和股票收购了 WhatsApp。这两项并购巩固了 Facebook 在社交领域的领先地位。随着 Facebook 股票价格飙升，扎克伯格位列 2014 年福布斯全球富豪榜第 10 名。这一年扎克伯格 30 岁，是最年轻的世界前十大亿万富豪。

2019 年，扎克伯格制定了元宇宙战略，投入 300 亿美元开发 Meta 元宇宙平台 Horizon World。这是一个应用 VR/AR 等技术创造的虚拟现实世界，玩家可以扮演 20 个角色并创建自己的社区，与其他玩家一起探险。扎克伯格的元宇宙战略没有取得成功，由于用户数量远不及预期，Meta 股票在 2022 年跌幅超过 70%，扎克伯格还宣布裁员 1.1 万人。

尽管在元宇宙战略上受挫，但 Meta 平台（包括 Horizon World、Instagram、WhatsApp 等服务）每日全球活跃用户人数的平均值为 29.3 亿人，这些活跃用户的广告价值意味着 Meta 仍拥有世界上最赚钱的核心业务。

【商鉴】Meta 代表的是互联网所带来的社交、娱乐革命。随着互联网技术的发展，人类将更多的时间用于互联网社交与娱乐。在互联网时代，网络已经成为世界文明融合与碰撞的最新通道。

三、移动通信革命

手机是人类可以随身携带的电子设备，也是全球销量最高的消费电子产品。如今，手机网络覆盖了超过 90% 的人口，手机已成为人们日常生活不可或缺的电子产品。

目前，手机行业已经发展成一个重要行业，拥有庞大的产业链：上游是手机芯片的设计和制造、操作存储系统的开发、零部件生产等；中游是手机产品的代工、生产；下游是不同渠道手机产品的销售及后端手机的维修、回购等。

手机除最常用的电话功能外，还包含视频、游戏、音乐、照相等功能。手机赋予人类千里通话与千里视频的能力，在古代，这种能力只有神才可以做到，如"千里眼"和"顺风耳"就是指两位神仙。

从 1983 年摩托罗拉推出第一部手提电话 DynaTAC 8000X，到 1993 年 IBM 推出第一部智能手机 Simon（西蒙），到 2007 年苹果公司发布里程碑式的 iPhone 智能手机，手机行业经历了几十年的发展，造就了许多知名企业，如摩托罗拉、诺基亚、爱立信、苹果、三星、华为、小米、Vivo、OPPO、富士康等。

【商鉴】高科技发明正是帮助人类从人变为神，从而实现巨大的商业价值。想象一下，100 年前的人类看到我们拿着一个小小的手机与千里之外的亲人在视频通话，会是怎样的一种情形？我们该如何让 100 年前的人类相信这不是科幻，而是科技？

● 摩托罗拉

1928 年，摩托罗拉在芝加哥成立，主要业务是向警察和市政当局销售汽车收音机。Motorola 一词来自"motor"（汽车）和"ola"的组合，"ola"是当时著名维克多 Victrola 留声机的后缀。

"二战"期间，摩托罗拉开发了世界上第一台手持对讲机 SCR-536。SCR-536 对讲机重 2.3 千克，工作距离 1~4.8 千米，非常适合在战场上使用。美国参战后，将 SCR-536 对讲机广泛装备于部队，摩托罗拉因此获得 13 万台 SCR-536 对讲机的订单，成为当时美国军事生产合同厂商百强企业，排名第 94 位。

"二战"结束后，摩托罗拉以通信设备生产商的身份参与美国阿波罗登月计划，为美国航空航天局 NASA 提供通信解决方案。1969 年，阿姆斯特朗登陆月球后说："这是个人迈出的一小步，却是人类迈出的一大步。"通过摩托罗拉收发器，这句话从月球传播给地球上 5 亿名收看直播的观众。

当时，贝尔电话公司将长途电话业务分拆，成立了一家独立的子公司——美国电话电报公司（AT&T）。AT&T 计划在美国建立移动网络，提供无线服务，因此向美国联邦通信委员会提交了申请。摩托罗拉获悉此事后，组建了技术团队秘密研发移动电话。从 1972 年开始，经过长达 10 年的开发工作，耗资 1 亿美元，终于在 1983 年成功研发出世界上第一部移动电话 DynaTAC 8000X。DynaTAC 8000X 重 3 磅（1.4 千克），发布价格为 3995 美元，每月服务费为 60~100 美元。DynaTAC 8000X 拥有一个 LED 显示屏，可存储 30 个电话号码，充满电大约需要 10 个小时，仅能通话 30 分钟。1987 年，摩托罗拉移动电话进入中国。当时，广东为了与港澳地区实现移动通信接轨，建设了 900MHz 的模拟移动电话网络。由于 DynaTAC 8000X 身躯庞大，使用的人多是商界大佬，它很快成为身份显赫的象征，人们称之为"大哥大"。此后，"大哥大"成为第一代手提电话的俗称。

1986 年，摩托罗拉工程师史密斯率先提出"六西格码"来改善质量流程管理。西格玛"σ"是希腊文的一个字母，在统计学上用来表示标准偏差值。企业通过执行"六西格玛"标准，可以使产品合格率提升到 99.99966%。1986~2007 年，"六西格码"为摩托罗拉节省了大约 170 亿美元。从理论上讲，提高产品质量，可以减少残次品，不仅可以节省生产成本，还能提升产品的市场竞争力。因此，通用电气、戴尔、惠普、西门子、索尼、东芝等众多跨国企业都曾采用"六西格码"来改善企业质量流程管理。

手提电话又称移动电话，既然是"手提"，人们希望电话越小越好。因此，将电话做得小巧精致是 20 世纪末的技术发展路线。1996 年，摩托罗拉发布了世界上第一款翻盖手机 StarTAC，这是当时世界上最轻、最小的手机，重量只有 88 克。此后，翻盖手机迅速成为最流行的潮流。StarTAC 定价 1000 美元，共销售 6000 万台，为摩托罗拉带来近 600 亿美元收入。

由于摩托罗拉忽视移动互联网和智能手机的发展，地位逐渐被苹果公司超越。2007 年，苹果公司推出 iPhone 智能手机，摩托罗拉手机部门却在第四季度亏损 12 亿美元。因此，一大批高管离开摩托罗拉，转投苹果公司。

2011 年，谷歌以 125 亿美元的价格收购了摩托罗拉手机业务。由于未能取得预期的市场成绩，谷歌又将摩托罗拉手机业务以 29 亿美元的价格出售给联想，联想获得摩托罗拉 2000 多项专利资产，以及摩托罗拉移动品牌和商标。

【商鉴】在短短的几十年间，移动通信从 1G 到现在的 5G，已经跨越了整整五代，手机的功能定位也发生了翻天覆地的变化。特别是在 2007 年乔布斯推出智能手机后，手机已不仅是"手机"了。摩托罗拉没有输在技术与管理上，而是输在产品理念上。如今的电动汽车也是如此，电动汽车不仅仅是汽车，而是整合了互联网、人工智能等大量科技的产品。因此，传统汽车企业不会输在技术上，但可能会输在理念上。

● 诺基亚

诺基亚的前身是一家以伐木、造纸为主的木浆工厂，它由雷德里克·艾德斯坦于 1865 年在芬兰创建。1871 年，艾德斯坦将木浆工厂与另一家橡胶加工厂合并为股份有限公司——诺基亚。

当时，无线电产业刚刚起步，诺基亚新设了一项与电信相关的业务，为芬兰电缆厂生产电缆专用的橡胶皮。1967 年，诺基亚成为芬兰电缆厂的控股股东，为诺基亚进军通信行业奠定了基础。凭借芬兰电缆厂的技术，诺基亚参与建设了当时世界上第一个蜂窝式电话公用网络——北欧移动电话服务网络（NMT）。

1983 年，摩托罗拉发布了世界上第一部移动电话 DynaTAC 8000X，诺基亚随即组建技术团队进行仿制。经过四年研发，1987 年，诺基亚 Mobira Cityman 900 问世，重 1.7 磅（约 1 斤半）。Mobira Cityman 900 在欧洲获得了大量订单，由于苏联领导人戈尔巴乔夫使用过这款电话，人们把它叫作"Gorba"（戈尔巴）。

通过不断创新，诺基亚手机在机型、款式甚至质量上都逐渐赶超摩托罗拉。1997 年，诺基亚击败摩托罗拉成为全球手机销售冠军，此后 14 年蝉联销售冠军之位。2003 年，诺基亚 1100 上市，这款手机可连续待机 400 个小时（16.6 天），正常情况下充一次电可使用一个星期。诺基亚 1100 是 1G 时代最杰出的手机，不仅是诺基亚最畅销的手机，也是世界上最畅销的手机，前后共计售出 2.5 亿部。

2005 年是诺基亚最巅峰的一年，手机发货量达到 2.64 亿部，占全球市场份额的 32.1%。

随着智能手机时代的到来，诺基亚的市场地位开始被苹果公司取代。为了抗衡苹果公司，诺基亚在 2008 年收购了塞班系统（Symbian OS），但该系统不能很好地兼容新兴社交网络和 Web 2.0 内容，被摩托罗拉、三星电子、LG、索尼爱立信等各大厂商抛弃。此后，诺基亚又与微软达成合作，开发 Windows Phone。由于市场份额持续下滑，2013 年，诺基亚手机被微软以 72 亿美元收购。

与此同时，诺基亚开始将主营业务转向为移动网络基础设施服务，先后并购了西门子（部分）、摩托罗拉（部分）、阿尔卡特朗讯（全部）。2022 年，诺基亚的营业额为 261.81 亿美元，成为世界通信设备的主要供应商，仍是世界 500 强企业之一。

【商鉴】诺基亚手机曾经引领行业，也很早地开发了智能手机，然而诺基亚的智能手机没有成为行业标准，其复杂的机械键盘与不足够便利的操作系统已被时代无情地抛弃了。但是，诺基亚的使命是"连接人与人"，手机只是其中的手段之一，因此凭借长期的技术积累，诺基亚仍然继续着它的使命，仍然是通信行业的重要玩家。

● 爱立信

1876 年，拉什·马格拉斯·爱立信和卡尔·约翰·安德森在瑞典注册了爱立信机械修理公司，为消防、警察、铁路等政府部门提供电报机修理服务。美国贝尔公司的电话机进入瑞典市场后，爱立信又开始提供电话机的修理服务。

通过对贝尔电话机的仿制和创新，爱立信于 1878 年推出了自己的电话机，并以远低于贝尔公司的报价，赢得了瑞典、挪威等政府电话系统的招标。通过在北欧市场的运营和发展，爱立信慢慢积累起技术和口碑。1885 年，爱立信生产出第一部手持话筒电话机。由于性能优越，手持话筒电话机远销英国、俄罗斯、澳大利亚、新西兰、荷兰、法国。1892 年，清朝政府也向爱立信订购了 2000 部手持话筒电话机。

进入 20 世纪后，爱立信先后在俄罗斯、美国、英国、墨西哥、泰国、法国、匈牙利和奥地利等国家建立分公司或工厂，成为电信业公认的通信巨头。手机普及后，爱立信的业务重心由固定电话向移动通信系统转移。20 世纪 90 年代中期，爱立信手机曾占据中国手机市场份额第一的位置。1998 年，爱立信发明了"蓝牙"无线通信技术，这一名称来自 10 世纪丹麦国王哈拉尔德（Harald Gormsson）的外号。哈拉尔德喜欢吃蓝莓，牙齿常常被染成蓝色，绰号"蓝牙"。在北欧文化中，蓝色汁液的浆果被认为是有毒、不适合食用的，哈拉尔德吃蓝莓的行为象征着"创新与勇于尝试"。

2001 年，爱立信与日本索尼（SONY）分别出资 50%，成立了合资公司——索尼爱立信（Sony Ericsson），将双方的手机业务合并。2012 年，索尼公司以 10.5 亿欧元全额收购索尼爱立信。爱立信从此退出手机业务，核心业务在经历调整之后变为移动网络设备、通信专业服务和技术平台授权。

一个多世纪以来，爱立信的通信技术从固话到移动，从 1G 到 5G，是唯一一家全程参与人类通信文明迭代演进的企业。1G 时代，爱立信是全球第一个自动移动电话系统（MTA）、第一台数字交换机（AXE）、第一个投入商业运营的 NMT 网络的发明者。2G 时代，爱立信拥有 2G GSM 网络 40% 的市场份额和 2.5G GPRS 网络近 50% 的市场份额。3G 时代，爱立信拥有 40% 的 WCDMA 市场份额。4G 时代，爱立信最先提出 4G 标准 LTE（Long Term Evolution），并在全球部署了 130 多张 4G LTE 网络，覆盖的用户超过 3 亿人。5G 时代，爱立信与美国运营商 T-Mobile 签署了一份价值 35 亿美元的 5G 网络部署合同，还是德国、英国、马来西亚 5G 商用网络解决方案供应商。

2021 年，爱立信营业收入 252.37 亿美元，约占瑞典 GDP 的 4.05%。

【商鉴】在互联网时代，"信息高速公路"的重要性犹如工业化时代的铁路。爱立信与诺基亚十分类似，都曾经占据手机市场第一的位置，都放弃了手机业务，最终成为世界级的网络解决方案供应商。或许，诺基亚与爱立信的转型是迫不得已，但可以肯定的是，转型是企业基业长青的秘密。

● Apple

苹果公司（Apple Inc.）由史蒂夫·乔布斯和斯蒂夫·盖瑞·沃兹尼亚克于 1976 年创立，全称为美国苹果电脑公司。

1977 年，苹果公司改进型 Apple Ⅱ 电脑上市，售价 1298 美元。这是第一款普及型微电脑，被美国教育系统采购作为教学标准电脑，总共生产了 500 万~600 万台。1980 年，苹果公司上市，年仅 25 岁的乔布斯成为《福布斯》富豪榜上最年轻的人。

在那个电脑迅速普及的年代，苹果公司董事会希望做电脑界的"大众汽车"，生产便宜又好用的电脑。但乔布斯的梦想是做电脑界的"梅赛德斯-奔驰"，生产顶级的、高端的电脑。"梅赛德斯"是戴姆勒汽车公司的主要投资人艾米·耶里耐克女儿（Mercedes）的名字，耶里耐克在"尼斯之旅"汽车大赛中夺得第一名后，将"梅塞德斯"作为戴姆勒汽车公司新的商标。1983 年，史蒂夫·乔布斯借鉴"梅塞德斯"的命名方法，以自己女儿的名字 Lisa 命名新型苹果电脑，即 Apple Lisa。Apple Lisa 售价高达 9998 美元，由于定位过于高端，Lisa

的销量很不理想。

当时，IBM 推出了 PC5150 电脑，售价 1565 美元，抢占了苹果公司大量市场份额。苹果公司董事会要求乔布斯将业务重心转向售价 1298 美元的 Apple Ⅱ 电脑，但乔布斯坚持投入更多经费研发高端的 Apple Lisa 电脑。最终，董事会撤销了乔布斯的经营大权。1985 年，乔布斯离开苹果公司，带着几名员工创立了NeXT 电脑公司。乔布斯为 NeXT 电脑开发了 OPENSTEP 操作系统，OPENSTEP是 Mac OS X 操作系统的前身，拥有稳定性、可靠性、安全性和易用性等特点。NeXT 电脑共卖出约 5 万台，但很快遭到了微软公司的挑战。

1995 年，微软公司发布了 Windows 95 视窗系统，大幅提升了使用微软操作系统的电脑厂商的竞争力。此时，苹果电脑的市场份额一落千丈。为了与 IBM、HP 等电脑厂商竞争，苹果董事会以 4 亿美元收购了乔布斯的 NeXT 电脑公司，乔布斯重新回到苹果公司。1998 年，苹果公司推出第一代 iMac，由于 iMac 在设计上的独特之处和出众的易用性，几乎年年获奖。2001 年，苹果推出 iPod 数码音乐播放器大获成功，一举击败索尼公司的 Walkman 系列，成为全球占有率第一的便携式音乐播放器，奠定了苹果在商业数字音乐市场的霸主地位。

随着互联网和移动技术的发展，乔布斯意识到移动互联网时代即将到来。2004 年，乔布斯召集 1000 名硬件、软件、设计师组成一个研发团队，制定了"帝王计划"（Project Purple），旨在将苹果公司的业务重心由传统的笔记本电脑业务转向平板电脑（iPad）和智能手机（iPhone）。

2007 年，第一代 iPhone 智能手机发布。这是一款不使用键盘、手写笔的触摸屏产品，而且屏幕开创性地使用了易碎但不易划伤的玻璃。因为 iPhone 定义了"智能手机"，《时代》杂志称之为"年度发明"。此后，苹果公司每年都会推出新一代的 iPhone，这一举动被业界视为引领智能手机发展潮流和趋势的风向标。人们常常用一句更为简单的话来形容乔布斯和他的苹果公司："一直被模仿，从未被超越。"这是因为乔布斯是一位苛刻的完美主义者，他曾引用美国冰球运动员韦恩·格雷茨基（Wayne Gretzky）的名言："我滑向冰球将要到达的地方，而不是它曾经去过的地方。"

iPhone 使用自己的 iOS 移动操作系统，构建了自己的生态系统 App Store。App Store 最初只有 500 个应用程序，随着更多开发者团队的加入，应用程序很快超过了百万个。苹果公司称，截至 2022 年，通过 App Store 向开发者累计支付了超过 3200 亿美元。但 App Store 也招致了开发者和政府监管机构的批评，认为它进行垄断经营，因为苹果从 App Store 中抽取 30% 的收入分成。

到 2011 年，苹果公司成为全球收入最高的手机生产商，超过长期领先的诺基亚。2022 年，iPhone 占据全球智能手机市场份额的 15.6%，但收入却接近全球智能手机的一半。这一年，苹果公司市值第一次站上 3 万亿美元的台阶。苹果公司不仅是全球首个市值达到 3 万亿美元的企业，还相当于是全球第五大经济体，仅次于美国、中国、日本及德国。

【商鉴】技术创新并不简单。乔布斯召集 1000 名硬件、软件、设计师参与"帝王计划"，用了三年时间才成功研发 iPhone。正如《时代》杂志的评论，"iPhone 定义了智能手机"，而其他生产智能手机的厂家都在模仿。然而，历史经验表明，高科技产品都有生命周期，智能手机也不例外。因此，Apple 也在布局人工智能、自动驾驶、虚拟现实等领域。

四、信息化革命

计算机、互联网、通信技术的发展使传统行业发生了翻天覆地的变化，这些技术的应用统称为信息化。在信息化时代，传统企业也可以成为一家高科技公司，并运用高科技在商业竞争中取得优势。

● 沃尔玛

1962 年，山姆·沃尔顿创立了一家折扣百货店沃尔玛（WalMart），WalMart 的名称源自沃尔顿的名字 Walton 和美国联邦超市 FedMart 的组合。当时，FedMart 在美国拥有 45 家连锁折扣百货店，年销售额超过 3 亿美元，山姆·沃尔顿希望 WalMart 成为一家可以与 FedMart 相媲美的公司。

与 FedMart 的折扣促销策略一样，山姆·沃尔顿制定了"薄利多销"的经营战略，在定价上低于竞争对手。山姆·沃尔顿以"女裤"为例说明这一道理：假设女裤的进价为 0.8 美元，售价 1.2 美元，只能卖出 1 条，赚 0.4 美元；如果降价到 1 美元，能卖出 3 条，可以赚 0.6 美元。

沃尔玛的品牌口号体现了山姆·沃尔顿的经营思想，如"永远低价""帮顾客节省每一分钱""天天平价""省钱让生活更美好"等。为了降低成本，沃尔玛在全球范围内采购最具价格竞争优势的产品，规定行政支出必须低于营业额的 2%。大型沃尔玛超市的面积往往超过 1 万平方米，可以同时销售服饰、食品、药品、玩具、生活用品、家电、珠宝、化妆品等商品，实现"家庭一站式"购物，这种规模化的经营模式帮助沃尔玛降低了经营成本，并保证沃尔玛可以以更低的折扣出售单件商品。

山姆·沃尔顿早年服役于美国陆军情报部队，了解信息化在商业中的作用。从 20 世纪 80 年代开始，沃尔玛开始建设进货、存货、出货信息系统，强制所有供应商与其进行信息系统对接，使沃尔玛的计算机信息系统仅次于美国军方。沃尔玛还发射并搭建了美国最大的私人卫星网络，将所有商店连接起来，以便跟踪库存和销售情况，使存货保持在最低水平。借助高度发达的信息化系统，沃尔玛可以及时发现滞销产品，也能尽早发现具备畅销潜力的商品。通过不断下架滞销产品，上架畅销商品，确保沃尔玛的每一件商品都有一定的销量。计算机、互联网、卫星等高科技技术的应用，帮助沃尔玛实现了"薄利多销"的经营战略，也帮助沃尔玛获得了竞争对手望尘莫及的优势。1990 年，沃尔玛成为美国最大的零售商。

在电子商务时代，沃尔玛以 33 亿美元收购了美国知名的低价电商网站Jet. com，又以 160 亿美元收购了印度最大的电子商务零售商 Flipkart，同时还收购了许多垂直电子商务网站，这些交易使沃尔玛成为仅次于亚马逊的电商公司。

长期以来，沃尔玛是全球最大的私营雇主，也是全球收入最高的公司，多次位列《财富》世界 500 强榜单首位。2022 年，沃尔玛拥有 220 万名员工，年收入约为 5700 亿美元。

美国前总统布什曾给山姆·沃尔顿颁发总统自由勋章。布什在嘉奖状中写道："山姆·沃尔顿，地道的美国人，展现了创业精神，是美国梦的缩影。"

【商鉴】"为消费者节省成本"是永不过时的战略，也是沃尔玛的使命，问题在于使用什么方法降低成本。在工业化时代，福特发明了"生产流水线"，通过内部生产管理的变革使汽车成本大大降低。在信息化时代，沃尔玛使用私人卫星网络、计算机信息系统等科技手段来降低内部成本。不论是福特还是沃尔玛，都是通过内部管理的变革降低成本。相比较而言，那些通过挤压上下游产业链利润的做法是"涸泽而渔"，不可久也。

五、能源变革

能源是工业革命的推动力，推动第一次工业革命的煤和推动第二次工业革命的石油都是不可再生的化石燃料，因此，人们需要寻找一种可持续的新能源来取代即将枯竭的化石能源。

1973 年，第一次石油危机爆发后，美国总统吉米·卡特在国家能源演讲中说："在过去的几百年里，人们使用能源的方式发生了两次转变。在石油被人类用完之前，我们必须迅速准备第三次改变。"

此外，大量使用化石燃料，会排放出大量二氧化碳温室气体，导致全球气候变暖。有数据表明，北半球春天冰雪解冻期比 150 年前提前了 9 天，秋天霜冻开始时间却晚了约 10 天。气温上升会导致冰川消融，海平面上升。《美国科学院院报》研究报告称，到 2100 年，全球气候变暖会导致海平面上升 127 厘米。届时，美国约 1400 个城市将面临被淹没的威胁。1992 年，为阻止全球变暖趋势，联合国制定了《联合国气候变化框架公约》。2016 年，全世界 178 个缔约方签署了《巴黎气候变化协定》，承诺在 21 世纪中叶实现碳中和。要达成这个目标，需要快速实现能源转型，降低化石燃料的使用。

截至 2019 年，水力发电提供了世界总电力的 16%，风力发电提供了世界总电力的 5.3%，太阳能发电提供了世界总电力的 2.6%。由于水力发电受地理环境的约束，增长潜力有限，风能和太阳能仍具有较大的增长空间，但也受天气因素的影响。

核电是一种稳定的低碳能源。在法国和斯洛伐克，核能的使用比例占据一半以上。2011 年，日本发生了 9.0 级大地震，导致日本福岛核电站发生放射性物质泄漏。福岛核电站是世界上最大的核电站，这次泄漏被界定为核事故最高等级 7 级（特大事故），与切尔诺贝利核事故同级。这次事故增加了人们对核电站安全性的疑虑。

"新能源"是相对于旧能源（煤、石油）而言的，其本质是从不可再生、不可持续的化石能源向可再生、可持续的新型能源转变。之前，煤和石油重塑了世界的财富分配格局，有理由相信，第三次能源的变革，也会重塑世界财富。自 2020 年起，一些国家或地区宣布在未来十几年后禁售燃油车，大部分预定禁止日期在 2030~2040 年。经济严重依赖石油出口的国家或地区会首先受到影响，汽车公司、石油化工公司也会受到直接影响，而拥有新能源创新技术的国家或企业将在未来的竞争中占据优势。

尽管如此，截至 2021 年，全球 82% 的能源需求是通过燃烧化石燃料来满足的。

【商鉴】世界上的主要发达国家都在努力降低不可再生能源的使用比例，同时出台各种措施扶持可再生能源的使用。也许有一天，全世界可再生能源的使用比例会超过不可再生能源，那便是能源革命拐点到来的时刻。在这个过程中，商业也会因能源使用的改变而发生重大变革。

● 特斯拉

特斯拉是美国最大的电动汽车公司，由马丁·艾伯哈德和马克·塔彭宁于 2003 年创立。特斯拉汽车的名字是为了纪念物理学家尼古拉·特斯拉。

电动机的发明早于内燃机，电动汽车的历史也早于燃油汽车。早在 1834 年，美国人托马斯·达文波特（Thomas Davenport）就制造出第一辆直流电机驱动的电动汽车，比德国人卡尔·奔驰发明首辆三轮内燃机汽车（1886 年）还要早半个多世纪。受液体电池性能的限制，达文波特的电动汽车动力小、航程短，而且电池是一次性的，本质上是富人炫耀的玩具。1859 年，法国物理学家加斯东·普朗特（Gaston Plante）发明了可充电的铅酸电池，使电动汽车的续航里程提升至 20~30 千米。此后，使用铅酸电池的汽车成为贵族使用的私家车，地位类似于今天的私人飞机。

早期的电动汽车比燃油车有明显的优势：无气味、无震荡、无噪声。1838 年，苏格兰人罗伯特·戴维森（Robert Davidson）发明了第一辆有轨电车。当时，有轨电车被认为是一座城市经济发达的象征。在很长一段时间内，有轨电车都是大城市公共交通的标配。19 世纪末，随着内燃机技术提高，燃油汽车在速度方面的优势开始突显。福特发明流水线以后，燃油汽车逐渐成为美国普通家庭的标配。随着城际高速公路的修建，电动汽车续航不足的问题开始突显，最终被市场淘汰，仅有少量应用于高尔夫球场、会展等领域。从此，电动汽车被遗忘了半个多世纪，电池材料、电池管理、电池组等电动汽车的相关技术也停滞了半个多世纪。

移动电话和个人电脑普及以后，固体电池被大量应用于手机、电脑等电子设备。为了让手机和电脑可以续航更长时间，电池技术被重新研究和应用，其中最大的进展是锂电池技术。然而，锂电池仍然有两大缺点：一是价格昂贵，二是充满电要好几个小时，而燃油车几分钟就可以加满油。不过，随着人们对化石能源不可持续发展的担忧，电动车将成为未来主流的趋势越来越明确。

2002 年，埃隆·马斯克决定投身电动汽车领域。他出售了自己创办的 PayPal 股份获得 1 亿美元，然后购买特斯拉公司股份成为第一大股东。马斯克为特斯拉制定了生产高端跑车和豪华车的策略，因为跑车和豪华车车主对价格不敏感，而且几乎没有充电续航的需求。2008 年，特斯拉 Roadster 上市，这辆跑车百公里加速只要 3.9 秒，每次充电可行驶 400 千米。Roadster 成本为 12 万美元，售价为 11 万美元。即便如此，Roadster 的销量也很不理想。

对于一家汽车厂家而言，倘若不能形成规模化生产，很难在市场上立足。当时，美国能源部为了推动电动汽车行业的发展，出台了"先进技术汽车制造贷款计划"。通过该计划，特斯拉获得了 4.65 亿美元低息贷款，这是一笔"雪中送炭"的贷款，帮助特斯拉度过了最困难的时期。2012 年，特斯拉推出全新的电动车系列 Model S，这款电动轿车采用快速充电系统，只需要 1 个小时就可以将电池充满。基础款车型由静止到百公里每小时的加速时间为 5.6 秒，最高车速可达 193 千米/小时。凭借优异的性能和环保概念，特斯拉 Model S 的全球销量超过 2.2 万台。这是一个里程碑事件，规模化生产意味着特斯拉具备了降低汽车生产成本，成为主流汽车厂商的能力。电动汽车要取代燃油汽车，必然要走福特汽车 T 型车、大众汽车甲壳虫所走过的路，即生产一辆低价并受欢迎的平民汽车。Model S 的售价为 77400 美元，相当于人民币 50 万元，这个价格显然是无法普及的。

为降低成本，特斯拉减少了经销商环节，通过其网站和网络商城直接销售汽车。同时，为了减少营销费用，特斯拉从不花钱做广告，也从不参加汽车展会。2017年，特斯拉推出了面向大众的平价电动汽车Model 3，售价35000美元，该车的预订量达到45.5万台。为了解决产能问题，马斯克和上海市政府签订协议，宣布在中国上海建设占地86万平方米的"超级工厂"，总投资额超20亿美元。该工厂只用不到六个月的时间便建成了，其年产能可达到45万辆。解决产能问题后，特斯拉又在全球建造了2564个超级充电站，使Model 3充电5分钟即可续航约120千米；要达到加满一箱汽油的续航效果，充电时间为30分钟到1小时。这些措施使Model 3成为全球首款销量突破100万辆的电动汽车。

2020年，特斯拉市值达到2060亿美元，超过市值2020亿美元的丰田汽车，成为全球市值最高的汽车制造商。2021年，特斯拉成为美国第六家市值突破1万亿美元的企业。

【商鉴】特斯拉公司的使命是"加速世界向可持续能源的转变"。对一家企业而言，把握行业发展大势非常重要。可持续能源取代传统能源，是一种历史的必然。作为一家汽车公司，特斯拉电动汽车能够成功，在于它不仅把握住了汽车行业的发展趋势，而且不断进行技术研发和配套设施的建设，让理想和使命落地。

六、娱乐业革命

近代以来，电子技术的发展为娱乐业带来了翻天覆地的变化，产生了一个庞大的娱乐市场和产业，唱片、MP3取代了传统的现场演唱，电影、电视取代了传统的戏剧表演，电子游戏取代了传统的娱乐方式。

娱乐业的空前繁荣，催生了一大批知名公司，如迪士尼、任天堂等，娱乐也成为许多互联网公司的核心收入。例如，腾讯游戏占据其全部收入的一半；Facebook将公司名称更改为"Meta"，主要目的是发展游戏娱乐；抖音与TikTok更是将短视频发展成互联网娱乐的新潮流。

● 电影

1891年，托马斯·爱迪生（Thomas Edison）发明了"电影放映机"，他将带有连续影像的胶片条在光源前快速转动，使里面的人物产生能活动的错觉。"电影"的英文单词movie，词根move就是"活动"的意思。

当时，歌剧、戏剧仍然是主要的娱乐方式，电影是类似"哑剧"＋"皮影戏"的艺术组合，没有声音，也没有音效。尽管如此，许多歌剧院开始利用空闲时间放映电影，人们出于对新事物的好奇，也很快将看电影当作一种潮流。1894

年，美国纽约举办了世界上第一场商业电影展，预示着一个新的行业已经诞生。

20 世纪初，无声电影的制作迅速发展，出现了一大批电影明星，查理·卓别林（Charlie Chaplin）是最具代表性的人物。卓别林出生于英国伦敦，从小有表演天赋，10 岁时成为一名舞台剧演员。凭借表演天赋，卓别林 17 岁时成为一名舞台剧喜剧明星。1913 年，24 岁的卓别林到美国巡演，被启斯东电影公司高薪聘请，成为一名电影喜剧演员。卓别林用喜剧表演的方式表现底层人民的生活，拍摄了电影《谋生》《20 分钟的爱》《美宝的婚姻》等多部电影。他在电影中扮演的卑微角色赢得了人们的同情，角色强烈的讽刺意味又让他得到无数掌声。1917 年，国家第一巡回演出公司（First National Exhibitors Circuit）与卓别林签署了"百万美元合同"，提前支付给卓别林八部影片的片酬，每部片酬为125000 美元。100 万美元在当时是一个天文数字，是有史以来最高的演员薪酬，这也预示着电影行业真正崛起。

在拍摄了《狗的生活》《从军记》《快乐的一天》《有闲阶级》《发工资的日子》等一系列电影后，卓别林创建了自己的电影制片公司，又拍摄了《马戏团》《摩登时代》《城市之光》《寻子遇仙记》等电影。卓别林从一名舞台剧小演员成长为电影大明星和大导演，为电影业的发展做出了重要贡献。

20 世纪 30 年代，美国电影业为追求垄断经营，掀起了一股兼并浪潮，最终发展为"电影五巨头"——米高梅、派拉蒙影业、雷电华、华纳兄弟和 20 世纪福克斯。为了吸引观众前往电影院，电影制片厂开始花费巨额制作费用，以更震撼的视觉、音乐效果来取悦观众，这类电影称为"好莱坞大片"。1997 年，卡梅隆花费 2.94 亿美元拍摄了电影《泰坦尼克号》，这是当时成本最为昂贵的影片，影片拍摄制作时间长达五年。最终，该电影的票房收入达到 18 亿美元，获得了11 项奥斯卡奖。此后，"好莱坞大片"成为一种成功的商业模式，垄断了大部分的票房。

【商鉴】相对于传统的舞台剧，电影为人们提供了一种新的娱乐方式，带给人们完全不同的娱乐体验。当今，许多最先进的电脑技术也被应用于电影的制作，以吸引更多的人观影。第三产业的发达是现代商业发达的象征，其中，以电影最具代表性。

1. 好莱坞

20 世纪初，随着电影工业的繁荣，托马斯·爱迪生在新泽西州成立了一家"电影放映机"专利公司，向电影制作人收取专利费。为了避开爱迪生的专利诉讼，许多电影制作人从东海岸的新泽西州搬到西海岸的洛杉矶。

1909 年，冠军电影公司在洛杉矶的西北郊外好莱坞这个地方，建立了第一家制片厂。这里拥有高山、平原等环境，十分适合电影的户外取景。此外，这里一年的大部分日子都是晴天，不会因为天气影响电影的拍摄进程。从此，好莱坞发展成美国的"影都"。

20 世纪 30 年代，好莱坞最大的电影公司是米高梅公司，拥有美国最受观众欢迎的影星和导演。米高梅公司像工厂生产工业品的流水线那样，日复一日地大量生产影片，包括《大卫科波菲尔》《叛舰喋血记》《茶花女》《忠勇之家》《双城记》等，为好莱坞赢得了"梦幻工厂"的美名。

20 世纪 40 年代，好莱坞的电影制片厂每年总共制作大约 400 部电影，每周有 9000 万美国人观看。这一时期，电影的制作形式开始多样化，制作水平也有了明显提高。1937 年，迪士尼公司制作了一部没有任何明星的动画电影《白雪公主和七个小矮人》，取得了巨大成功。1939 年，塞尔兹尼克国际公司创作了《乱世佳人》，至今仍然是最优秀的电影之一。

20 世纪 70 年代的经济繁荣，使好莱坞迎来了黄金时期，弗里德金的《驱魔人》、斯皮尔伯格的《大白鲨》、卢卡斯的《星球大战》、科波拉的《教父》和《现代启示录》都取得了巨大成功。1988 年，李小龙的《虎胆龙威》确立了好莱坞动作片的通用模式。受好莱坞的影响，香港电影也迎来了动作片的黄金时代。

20 世纪末，随着计算机技术的发展，计算机生成的图像和特效被广泛应用到电影中，如 1991 年《终结者 2：审判日》中的 T–1000 机器人，以及 1993 年《侏罗纪公园》中逼真的恐龙。这些特效的应用提升了电影的观赏度，吸引了更多人前往电影院。计算机技术也被用来设计超级英雄，如蜘蛛侠、钢铁侠、金刚狼、美国队长、绿巨人、雷神等，超级英雄是好莱坞大片的主要形式之一。2000 年以后，计算机技术被广泛应用于魔幻系列电影，如《指环王》《哈利·波特》《加勒比海盗》《霍比特人》等，魔幻题材也成为好莱坞大片的主要内容之一。

好莱坞电影被称为美国的第五大产业，是美国经济与文化繁荣的象征。人们在看电影的时候，还会消费爆米花、饮料等食品，同时带动购物中心的消费，这是一种现代消费主义的生活方式。

【商鉴】许多因素促成了好莱坞的成功，包括美国拥有发达的资本市场容易为电影拍摄提供资金；美国拥有最大的单一本土电影市场；好莱坞聚集了全世界最优秀的导演、制片人、演员；英语作为通用语言有助于全球发行；奥斯卡金像奖被认为是最具权威性和专业性的电影类奖项之一。

2. 迪士尼

1923 年，沃尔特·迪士尼（Walt Disney）和罗伊·迪士尼（Roy O. Disney）创建了迪士尼兄弟工作室。与传统电影制作公司不同，迪士尼以卡通动画代替人物表演，开创了动画电影的先河。

米老鼠是迪士尼兄弟创造的最知名的动画角色。米老鼠最先出现于 1928 年上映的动画片《威利号汽船》中，这是第一部公映的有声动画片，时长 8 分钟。《威利号汽船》使迪士尼和他的工作室声名鹊起，《纽约时报》发表评论文章称，有声动画片"有独创性""非常有趣"，奥斯卡奖主办单位甚至专门设置了"最佳动画短片"的奖项。

《威利号汽船》的成功，使米老鼠成为美国家喻户晓的动画明星。一家钟表公司获得迪士尼授权，制作了一款米老鼠手表，售出 25000 只。此后，想要获得米老鼠肖像授权的商家越来越多，迪士尼于是授权一家广告公司负责米老鼠肖像权的许可事宜。事实证明，肖像授权的经营模式非常成功。1934 年，米老鼠肖像授权为迪士尼带来 3500 万美元的收入，比电影收入还高。为了衬托米老鼠，迪士尼还创造了一只会说话的鸭子——唐老鸭，成为新的搞笑角色，为迪士尼带来更多的肖像授权收入。当然，迪士尼的核心业务一直是电影。1937 年，迪士尼制作了《白雪公主和七个小矮人》，上映后的票房收入为 800 万美元，成为当时票房最高的电影。经过多次重新发行，这部电影在美国的总票房收入接近 10 亿美元，是迪士尼最成功的动画电影之一。

有一次，沃尔特·迪士尼带女儿们去格里菲斯公园游玩。格里菲斯公园是加利福尼亚州洛杉矶的一个大型市政公园，包括洛杉矶动物园、美国西部奥特里博物馆、格里菲斯天文台和好莱坞标志等热门景点。这次愉快的游玩经历，让沃尔特·迪士尼萌生了建造迪士尼乐园的想法："应该建造一个米老鼠公园，内设汽船之类的游乐设施，让父母和孩子一起玩得开心。"1955 年，第一个迪士尼乐园正式建成。它占地 160 英亩（65 公顷），耗资 1700 万美元，共有 20 个景点，门票为 1 美元，每个游乐设施单独收费。迪士尼乐园开业第一年，游客人数达到360 万人，第二年游客人数达到 400 万人，总收入为 2450 万美元。这使迪士尼乐园超过大峡谷和黄石国家公园，成为美国最受欢迎的景点之一。此后，迪士尼又建造了奥兰多迪士尼乐园、东京迪士尼乐园、巴黎迪士尼乐园、香港迪士尼乐园和上海迪士尼乐园。

尽管游乐园成为迪士尼公司收入的重要来源，但电影一直是迪士尼公司的核心业务。迪士尼公司几乎每年都有一部或者几部电影上映，许多都是好莱坞电影的经典之作，票房收入通常占迪士尼公司总收入的一半以上。1991 年，迪士尼取代美国钢铁公司，被纳入道琼斯工业指数。这意味着美国已经完成工业化，娱乐行业的商业价值已经超过传统的钢铁行业。

1973~2019 年迪士尼公司拍摄的主要电影和票房

年份	电影名称	票房（美元）
1973	罗宾汉	1800 万

续表

年份	电影名称	票房（美元）
1977	拯救者	4800 万
1986	比弗利山庄的落魄记	6200 万
	老鼠大侦探	2500 万
1988	奥利弗公司	1 亿
1989	小美人鱼	2.33 亿
1991	美女与野兽	4.3 亿
1992	阿拉丁	5.04 亿
1994	狮子王	9.685 亿
1995	风中奇缘	3.46 亿
	玩具总动员	3.61 亿
1996	钟楼怪人	3.25 亿
1997	大力神	2.52 亿
1998	花木兰	3.04 亿
	虫虫危机	3.63 亿
1999	泰山	4.48 亿
	玩具总动员 2	5.11 亿
2003	海底总动员	9.36 亿
2006	加勒比海盗：亡灵宝箱	10 亿
2007	加勒比海盗：世界的尽头	9.6 亿
2010	爱丽丝梦游仙境	10 亿
	玩具总动员 3	10 亿
2011	加勒比海盗：惊涛怪浪	10 亿
2013	复仇者联盟	13 亿
	钢铁侠 3	12 亿
	冰雪奇缘	12 亿
2015	头脑特工队	8 亿
	复仇者联盟：奥创纪元	14 亿
	星球大战：原力觉醒	20 亿
2016	疯狂动物城	10 亿
	美国队长：内战	10 亿
	海底总动员	10 亿
	侠盗一号：星球大战外传	10 亿

续表

年份	电影名称	票房（美元）
2017	美女与野兽	10 亿
	星球大战：最后的绝地武士	10 亿
2018	复仇者联盟：无限战争	20 亿
2019	复仇者联盟：终局之战	27.97 亿

进入 21 世纪后，通过一系列并购和整合，迪士尼逐步壮大。2009 年，华特迪士尼公司收购了漫威电影，该公司的超级英雄成为迪士尼的品牌资产。2019年，迪士尼以 713 亿美元收购了 21 世纪福克斯的资产，成为迪士尼历史上最大的一笔收购事件。通过这两次并购，迪士尼成为美国的大型电影制作公司，被《纽约时报》称为"世界前所未见的娱乐巨头"。

【商鉴】按照马斯洛需求层次理论，娱乐业兼具社交、尊重、自我实现三个层次的需求属性，具有非常高的附加价值。迪士尼公司的使命是"让世界快乐起来"（make the world happy），满足于"自我实现"的需求，"让世界快乐起来"是娱乐业存在的意义所在。

● 电子游戏

最早的电子游戏可以追溯至带有赌博性质的投币式转盘游戏，它通常出现在游乐场、集市、闹市区等地方，也被称为街机。

电视普及以后，电视游戏很快被开发出来，受到人们的欢迎。与此同时，集成电路的发展使得小型掌上游戏机成为可能。在手机没有发明以前，掌上游戏机曾流行了很长一段时间。

个人电脑出现以后，很快成为规模最大、增长最快、最重要的游戏平台。电脑游戏公司将先进的图片、声音处理等技术应用于电脑游戏中，推动了中央处理器 CPU、声卡、显示卡、图形处理器、内存、硬盘等电脑硬件的升级。

随着互联网的普及，网络游戏开始成为主流。相对于单机游戏的"人机互动"，网络游戏的最大特色是具备社交属性。网络游戏的世界被称为一个虚拟的世界，玩家在虚拟世界中探险、交友，他们付出真的感情，拥有可在现实中交易的虚拟财产。

网络游戏已经发展成为一个重要的行业。2021 年，苹果应用商店 App Store 上的第三方游戏总收入为 510 亿美元，苹果公司的抽成比例为 30%，因此，这些游戏为苹果公司提供了 153 亿美元的收入。在全球上市公司的游戏营收中，腾讯以 322 亿美元排名第一位，索尼以 182 亿美元居第二位，微软以

162.8 亿美元排名第三位。

● 任天堂

任天堂由日本山内房治郎于 1889 年创立，最初的业务是生产花札纸牌（扑克牌），"任天堂"的意思是"谋事在人，成事在天"。

在街机流行的年代，任天堂创建了游戏部门。1969 年，任天堂开发了"光线枪"射击游戏，玩家可通过"光线枪"对屏幕上的虚拟动物或人物进行射击。此后，任天堂还开发了赛马、赛车等游戏。至今，在一些游乐场所仍有这一类街机游戏。

1980 年，任天堂开发第一部部长横井军平，在新干线上看到有人百无聊赖地按着计算器按钮玩耍，决定开发一款"打发闲暇时间的小型游戏机"。横井军平的老东家 SHARP（夏普）公司是当时世界上最大的民用液晶产品制造企业，在 SHARP 公司的支持下，横井军平为任天堂设计了第一代掌上游戏机。为了提升商品价值，横井军平又为游戏机增加了电子手表（Watch）功能。因此，第一代任天堂掌上游戏机被命名为"Game & Watch"。"Game & Watch"上市后获得空前成功，在全球销售 4000 多万台。

电视游戏兴起后，任天堂于 1985 年发布了《超级马力欧兄弟》，也称《超级玛丽》。在游戏中，玩家需要操纵一名名为马力欧的水管工，避开障碍物和重重危险，闯过重重关卡后，救出被酷霸王绑架的桃花公主。该游戏在全世界范围内受到热捧，奠定了任天堂在游戏市场的地位。

1989 年，任天堂推出了第二代掌上游戏机"Game Boy"，内置游戏《俄罗斯方块》。《俄罗斯方块》是由俄罗斯人阿列克谢·帕基特诺夫于 1984 年发明的休闲游戏，任天堂获得了该游戏的代理权。《俄罗斯方块》的流行，使 Game Boy 获得了巨大成功。

不过，Game Boy 最成功的里程碑游戏是《宝可梦》。这是一款面向儿童的游戏，在青少年中也很受欢迎。宝可梦的概念源自游戏设计师田尻智，他童年时最喜欢采集昆虫，于是，他诞生了一个想法，设计一款以类似昆虫的生物精灵为主题的电子游戏，名为宝可梦。在宝可梦世界中，宝可梦精灵不会因为战斗而流血甚至死亡，它们只会失去战斗力，因为田尻智不希望游戏世界充满"无意义的暴力"。该游戏内置 151 个宝可梦精灵图鉴，许多玩家为收集到所有的宝可梦，一遍又一遍地玩游戏。宝可梦全系列游戏的销售规模达数十亿美元，同时也推动了 Game Boy 的销量。截至停产，Game Boy 掌上游戏机在全球累计销量超过 1.18 亿台。

随着触摸屏技术的发展，2004 年，任天堂推出了第三代掌上游戏机"任天堂 DS"，DS 是 Dual Screen（双屏幕）的缩写。游戏机包括一个显示屏幕和一个操控游戏的触摸屏，具备显示三维电脑图形的能力，这使公司的游戏机在游戏应用方面比手机更为专业，体验也更好。2011 年，任天堂 DS 的销售数量突破 1.5 亿台，超过 Game Boy 成为任天堂最畅销的掌上游戏机。

2017 年，任天堂公布了新主机"任天堂 Switch"。Switch 支持三种游戏模式：掌上模式、桌面模式以及电视模式。截至 2022 年，任天堂 Switch 在全世界合计销售数量超过 1 亿台，当年任天堂营收为 131 亿美元。2023 年，电影《超级马力欧兄弟大电影》斩获 11.62 亿美元的票房收入，此时距离第一款游戏《超级马力欧兄弟》的发布时间已经过去 38 年。

【商鉴】任天堂游戏机是日本完成工业化的象征。游戏属于娱乐产业，使游戏企业立于不败之地的不是先进的技术装备，而是新奇的创意，以及顾客的体验。一位任天堂的忠实玩家说："当全世界的游戏厂商都在想方设法掏空玩家的钱包时，只有任天堂还把你当作一个喜欢认真打游戏的小孩子。"就企业使命而言，任天堂把"用户的快乐当作自己的快乐"，与迪士尼的"让世界快乐起来"很相似。

七、管理革命

1911 年，美国管理学家泰勒出版了《科学管理的原理》，使管理成为一门科学。此后，越来越多的人开始探讨管理在商业中的作用。

1926 年，福莱特提出"人是一切商业活动的核心"。与泰勒倡导的科学管理不同，福莱特认为企业的经营围绕"人"展开，管理也要围绕"人"展开。

1933 年，埃尔顿·梅奥出版了《工业文明的人类问题》。梅奥通过实验揭示了工业生产中的个体具有社会属性，生产率不仅同物质条件有关，而且同工人的心理、态度、动机，以及群体中的人际关系、领导者与被领导集体的关系密切相关。通俗来说，提升个体的积极性不仅需要物质激励，也需要精神激励。

1943 年，马斯洛在《动机与人格》一书中提出"人类需求层次理论"，他将人的需求分为五个层次：生理需求、安全需求、社交需求、尊重、自我实现。该理论被广泛应用于商业中，一般而言，满足的层级越高，商业价值越高，如馒头属于"生理需求"，奢侈品属于"自我实现"的需求。

1954 年，彼得·德鲁克出版《管理的实践》，提出"目标管理"理论。德鲁克认为，管理就是为了达成目标，总目标可以分解为若干中等目标，中等目标再分解为若干小目标，要确保每一名员工的目标与组织保持一致。

1960 年，菲得普·科特勒在《营销管理》一书中，将市场营销管理分为四个方面：Product（产品）、Price（价格）、Promotion（促销）、Place（渠道），即4P 营销理论。

除"学院派"的管理思想，许多管理大师是企业的实际管理者，如福特汽车公司的亨利·福特、通用汽车公司的艾尔弗雷德·斯隆、松下电器公司的松下幸之助、索尼公司的盛田昭夫等。

【商鉴】一般认为，现代商业发展的主要推动力是科技的进步，但光有科技是不够的。从历史上看，中国洋务运动引入了先进的科技，但是没有相匹配的国家管理制度，最终以失败告终。对于企业来说也是如此，先进的"科技"必须与先进的"管理"相匹配才能实现商业的成功。

● 韦尔奇活力曲线

1960 年，杰克·韦尔奇以初级化学工程师的身份加入通用电气，此后升任塑料部门总经理。

作为一家由摩根财团控制的大工业公司，通用电气公司的运营完全由职业经理人管理。为了使公司基业长青，通用电气非常重视人才队伍的建设与培养。1974 年，通用电气的 CEO 琼斯批准了一份文件——《CEO 传承指引》。他与公司高层、人力资源部门密切合作，挑选了具备接任通用电气 CEO 资格的 96 名候选人。经过两年时间的逐步淘汰，这份名单只剩下 6 个人，其中包括杰克·韦尔奇。

为了考核这 6 位候选人，琼斯让每个人都担任"部门总经理"和公司副董事长。琼斯还设计了著名的"第三候选人问题"，这个问题是："如果你和我同搭公司的飞机，飞机坠毁了，你我都丧命了，应该由谁来当通用电气公司的董事长？"

1981 年，年仅 45 岁的杰克·韦尔奇从 96 个候选人中脱颖而出，成为通用电气历史上最年轻的董事长和 CEO。杰克·韦尔奇继任后，提出"活力曲线"模型，用以培养和建设通用电气人才队伍。"活力曲线"的基本原理是重用和提拔优秀人才，同时淘汰并解雇不合格员工，使组织保持活力。杰克·韦尔奇要求通用电气的每个业务部门对所有的高管和员工进行排名，排名前 20% 的为"优秀"，会得到提拔和重用，并获得奖金、福利、股权等奖励；排名末尾的 10% 为"不合格"，会被淘汰和解雇；其余 70% 为"普通"或者"合格"。由于排名是强制规定的，只要员工排名后 10%，就会遭到解雇，因而"活力曲线"也被称为"末位淘汰制"。

杰克·韦尔奇不仅将"活力曲线"理论应用在人才选拔上，还将其应用于事业部选拔。他要求通用电气的事业部必须在行业中成为第一或第二，许多事业部因业绩不达标被整体关闭和解散。据统计，杰克·韦尔奇担任 CEO 期间，通用电气的员工数量由最高时的 41 万人裁减到 23 万人，共计裁员 18 万人，裁员率高达 40%。鉴于杰克·韦尔奇惊人的"杀伤力"，媒体称他为"中子弹杰克"。

当时，日本松下公司的"终身雇佣制"广受媒体赞誉，但杰克·韦尔奇坚持认为，一家"优秀"的企业要保持"活力"，必须引入竞争机制。从商业角度看，杰克·韦尔奇的管理是卓有成效的，通用电气的市值从 1980 年的 268 亿美元提升到 2000 年的 1300 亿美元。当时，通用电气旗下有 9 个事业部的营收可以单独进入《财富》世界 500 强之列。

哈佛大学的丹尼斯教授做过一个调查，发现全美《财富》世界 500 强中，有 173 家公司的 CEO 曾在通用电气有过任职经历，这从侧面说明了通用电气在人才培养方面的巨大成功。

【商鉴】对于企业而言，末位淘汰制可以在一定程度上推动员工的积极性，提升效率和业绩，为股东创造更多财富。但是，这种制度设计对员工也是残酷无情的，是"优胜劣汰"的达尔文主义。企业存在的目的不仅仅是为股东创造财富，因此，杰克·韦尔奇的"活力曲线"和末位淘汰制一直受到人们的质疑。

第二十六章 "二战"后重建

两次世界大战之间，是一个经济秩序混乱的时代。"一战"期间，各国放弃了金本位制，引发了长时间的国际金融动荡。同时，各国推行的贸易保护政策造成了世界经济大萧条，使国际贸易和资本流动急剧萎缩，成为引发"二战"的重要原因。"二战"后，遭受战争破坏的世界经济需要重建，战时经济也需要向战后经济转变。

一、布雷顿森林体系

1944 年，盟军 44 个国家的代表在美国新罕布什尔州的布雷顿森林召开了联合国货币金融会议，也称布雷顿森林会议，商讨战后国际货币体系重建问题。

主导这次会议的是美国和英国，美国提出了以美元为主导的"怀特计划"，英国则提出了英镑和美元共同主导的"凯恩斯计划"。然而，经过两次世界大战，英国已经负债累累，而美国拥有全球 3/4 的黄金储备，英镑想要与美元平起平坐，显然是不现实的。

凯恩斯又提出一种名为 bancor（班科）的国际货币，bancor 一词由 bank（银行）和 anchor（锚）组合而成，有"世界货币之锚"的意思。根据凯恩斯的设想，应成立国际清算联盟（ICU）这样一个金融机构，bancor 的作用是清算国家间的贸易，出口商品会获得相应的 bancor，进口商品则需要消耗 bancor。如果一个国家的 bancor 余额过大，则通过调节汇率的方式对其他国家进行补偿，最终使全球贸易达到动态均衡状态。当时，美国是世界上最大的贸易顺差国，凯恩斯的提议被美国否决了。

最终，英国不得不同意美国的"怀特计划"，以美元取代英镑成为世界货币。根据"怀特计划"，各国货币的汇率与美元挂钩，美元与黄金挂钩，规定每盎司纯金可以兑换 35 美元（1 美元 = 0.88867 克纯金）。

1945 年 12 月 27 日，参加布雷顿森林会议的 22 国代表在《布雷顿森林协定》上签字，正式成立国际货币基金组织（IMF）和世界银行（WB）。国际货币基金组织有两大使命：一是确保各国汇率和金融稳定；二是向国际收支逆差国家提供储备货币，推进国际贸易均衡发展。世界银行的使命是向无法通过商业途径获得贷款的成员国提供贷款和投资。

世界银行的贷款条件非常严格，资金的使用情况必须受到世界银行工作人员的监督，还需要制定平衡的政府收支预算，确保优先偿还世界银行的债务。鉴于法国在"二战"中遭受了巨大破坏，世界银行的第一笔贷款提供给了法国，贷款金额为 2.5 亿美元。1947 年，美国推出马歇尔计划后，欧洲国家开始接受附加条件较少的马歇尔计划援助，世界银行的业务重心转向发展中国家。

"二战"后，美国先后参加了朝鲜战争、越南战争，巨额军费开支使美国贸易赤字不断扩大。欧洲、日本等国家通过与美国贸易获得了大量美元，这些美元的价值远远超出了美国的黄金储备。人们意识到，如果欧洲、日本向美国提出用美元兑换黄金的要求，美元将崩溃，全球也将再次迎来金融动荡。

1971 年 8 月 15 日，尼克松宣布美元与黄金脱钩，布雷顿森林体系瓦解。布雷顿森林体系崩溃后，国际货币基金组织和世界银行作为重要的国际组织仍然得以存在，确保了世界金融体系和贸易体系的持续稳定，是战后经济奇迹的两大基石。

【商鉴】 美元与黄金脱钩后，仍被世界各国作为国际通用货币，全世界的石油、贵金属、粮食等大宗商品贸易大都以美元为单位计价，这是因为美元作为"锚"，在一定程度上由美国的军事、经济、科技等综合实力决定。美元在执行世界储备货币职能的过程中，给美国带来了诸多经济利益，但同时也给其他国家的经济造成了各种负面影响。

二、关税与贸易总协定

20 世纪三四十年代，贸易保护主义在世界盛行，各国推行的贸易保护政策造成了世界经济大萧条，使国际贸易和资本流动急剧萎缩。

早在 1944 年的布雷顿森林会议上，美国就提出了建立世界贸易组织的设想。"二战"结束后，美国担心本国庞大的军事产能出现过剩，导致经济危机。为了使"战时经济"顺利转型为"战后经济"，美国更加急迫地推动国际贸易自由化。

1947 年，联合国贸易及就业会议在古巴首都哈瓦那召开，由于没有达成"减让关税"的多边谈判，世界贸易组织未能成立。随后，美国邀请包括中国在内的 23 个国家签署了《关税与贸易总协定》（GATT），宗旨是通过削减关税和其他贸易壁垒，消除国际贸易中的差别待遇，促进国际贸易自由化。由于一些国家对开放市场感到担忧，《关税与贸易总协定》未能达到规定的正式生效条件，以《临时议定书》的形式通过。

《关税与贸易总协定》（GATT）被称作"富人俱乐部"，因为它所倡导的自由贸易规则对发达国家更有利。1966年开始，关税与贸易总协定增加了第36条到第38条，规定了发展中国家在国际贸易中享有的优惠与扶持措施，这为更多国家的加入创造了有利条件。1995年，世界贸易组织WTO成立，取代了关税与贸易总协定这一临时机构。此后，WTO发展成为世界上最大的国际经济组织，拥有164个成员国，占全球贸易的98%以上。

2001年，中国正式加入世界贸易组织。2009年，中国成为世界第二大进口国。2013年，中国成为全球货物贸易第一大国。据海关统计，中国进出口总值从2001年的4.22万亿元人民币增加至2021年的39.1万亿元人民币，年均增长12.2%。

【商鉴】自关税与贸易总协定签定及世界贸易组织成立以来，成功降低了世界各国的关税，发达国家的平均关税已从1948年的36%降低到90年代中期的3.8%，发展中国家和地区同期降低至12.7%，这样大幅度减让关税是国际贸易发展史上从未有过的事情。在此期间，世界贸易增长了十几倍，是战后经济奇迹的重要支柱。

三、马歇尔计划

"二战"后，美国财政部部长亨利·摩根索为欧洲制订了经济重建的和平计划，也称"摩根索计划"。"摩根索计划"的主要内容是拆除德国的全部工业设备作为战争赔偿，彻底摧毁德国的"鲁尔工业区"，只允许德国保留少量工业用来生产国内的生活必需品，使德国成为一个自给自足的农业国家，彻底丧失战争能力。

在英美占领区的西德，"摩根索计划"得到相当程度的实施，飞机、造船、石油、橡胶等所有与战争有关的重工业、化工业全部被作为战争赔款，德国钢铁的最大产量被限制在战前水平，相当于1938年的25%。除此以外，德国在本土和世界各国的所有专利全部被没收，数千名德国最优秀的科技人员被派往英国、美国工作。

"摩根索计划"执行后，西德经济严重恶化。当时，美国军工厂的订单大量减少，生产停滞，出现了经济衰退的迹象。西德总理阿登纳请求美国允许西德恢复工业生产，帮助欧洲重建经济。他指出，一个繁荣的欧洲经济体，才能为美国过剩的工业产能提供足够的市场。

美国采纳了阿登纳的建议，筹备推出"欧洲复兴计划"（European Recovery Program），该计划不仅包括西德，也包括苏联。在美国看来，苏联不仅是反法西斯战争的重要盟国，而且是一个巨大的市场。苏联需要美国的资金和设备进行战后重建，因此，斯大林派莫洛托夫率领代表团参加了"欧洲复兴计划"。但是，美国邀请苏联参加"欧洲复兴计划"的真实目的是希望苏联开放市场。由于苏联实行的是计划经济，不愿意开放市场，最终不得不退出"欧洲复兴计划"。

1948 年，美国总统杜鲁门签署了"欧洲复兴计划"，该计划是由时任美国国务卿的马歇尔制定的，也称"马歇尔计划"。苏联为了避免东欧国家加入"欧洲复兴计划"，出台了"莫洛托夫计划"援助东欧经济发展，后来发展为社会主义阵营的"经济互助委员会"。自此，全球分为两大市场：资本主义市场和社会主义市场，经济上的冷战格局形成。

马歇尔计划先后向欧洲提供了 130 亿美元的援助，其中，英国获得了约 26% 的援助，法国约 18%，西德约 11%。此外，美国还通过技术援助计划资助 24000 名欧洲工程师、领导人和实业家访问美国，参观美国的工厂、矿山和制造厂。在马歇尔计划的援助下，欧洲迎来了历史上经济增长最快的时期。1948~1952 年，欧洲工业生产增长了 35%，农业生产大大超过战前水平。1952 年，朝鲜战争爆发后，美国又恢复了战时经济，"马歇尔计划"正式退出。

【商鉴】"马歇尔计划"推出的最初目的是帮助美国从战时经济转向战后经济。受冷战影响，马歇尔计划带有政治目的，即"彰显资本主义优越性"。因此，美国的援助不仅仅是资金的援助，还包括技术、人才、资源、市场等全方位的援助。此后，西欧开始了前所未有的 20 年经济增长奇迹。

第二十七章　世界各国（地区）经济奇迹

"二战"后，为了避免下一次战争，罗斯福构想了一个新的世界秩序，以四个国际警察来维持世界和平：美国管美洲、英国管西欧、苏联管东欧、中国管亚洲。

但是，罗斯福的构想并没有达成一致共识。制定战后世界新秩序和利益分配问题的雅尔塔会议，甚至都没有邀请四强之一的中国。英国不愿轻易放弃在亚洲的殖民地利益，日本投降后，便支持法国发动了越南战争。此后，美国参与的朝鲜战争、越南战争，深深影响了战后经济格局的变化。

战败的德国、日本被美国重新扶持，两国在美国的援助下，都实现了各自的"经济奇迹"。韩国、新加坡、中国香港、中国台湾凭借各自的特色，实现了经济的飞速发展，被称为亚洲四小龙。北欧五国（挪威、瑞典、芬兰、冰岛和丹麦）依靠高度工业化、自由化的市场经济，成为人类发展指数最优的国家，进入高福利社会。中东地区则凭借"经济血液"——石油富甲一方，创造了极具时代特色的经济奇迹。

中国在1978年改革开放后，市场活力被激发，实现了年均9.8%的经济增长奇迹。2010年，中国的GDP超越日本成为世界第二经济大国。同时，中国也成为第三次工业革命的中心，在电脑、移动通信、互联网、新能源等领域出现了世界级企业。

一、德国经济奇迹

德国经济奇迹，也被称为莱茵河奇迹。从国际层面来看，战后建立了布雷顿森林体系、关税与贸易总协定，为德国经济繁荣提供了稳定的金融与贸易环境。同时，美国援助欧洲经济的"马歇尔计划"，使西德获得了大量资金和技术。

从德国国内看，德国拥有强大的、完整的工业体系，在"二战"时是仅次于美国的工业化国家。"二战"后，西德总理阿登纳说服同盟国，停止拆除德国的工业设施作为战争赔款，为德国经济发展保留了工业基础。法国曾提出"莫内计划"，由法国占领德国的萨尔和鲁尔两大工业区，利用这两个工业区发展法国的工业。阿登纳说服法国与德国合作，用法国的铁矿和德国的煤矿，共同领导整个西欧的工业复兴。在法国的支持下，西德与法国、意大利、比利时、荷兰、卢森堡签订了为期50年的"西欧煤钢联营条约"，各成员国之间的煤钢贸易免除一切关税，并建立了煤、钢、铁砂、废铁、合金钢和特种钢共同市场，即欧洲煤钢共同体。欧洲煤钢共同体的建立使德国工业开始复苏，最终成为西欧工业经济的心脏。

从发展经济的举措看，时任德国经济部长路德维希·艾哈德推出了卡普伦水电站、西部高速公路等重大国家项目，同时颁布了提升工业折旧费、增加银行对工业的短期贷款等一系列法令，这些措施的实施使西德经济得以复苏。路德维希·艾哈德还提出"社会市场经济"理论，强调以市场为依托，竞争为手段，自由经济为核心，维护社会公正为补充。这一套政策措施被称为既非资本主义又非社会主义的"第三条道路"，既能发挥市场经济的优势，也能利用计划经济来调节、管控市场经济存在的弊病。

从市场层面看，朝鲜战争爆发导致全球商品短缺，为西德工业复苏提供了巨大的出口市场。1965年，法国、联邦德国、意大利、荷兰、比利时、卢森堡6国签订了《布鲁塞尔条约》，决定将欧洲煤钢共同体、欧洲原子能共同体和欧洲经济共同体统一起来，统称欧洲共同体。此后，丹麦、爱尔兰、英国、希腊、西班牙、葡萄牙、奥地利、瑞典、芬兰、挪威等国家先后加入，使欧洲形成了一个共同市场和经济体。

1991年，第46届欧洲共同体首脑会议签订了《欧洲经济与货币联盟条约》和《政治联盟条约》，欧盟正式成立。"欧盟"成立后，各成员国资源共享，优势互补，成为当今世界上最大的经济体。欧元的诞生，使欧元成为世界上有重要影响的货币之一，也使欧盟更有能力抵御国际金融风险。2020年，德国进口贸易中有63.1%来自欧盟内部，出口贸易中有52.5%为欧盟盟内出口。欧盟成就了德国，德国也成就了欧盟。

【商鉴】尽管德国在"二战"中遭受了重创，但由于国际环境的变化，美国从最初遏制德国的"摩根索计划"转变为扶持德国的"马歇尔计划"，德国的工业设施不仅得以保留，还得到了资金、技术、人才、市场的全面支持。另外，欧洲煤钢共同体、欧洲经济共同体、欧洲原子能共同体、欧盟等一系列机构的创建，为欧洲经济发展创造了有利条件，德国是最大的受益者之一。中国改革开放后，也为德国经济发展提供了巨大市场。

二、瑞士经济奇迹

瑞士是一个欧洲内陆国家，北面是德国，南面是意大利，西面是法国，东面是奥地利。地处欧洲交通枢纽中心，而交通是商业与贸易繁荣的基础。

历史上，瑞士先后成为罗马帝国、法兰克王国、神圣罗马帝国的一部分。1806 年，神圣罗马帝国被拿破仑消灭。1815 年，拿破仑兵败滑铁卢，瑞士获得独立。由于四周强国林立，瑞士宣布永久中立。

"二战"期间，德国曾制订入侵瑞士的详细计划。当时，瑞士的金融机构为德国提供了大量战争贷款，瑞士工业也为德国生产了大量的军事物质。如果德国入侵瑞士，不但会破坏瑞士的金融系统，使德国失去重要的融资渠道，同时还可能会破坏瑞士的工业生产能力。因此，进攻瑞士对德国来说得不偿失，希特勒最终放弃了该计划。

对于盟军而言，瑞士与德国的金融和商业联系，实际上是在为德国的战争能力输血。为了切断瑞士与德国的经济联系，盟军派出轰炸机摧毁了瑞士的主要工业城市和交通主干线。由于瑞士是永久中立国家，战后，美国给予其 6200 多万瑞士法郎的赔偿，马歇尔计划也为瑞士提供了大量援助，瑞士经济得以迅速恢复。

"永久中立国"地位，使瑞士与几乎所有国家都保持着外交关系。日内瓦万国宫是仅次于纽约的联合国第二大中心，大约 200 个国际组织将总部设在瑞士，如世界贸易组织（WTO）、世界卫生组织（WHO）、国际劳工组织（ILO）、国际电信联盟（ITU）、联合国难民事务高级专员办事处（UNHCR）等。

良好的国际外交环境，使瑞士银行业吸收了全世界 1/4 左右的私人存款。苏黎世是世界主要的离岸银行业务中心，集中了全球 120 多家银行的总部，其中许多是欧洲私人银行的总部。由于税率低，苏黎世是富人的避税天堂，故又被誉为"欧洲亿万富翁都市"。

瑞士发达的金融业带动了实体经济的发展。瑞士人口不到 900 万人，却拥有 14 家世界 500 强企业：嘉能可、雀巢、罗氏公司、诺华公司、苏黎世保险集团、瑞银集团、ABB 集团、瑞士再保险股份、瑞士信贷、安达保险、Coop 集团、Migros 集团、德科集团和拉法基豪瑞集团。

医药是瑞士非常有特色的产业。从商业角度考虑，中立国可以与战争各方进行贸易，但也有道德风险。为了提升中立国的可信度，瑞士于 1863 年创建了"伤兵救护国际委员会"，1880 年正式改名为"红十字国际委员会"。在战争中，该委员会以中立团体身份对战争受难者进行保护、救济，因此瑞士发展出两家世界 500 强医药企业——罗氏公司和诺华公司。在 2022 年《财富》世界 500 强排行榜中，罗氏位列第 171 位，诺华位列第 248 位。

瑞士手表代表了瑞士制造业从业者严谨认真的"工匠精神"，其钟表制造技术起源于 16 世纪末。当时，法国的胡格诺派教徒因政治原因纷纷逃到瑞士，将其制表技术与瑞士当地的金银首饰工艺相融合，形成了当代瑞士钟表技术。瑞士名表品牌有百达翡丽、劳力士、欧米茄、浪琴、万国等。2022 年，瑞士钟表销量达到创纪录的 2248 亿瑞郎（约 2400 亿美元）。

中立国的优越地位，高度发达的工业以及自由经济体制，使瑞士成为全球最富裕、社会最安定、经济最发达和拥有最高生活水准的国家之一，全球创新指数位列第一。

【商鉴】作为国际红十字会的创始国，瑞士永久中立国的可信度是最高的，这使瑞士成为仅次于纽约的联合国第二大中心，同时也是富豪最喜欢的国家之一，因为他们不希望财富受到战争、冲突或者动乱的影响。凭借充裕的资金，瑞士大力发展医药行业，因为医药属于人道主义商品，无论出口给战争的任何一方都不会破坏永久中立国的义务。

三、北欧经济奇迹

北欧又称北欧五国，即丹麦、挪威、瑞典、芬兰和冰岛。北欧五国总人口约 2500 万人，其中瑞典约 900 万人，丹麦约 570 万人，芬兰约 550 万人，挪威约 520 万人，冰岛约 37 万人。

北欧五国的历史背景紧密相连，生活方式、宗教、社会和政治制度也相近。北欧是"维京海盗"的故乡，因为擅长航海，运输业、捕鱼业一直都是北欧各国的传统优势行业。14 世纪，随着汉萨同盟的发展，北欧成为当时欧洲的经济中心和贸易中心。

如今，北欧创造了人类目前为止最令人羡慕的经济成就，挪威的石油业、丹麦的运输业、芬兰的通信业、冰岛的捕鱼业都十分发达。瑞典作为北欧面积最大、人口最多的国家，其经济成就也最为显著，拥有一大批知名企业，如沃尔沃、宜家、爱立信、银瑞达、斯凯孚、伊莱克斯、利乐等。

由于人口较少，经济又十分发达，北欧是地球上人均 GDP 最高的地区。这里贫富差距最小，社会福利最高，同时也是世界上最具可持续发展的地区之一。

● 瑞典

8~11 世纪是瑞典的维京时代。由于骁勇善战，瑞典维京人中的一支被拜占庭帝国雇用为皇家卫队，即"瓦兰吉卫队"。瑞典维京人也是基辅罗斯的开创者。1150~1293年，瑞典条顿骑士团对芬兰进行了三次"十字军东征"，最终占领了芬兰，使芬兰成为天主教与东正教的分界线。

14世纪开始，汉萨同盟控制了瑞典的贸易，其首都斯德哥尔摩成为波罗的海地区的重要贸易城市，出口木材、铁等商品。17世纪，为了争夺在波罗的海的贸易控制权，瑞典国王古斯塔夫·阿道夫发动了"三十年战争"，征服了大约一半的神圣罗马国家，夺取了俄罗斯、波兰、立陶宛联邦的大量领土，瑞典崛起为欧洲强国。1700~1721年，瑞典与俄罗斯帝国为了夺取波罗的海的控制权发生了战争。瑞典战败后，失去了位于波罗的海大部分地区的领土，包括圣彼得堡。瑞典自此衰落，从欧洲列强的名单上消失。

瑞典有64%的国土被森林覆盖，林业在国民经济中的地位非常重要，除木材原材料出口外，还建立了庞大的造纸、家具、林产化工等深度配套的加工工业部门，其木材部门产量和出口量均居世界最前列。同时，瑞典还盛产铁矿，冶铁行业十分发达，这为瑞典的工业化提供了基础。

两次世界大战中，瑞典均保持中立，与英国、美国、德国都保持密切的外交联系，并开展贸易往来。"二战"后，瑞典加入马歇尔计划，在美国的帮助下，经济获得快速发展，出现了一大批知名企业，如沃尔沃汽车、斯堪尼亚汽车、萨博集团、爱立信、伊莱克斯电器、ABB、利乐包装、哈苏相机、宜家家居、H&M、阿斯利康制药、斯凯孚等。

瑞典只有1000万人口，相当于中国的一个大型城市。其凭借丰富的木材、铁矿资源以及高度发达的工业，使瑞典成为世界上社会福利制度最完善的国家之一。瑞典的社会福利项目包括父母带薪长期产假、义务教育、医疗保障、失业保障、养老金等，被称为"从摇篮到坟墓"的保障。

【商鉴】瑞典人口较少，拥有丰富的森林、铁矿资源，有利于发展造纸、冶铁等工业。经济与商业发展需要一个和平的环境，两次世界大战中，瑞典都保持中立，与美国、德国各方保持贸易往来，由此奠定了工业基础。

瓦伦堡家族

瓦伦堡家族是瑞典的一个显赫家族，是欧洲最富有的家族之一。

瓦伦堡家族的创始人安德烈·奥斯卡·瓦伦堡（Andre Oscar Wallenberg），1816年生于瑞典林雪平市。19世纪50年代，奥斯卡·瓦伦堡与人合伙经营一家木材加工厂，生产木材制品和包装纸、牛皮纸等，这家木材加工厂后来发展为爱生雅集团（SCA）。爱生雅集团在瑞典北部拥有260万公顷森林，占瑞典国土面积的6%，旗下拥有高端纸巾品牌得宝（Tempo），并拥有维达国际22.6%的股份。

1856 年，奥斯卡·瓦伦堡进入瑞典政界，成为林雪平市的一名议员，创办了瑞典北欧斯安银行（SEB 银行）。1867 年，奥斯卡·瓦伦堡以瑞典金融界代表的身份参加了拿破仑三世组织的金融会议，SEB 银行因此与法国政商界有了密切的商业往来。通过投资瑞典造纸业、机电业以及从瑞典北部到挪威北部那尔维克的铁路，SEB 银行迅速发展壮大。

奥斯卡·瓦伦堡去世后，他的儿子阿加森·瓦伦堡（Agathon Wallenberg）担任了 SEB 银行行长。他投资了瑞典北博滕省的铁矿，建设了一系列工程项目，如瑞典皇家歌剧院、斯德哥尔摩经济学院、斯德哥尔摩市政厅、斯德哥尔摩市图书馆、瑞典海事历史博物馆等。

1912 年，SEB 银行参与创立了英国北方商业银行，旨在促进英国与北欧之间的贸易。"一战"期间，阿加森·瓦伦堡担任瑞典外交部长，与欧美各国政要都建立了密切联系。"二战"期间，瓦伦堡家族利用瑞典的中立地位，同时与德国、英国、美国开展生意往来，如瓦伦堡旗下的跨国公司 SKF 生产的滚珠轴承，同时向德国和盟军出售。瓦伦堡家族成员雅各布·瓦伦堡（Jacob Wallenberg）被任命为瑞典政府与德国贸易协定委员会成员，向德国出售铝、炸药等军事物资，还向德国提供生产核武器的原料——重水。雅各布·瓦伦堡因此被纳粹德国授予"德意志雄鹰勋章"。

战后，瓦伦堡家族聘请杜勒斯（曾任美国国务卿）作为律师辩护。由于瑞典是一个中立国，其家族成员拉乌尔·瓦伦堡（Raoul Wallenberg）在匈牙利布达佩斯担任外交官期间，通过为犹太人签发护照，拯救了数万名犹太人，功过相抵。最终，瓦伦堡家族没有因"二战"期间与纳粹德国合作而受到惩罚。

瓦伦堡家族投资或控股了约 330 家瑞典公司，包括瑞典北欧斯安银行（SEB）、爱生雅集团（SCA）、瑞典通用电机公司（ASEA）、瑞典滚珠轴承制造公司（SKF）、斯堪的纳维亚航空公司（SAS）、伊莱克斯、爱立信、萨博汽车公司（SAAB）、斯道拉恩索集团、安百拓、阿斯利康、瓦锡兰等，这些企业的市值约占瑞典整个证券交易所的 40%。

阿里巴巴集团联合创始人蔡崇信，曾在瓦伦堡家族旗下的瑞典银瑞达集团（Investor AB）香港分部工作。1999 年，瑞典银瑞达集团向阿里巴巴投资 500 万美元，获得阿里巴巴 6% 的股份。

瓦伦堡家族极为低调，族训是 Esse, non videri，拉丁语意思为"存在，不被看见"。

【商鉴】瓦伦堡家族的族训"存在，不被看见"被许多商人所推崇。《道德经》中说："夫唯不争，故天下莫能与之争。"真正的强者，天下无敌，不需要与人争高下；如果不是真正的强者，更不能与他人争高下，因为争不过。中国改革开放后，邓小平提出一个很重要的战略是"韬光养晦"，与瓦伦堡家族的"存在，不被看见"，有异曲同工之妙。

● 挪威

挪威（Norway）本意是"通往北方的路"，泛指北欧大陆的北方。

8～11 世纪，是挪威航海史上的鼎盛时期，被称为"维京时代"。14 世纪，汉萨同盟控制了挪威贸易，在卑尔根建立了贸易中心。此后，挪威建立了庞大的运输船队，运输业成为挪威的主要经济收入来源。

"一战"期间，挪威保持中立。由于挪威船队为英国提供物资运输服务，德国海军击沉了约 436 艘挪威商船。战后，挪威运输业得到恢复和发展。到 1938 年底，挪威运输船占世界吨位的 7%，是第四大航运国，仅次于英国、美国和日本。

"二战"期间，挪威继续保持中立。德国担心挪威的运输船队为英国所用，因此在 1940 年入侵并占领了挪威。不过，挪威航运公司的大部分船只已经被转移至海外。这些船只在"二战"期间扮演了重要角色，不仅为英国运输石油等战略物资，还参与了敦刻尔克撤离、诺曼底登陆等军事行动。

海德鲁公司（Hydro ASA）是挪威为数不多的工业企业，它是瑞典瓦伦堡家族在 1905 年创立的。海德鲁最初包括一个水力发电厂和化肥厂，电力被用于生产硝酸钾。硝酸钾既是化肥原料，也是制作炸药的原料。海德鲁是世界上第一家生产合成硝酸钾的工厂，其副产品包括氨、氢气和重水。1943 年，盟军获悉德国打算利用海德鲁工厂的重水制造原子弹，随后派出轰炸机将其彻底摧毁。"二战"后，海德鲁利用水电发展炼铝，成为全球最大的铝业公司，拥有淡水河谷的巴西铝土矿、氧化铝和铝厂等资产。

1965 年，挪威海域发现了石油和天然气。此后，通过发展石油工业，挪威成为全球第十二大石油生产国和第三大天然气出口国，石油工业约占国内生产总值的 1/4。1990 年，挪威成立了石油基金，也称政府养老基金，将石油收入用于投资。2021 年，挪威石油基金资产超过 1.19 万亿美元，是全球最大的主权财富基金之一。

挪威政府还控制了奥斯陆证券交易所大约 30% 的公司，包括挪威国家石油公司（Equinor）、挪威国家电力公司（Statkraft）、挪威海德鲁公司（Norsk Hydro）、挪威银行 DNB 和挪威电信（Telenor）等。截至 2020 年，挪威拥有商船 1412 艘，是世界第六大商船队。

挪威人口只有大约 520 万人，相当于中国的一个中等城市，却拥有无与伦比的资源禀赋、高度发达的运输业、现代化的工业以及一流的金融服务业。这使挪威成为当今全球最富裕、经济最发达且生活水平最高的国家之一，收入分配也很平均。

【商鉴】挪威盛产石油和天然气，是北欧版的"沙特阿拉伯"，但人口只有"沙特阿拉伯"的1/7，而且还拥有发达的航海运输、冶金、电信、金融等优势产业。总体而言，欠发达国家有"人口多、资源少、工业欠发达、政治不稳定"的特点，而挪威恰恰相反，拥有"人口少、资源多、工业发达、政治稳定"的优势，是发达国家的典型代表。

● 丹麦

8~11世纪的维京时代，丹麦人开始在法国诺曼底地区定居，与神圣罗马帝国开展贸易。1066年，丹麦人的后裔威廉率领军队入侵英格兰，成为英格兰国王威廉一世，史称"诺曼征服"。1368~1370年，丹麦被汉萨同盟的联合舰队击败，被迫签订了《斯特拉尔松德和约》。该和约的签订，使丹麦丧失了争霸波罗的海的能力，但也因此融入汉萨同盟的贸易圈，建立了庞大的商业贸易运输船队。

在大航海时代，丹麦的商业船队和海外贸易迅速发展，船队规模仅次于英国、荷兰、西班牙等国。为了保持贸易通畅，丹麦奉行"中立"国策，很少参与殖民地的争夺和贸易，同时避免卷入当时欧洲大陆的各种战争。美国独立战争期间（1775~1783年），丹麦与俄国、普鲁士、荷兰、丹麦、瑞典等国组成"武装中立同盟"。"武装中立同盟"并非真正意义上的"中立"，而是以武力保护与美国的贸易，使英国对北美十三州的贸易封锁失效。

到18世纪末，丹麦商船队仅次于英国，居欧洲第二位。1904年，丹麦马士基集团成立。如今，该集团是世界上最大的集装箱船运经营者及集装箱船供应商，旗下拥有500多艘集装箱船及100万个集装箱，在全球有40处专用集装箱场，同时还拥有并运营着180多艘油轮。

两次世界大战期间，丹麦继续奉行"中立"政策。"二战"中，德国为了控制丹麦的运输船队，于1940年4月9日入侵了丹麦，丹麦抵抗两小时后宣布投降。由于德国未能取得制海权，大量为德国提供运输服务的丹麦商船被盟军摧毁。"二战"结束后，丹麦得到马歇尔计划的援助，很快恢复了航运优势。

丹麦拥有十分发达的医药技术，如诺和诺德在治疗糖尿病的胰岛素开发和生产方面居世界领先地位，在2020年《财富》全球500强榜单中排名第244位。2021年，美国FDA批准了诺和诺德的减肥新药Wegovy（司美格鲁肽），该药被临床试验证明可以使肥胖症患者平均减重约40斤，同时还能降低20%心血管疾病风险。Wegovy（司美格鲁肽）在欧美上市后，诺和诺德的市值在两年内上涨了 200%，达到 4230 亿美元，超过了丹麦 2022 年的国内生产总值 3954 亿美元。诺和诺德也一度超过法国的路威酩轩集团（LVMH）成为欧洲市值最高的公司。

丹麦的酿酒业也十分发达，创立于 1847 年的嘉士伯（Carlsberg）是世界第四大啤酒制造商，总部位于丹麦的哥本哈根，该公司在实验室分离出酿造低度啤酒的"嘉士伯酵母"。

丹麦还是世界十大渔业国之一，也是欧盟最大的渔业国，捕鱼量约占欧盟总捕鱼量的 1/3。小美人鱼铜像是丹麦的重要标志，原型来自安徒生于 1837 年创作的童话《海的女儿》中的主人公。此外，丹麦拥有全球知名的玩具制造厂商乐高（LEGO）。

由于总人口不到 600 万人，发达的航运、医药、酿酒等工业使丹麦成为世界上最富有的国家之一，在世界经济论坛 2022 年全球竞争力报告中，丹麦位列第一。

【商鉴】丹麦是一个人口不到 600 万人的国家，却拥有世界上最大的集装箱航运公司（马士基集团）、世界第四大啤酒制造商（嘉士伯）、世界 500 强医药公司（诺和诺德）、全球知名玩具商（乐高 LEGO），而且还是欧盟最大的渔业国。优势资源禀赋和发达的现代化工业，共同成就了丹麦的经济奇迹。

● 芬兰

芬兰位于欧洲北部，内陆水域面积占全国面积的 10%，有岛屿约 17.9 万个，湖泊约 18.8 万个，有"千湖之国"之称。

在"十字军东征"期间，瑞典"十字军"占领了芬兰。1323 年，芬兰东部的国界被确定为天主教和东正教的界线。1808 年，瑞典与俄罗斯在交战中落败，芬兰被俄罗斯沙皇亚历山大一世的军队占领，成为芬兰大公国，隶属于沙俄。1917 年，俄国布尔什维克革命（十月革命）后，芬兰宣布独立并保持中立。

芬兰独立后，由于边界距离列宁格勒（即圣彼得堡，1712~1917 年为沙俄首都）仅 32 千米。苏联要求重新划分边界建立缓冲区，多次谈判未果后，于 1939 年入侵芬兰，芬兰战败后割让并租借部分领土给苏联。1941 年德国入侵苏联时，芬兰为了夺回失去的领土，对苏联宣战。1944 年，盟军在诺曼底登陆以后，德国败局已定，芬兰单独向苏联求和，割让了唯一的不冻港佩琴加。

"二战"后，因为与强大的苏联为邻，芬兰在对外关系上始终保持谨慎，因此拒绝了马歇尔计划的援助，并在 1948 年与苏联签订了友好合作互助协定。1952 年，芬兰与北欧理事会达成协议，允许彼此公民自由出入各国，许多芬兰人得以前往经济发达的瑞典、挪威、丹麦工作。1961 年，芬兰加入欧洲自由贸易联盟，融入欧洲共同体。

芬兰的森林覆盖率约80%，木材加工、造纸和林业机械制造业十分发达。芬欧汇川集团在芬兰拥有93万公顷森林，是世界第三大纸制品生产商，也是欧洲最大的胶合板生产商。

诺基亚是芬兰最知名的企业，也是芬兰的象征性企业之一。诺基亚还催生了许多相关产业，如芬兰的手机游戏十分发达，拥有Supercell、Rovio娱乐等知名手机游戏公司，这些游戏公司开发了《贪吃蛇》《愤怒的小鸟》《部落冲突》《皇室战争》《荒野乱斗》《卡通农场》等知名手机游戏。

芬兰总人口约550万人，凭借电子通信、金属机械以及发达的森林工业，芬兰人均GDP远高于欧盟平均水平。每一位芬兰公民和永久居民，都有一张具有身份证作用的Kela卡，即社会保险卡，公民凭这张卡享受基本医疗保险。在《全球竞争力报告》中，芬兰位居全球最具竞争力国家前列。

【商鉴】芬兰经济原本相对落后，凭借北欧理事会以及欧洲自由贸易协议，瑞典、挪威、丹麦帮助芬兰实现了"共同富裕"。如今，芬兰与瑞典在经济上高度融合，芬兰的工业化程度接近其邻国瑞典，人均GDP也与瑞典相当。

● 冰岛

冰岛是一个靠近北极圈，由冰雪覆盖的岛屿，面积为10.3万平方千米。冰岛上有火山200~300座，其中40~50座为活火山，是名副其实的"冰火岛"，也是世界上温泉最多的国家。

恶劣的地理环境使得冰岛不宜发展农业，冰岛人以捕鱼和畜牧为生，曾是欧洲最不发达的地区。岛上也没有矿产资源，因此冰岛的人口只有37万人（2021年数据），相当于中国一个县城的人口。16世纪，冰岛是丹麦的半殖民地。"二战"时，丹麦投降德国，冰岛被盟军占领。

1944年，冰岛共和国建立。不久，冰岛获得马歇尔计划的援助，冰岛捕渔业得以工业化，发达的渔业为冰岛提供了60%的出口收入。此外，冰岛利用境内丰富的水利、地热资源发展能源工业，使冰岛拥有价格低廉的电力。利用这些电力，冰岛大力发展炼铝厂，生产了约占世界5%的铝。旅游是冰岛的支柱产业之一，主要旅游景观有冰川、火山地貌、地热喷泉和瀑布等，每年有约500万名游客到访。

由于人口稀少，渔业、炼铝和旅游三大创汇产业，使冰岛跻身全球经济最富裕、人民生活水准最高的国家行列。

【商鉴】冰岛利用境内丰富的水力、地热资源开发电力资源，再将其用于炼铝，将资源、科技、工业都发展到极致。冰岛当之无愧是世界上最发达国家的代表。

四、日本经济奇迹

在两次世界大战中，日本许多商船被击沉，国内铁路、公路、桥梁、码头、工厂等设施因受到美国空袭，遭到极为严重的破坏。

日本战败后，被盟军限制工业化能力，以防止再次出现军国主义。尽管如此，日本仍然拥有完整的工业体系，虽然明治维新以来形成的财阀如三井、三菱、安田、住友被解散，但他们仍以合作厂商、供应商、经销商等形式存在，与银行紧密相连成为一个团体。

马歇尔计划实施后，在美国的帮助下，日本加入关税及贸易总协定（GATT）。1949 年，日本通商产业省成立。通商产业省负责制定日本对外贸易政策，帮助出口企业在竞争中获得优势，包括进口竞争保护、技术情报、获得外国技术许可或外汇、协助兼并等。通商产业省还通过日本开发银行为出口企业提供低成本融资服务，帮助引进先进设备和标准化管理。

朝鲜战争爆发后，日本工业被全面组织起来，为美军生产军事物资。这项由美国政府支付的特殊采购订单占日本出口贸易额的 27%，为日本经济起飞奠定了基础。

20 世纪 60 年代，日本首相池田勇人提出"国民收入倍增计划"，在十年内使日本经济规模翻一番。为实现经济十年翻一番的目标，日本年均经济增长率要达到 7.2%。为达成这一目标，池田政府建设了高速公路、高速铁路、地铁、机场、港口、水坝等一大批基础设施。在这期间，日本经济平均年增长率超过10%，经济规模在不到 7 年的时间里翻了一番，提前三年实现了"国民收入倍增计划"。

1955~1974 年，是日本经济发展的黄金二十年。在此期间，日本经济经历了四次景气：神武景气（1955~1957 年）、岩户景气（1958~1961 年）、奥运会景气（1962~1964 年）、伊奘诺景气（1965~1974 年）。

神武景气。日本制订了"电器五年计划"，以电器工业为中心发展经济。电器工业"三神器"（即电视机、洗衣机、冰箱）带动了日本国内消费及经济的迅猛发展，日本家电行业崛起，称为神武景气。

岩户景气。日本政府开始引导发展钢铁、石油、汽车工业，钢铁取代纺织品成为主要出口商品，出现了第二次经济发展高潮，称为岩户景气。

奥运会景气。日本成功申办夏季奥林匹克运动会后，耗资 30 亿美元，修建了运动场馆、地铁、公路、供水等奥运设施。同年，连接东京与大阪的东海道新干线开通，这是日本以及全世界第一条高速铁路。在此期间，日本房地产市场迅速发展，再一次推动了经济繁荣，称为奥运会景气。

伊奘诺景气。奥运会结束后，日本经济增长放缓，日本政府发行建设国债以刺激经济。这一时期，"新三神器"（即汽车、空调、彩色电视机）在日本快速普及，日本生产的汽车、家电大量出口国际市场，称为伊奘诺景气。

1978 年，日本超过西德成为世界第二大经济体，大有赶超美国的势头。当时，日本汽车、家电、消费电子等商品不断涌入美国，美日贸易冲突逐渐加剧。美国指责日本通过盗窃知识产权、操纵货币、国家支持的产业政策等手段，削弱美国制造业。

1985 年，美国与日本、西德、法国和英国签署了《广场协议》。该协议的主要内容是让日元升值，以减少美国与西欧国家的贸易逆差。这一协议是日本战后奇迹结束的标志，日元大幅升值导致了日本股市、房地产泡沫，随后出现的经济停滞期被称为失去的三十年。

【商鉴】日本境内资源匮乏，绝大多数原材料都需要进口。大力发展工业，出口附加值更高的工业产品，是日本经济奇迹的根本所在。由于冷战，美国对日本由扼制转为扶持，因此，日本可以从美国及其盟友处获取想要的原材料，发展工业的瓶颈彻底消失。其次，由于美国、欧洲对日本开放市场，日本出口大增，迎来了经济奇迹。之后，美国、欧洲对日本出口进行限制，日本经济奇迹也就结束了。

● 松下幸之助

1894 年，松下幸之助出生于一个富裕的地主家庭。25 岁时，松下幸之助在大阪创办了松下电器的前身"松下电气器具制作所"，生产由电池供电的炮弹形自行车灯。

松下幸之助亲自向自行车零售店推销他的产品。通过到一家家店面推销，松下幸之助在日本的主要城市建立了庞大的销售网络。之后，松下幸之助又成立了电源插座、收音机两个事业部门，用同样的方法建立了这两条产品线的销售网络。在经营战略上，有"得渠道者得天下"之说。因此，稳固的销售渠道为松下公司的发展奠定了坚实基础。

"二战"后，日本迎来经济奇迹，松下公司凭借渠道优势，通过销售日本电器三宝（洗衣机、冰箱、电视机），迅速发展成世界知名的电器公司。1961 年，松下幸之助与美国经销商合作，在美国建立了稳固的销售网络，使松下电饭煲、彩色电视、微波炉等电器远销美国。

为了与销售渠道建立长期合作关系，松下幸之助提出了"终身合作"倡议，在公司内部则发展为"终身雇佣制"。"终身雇佣制"思想源自日本的家臣制度，其本质是低阶武士们对幕府将军的无条件效忠，甚至出现过家庭数代侍奉同一个领主家族的家臣，称为谱代家臣。家臣与领主的关系，既有依附性质，也有合作性质，家臣往往拥有很高的权力，但他们一般都保持"绝对忠诚"。受家臣制度影响，日本企业家与员工之间能够建立高度的信任关系，而互信是"终身雇佣制"的前提。

"终身雇佣制"的薪酬管理采用"年功序列工资制"。根据该制度，员工工龄越长，工资也越高，职务晋升的可能性也越大。"年功"与"工作经验"不同，"年功"专指员工正式入职后的工作年数，不包括在其他公司工作的工龄。可以看出，"年功序列工资制"强调员工对企业的忠诚度，可以有效防止熟练工人和技术骨干被别的企业挖走。

"终身雇佣制"下，员工终身不用担心失业，可以全身心地为企业付出。对企业而言，这种制度可以减少招聘、培训员工的支出。对社会而言，因为减少了失业问题，经济可以更加繁荣。因此，松下幸之助将这一制度称为"履行企业的社会责任"。在松下幸之助的推动下，"终身雇佣制"被许多日本企业采用，成为一种企业经营战略。

松下幸之助认为，"赚钱是企业的使命，商人的目的就是盈利。然而，盈利的最终目的是担负起贡献社会的责任"。现在，由于人口老龄化、年轻人价值观和择业观的变化，以及女性就业者地位的提高和对非正式员工雇佣的重视，越来越多的日本企业开始采取多样化的人才培养战略。

【商鉴】松下幸之助创建的"终身雇佣制"，为保持日本员工士气、推动日本经济发展起到了非常重要的作用。相对于资本，人是企业最重要的资产。如何激励员工，让员工与企业共同成长，是企业管理中的一个重要问题。市场化的雇佣机制，将人视为一种工具，需要则用，不需要则予以解雇。这种用工制度，仅仅是一种简单的利益交换关系，难以使员工建立与企业的密切关系。此外，公司究竟应该如何善待员工，并在必要时考虑员工的生存问题，也是企业承担社会责任的一种表现。

● 丰田喜一郎

丰田的前身是丰田佐吉创办的丰田纺织株式会社。为发展自己的工厂，丰田佐吉将长子丰田喜一郎送到东京帝国大学就读工学系机械专业。大学毕业后，丰田喜一郎来到父亲的丰田纺织株式会社，负责技术专利业务。

在出访欧美国家时，丰田喜一郎发现在国外小汽车已经相当普及。当时，美国平均每4人就拥有一辆汽车，而日本国内还几乎没有汽车。丰田喜一郎设想，如果日本每10人拥有一辆汽车的话，1亿日本人就需要1000万辆汽车。按汽车的平均使用寿命 10 年计算，则每年需要 100 万辆新汽车，这将是一个巨大的市场。丰田喜一郎的想法得到丰田佐吉的赞许，希望他可以创立一家日本的"福特汽车"公司。

1933 年，丰田汽车公司正式成立。丰田喜一郎买回一台美国"雪佛兰"汽车发动机以及德国奥迪公司生产的一辆 DKW 前轮驱动汽车，将它们拆装、研究。当时，日本已经侵占了中国东北，正在筹划下一步的侵华战争，后勤运输需要大量卡车，因此决定扶持丰田公司生产卡车。1935 年，丰田公司生产出第一辆卡车"丰田 G1"。此后，丰田公司又先后开发了 AA 型小客车、AB 型四门旅行车。由于钢铁等重工业被用来满足军事需求，丰田无法实施生产民用汽车计划。

"二战"爆发后，丰田汽车被纳入军需工业，为陆军生产 G1 卡车。战后，丰田汽车受到制裁，美国打算将丰田汽车工厂拆走。朝鲜战争爆发后，美国需要日本工业为美军生产后勤产品，丰田公司被重新启用。丰田喜一郎和丰田高管前往美国，在福特汽车公司接受培训，并考察了数十家美国工厂。

经过研究，丰田喜一郎发现美国汽车公司在生产汽车时，铸件、半成品、零部件要先入库，需要时再取出，这不但增加了大量库存，也增加了出入库的工作量。因此，丰田喜一郎提出了"适时生产"（Just in Time）理念，即所有铸件、半成品、零部件直接上生产线，直接生产出成品汽车。按照这种生产方式，工厂无须设置存货仓库，无须占用大量周转资金。为鼓励员工改进生产，丰田喜一郎制定了"合理化建议制度"，奖励与业务相关的发明与改进建议。"适时生产"与"合理化建议"共同构成丰田的"精益生产"模式，帮助丰田实现了两大竞争优势：降低成本和技术领先。

经过不断地"精益"改进，1966 年，丰田研发出"日本的福特汽车"——卡罗拉。该车搭载 1.1 升发动机，当年总产量超过 100 万辆。当时，日本经济快速增长，中产阶级不断壮大，经济省油的卡罗拉很快成为日本的国民汽车，丰田也成长为世界级的汽车制造商。1973 年石油危机发生后，卡罗拉因为省油更加受到美国消费者的青睐，美国国会决定限制丰田汽车进口以保护本国汽车业。最终，丰田同意自愿限制产品出口，并到美国投资建厂。在中低端市场站稳脚跟后，丰田开始筹划进军高端市场。1989 年，丰田雷克萨斯 LS 400 问世，这是丰田秘密研发的高端汽车，历时 6 年，耗资超过 10 亿美元。"雷克萨斯"（Lexus）取音"豪华"（Luxury），使人产生豪华轿车的品牌联想。在北美市场，雷克萨斯一度超过奔驰、宝马、凯迪拉克等品牌，成为北美最畅销的豪华轿车之一。

在新能源战略上，丰田汽车公司曾大力投资混合动力和氢燃料电池汽车。丰田汽车公司对电动汽车的续航里程和充电方式持怀疑态度，认为目前电动汽车的续航里程、电池成本以及充电时间等方面，还不能满足社会需求。在电动汽车领域落后一段时间后，丰田公司意识到各国政府对新能源汽车的推动作用，公布了"2020~2030 年电动汽车计划"，宣布将在全球范围内推出"10 多款"电动汽车。

丰田的"精益生产"还体现在智能汽车技术方面。2017 年，丰田推出首款自动驾驶测试车，并斥资约 40 亿美元在加利福尼亚州的硅谷建立了一个自动驾驶汽车研究所，在东京也建立了一个类似的研究所。截至 2022 年，丰田在世界 500 强中排名第 13 位，是仅次于德国大众集团的世界第二大汽车生产商。

【商鉴】丰田喜一郎提出的"适时生产"理念，既是一种存货采购策略，也是一种通过存货管理降低成本的方法，至今风靡全球。他提出的"合理化建议制度"，奖励与业务相关的发明与改进建议，充分发挥了一线员工的创造性、积极性，帮助公司实现技术领先。作为一家传统汽车制造商，丰田战略积极布局未来汽车的两大发展方向——可持续新能源汽车和智能驾驶汽车，与公司"精益生产"理念有着密切的关系。

● 本田宗一郎

本田宗一郎出生于 1906 年，16 岁时在汽修厂当学徒，22 岁创办了自己的汽车修理厂。1937 年，本田宗一郎成立了东海精机公司，为丰田生产活塞环。第二次世界大战中，东海精机被日本军需省征用，生产军用飞机螺旋桨。

"二战"结束后，本田宗一郎将东海精机公司卖给丰田，创办了"本田技研工业株式会社"。当时，日本乡下道路崎岖、坑洼，交通十分不便。为方便人们出行，本田宗一郎收购了一批战时设备，拆下小型汽油发动机，将自行车改装成摩托车出售。本田摩托车推出后，大受欢迎，很快占领了日本乡下市场。1949 年，本田发布了"梦幻 D 型"摩托车。为了扩大品牌影响力，本田开始参加各种摩托车比赛，并在 1961 年首次赢得世界锦标赛冠军，从而奠定了本田在摩托车领域的地位。到 1964 年，本田已经成为世界上最大的摩托车制造商。

当时，日本政府鼓励发展汽车工业，本田宗一郎也决定涉足这一领域。1963 年，本田第一款真正量产的汽车——Honda T360 诞生了，这是一款微型卡车。它搭载了一台源自本田摩托车的四缸发动机，最大功率只有 30 马力，传动系统匹配 4 挡手动变速箱，一共卖出约 10 万辆。

第一次石油危机发生后，各国政府开始关注能源安全，大力提倡经济省油的汽车。本田宗一郎发明了 CVCC 发动机，该发动机可以使汽油燃烧得更充分，1.0 的排量有 69 马力，百公里耗油为 5.6 升，是美国车平均耗油水平的 40%。这种发动机由于燃烧充分，排放出的尾气也很环保。

应用这项技术，本田先后推出雅阁、思域等汽车车型，多次被美国环境保护署评为十大最省油汽车。

除了 CVCC 发动机技术，本田还率先发明了许多汽车新技术，如电子陀螺仪、四轮防侧滑电子控制器、自动控制车身高度电子装置、复合涡流调整燃烧发动机，这些都是当时领先的汽车技术。美国机械工程师学会设有一项荷利奖，专门用于奖励那些在机械工程领域作出杰出贡献的人。迄今为止，该奖项颁发过两次，一次是 1936 年颁发给福特汽车的创始人亨利·福特，另一次是 1980 年颁发给本田汽车的创始人本田宗一郎。

1986 年，本田在北美发布了豪华汽车品牌讴歌（Acura），成为第一家开创豪华汽车品牌的日本汽车制造商。Acura 源于拉丁语中的 "Accuracy"，意思是"精确"，本田用这一词语代表"精湛工艺，打造完美汽车"的理念。1987 年，讴歌成为全美进口豪华车销售冠军。看到本田的成功，丰田和日产两大日本汽车制造商纷纷宣布，计划增设豪华车事业部。

对于本田汽车的经营之道，本田宗一郎认为一定要使顾客满意，如果顾客不满意，产品将毫无价值。为此，本田宗一郎提出"三个喜悦"："购买的喜悦""销售的喜悦""制造的喜悦"。在本田，研究人员不仅要研究技术，还要研究人们的需求，要想尽一切办法、用尽一切技术使顾客满意。

2001 年，本田公司成为日本第二大汽车制造商，也是世界上最大的内燃机制造商，内燃机产量每年超过 1400 万台。

【商鉴】顾客满意经营战略，也称 CS 战略（Customer Satisfaction）。本田的顾客满意战略，强调顾客满意第一，而不是去争夺市场占有率第一或者利润第一。因为满足顾客需求是企业经营的本质，市场占有率和利润只是结果。在这种经营战略的指导下，企业开展各项经营活动都是以用户需求为核心，旨在通过用户的持续长期满意，获得用户忠诚，进而保持市场占有率，赢得利润，以实现企业的长期生存和发展。

● 盛田昭夫

索尼公司的创始人盛田昭夫出生于 1921 年，其家族经营的"子日松"酿酒公司有着数百年的悠久历史。

"二战"期间，盛田昭夫在服兵役期间认识了无线电工程师井深大。1946 年，盛田昭夫出资 19 万日元，与井深大成立了"东京通信工业株式会社"，生产录音机产品。

当时，美国贝尔实验室研制出一种锗晶体管，这种小巧、消耗功率低的电子器件开启了微电子革命。井深大告诉盛田昭夫，利用锗晶体管可以开发出一款袖珍型便携式掌上收音机，能方便人们随时随地收听广播。于是，盛田昭夫出资 2 万美元，从贝尔实验室购买了锗晶体管技术专利。

1955 年，井深大成功研发出日本第一台晶体管收音机"TR-55"。这款收音机重约 56 克，只有真空管收音机的 1/5，尺寸为 89 毫米×140 毫米×38.5 毫米，被称为"可以放入口袋内的便携式收音机"。TR-55 由 4 节 5 号电池供电，盛田昭夫亲自拟定广告语："如今收音机已经不再需要电源线了。家用收音机应该全部变成 TR 型机，因为您可以将 TR 型机放在你所喜欢的任何地方……"由于价格只有真空管收音机的 1/3，加上更加小巧轻便，TR-55 推出后销量高达 150 万台。

TR-55 上市，宣告着微电子时代的到来。1958 年，为了将升级版收音机 TR-63 打入美国市场，盛田昭夫将"东京通信工业株式会社"更名为"SONY"（索尼）。SONY 源自拉丁语"sonus"，意思是"声音"，在美国口语中，常用"sonny"表示"小家伙"。SONY 这个新名称使人完全感觉不出是日本公司，许多人甚至以为 SONY 是美国品牌。SONY 命名取得巨大成功，TR-63 收音机顺利打入美国市场，销量达到 500 万台。

1979 年，索尼推出了 Walkman 随身听，"Walkman"是一个不标准的日式英文单词。盛田昭夫将 Walkman 定位在推崇活力与时尚的青少年市场，创造了电子流行时尚和耳机文化。到 1998 年，"Walkman"在全球销量突破 2 亿 5000 万台，Walkman 一词也被收录进《牛津大辞典》，盛田昭夫因此受封英国爵士。英国媒体这样对他进行报道：《起身，索尼随身听爵士》。1988 年，索尼以 20 亿美元的价格收购了哥伦比亚留声机公司，这是当时规模最大的收购事件之一，索尼由此获得迈克尔·杰克逊的音乐版权，巩固了在音乐领域的地位。受盛田昭夫影响，2001 年 iPod 上市时，乔布斯也将 iPod 打造为像 Walkman 一样的流行时尚，进行了规模宏大的营销宣传。

凭借锗晶体管的技术专利，索尼是晶体管技术应用的先驱。1959 年，索尼生产了世界上第一台全晶体管电视 TV8-301。1967 年，井深大研发了"特丽霓虹（Trinitron）"映像管技术，这项划时代的技术使 SONY 彩电在全球热卖，很快获得全球市场份额第一的地位。索尼公司一直保持该地位，直到 2006 年才被三星超越。

随着游戏行业的崛起，索尼开始研发新一代游戏主机。1994 年，索尼正式推出旗下第一款游戏机 PlayStation（PS），一上市便占据当年全球游戏机销量的 61%，打破了任天堂长期以来在市场上的领先地位。2000 年，索尼 PS2 上市，该游戏机共售出约 1.5 亿台，成为有史以来最成功的游戏机。截至 2022 年，PS 系列游戏主机销量高达 5.8 亿台，成为继 Walkman 后，索尼最为成功的全球性产品。

索尼公司生产的产品如袖珍收音机、Walkman、晶体管彩电、PS 系列游戏机，都是市场上的新产品，通过这些新产品索尼引领了市场潮流。1998 年，《时代周刊》评选了 20 世纪 20 位最有影响力的商业人士，盛田昭夫是其中唯一的亚洲人。盛田昭夫说："我们的计划是用产品领导潮流，而不是问市场需要哪一种产品。"

盛田昭夫的创新经营战略对苹果公司的 CEO 乔布斯有着深远的影响。乔布斯认为，企业应该成为时尚电子科技的定义者和领跑者，而不是按照消费者的需求去生产产品。乔布斯去世之前，苹果公司每年只发布一种型号的 iPhone，被业界看作是下一代智能手机的风向标。人们称之为："一直被模仿，从未被超越。"

如今，索尼是世界上最大的消费和专业电子产品制造商之一，是最大的视频游戏机公司和最大的视频游戏发行商。同时，索尼还是最大的音乐发行商、第二大唱片公司和第三大电影制片厂。2022 年，索尼排名世界 500 强第 116 位。

【商鉴】创新经营战略是指生产和销售市场上没有的产品，思考的是未来人们会使用什么样的科技产品，而不是人们现在的需求。与"跟随战略"不同，执行创新经营战略的企业是行业真正的领导者，如 IBM 定义并领导了个人电脑行业，Walkman 定义并领导了随身听行业，iPhone 定义并领导了智能手机行业。

● 稻盛和夫

稻盛和夫所处的时期是日本"经济奇迹 30 年"，他成功地创建了两家世界 500 强企业——京瓷和第二电电企划株式会社（KDDI），其中 KDDI 是仅次于 NTT 的日本第二大通信公司。

1932 年，稻盛和夫出生于日本鹿儿岛市。大学毕业后，稻盛和夫就职于京都的绝缘子制造商——松风工业。1959 年，稻盛和夫与人合伙，以 300 万日元成立京都陶瓷株式会社（现京瓷），为日本松下公司生产电视显像管的高频绝缘元件。20 世纪 60 年代，京瓷为美国仙童半导体生产硅晶体管接头，为美国 IBM 生产陶瓷基板，这些合作使京瓷成为全球领先的陶瓷半导体封装企业。随着太阳能光伏产业的发展，京瓷开发了太阳能光伏组件，又成为这一领域的"隐形冠军"。从商业角度看，无论是陶瓷半导体封装还是光伏组件，都是微不足道的小配件，但稻盛和夫却凭借小小的配件，将京瓷做成了一家世界 500 强企业。

稻盛和夫管理的总资产约为 1100 亿日元，是日本民间五大财团之一。1984 年，稻盛和夫收购了日本赛博网络电子公司（Cybernet Electronics Corporation），获得电子设备制造、无线电通信技术，创立了第二电电 DDI。2001 年，DDI 与 KDD（国际电信电话）、IDO（日本爱豆通信株式会社）合并组建为第二电电企划株式会社 KDDI。KDDI 是一家全业务运营商，以高性价比的服务"解决一切通信问题"。随着移动互联网的发展，KDDI 推出了视频电话、音乐下载、手机搜索、VPN、Data Center 等一系列服务，在 2012 年《财富》世界 500 强排行榜中居第 220 位。

除了京瓷和第二电电企划株式会社（KDDI），稻盛和夫最大的成就之一是拯救了日本航空公司。2010 年，日本航空公司负债 1.5235 万亿日元（约 1220 亿元人民币），在东京地方法院申请破产保护，成为自"二战"结束以来日本最大一宗非金融企业破产案。日航成立于 1953 年，是世界第三大航空公司，也是日本战后经济繁荣的象征。为了拯救日本航空公司，时任日本首相的鸠山由纪夫，登门邀请稻盛和夫出山担任这家破产公司的董事长。77 岁的稻盛和夫临危受命，以零薪水出任日航 CEO，领导完成对日本航空公司的重组。在一年多的时间里，日本航空公司就做到三个世界第一：利润第一、准点率第一，以及服务水平第一。2012 年 9 月，日本航空公司在东京证券交易所再次上市。

稻盛和夫独创了一种管理模式，他称之为"阿米巴"（Amoeba）。阿米巴属原生动物变形虫科，身体可以向各个方向伸出伪足，从而使形体变化不定，因此得名"变形虫"。阿米巴虫凭借极强的适应能力，在地球上存在了几十亿年，是地球上最古老、最具生命力和延续性的生物体。

"阿米巴管理模式"本质上是目标管理（Management by Objectives，MBO），这一理论最早由美国管理大师德鲁克在 1954 年所著的《管理的实践》一书中提出。根据目标管理理论，组织确定一个总目标，然后再分解为部门目标，部门目标再分解为个人目标。在"阿米巴管理模式"下，每一名员工都相当于单独的"阿米巴虫"，他们需要改变和调整自己，以达到与组织目标一致的状态。因此，每一只"阿米巴虫"都会被单独考核，如果达不到组织要求，要么自己快速做出改变，要么就会面临被解雇的风险。

在改组日本航空公司的过程中，有超过 1/3 的员工被解雇，运用的正是阿米巴管理模式。无疑，阿米巴管理模式是对日本"终身雇佣制"模式的革新，可以更好地激发员工的工作热情和积极性。

值得一提的是，稻盛和夫特别注重企业经营中的道德规范问题，他为京瓷拟定的社训是"敬天爱人"，在经营决策中时刻以"利他之心"为基本准则。稻盛和夫痛惜战后日本以选择聪明才辩型的人作领导为潮流，忽略了道德规范和伦理标准，导致政界、商界丑闻频发。他建议领导者的选拔标准要德高于才，也就是居人上者，人格第一，勇气第二，能力第三。

【商鉴】企业家是一国经济成就的象征，稻盛和夫一生创办了两家世界 500 强企业（京瓷和 KDDI），挽救了一家世界 500 强企业（日本航空公司）。京瓷代表了日本企业的技术，KDDI 代表了日本资本的运作，对日本航空公司的挽救则代表了日本企业的管理。从商业角度来看，技术、资本、管理是日本企业脱颖而出的三大重要因素。

五、中东经济奇迹

红海、波斯湾曾是海上丝绸之路非常重要的节点。大航海时代，由于新航线的开辟，红海、波斯湾在世界贸易中的地位有所下降。1869 年，苏伊士运河开通后，中东地区再次成为世界贸易的枢纽。20 世纪 30 年代，随着石油被发现，中东地区的地位迅速提升，这里的石油占据了世界 80% 的可开采储量。如果将石油比作世界经济的血液，中东就是世界的心脏。

• 沙特阿拉伯

沙特阿拉伯的东面是波斯湾，西面是红海，这里自古以来就有红海—波斯湾的陆上贸易路线，也是海上丝绸之路的西段。这里以干旱的沙漠、低地、草原和山脉为主，缺少适合农耕的土地。长期以来，沙特阿拉伯是一个游牧或半游牧国家。

沙特阿拉伯拥有伊斯兰教的两座圣城：麦加和麦地那。麦加是先知穆罕默德的出生地，麦地那则是伊斯兰教发扬光大的地方。

1938 年，波斯湾沿岸发现了大量石油储备。沙特阿拉伯凭借世界第二大石油储量，一跃成为世界第二大产油国（仅次于美国）和世界第一大石油出口国。源源不断的石油收入，使沙特阿拉伯从一个半游牧国家变成一个高收入的城市化国家，还成为 G20 集团中唯一的阿拉伯国家。

由于地处干旱的沙漠地区，沙特生产、生活用水的 50% 左右来自海水淡化，其海水淡化量占世界总量的 21% 左右，是世界上最大的淡化海水生产国。凭借石油收入，沙特大力发展现代化的农牧业，在沙漠上建成中东地区最大的奶牛场和最大的乳制品公司。1984 年，沙特使用地下水大力发展小麦种植，不仅实现了粮食自给，还将多余的小麦用于出口。由于担心地下水枯竭，沙特减少了耗水的农业生产，转而在美国、阿根廷、非洲等地购买农田来保障粮食供应。

沙特阿拉伯提供免费的大学教育和免费的全民医疗保健服务，这些都建立在沙特阿拉伯的石油经济基础之上。沙特阿拉伯石油产业收入占总收入的 70%，占出口收入的 90%。这样的经济结构十分脆弱，当原油价格暴跌时，就会出现预算赤字。因此，减少对石油的依赖是沙特长期以来的国家战略。1971 年，沙特阿拉伯以石油收入成立了"国家公共投资基金"，广泛投资于跨国公司，持有波音、迪士尼、Facebook、花旗集团、美国银行、伯克希尔哈撒韦、任天堂等公司股份。

2016 年，沙特阿拉伯提出了"沙特愿景 2030"，确立了三大愿景目标：阿拉伯与伊斯兰世界的中心、全球性投资强国、亚欧非枢纽。

【商鉴】沙特阿拉伯的经济奇迹很大程度上是石油成就的。"国家公共投资基金"是沙特减少对石油的依赖，以实现经济转型的重要手段，某种程度上也反映了金融资本与经济的全球化。在全球化背景下，许多国家的命运因金融、投资相互联结在一起。

● 卡塔尔

卡塔尔位于沙特东面，濒临波斯湾，人口约 300 万人，首都为多哈。

当地盛产珍珠，曾是海上丝绸之路西端经济繁荣的贸易港口和世界珍珠贸易中心。20 世纪二三十年代，日本的人工养殖珍珠进入世界市场后，卡塔尔的天然采珠业开始走向衰退。1935 年，卡塔尔发现了大量油田和天然气田，其已探明的天然气总储量为全世界第三名。此后，石油与天然气出口成为卡塔尔的主要经济形式，这些收入为卡塔尔基础设施的扩建和现代化提供了资金，也为当地实现全民免费医疗服务提供了支持。

为改变单一能源出口型经济，卡塔尔创建了乌姆赛义德港工业区，与美国、日本、欧洲等企业合作建设了一批重工业项目，包括炼油厂、化肥厂、钢铁厂、石化厂。根据卡塔尔公司法，这些工厂必须由卡塔尔国民持股 51% 以上。

2005 年，卡塔尔投资局成立了主权财富基金，每年从国家财政盈余中拿出 300 亿~400 亿美元用于投资。卡塔尔主权基金投资的主要企业有西门子、春天百货、哈洛德百货公司、巴克莱银行、伦敦希斯路机场、巴黎圣日耳曼足球俱乐部、大众集团、荷兰皇家壳牌、美国银行、蒂芙尼公司、中国农业银行等。

卡塔尔是中东地区最开放的国家之一。卡塔尔支持妇女在市政选举中的选举权或投票权，半岛电视台也经常涉及敏感话题。2022 年，卡塔尔成功举办世界杯，成为中东阿拉伯国家中第一个成功举办该赛事的国家。这次世界杯是卡塔尔"2030 国家愿景"的重要组成部分，中国企业承建了可容纳 8 万名观众的卢塞尔体育场，这座球场举办了世界杯闭幕式和决赛。此外，中国企业还承建了阿尔卡萨 800 兆瓦光伏电站，可以满足卡塔尔全国峰值电力需求的 10%。电站的建设显示了卡塔尔进行能源转型的决心。

【商鉴】丰富的能源储备，让卡塔尔创造了"小国崛起"的奇迹。卡塔尔的经济奇迹也反映了当今人类对于油气资源的依赖，某种程度上也说明了能源转型的重要性。

● 阿联酋

阿联酋全称阿拉伯联合酋长国，位于阿拉伯半岛东端，濒临波斯湾，由迪拜、阿布扎比、沙迦、阿治曼、乌姆盖万、富查伊拉、哈伊马角 7 个酋长国组成。其中，阿布扎比是阿联酋的首都，迪拜是阿联酋人口最多的城市，沙迦是一座渔业城市，曾拥有发达的采珠业。

阿联酋所处的波斯湾，是美索不达米亚、波斯、印度、中国四大古文明交会的十字路口，这是迪拜能成为该区域贸易中心的原因。阿联酋的经济情况与沙特、卡塔尔类似，原本都是半游牧国家，凭借世界第六的石油和世界第七的天然气储量，从贝都因部落发展成为世界人均 GDP 最高的国家之一。

1. 阿布扎比

阿布扎比是阿联酋最富有的酋长国，约占阿联酋经济总量的 2/3，这是因为阿布扎比拥有阿联酋 95% 的石油和 92% 的天然气储量，相当于已探明世界石油储量的 9%（982 亿桶）和天然气储量的 5%（58 亿立方米）。

2022 年，阿布扎比投资局管理的主权财富基金资产超过 1 万亿美元，排名世界第三。除广泛投资于国外，阿布扎比还建立起本国的食品、卷烟、机械、水泥、塑料、石化等工业。

2. 迪拜

与盛产石油的阿布扎比不同，迪拜只生产少量石油。不过，迪拜拥有世界顶级的黄金海岸线，这些海岸线是中东富人的休闲度假胜地，因此，迪拜的旅游业十分发达。

得天独厚的地理位置，又使迪拜成为波斯湾的商业贸易中心之一。20 世纪 60 年代以后，迪拜实行黄金自由贸易，成为当时的世界黄金贸易中心，拥有近 250 家黄金零售店，迪拜因此被称为"黄金之城"。1970 年，迪拜在沙漠上建造了一座机场航站楼。为了吸引游客，迪拜在航站楼内设置了第一家免税店，此后免税店迅速发展，使迪拜获得了"中东购物之都"的称号。1979 年，迪拜建造了世界上最大的人工沿海港口，同时也是波斯湾第一大港——杰贝拉里人工港，这里的集装箱运输量在全球排名第七位。

2010 年，为了彰显阿拉伯世界的经济成就，迪拜建造了高 828 米的世界第一高楼哈利法塔（迪拜塔）。哈利法为"伊斯兰世界最高领袖"之意，同时也是历史上阿拉伯帝国统治者的称号。

【商鉴】迪拜利用其黄金海岸线大力发展旅游业，吸引周边产油国的富豪前往度假和消费，从而使服务业占据迪拜经济 70% 的比重。迪拜塔是现代阿拉伯地区经济奇迹的象征，也是石油时代经济奇迹的象征。

参考资料

乔治·鲁（Georges Roux）：《两河文明三千年》（原名 *Ancient Iraq*），大象出版社 2022 年版。

陈晓红、毛锐：《失落的文明：巴比伦》，华北师范大学出版社 2002 年版。

维克多·V. 瑞布里克：《世界古代文明史》，上海人民出版社 2010 年版。

尤瓦尔·赫拉利：《人类简史》，中信出版集团 2017 年版。

斯塔夫里阿诺斯：《全球通史》，江西教育出版社 2015 年版。

冯国超：《世界上下五千年》，光明日报出版社 2002 年版。

酉代锡、陈晓红：《失落的文明：古印度》，华东师范大学出版社 2003 年版。

斯文·贝克特：《棉花帝国》，民主与建设出版社 2019 年版。

亚历山大·摩勒、乔治·德斐：《近东古代史》，河南人民出版社 2016 年版。

爱德华·吉本：《罗马帝国衰亡史》，商务印书馆 1996 年版。

威廉·穆尔：《阿拉伯帝国的兴起、衰落和灭亡》，青海人民出版社 2006 年版。

司马迁：《史记》，岳麓书社 2012 年版。

赵晔：《吴越春秋》，中华书局 2019 年版。

袁康、吴平：《越绝书》，中华书局 2020 年版。

吕不韦：《吕氏春秋》，内蒙古人民出版社 2016 年版。

王资鑫：《大清盐商》，山东人民出版社 2013 年版。

赵金辉：《论近代苏州城市的衰落》，《辽宁行政学院学报》2014 年 11 期。

张正明：《晋商兴衰史》，山西古籍出版社 1995 年版。

王加丰：《西班牙、葡萄牙帝国的兴衰》，三秦出版社 2005 年版。

何国世：《墨西哥史——仙人掌王国》，三民书局 2003 年版。

克里斯·莱恩：《波托西：改变世界的白银城市》，中国工人出版社 2022 年版。

杨大勇：《西方大国资本市场的兴起：1568－1914》，中国社会科学出版社

2022 年版。

卡耐基：《财富的福音》，中国言实出版社 2005 年版。

和中孚：《中国与东南亚的链接——滇越铁路》，云南人民出版社 2015 年版。

朱英：《论清末的经济法规》，《历史研究》1993 年第 5 期。

德征：《国货运动》，《星期评论·上海民国日报附刊》1929 年第 3 卷第 23 期。

童志强：《一个虞洽卿，半部民国史》，《同舟共济》2017 年第 3 期。

王松：《孔祥熙传》，湖北人民出版社 2006 年版。

吴祝华：《"北四行"及其"四行仓库"》，《金融作协》2020 年 9 月 28 日。

田兴荣：《北四行联营研究（1921-1952）》，复旦大学出版社 2008 年版。

郭士纳：《谁说大象不能跳舞》，中信出版社 2010 年版。

井上理：《任天堂哲学》，南海出版社 2018 年版。

韦尔奇：《杰克·韦尔奇自传》，中信出版社 2004 年版。

托马斯·皮凯蒂：《二十一世纪资本论》，中信出版社 2014 年版。

稻盛和夫：《稻盛和夫自传》，华文出版社 2010 年版。